全新譯校 經典新版世界名著 13

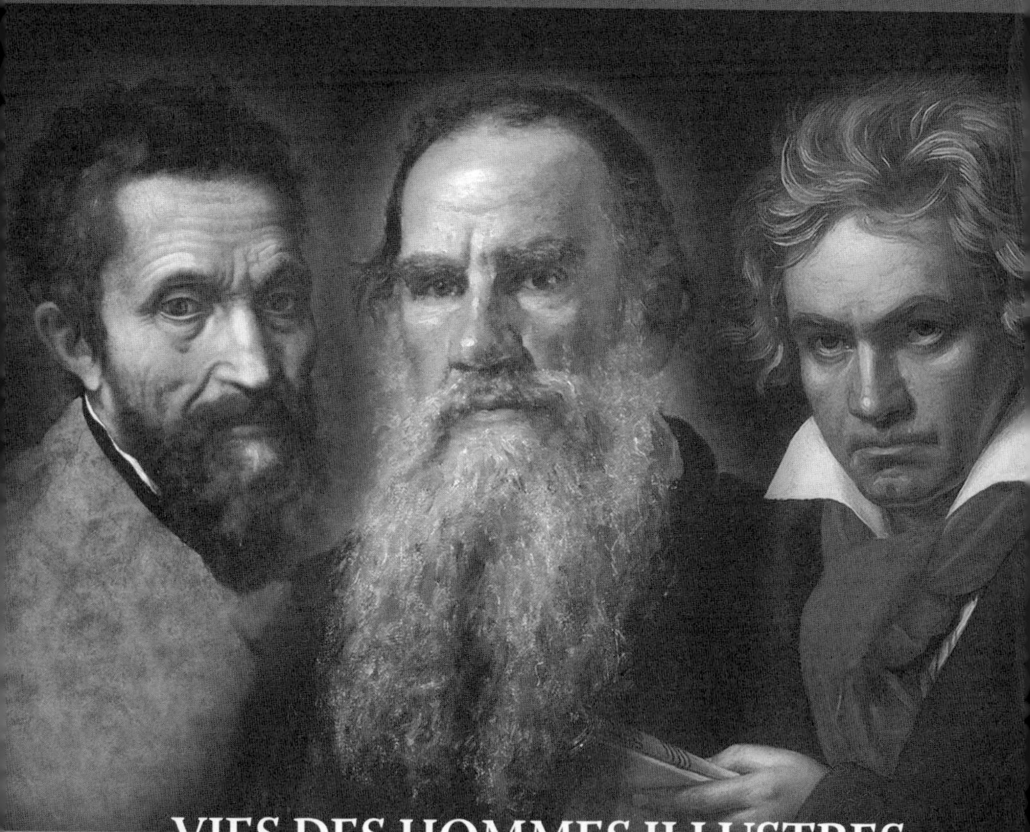

VIES DES HOMMES ILLUSTRES

三巨人傳

〔法〕羅曼・羅蘭 著
傅雷 譯

經典新版　世界名著

閱讀經典名著確實是不一樣的宴饗。人們對於經典名著，不會只說「我讀過」，而是說「我又讀了」。事實上，我每次去讀它，都會讀出新的東西，新的精神。

——當代義大利名作家、後設小說大師卡爾維諾（Italo Calvino）

真正的光明，絕不是永遠沒有黑暗的時候，只是永不被黑暗掩沒罷了。真正的英雄，絕不是永遠沒有卑下的情欲，只是永不被卑下的情欲所征服罷了。閱讀經典名著，永遠可以使人自我昇華，不陷於猥瑣。

——法國名作家、諾貝爾文學獎得主羅曼‧羅蘭（Romain Rolland）

閱讀文學經典、世界名著，能夠滋潤現代人的心靈，使人對世事、愛情與人性重新有一番體悟。

——美國現代名作家、諾貝爾文學獎得主海明威（Ernest Hemingway）

台灣曾出版的世界名著與文學經典可謂汗牛充棟，然而，細察譯文品質與內容，大多是三十至五十年代大陸譯者的手筆，其行文用語的方式與風格，早已與當代讀者的閱讀習慣、閱讀趣味脫節，以致不再能喚起讀者的關注。這一套「經典新版　世界名著」是全新譯本，行文清晰、流暢、優雅，用語力求充分符合當代人的品味。故而，是「後真相時代」中尋求心靈滋養者最適切的選擇。

目錄
Contents

SECTION 1

SECTION 2

米開朗基羅傳／121

目錄

Contents

SECTION 3

SECTION 1

貝多芬傳

譯者序

傅雷

唯有真實的苦難，才能驅除羅曼蒂克幻想的苦難；唯有看到克服苦難的壯烈悲劇，才能幫助我們擔受殘酷的命運；唯有抱著「我不入地獄誰入地獄」的精神，才能挽救一個萎靡而自私的民族：這是我十五年前初次讀到本書時所得的教訓。

不經過戰鬥的捨棄是虛偽的，不經劫難磨煉的超脫是輕佻的，逃避現實的明哲是卑怯的；中庸，苟且，小智小慧，是我們的致命傷：這是我十五年來與日俱增的信念。而這一切都由於貝多芬的啟示。

我不敢把這樣的啟示自秘，所以十年前就移譯了本書。現在陰霾遮蔽了整個天空，我們比任何時都更需要精神的支持，比任何時都更需要堅忍、奮鬥、敢於向神明挑戰的大勇主義。現在，當初生的音樂界只知訓練手的技巧，而忘記了培養心靈的神聖工作的時候，這部《貝多芬傳》對讀者該有更深刻的意義。——由於這個動機，我重譯了本書。[1]

1. 這部書的初譯稿，成於一九三二年，在存稿堆下埋藏了有幾十年之久。——出版界堅持本書已有譯本，不願接受。但已出版的譯本絕版已久，我始終未曾見到。然而我深深地感謝這件在當時使我失望的事故，使我現在能全部重譯，把少年時代幼稚的翻譯習作一筆勾銷。

此外，我還有個人的理由。療治我青年時世紀病的是貝多芬，扶植我在人生中的戰鬥意志的是貝多芬，在我靈智的成長中給我大影響的是貝多芬，多少次的顛撲曾由他攙扶，多少的創傷曾由他撫慰，——且不說引我進音樂王國的這件次要的恩澤。除了把我所受的恩澤轉贈給比我年輕的一代之外，我不知還有什麼方法可以償還我對貝多芬，和對他偉大的傳記家羅曼·羅蘭所負的債務。表示感激的最好的方式，是施予。

為完成介紹的責任起見，我在譯文以外，附加了一篇分析貝多芬作品的文字。我明知道是一件越俎的工作，但望這番力不從心的努力，能夠發生拋磚引玉的作用。

一九四二年三月

原序

羅曼・羅蘭

二十五年前，當我寫這本小小的《貝多芬傳》時，我不曾想要完成什麼音樂學的著作。那是一九〇二年。我正經歷著一個騷亂不寧的時期，充滿著兼有毀滅與更新作用的雷雨。我逃出了巴黎，來到我童年的伴侶，曾經在人生的戰場上屢次撐持我的貝多芬那邊，尋覓十天的休息。

我來到波恩，他的故里。我重複找到了他的影子和他的老朋友們，就是說在我到科布倫茨訪問的韋格勒的孫子們身上，重又見到了當年的韋格勒夫婦。在美因茲，我又聽到他的交響樂大演奏會，是魏因加特納指揮的[2]。然後我又和他單獨相對，傾吐著我的衷曲，在多霧的萊茵河畔，在那些潮濕而灰色的四月天，浸淫著他的苦難，他的勇氣，他的歡樂，他的悲哀；我跪著，由他用強有力的手攙扶起來，給我的新生兒約翰・克利斯朵夫行了洗禮[3]；在他祝福之下，我重又踏上巴黎的歸路，得到了鼓勵，和人生重新締了約，一路向

2. Weingartner Felix（1863—1942），係指揮貝多芬作品之權威。——譯注

3. 羅曼・羅蘭名著《約翰・克利斯朵夫》，最初數卷的事實和主人翁的性格，頗多取材於貝多芬的事蹟與為人。且全書的戰鬥精神與堅忍氣息，尤多受貝多芬的感應。——譯注

神明唱著病癒者的感謝曲。

那感謝曲便是這本小冊子。先由《巴黎雜誌》發表，後又被貝璣拿去披露。[4]我不曾想到本書會流傳到朋友們的小範圍以外。可是「各有各的命運……」

恕我敘述這些枝節。但今日會有人在這支頌歌裡尋求以嚴格的史學方法寫成的淵博的著作，對於他們，我不得不有所答覆。我自有我做史家的時間。我在《韓德爾》和關於歌劇研究的幾部書內，已經對音樂學盡了相當的義務。但《貝多芬傳》絕非為了學術而寫的。它是受傷而窒息的心靈的一支歌，在甦生與振作之後感謝救主的，我知道，這救主已經被我改換面目。但一切從信仰和愛情出發的行為都是如此的。而我的《貝多芬傳》便是這樣的行為。大家人手一編地拿了去，給這冊小書走上它不曾希望的好運。

那時候，法國幾百萬的生靈，被壓迫的理想主義者的一代，焦灼地等待著一聲解放的訊號。這訊號，他們在貝多芬的音樂中聽到了，他們便去向他呼籲。經歷過那個時代的人，誰不記得那些四重奏音樂會，彷彿彌撒祭中唱《神之羔羊》[5]時的教堂，——誰不記得那些痛苦的臉，注視著祭獻禮，因它的啟示而受著光輝的燭照？生在今日的人們已和生在昨日的人們離得遠遠了。（但生在今日的人們是否能和生在明日的離得更近？）

在本世紀初期的這一代裡，多少行列已被殲滅：戰爭開了一個窟窿，他們和他們最優秀的兒子都失了蹤影。我的小小的《貝多芬傳》保留著他們的形象。出自一個孤獨者的手筆，它不知不

4. 貝璣（Charles Peguy，1873—1914），法國近代大詩人，與作者同輩，早死。本書全文曾在貝璣主編的《半月刊》上發表。——譯注

5. 按此係彌撒祭典禮中之一節。——譯注

覺地竟和他們相似。而他們早已在其中認出自己。這小冊子，由一個無名的人寫的，從一家無名的店鋪裡出來，幾天之內在大眾手裡傳播開去，它已不再屬於我了。

我把本書重讀了一遍，雖然殘缺，我也不擬有所更易。[6]因為它應當保存原來的性質，和偉大的一代神聖的形象。在貝多芬百年祭的時候，[7]我紀念那一代，同時頌揚它偉大的同伴，正直與真誠的大師，教我們如何生如何死的大師。

一九二七年三月

6. 作者預備另寫一部歷史性的和專門性的書，以研究貝多芬的藝術和他創造性的人格。按此書早已於一九二八年正月在巴黎出版。——譯注

7. 按一九二七年適為貝多芬百年死忌。——譯注

初版序

羅曼・羅蘭

我願證明，凡是行為善良與高尚的人，定能因之而擔當患難。
——貝多芬
（一八一九年二月一日在維也納市政府語）

我們周圍的空氣多沉重。老大的歐羅巴在重濁與腐敗的氣氛中昏迷不醒。鄙俗的物質主義鎮壓著思想，阻撓著政府與個人的行動。社會在乖巧卑下的自私自利中窒息以死。人類喘不過氣來。——打開窗子吧！讓自由的空氣重新進來！呼吸一下英雄們的氣息。

人生是艱苦的。在不甘於平庸凡俗的人，那是一場無日無之的鬥爭，往往是悲慘的，沒有光華的，沒有幸福的，在孤獨與靜寂中展開的鬥爭。貧窮，日常的煩慮，沉重與愚蠢的勞作，壓在他們身上，無益地消耗著他們的精力，沒有希望，沒有一道歡樂之光，大多數還彼此隔離著，連對患難中的弟兄們一援手的安慰都沒有，他們不知道彼此的存在。他們只能依靠自己；可是有時連最強的人都不免在苦難中蹉跌。他們求助，求一個朋友。

為了援助他們，我才在他們周圍集合一班英雄的友人，一班為了善而受苦的偉大的心靈。這些「名人傳」不是向野心家的驕傲申說的，而是獻給受難者的。並且實際上誰又不是受難者呢？讓我們把神聖的苦痛的油膏，獻給苦痛的人吧！我們在戰鬥中不是孤軍。世界的黑暗，受著神光燭照。即是今日，在我們近旁，我們也看到閃耀著兩朵最純潔的火焰，正義與自由：畢加大佐和蒲爾民族。[8]即使他們不曾把濃密的黑暗一掃而空，至少他們在一閃之下已給我們指點了大路。跟著他們走吧，跟著那些散在各個國家、各個時代、孤獨奮鬥的人走吧。讓我們來摧毀時間的阻隔，使英雄的種族再生。

我稱為英雄的，並非以思想或強力稱雄的人，而只是靠心靈而偉大的人。好似他們之中最偉大的一個，就是我們要敘述他的生涯的人所說的：「除了仁慈以外，我不承認還有什麼優越的標記。」

沒有偉大的品格，就沒有偉大的人，甚至也沒有偉大的藝術家，偉大的行動者；所有的只是些空虛的偶像，匹配下賤的群眾的：時間會把他們一齊摧毀。成敗又有什麼相干？主要是成為偉大，而非顯得偉大。

這些傳記中人的生涯，幾乎都是一種長期的受難。或是悲慘的命運，把他們的靈魂在肉體與

8. 按一八九四至一九〇六年間，法國有一歷史性的大冤獄，即史家所謂「德雷福斯事件」。德雷福斯大尉被誣通敵罪，判處苦役。一八九五年陸軍部秘密員警長發覺前案係羅織誣陷而成，竭力主張平反，致觸怒軍人，連帶下獄。著名文豪左拉亦以主張正義而備受迫害，流亡英倫。迨一八九九年，德雷福斯方獲軍事法庭更審，改判徒刑十年，復由大總統下令特赦。一九〇六年，德雷福斯再由最高法院完全平反，撤銷原判。畢加大佐為昭雪此冤獄之最初殉難者，故作者以之代表正義。——蒲爾民族為南非好望角一帶的荷蘭人，自維也納會議，荷蘭將好望角割讓於英國後，英人虐待蒲爾人甚烈，卒激成一八九九至一九〇二年間的蒲爾戰爭。結果英國讓步，南非聯盟宣告成立，為英國自治領地之一。作者以之代表自由的火焰。——譯注

精神的苦難中磨折，在貧窮與疾病的鐵砧上鍛煉；或是，目擊同胞受著無名的羞辱與劫難，而生活為之戕害，內心為之碎裂，他們永遠過著磨難的日子；他們固然由於毅力而成為偉大，可是也由於災患而成為偉大。

所以不幸的人啊！切勿過於怨歎，人類中最優秀的和你們同在。汲取他們的勇氣做我們的養料吧；倘使我們太弱，就把我們的頭枕在他們膝上休息一會吧。他們會安慰我們。在這些神聖的心靈中，有一股清明的力和強烈的慈愛，像激流一般飛湧出來。甚至無須探詢他們的作品或傾聽他們的聲音，就在他們的眼裡，他們的行述裡，即可看到生命從沒像處於患難時的那麼偉大，那麼豐滿，那麼幸福。

在此英勇的隊伍內，我把首席給予堅強與純潔的貝多芬。他在痛苦中間即曾祝望他的榜樣能支持別的受難者，「但願不幸的人，看到一個與他同樣不幸的遭難者，不顧自然的阻礙，竭盡所能地成為一個不愧為人的人，而能藉以自慰」。經過了多少年超人的鬥爭與努力，克服了他的苦難，完成了他所謂「向可憐的人類吹噓勇氣」的大業之後，這位勝利的普羅米修士[9]，回答一個向他提及上帝的朋友時說道：「噢，人啊，你當自助！」

我們對他這句豪語應當有所感悟。依著他的先例，我們應當重新鼓起對生命對人類的信仰！

9.神話中的火神，人類文明最初的創造者。作者常用以譬喻貝多芬。——譯注

貝多芬傳

竭力為善，愛自由甚於一切，即使為了王座，也永勿欺妄真理。

——貝多芬

（一七九二年手冊）

他短小臃腫，外表結實，生就運動家般的骨骼。一張土紅色的寬大的臉，到晚年皮膚才變得病態且泛黃，尤其是冬天，當他關在室內遠離田野的時候。額角隆起，寬廣無比。烏黑的頭髮，異乎尋常的濃密，好似梳子從未在上面光臨過，到處逆立，賽似「梅杜莎頭上的亂蛇」。[10]眼中燃燒著一股奇異的威力，使所有見到他的人為之震懾；但大多數人不能分辨它們微妙的差別。因為在褐色而悲壯的臉上，這雙眼睛射出一道曠野的光，所以大家總以為是黑的；其實卻是灰藍的。[11]平

10. 以上據英國遊歷家羅素一八二二年時記載。——一八〇一年，車爾尼尚在幼年，看到貝多芬蓄著長髮和多日不剃的鬍子，穿著羊皮衣褲，以為遇到了小說中的魯賓遜。

按梅杜莎係神話中三女妖之一，以生有美髮著名。後以得罪火神，美髮盡變毒蛇。車爾尼（1791—1857）為奧國有名的鋼琴家，為蕭邦至友，其鋼琴演奏當時與蕭邦齊名。——譯注

11. 據畫家克勒貝爾記載。他曾於一八一八年為貝多芬畫像。

時又細小又深陷，興奮或憤怒的時光才大張起來，在眼眶中旋轉，那才奇妙地反映出它們真正的思想。[12]

他往往用憂鬱的目光向天凝視。寬大的鼻子又短又方，竟是獅子的相貌。一張細膩的嘴巴，但下唇常有比上唇前突的傾向。牙床結實得厲害，似乎可以嗑破核桃。左邊的下巴有一個深陷的小窩，使他的臉顯得古怪地不對稱。

據莫舍勒斯說：「他的微笑是很美的，談話之間有一副往往可愛而令人高興的神氣。但另一方面，他的笑卻是不愉快的，粗野的，難看的，並且為時很短」，——那是一個不慣於歡樂的人的笑。他通常的表情是憂鬱的，顯示出「一種無可療治的哀傷」。一八二五年，雷斯塔伯說看見「他溫柔的眼睛及其劇烈的痛苦」時，他需要竭盡全力才能止住眼淚。

一年以後，布勞恩・馮・布勞恩塔爾在一家酒店裡遇見他，坐在一隅抽著一支長煙斗，閉著眼睛，那是他臨死以前與日俱增的習慣。一個朋友向他說話。他悲哀地微笑，從袋裡掏出一本小小的談話手冊；然後用著聾子慣有的尖銳的聲音，教人家把要說的話寫下來。——他的臉色時常變化，或是在鋼琴上被人無意中撞見的時候，或是突然有所感應的時候，有時甚至在街上，使路人大為出驚。「臉上的肌肉突然隆起，血管膨脹；曠野的眼睛變得加倍可怕；嘴巴發抖；彷彿一個魔術家召來了妖魔而反被妖魔制服一

12. 據醫生米勒一八二〇年記載：他的富於表情的眼睛，時而嫵媚溫柔，時而惘然，時而氣焰逼人，可怕非常。

般」，那是莎士比亞式的面目。[13] 尤利烏斯・貝內迪克特說他無異「李爾王」[14]。

路德維希・凡・貝多芬，一七七〇年十二月十六日生於科隆附近的波恩，一所破舊屋子的閣樓上。他的出身是佛蘭芒族。[15] 父親是一個不聰明而酗酒的男高音歌手。母親是女僕，一個廚子的女兒，初嫁男僕，夫死再嫁貝多芬的父親。

艱苦的童年，不像莫札特般享受過家庭的溫情。一開始，人生於他就顯得是一場悲慘而殘暴的鬥爭。父親想開拓他的音樂天分，把他當作神童一般炫耀。四歲時，他就被整天地釘在洋琴[16]前面，或和一架提琴一起關在家裡，幾乎被繁重的工作壓死。他沒有因此厭惡這藝術總算是萬幸的了。父親不得不用暴力來迫使貝多芬學習。

他少年時代就得操心經濟問題，打算如何掙取每日的麵包，那是來得過早的重任。十一歲，他加入戲院樂隊；十三歲，他當大風琴手。

一七八七年，他喪失了他熱愛的母親。「她對我那麼仁慈，那麼值得愛戴，我的最好的朋友！

---

13. 克勒貝爾說是莪相的面目。以上的細節皆採自貝多芬的朋友，及見過他的遊歷家的記載。莪相為三世紀時蘇格蘭行吟詩人。——譯注
14. 李爾王係莎士比亞名劇中的人物。——譯注
15. 他的祖父名叫路德維希，是家族裡最優秀的人物，生在安特衛普，直到二十歲時才住到波恩來，做當地大公的樂長。貝多芬的性格和他最像。我們必須記住祖父的出身，才能懂得貝多芬奔放獨立的天性，以及別的不全是德國人的特點。按今法國與比利時交界之一部及比利時西部之地域，古稱佛蘭德。佛蘭芒即居於此地域內之民族名。安特衛普為今比利時北部之一大城名。——譯注
16. 按洋琴為鋼琴以前的鍵盤樂器，形式及組織大致與鋼琴同。——譯注

噢！當我能叫出母親這甜蜜的名字而她能聽見的時候，誰又比我更幸福？」[17]她是肺病死的；貝多芬自以為也染著同樣的病症，他已常常感到痛楚，再加比病魔更殘酷的憂鬱。[18]

十七歲，他做了一家之主，負著兩個兄弟的教育之責；他不得不羞慚地要求父親退休，因為他酗酒，不能主持門戶：人家恐怕他浪費，把養老俸交給兒子收領。這些可悲的事實在他心上留下了深刻的創痕。

他在波恩的一個家庭裡找到了一個親切的依傍，便是他終身珍視的布羅伊寧一家。可愛的埃萊奧諾雷・特・布羅伊寧比他小二歲。他教她音樂，領她走上詩歌的路。她是他的童年伴侶，也許他們之間曾有相當溫柔的情緒。後來埃萊奧諾雷嫁了韋格勒醫生，他也成為貝多芬的知己之一；直到最後，他們之間一直保持著恬靜的友誼，那是從韋格勒、埃萊奧諾雷和貝多芬彼此的書信中可以看到的。當三個人到了老年的時候，情愛格外動人，而心靈的年輕卻又不減當年。[19]

貝多芬的童年儘管如是悲慘，他對這個時代和消磨這時代的地方，永遠保持著一種溫柔而淒涼的回憶。不得不離開波恩，幾乎終身都住在輕佻的都城維也納及其慘澹的近郊，他卻從沒忘記萊茵河畔的故鄉，壯嚴的父性的大河，像他所稱的「我們的父親萊茵」；的確，它是那樣地生動，幾乎賦有人性似的，彷彿一顆巨大的靈魂，無數的思想與力量在其中流過；而且萊茵流域中也沒有一個地方比細膩的波恩更美、更雄壯、更溫柔的了，它的濃蔭密佈、鮮花滿地的坂坡，受著河

17. 以上見一七八九年九月十五日貝多芬致奧格斯堡地方的沙德醫生的書信。
18. 他一八一六年時說：「不知道死的人真是一個可憐蟲！我十五歲上已經知道了。」
19. 他們的書信，讀者可參看本書《書信集》。他的老師C. G. 內夫（C. G. Neefe，1748—1798）也是他最好的朋友和指導：他的道德的高尚和藝術胸襟的寬廣，都對貝多芬留下了極其重要的影響。

流的衝擊與撫愛。

在此，貝多芬消磨了他最初的二十年；在此，形成了他少年心中的夢境，——慵懶地拂著水面的草原上，霧氛籠罩著的白楊，叢密的矮樹，細柳和果樹，把根鬚浸在靜寂而湍急的水流裡，——還有是村落，教堂，墓園，懶洋洋地睜著好奇的眼睛俯視兩岸，——遠遠裡，藍色的七峰在天空畫出嚴峻的側影，上面矗立著廢圮的古堡，顯出一些瘦削而古怪的輪廓。他的心對於這個鄉土是永久忠誠的；直到生命的終了，他老是想再見故園一面而不能如願。「我的家鄉，我出生的美麗的地方，在我眼前始終是那樣地美，那樣地明亮，和我離開它時毫無兩樣。」[20]

大革命爆發了，氾濫全歐，佔據了貝多芬的心。波恩大學是新思想的集中點。一七八九年五月十四日，貝多芬報名入學，聽有名的厄洛熱·施奈德講德國文學，——他是未來的下萊茵州的檢察官。當波恩得悉巴斯底獄攻陷時，施奈德在講壇上朗誦了一首慷慨激昂的詩，鼓起了學生們如醉如狂的熱情。[21]次年，他又印行了一部革命詩集。[22]在預約者的名單中，[23]我們可以看到貝多芬和布羅伊寧的名字。

一七九二年十一月，正當戰事蔓延到波恩時，[24]貝多芬離開了故鄉，住到德意志的音樂首都維也

20. 以上見一八〇一年六月二十九日致韋格勒書。
21. 詩的開首是：「專制的鐵鍊斬斷了……幸福的民族！……」
22. 我們可舉其中一首為例：「唾棄偏執，摧毀愚蠢的幽靈，為著人類而戰鬥……啊，這，沒有一個親王的臣僕能夠幹。這，需要自由的靈魂，愛死甚於愛諂媚，愛貧窮甚於愛奴顏婢膝……須知在這等靈魂內我絕非最後一個。」
23. 從前著作付印時必先售預約。因印數不多，刊行後不易購得。——譯注
　　按施奈德生於巴伐利亞邦，為斯特拉斯堡雅各賓黨首領。一七九四年，在巴黎上斷頭臺。——譯注
24. 按此係指法國大革命後奧國為援助法國王室所發動之戰爭。——譯注

納去。[25]路上他遇見開向法國的黑森[26]軍隊。無疑的，他受著愛國情緒的鼓動，在一七九六與一七九七兩年內，他把弗里貝格的戰爭詩譜成音樂：一闋是《行軍曲》，一闋是《我們是偉大的德意志族》。

但他儘管謳歌大革命的敵人也是徒然：大革命已征服了世界，征服了貝多芬。從一七九八年起，雖然奧國和法國的關係很緊張，貝多芬仍和法國人有親密的往還，和使館方面，和才到維也納的貝爾納多德[27]。在那些談話裡，他擁護共和的情緒愈益肯定，在他以後的生活中，我們更可看到這股情緒的有力發展。

這時代，施泰因豪澤替他畫的肖像，把他當時的面目表現得相當準確。這一幅像之於貝多芬以後的肖像，無異介朗[28]的拿破崙肖像之於別的拿破崙像，那張嚴峻的臉，活現出波拿巴充滿著野心的火焰。

貝多芬在畫上顯得很年輕，似乎不到他的年紀，瘦削的，筆直的，高領使他頭頸僵直，一副睥睨一切和緊張的目光。他知道他的意志所在，他相信自己的力量。一七九六年，他在筆記簿上寫道：「勇敢啊！雖然身體不行，我的天才終究會獲勝……二十五歲！不是已經臨到了嗎？……就

25. 一七八七年春，他曾到維也納做過一次短期旅行，見過莫札特，但莫札特對他似乎不甚注意。——他於一七九〇年在波恩結識的海頓，曾經教過他一些功課。貝多芬另外曾拜過阿爾佈雷希茨貝格（J. G. Albrechtsberger，1736—1809）與薩列里（Antonio Salieri，1750—1825）為師。

26. 按黑森為當時日爾曼三聯邦之一，後皆併入德意志聯邦。

27. 在貝氏周圍，還有提琴家魯道夫・克勒策（Rodolphe Kreutzer，1766—1831），後來貝多芬把有名的奏鳴曲題贈給他。

28. 按介朗（Pierre-Narcisse Guerin，1774—1833）為法國名畫家，所作拿破崙像代表拿翁少年時期之姿態。——譯注

按貝氏為法國元帥，在大革命時以戰功顯赫；後與拿破崙為敵，與英、奧諸國勾結。——譯注

在這一年上，整個的人應當顯示出來了。」[29]特•伯恩哈德夫人和葛林克說他很高傲，舉止粗野，態度抑鬱，帶著非常強烈的內地口音。但他藏在這驕傲的笨拙之下的慈悲，唯有幾個親密的朋友知道。他寫信給韋格勒敘述他的成功時，第一個念頭是：「譬如我看見一個朋友陷於窘境：倘若我的錢袋不夠幫助他時，我只消坐在書桌前面，頃刻之間便解決了他的困難……你瞧這多美妙。」[30]隨後他又道：「我的藝術應當使可憐的人得益。」

然而痛苦已在叩門，它一朝住在他身上之後永遠不再退隱。一七九六年至一八〇〇年，耳聾已開始它的酷刑。[31]耳朵日夜作響，他內臟也受劇烈的痛楚磨折。聽覺越來越衰退。在好幾年中他瞞著人家，連對最心愛的朋友們也不說；他避免與人見面，使他的殘廢不致被人發現；他獨自守著這可怕的秘密。但到一八〇一年，他不能再緘默了；他絕望地告訴兩個朋友——韋格勒醫生和阿門達牧師：

29. 那時他才初露頭角，在維也納的首次鋼琴演奏會是一七九五年三月三十日舉行的。

30. 以上見一八〇一年六月二十九日致韋格勒書。一八〇一年左右致里斯書中又言：「只要我有辦法，我的任何朋友都不該有何匱乏。」

31. 在一八〇二年的遺囑內，貝多芬說耳聾已開始了六年，——所以是一七九六年起的。同時我們可注意他的作品目錄，唯有包括三支三重奏的作品第一號，是一七九六年以前的製作。包括三支最初的奏鳴曲的作品第二號，是一七九六年三月刊行的。因此貝多芬全部的作品可說都是耳聾後寫的。關於他的耳聾，可以參看一九〇五年五月十五日德國醫學叢報上克洛茲•福雷斯脫醫生的文章。他認為這病是受一般遺傳的影響，也許他母親的肺病也有關係。他分析貝多芬一七九六年所患的耳咽管炎，到一七九九年變成劇烈的中耳炎，因為治療不善，隨後成為慢性的中耳炎，隨帶一切的後果。耳聾的程度逐漸增加，但從沒完全聾。貝多芬對於低而深的音比高音更易感知。在他晚年，據說他用一支小木杆，一端插在鋼琴箱內，一端咬在牙齒中間，用以在作曲時聽音。一九一〇年，柏林-莫皮特市立醫院主任醫師雅各松發表一篇出色的文章，說他可證明貝多芬的耳聾是源於梅毒的遺傳。一八一〇年左右，機械家梅爾策爾為貝多芬特製的聽音器，至今尚保存於波恩城內貝多芬博物院。

「我的親愛的、我的善良的、我的懇摯的阿門達……我多希望你能常在我身旁！你的貝多芬真是可憐已極。得知道我的最高貴的一部分，我的聽覺，大大地衰退了。當我們同在一起時，我已覺得許多病象，我瞞著；但從此越來越惡劣……還會痊癒嗎？我當然如此希望，可是非常渺茫；這一類的病是無藥可治的。我得過著淒涼的生活，避免我心愛的一切人物，尤其是在這個如此可憐、如此自私的世界上！……我不得不在傷心的隱忍中找棲身！固然我曾發誓要超臨這些禍害，但又如何可能？……」[32]

他寫信給韋格勒時說：「我過著一種悲慘的生活。兩年以來我躲避著一切交際，因為我不可能與人說話：我聾了。要是我幹著別的職業，也許還可以；但在我的行當裡，這是可怕的遭遇啊！我的敵人們又將怎麼說，他們的數目又是相當可觀！……在戲院裡，我得坐在貼近樂隊的地方，才能懂得演員的說話。我聽不見樂器和歌唱的高音，假如我的座位稍遠的話。……人家柔和地說話時，我勉強聽到一些，人家高聲叫喊時，我簡直痛苦難忍……我時常詛咒我的生命……普盧塔克[33]教我學習隱忍。我卻願和我的命運挑戰，只要可能；但有些時候，我竟是上帝最可憐的造物……隱忍！多傷心的避難所！然而這是我唯一的出路！」[34]

這種悲劇式的愁苦，在當時一部分的作品裡有所表現，例如作品第十三號的《悲愴奏鳴曲》（一七九九年），尤其是作品第一號（一七九八）之三的奏鳴曲中的Largo（廣板）。奇怪的是並非所有的作品都帶憂鬱的情緒，還有許多樂曲，如歡悅的《七重奏》（一八〇〇）、明澈如水的《第一

32. 以上見諾爾編貝多芬書信集第十三。
33. 按係紀元一世紀時希臘倫理學家與史家。——譯注
34. 以上見貝多芬書信集第十四。

交響曲》（一八〇〇），都反映著一種青年人的天真。

無疑地，要使心靈慣於愁苦也得相當的時間。它是那樣地需要歡樂，當它實際沒有歡樂時就自己來創造。當「現在」太殘酷時，它就在「過去」中生活。往昔美妙的歲月，一下子是消滅不了的；它們不復存在時，光芒還會悠久地照耀。

獨自一人在維也納遭難的辰光，貝多芬便隱遁在故園的憶念裡；那時代他的思想都印著這種痕跡。《七重奏》內以變奏曲（Variation）出現的Andante（行板）的主題，便是一支萊茵的歌謠。《第一交響曲》也是一件頌讚萊茵的作品，是青年人對著夢境微笑的詩歌。它是快樂的、慵懶的，其中有取悅於人的欲念和希望。但在某些段落內，在引子（Introduction）裡，在低音樂器的明暗的對照裡，在神聖的Scherzo（諧謔曲）裡，我們何等感動地，在青春的臉上看到未來的天才的目光。那是波提切利[35]在《聖家庭》中所畫的幼嬰的眼睛，其中已可窺到他未來的悲劇。[36]

在這些肉體的痛苦之上，再加另外一種痛苦。韋格勒說他從沒見過貝多芬不抱著一股劇烈的熱情。這些愛情似乎永遠是非常純潔的。熱情與歡娛之間毫無連帶關係。現代的人們把這兩者混為一談，實在是他們全不知道何謂熱情，也不知道熱情之如何難得。

貝多芬的心靈裡多少有些清教徒氣息；粗野的談吐與思想，他是厭惡的；他對於愛情的神聖抱著毫無假借的觀念。據說他不能原諒莫札特，因為他不惜屈辱自己的天才去寫《唐璜》[37]。他的密

35. 按係文藝復興前期義大利名畫家。——譯注
36. 按此處所謂幼嬰係指兒時的耶穌，故有未來的悲劇之喻。——譯注
37. 按唐璜為西洋傳說中有名的登徒子，莫札特曾採為歌劇的題材。——譯注

友申德勒確言「他一生保著童貞，從未有何缺德需要懺悔」。這樣的一個人是生來受愛情的欺騙，做愛情的犧牲品的。

他的確如此。他不斷地鍾情，如醉如狂般顛倒，他不斷地夢想著幸福，然而立刻幻滅，隨後是悲苦的煎熬。貝多芬最豐滿的靈感，就當在這種時而熱愛、時而驕傲地反抗的輪迴中去探尋根源；直到相當的年齡，他的激昂的性格，才在淒惻的隱忍中趨於平靜。

一八〇一年時，他熱情的對象是朱麗埃塔・圭恰迪妮，為他題贈那著名的作品第二十七號之二的《月光奏鳴曲》（一八〇二），而知名於世的。[38] 他寫信給韋格勒說：「現在我生活比較甜美，和人家來往也較多了些……這變化是一個親愛的姑娘的魅力促成的；她愛我，我也愛她。這是兩年來我初次遇到的幸運的日子。」[39]

可是他為此付了很高的代價。第一，這段愛情使他格外感到自己的殘疾，境況的艱難，使他無法娶他所愛的人。其次，圭恰迪妮是風騷的、稚氣的、自私的，使貝多芬苦惱；一八〇三年十一月，她嫁了加倫貝格伯爵。[40] ——這樣的熱情是摧殘心靈的；而像貝多芬那樣，心靈已因疾病而變得虛弱的時候，狂亂的情緒更有把它完全毀滅的危險。

他一生就只是這一次，似乎到了顛蹶的關頭；他經歷著一個絕望的苦悶時期，只消讀他那時

38. 按通俗音樂書上所述《月光奏鳴曲》的故事是毫無根據的。——譯注
39. 以上見一八〇一年十一月十六日信。
40. 隨後她還利用貝多芬從前的情愛，要他幫助她的丈夫。貝多芬立刻答應了。他在一八二一年和中德勒會見時在談話手冊上寫道：「他是我的敵人，所以我更要盡力幫助他。」但他因之而更瞧不起她。「她到維也納來找我，一邊哭著，但是我瞧不起她。」

寫給兄弟卡爾與約翰的遺囑便可知道，遺囑上註明「等我死後開拆」。[41]這是慘痛之極的呼聲，也是反抗的呼聲。我們聽著不由不充滿著憐憫。他差不多要結束他的生命了，就只靠著他堅強的道德情操才把他止住。[42]他對病癒的最後的希望沒有了。

「連一向支持我的卓絕的勇氣也消失了。噢，神！給我一天真正的歡樂吧，就是一天也好！我沒有聽到歡樂的深遠的聲音已經多久！什麼時候，噢，我的上帝，什麼時候我再能和它相遇？……永遠不？——不？——不，這太殘酷了！」

這是臨終的哀訴，可是貝多芬還活了二十五年。他的強毅的天性不能遇到磨難就屈服。

「我的體力和智力突飛猛進……我的青春，是的，我感到我的青春不過才開始。我窺見我不能加以肯定的目標，我每天都迫近它一些。……噢！如果我擺脫了這疾病，我將擁抱世界！……一些休息都沒有！除了睡眠以外我不知還有什麼休息，而可憐我對於睡眠不得不花費比從前更多的時間。但願我能在疾病中解放出一半：那時候！……不，我受不了。我要扼住命運的咽喉。它絕不能使我完全屈服……噢！能把人生活上千百次，真是多美！」[43]

這愛情，這痛苦，這意志，這時而頹喪時而驕傲的轉換，這些內心的悲劇，都反映在一八〇二年的大作品裡：附有葬禮進行曲的奏鳴曲（作品第二十六號）；俗稱為《月光曲》的《幻想奏鳴曲》（作品第二十七號之二）；作品第三十一號之二的奏鳴曲，——其中戲劇式的吟誦體恍如一場偉

41. 時為一八〇二年十月六日。參見本書《貝多芬遺囑》。
42. 他的遺囑裡有一段說：「把德行教給你們的孩子，使人幸福的是德行而非金錢。這是我的經驗之談。在患難中支持我的是道德，使我不曾自殺的，除了藝術以外也是道德。」又一八一〇年五月二日致韋格勒書中：「假如我不知道一個人在能完成善的行為時就不該結束生命的話，我早已不在人世了，而且是由於我自己的處決。」
43. 以上見致韋格勒書，書信集第十八。

大而淒婉的獨白；——題獻亞歷山大皇的提琴奏鳴曲（作品第三十號）；《克勒策奏鳴曲》（作品第四十七號）；依著格勒特的詞句所譜的六支悲壯慘痛的宗教歌（作品第四十八號）。至於一八〇三年的《第二交響曲》，卻反映著他年少氣盛的情愛；顯然是他的意志占了優勢，一種無可抵抗的力把憂鬱的思想一掃而空，生命的沸騰掀起了樂曲的終局。貝多芬渴望幸福，不肯相信他無可救藥的災難；他渴望痊癒，渴望愛情，他充滿著希望。[44]

這些作品裡有好幾部，進行曲和戰鬥的節奏特別強烈。這在《第二交響曲》的 Allegro（快板）與終局內已很顯著，尤其是獻給亞歷山大皇的奏鳴曲的第一章，更富於英武壯烈的氣概。這種音樂所特有的戰鬥性，令人想起產生它的時代。大革命已經到了維也納。[45]貝多芬被它煽動了。騎士賽弗里德說：「他在親密的友人中間，很高興地談論政局，用著非常的聰明下判斷，目光犀利而且明確。」

他所有的同情都傾向於革命黨人。在他生命晚期最熟知他的申德勒說：「他愛共和的原則。他主張無限制的自由與民族的獨立……他渴望大家協力同心地建立國家的政府[46]……渴望法國實現普選，希望波拿巴建立起這個制度來，替人類的幸福奠定基石。」

---

44. 一八〇二年赫內曼為貝多芬所作之小像上，他作著當時流行的裝束，留著鬢角，四周的頭髮剪得同樣長，堅決的神情頗像拜倫式的英雄，同時表示出一種拿破崙式的永不屈服的意志。
按此處小像係指面積極小之釉繪像，通常至大不過數英寸，多數畫於琺瑯質之飾物上，為西洋畫中一種特殊的肖像畫。——譯注
45. 按拿破崙於一七九三、一七九七、一八〇〇年數次戰敗奧國，兵臨維也納城下。——譯注
46. 按意謂共和民主的政府。——譯注

他彷彿一個革命的古羅馬人，受著普盧塔克的薰陶，夢想著一個英雄的共和國，由勝利之神建立的；而所謂勝利之神便是法國的首席執政。於是他接連寫下《英雄交響曲：波拿巴》（一八〇四）[47]，帝國的史詩；和《第五交響曲》（一八〇五至一八〇八）的終局，光榮的敘事歌。

第一闋乃真正革命的音樂：時代之魂在其中復活了，那麼強烈，那麼純潔，因為當代巨大的變故在孤獨的巨人心中是顯得強烈與純潔的，這種印象即和現實接觸之下也不會減損分毫。

貝多芬的面目，似乎都受著這些歷史戰爭的反映。在當時的作品裡，到處都有它們的蹤影，也許作者自己不曾覺察。在《寇里奧蘭序曲》（一八〇七）內，有狂風暴雨在呼嘯；《第四四重奏》（作品第十八號）的第一章，和上述的序曲非常相似；《熱情奏鳴曲》（作品第五十七號，一八〇四），俾斯麥曾經說過：「倘我常聽到它，我的勇氣將永遠不竭。」[48]還有《哀格蒙特序曲》，甚至

---

47. 大家知道《英雄交響曲》是以波拿巴為題材而獻給他的。最初的手稿上還寫著「波拿巴」這題目。這期間，他得悉了拿破崙稱帝之事。於是他大發雷霆，嚷道：「那麼他也不過是一個凡夫俗子！」憤慨之下，他撕去了題獻的詞句，換上一個含有報復意味而又是非常動人的題目：「英雄交響曲……紀念一個偉大的遺跡。」申德勒說他以後對拿破崙的惱恨也消解了，只把他看作一個值得同情的可憐蟲，一個從天上掉下來的「伊加」。（按神話載伊加用蠟把翅翼膠住在身上，從克里特島上逃出，飛近太陽，蠟為日光熔化，以致墮海而死。——譯注）當他在一八二一年聽到幽禁聖埃萊娜島的悲劇時，說道：「十七年前我所寫的音樂正適用於這件悲慘的事故。」他很高興地發覺在交響曲的葬曲內（按係交響曲之第二章。——譯注）對此蓋世豪雄的結局有所預感。——因此很可能，在貝多芬的思想內，第三交響曲，尤其是第一章，是波拿巴的一幅肖像，當然和實在的人物不同，但確是貝多芬理想中的拿破崙；換言之，他要把拿破崙描寫為一個革命的天才。一八〇一年，貝多芬曾為標準的革命英雄——自由之神普羅米修士——作過樂曲，其中有一主句，他又在《英雄交響曲》的終局裡重新採用。

48. 曾任德國駐義大使的羅伯特・特・科伊德爾，著有《俾斯麥及其家庭》一書，一九〇一年版。以上事實即引自該書。一八七〇年十月三十日，科伊德爾在凡爾賽的一架很壞的鋼琴上，為俾斯麥奏這支奏鳴曲。對於這件作品的最後一句，俾斯麥說：「這是整整一個人生的鬥爭與號慟。」他愛貝多芬甚於一切旁的音樂家，他常常說：「貝多芬最適合我的神經。」

《降E大調鋼琴協奏曲》（作品第七十三號，一八〇九），其中炫耀技巧的部分都是壯烈的，彷彿有人馬奔突之勢。——而這也不足為怪。在貝多芬寫作品第二十六號奏鳴曲中的「英雄葬曲」時，比《英雄交響曲》的主人翁更配他謳歌的英雄——霍赫將軍——正戰死在萊茵河畔，他的紀念像至今屹立在科布倫茨與波恩之間的山崗上，——即使當時貝多芬不曾知道這件事，但他在維也納也已目擊兩次革命的勝利。[49]

一八〇五年十一月，當《菲岱里奧》[50]初次上演時，在座的便有法國軍佐。于蘭將軍，巴斯底獄的勝利者，住在洛布科維茲[51]家裡，做著貝多芬的朋友兼保護人，受著他《英雄交響曲》與《第五交響曲》的題贈。

一八〇九年五月十日，拿破崙駐節在舍恩布倫。[52]不久貝多芬便厭惡法國的征略者。但他對於法國人史詩般的狂熱，依舊很清楚地感覺到；所以凡是不能像他那樣感覺的人，對於他這種行動與勝利的音樂絕不能徹底瞭解。

---

49. 按拿破崙曾攻陷維也納兩次。——霍赫為法國大革命時最純潔的軍人，為史所稱。一七九七年戰死科布倫茨附近。——譯注

50. 貝多芬的歌劇。——譯注

51. 洛氏為波希米亞世家，以武功稱。——譯注

52. 貝多芬的寓所離維也納的城堡頗近，拿破崙攻下維也納時曾炸毀城垣。一八〇九年六月二十六日，貝多芬致布賴特科普夫與埃泰爾兩出版家書信中有言：「何等野蠻的生活，在我周圍多少的廢墟頹垣！只有鼓聲，喇叭聲，以及各種慘像！」一八〇九年有一個法國人在維也納見到他，保留著他的一幅肖像。這位法國人叫作特雷蒙男爵。他曾描寫貝多芬寓所中凌亂的情形。他們一同談論著哲學、政治，特別是「他的偶像，莎士比亞」。貝多芬幾乎決定跟男爵上巴黎去，他知道那邊的音樂院已在演奏他的交響曲，並且有不少佩服他的人。按舍恩布倫為一奧國鄉村，一八〇九年的維也納條約，即在此處簽訂。——譯注

貝多芬突然中止了他的《第五交響曲》，不經過慣有的擬稿手續，一口氣寫下了《第四交響曲》。幸福在他眼前顯現了。一八〇六年五月，他和特雷澤・特・布倫瑞克訂了婚。[53]她老早就愛上他。從貝多芬卜居維也納的初期，和她的哥哥弗朗索瓦伯爵為友，她還是一個小姑娘，跟著貝多芬學鋼琴時起，就愛他的。一八〇六年，他在他們匈牙利的瑪律托伐薩家裡做客，在那裡他們才相愛起來。

關於這些幸福日子的回憶，還保存在特雷澤的一部分敘述裡。她說：「一個星期日的晚上，用過了晚餐，在月光下貝多芬坐在鋼琴前面。先是他放平著手指在鍵盤上來回撫弄。我和弗朗索瓦都知道他這種習慣。他往往是這樣開場的。隨後他在低音部分奏了幾個和絃。接著，慢慢地，他用一種神秘的莊嚴的神氣，奏著賽巴斯蒂安・巴赫的一支歌：『若願素心相贈，無妨悄悄相傳；兩情脈脈，勿為人知。』[54]

「母親和教士[55]都已就寢；哥哥嚴肅地凝眸睇視著；我的心被他的歌和目光滲透了，感到生命的豐滿。——明天早上，我們在園中相遇。他對我說：『我正在寫一本歌劇。主要的人物在我心中，在我面前，不論我到什麼地方，停留在什麼地方，他總和我同在。我從沒到過這般崇高的境界。一切都是光明和純潔。在此以前，我只像童話裡的孩子，只管撿取石子，而不看見路上美豔

53. 一七九六至一七九九年間，貝多芬在維也納認識了布倫瑞克一家。朱麗埃塔・圭恰迪妮是特雷澤的表姊妹。貝多芬有一個時期似乎也鍾情於特雷澤的姊妹約瑟菲娜，她後來嫁給戴姆伯爵，又再嫁給施塔克爾貝格男爵。關於布倫瑞克一家的詳細情形，可參看安德列・特・海來西氏著《貝多芬及其不朽的愛人》一文，載一九一〇年五月一日及十五日的《巴黎雜誌》。

54. 這首美麗的歌是在巴赫的夫人安娜・瑪格達蘭娜的手冊上的，原題為《喬瓦尼尼之歌》。有人疑非巴赫原作。

55. 按歐洲貴族家中，皆有教士供養。——譯注

的鮮花……』一八〇六年五月，只獲得我最親愛的哥哥的同意，我和他訂了婚。」

這一年所寫的《第四交響曲》，是一朵精純的花，蘊藏著他一生比較平靜的日子的香味。人家說：「貝多芬那時竭力要把他的天才，和一般人在前輩大師留下的形式中所認識與愛好的東西，加以調和。」[56]這是不錯的。同樣淵源於愛情的妥協精神，對他的舉動和生活方式也發生了影響。

賽弗里德和格里爾巴策說他興致很好，心靈活躍，處世接物彬彬有禮，對可厭的人也肯忍耐，穿著很講究；而且他巧妙地瞞著大家，甚至令人不覺得他耳聾；他們說他身體很好，除了目光有些近視之外。[57]在梅勒替他畫的肖像上，我們也可看到一種羅曼蒂克的風雅，微微有些不自然的神情。

貝多芬要博人歡心，並且知道已經博得人家歡心。猛獅在戀愛中：牠的利爪藏起來了。但在他的眼睛深處，甚至在《第四交響曲》的幻夢與溫柔的情調之下，我們仍能感到那可怕的力、任性的脾氣、突發的憤怒。

這種深邃的和平並不持久，但愛情的美好的影響一直保存到一八一〇年。無疑是靠了這個影響貝多芬才獲得自主力，使他的天才產生了最完滿的果實，例如那古典的悲劇《第五交響曲》，那夏日的神明的夢《田園交響曲》（一八〇八）。[58]還有他自認為他奏鳴曲中最有力的、從莎士比亞的

56. 見諾爾著《貝多芬傳》。

57. 貝多芬是近視眼。賽弗里德說他的近視是痘症所致，使他從小就得戴眼鏡。近視使他的目光常有失神的樣子。一八二三至一八二四年間，他在書信中常抱怨他的眼睛使他受苦。

58. 把歌德的劇本《哀格蒙特》譜成音樂是一八〇九年開始的。他也想製作《威廉・退爾》的音樂，但人家寧可請教別的作曲家。

《暴風雨》感悟得來的《熱情奏鳴曲》（一八〇七），為他題獻給特雷澤的。[59]作品第七十八號的富於幻夢與神秘氣息的奏鳴曲（一八〇九），也是獻給特雷澤的。寫給「不朽的愛人」的一封沒有日期的信，所表現的他的愛情的熱烈，也不下於《熱情奏鳴曲》：

「我的天使，我的一切，我的我……我心頭裝滿了和你說不盡的話……啊！不論我在哪裡，你總和我同在……當我想到你星期日以前不曾接到我初次的消息時，我哭了。——我愛你，像你的愛我一樣，但還要強得多……啊！天哪！——沒有了你是怎樣的生活啊！——咫尺，天涯。……我的不朽的愛人，我的思念一齊奔向你，有時是快樂的，隨後是悲哀的，問著命運，問它是否還有接受我們的願望的一天。——我只能同你在一起過活，否則我就活不了……永遠無人再能佔有我的心。永遠！——永遠！——噢，上帝！為何人們相愛時要分離呢？可是我現在的生活是憂苦的生活。你的愛使我同時成為最幸福和最苦惱的人。——安靜吧……安靜——愛我呀！——今天，——昨天，——多少熱烈的憧憬，多少的眼淚對你，——你，——你，——我的生命——我的一切！別了！——噢！繼續愛我呀，——永勿誤解你親愛的L的心。——永久是你的——永久是我的——永遠是我們的。」[60]

什麼神秘的理由，阻撓著這一對相愛的人的幸福？——也許是沒有財產，地位的不同。也許貝

59. 見貝多芬和申德勒的談話。申德勒問貝多芬：「你的D小調奏鳴曲和F小調奏鳴曲的內容究竟是什麼？」貝多芬答道：「請你讀讀莎士比亞的《暴風雨》去吧！」貝多芬《第十七鋼琴奏鳴曲》（D小調，作品第三十一號之二）的別名《暴風雨奏鳴曲》即由此來。《第二十三鋼琴奏鳴曲》（F小調，作品第五十七號）的別名《熱情奏鳴曲》，是出版家克蘭茲所加，這首奏鳴曲創作於一八〇四至一八〇五年，一八〇七年出版，貝多芬把這首奏鳴曲題獻給特雷澤的哥哥弗蘭茨・馮・布倫瑞克伯爵。

60. 見書信集第十五。

多芬對人家要他長時期地等待，要他把這段愛情保守秘密，感到屈辱而表示反抗。

也許以他暴烈、多病、憤世嫉俗的性情，無形中使他的愛人受難，而他自己又因之感到絕望。——婚約毀了，然而兩人中間似乎沒有一個忘卻這段愛情。直到她生命的最後一刻，特雷澤還愛著貝多芬。[61]

一八一六年時貝多芬說：「當我想到她時，我的心仍和第一天見到她時跳得一樣地劇烈。」同年，他製作六闋《獻給遙遠的愛人》的歌。他在筆記內寫道：「我一見到這個美妙的造物，我的心情就氾濫起來，可是她並不在此，並不在我旁邊！」——特雷澤曾把她的肖像贈予貝多芬，題著：「給稀有的天才，偉大的藝術家，善良的人。T・B・」[62]

在貝多芬晚年，一位朋友無意中撞見他獨自擁抱著這幅肖像，哭著，高聲地自言自語著（這是他的習慣）：「你這樣地美，這樣地偉大，和天使一樣！」朋友退了出去，過了一會再進去，看見他在彈琴，便對他說：「今天，我的朋友，你的臉上全無可怕的氣色。」

貝多芬答道：「因為我的好天使來訪問過我了。」——創傷深深地銘刻在他心上。他自己說：「可憐的貝多芬，此世沒有你的幸福。只有在理想的境界裡才能找到你的朋友。」[63]

他在筆記上又寫著：「屈服，深深地向你的運命屈服：你不復能為你自己而存在，只能為著旁

61. 她死於一八六一年。
62. 按她比貝多芬多活三十四年。——譯注
63. 這幅肖像至今還在波恩的貝多芬家。致格萊與施泰因書。書信集第三十一。

人而存在；為你，只在你的藝術裡才有幸福。噢，上帝！給我勇氣讓我征服我自己！」

愛情把他遺棄了。[64]一八一〇年，他重又變成孤獨；但光榮已經來到，他也顯然感到自己的威力。他正當盛年。他完全放縱他的暴烈與粗獷的性情，對於社會，對於習俗，對於旁人的意見，對一切都不顧慮。他還有什麼需要畏懼，需要敷衍？愛情，沒有了；野心，沒有了。所剩下的只有力，力的歡樂，需要應用它，甚至濫用它。

「力，這才是和尋常人不同的人的精神！」他重複不修邊幅，舉止也愈加放肆。他知道他有權言所欲言，即對世間最大的人物亦然。[65]「除了仁慈以外，我不承認還有什麼優越的標記」，這是他一八一二年七月十七日所寫的說話。

貝蒂娜‧布倫塔諾[66]那時看見他，說：「沒有一個皇帝對於自己的力有他這樣堅強的意識。」她被他的威力懾服了，寫信給歌德時說道：「當我初次看見他時，整個世界在我面前消失了，貝多芬使我忘記了世界，甚至忘記了你，噢，歌德！……我敢斷言，這個人物遠遠地走在現代文明之前，而我相信我這句話是不錯的。」[67]

歌德設法要認識貝多芬。一八一二年，終於，他們在波希米亞的浴場特普里茲地方相遇，結

64. 按貝多芬此時四十歲。——譯注
65. 他寫給G‧D‧李里奧的信中又道：「心是一切偉大的起點。」書信集一〇八。
66. 按貝係歌德的青年女友，貝母曾與歌德相愛；故貝成年後竭力追求歌德。貝對貝多芬備極崇拜，且對貝多芬音樂極有瞭解。貝兄克萊門斯（1778—1892）為德國浪漫派領袖之一。貝丈夫阿寧亦為有名詩人。——譯注
67. 按貝蒂娜寫此信時，約為一八〇八年，尚未滿二十九歲。此時貝多芬未滿四十歲，歌德年最長，已有六十歲左右。——譯注

果卻不很投機。貝多芬熱烈佩服著歌德的天才；[68]但他過於自由和過於暴烈的性格，不能和歌德的性格融和，而不免於傷害它。他曾敘述他們一同散步的情景，當時這位驕傲的共和黨人，把魏瑪大公的樞密參贊[69]教訓了一頓，使歌德永遠不能原諒。

「君王與公卿盡可造成教授與機要參贊，盡可賞賜他們頭銜與勳章；但他們不能造成偉大的人物，不能造成超臨庸俗社會的心靈；……而當像我和歌德這樣兩個人在一起時，這班君侯貴胄應當感到我們的偉大。——昨天，我們在歸路上遇見全體的皇族。[70]我們遠遠裡就已看見。歌德掙脫了我的手臂，站在大路一旁。我徒然對他說盡我所有的話，不能使他再走一步。於是我按了一按帽子，扣上外衣的紐子，背著手，往最密的人叢中撞去。親王與近臣密密層層，太子魯道夫[71]對我脫帽，皇后先對我招呼。——那些大人先生是認得我的。——為了好玩起計，我看著這隊人馬在歌德面前經過。他站在路邊上，深深地彎著腰，帽子拿在手裡。事後我大大地教訓了他一頓，毫不同他客氣。……」[72]

---

68. 一八一一年二月十九日他寫給貝蒂娜的信中說：「歌德的詩使我幸福。」一八〇九年八月八日他在旁的書信中也說：「歌德與席勒，是我在莪相與荷馬之外最心愛的詩人。」——值得注意的是，貝多芬幼年的教育雖不完全，但他的文學口味極高。在他認為「偉大，莊嚴，D小調式的」歌德以外而看作高於歌德的，只有荷馬、普盧塔克、莎士比亞三人。在荷馬作品中，他最愛《奧德賽》。莎士比亞的德譯本是常在他手頭的，我們也知道莎士比亞的《寇里奧蘭》和《暴風雨》被他多麼悲壯地在音樂上表現出來。至於普盧塔克，他和大革命時代的一般人一樣，受有很深的影響。古羅馬英雄布魯圖斯是他的英雄，這一點他和米開朗基羅相似。他愛柏拉圖，夢想在全世界上能有柏拉圖式的共和國建立起來。一八一九至一八二〇年間的談話冊內，他曾言：「蘇格拉底與耶穌是我的模範。」

69. 按此係歌德官銜。——譯注

70. 按係指奧國王室，特普里茲為當時避暑勝地，中歐各國的親王貴族麇集。——譯注

71. 按係貝多芬的鋼琴學生。——譯注

72. 以上見貝多芬致貝蒂娜書。這些書信的真實性雖有人懷疑，但大體是準確的。

而歌德也沒有忘記。[73]

《第七交響曲》和《第八交響曲》便是這時代的作品，就是說一八一二年在特普里茲寫的：前者是節奏的大祭樂，後者是詼謔的交響曲，他在這兩件作品內也許最是自在，像他自己所說的，最是「儘量」，那種快樂與狂亂的激動，出其不意的對比，使人錯愕的誇大的機智，巨人式的、使歌德與策爾特惶駭的爆發，[74] 使德國北部流行著一種說數，說《第七交響曲》是一個酒徒的作品。——不錯，是一個沉醉的人的作品，但也是力和天才的產物。

他自己也說：「我是替人類釀製醇醪的酒神。是我給人以精神上至高的熱狂。」

---

73. 歌德寫信給策爾特說：「貝多芬不幸是一個倔強之極的人；他認為世界可憎，無疑是對的；但這並不能使世界對他和對旁人變得愉快些。我們應當原諒他，替他惋惜，因為他是聾子。」歌德一生不曾做什麼事反對貝多芬，但也不曾做什麼事擁護貝多芬；對他的作品，甚至對他的姓氏，抱著絕對的緘默。骨子裡他是欽佩而且懼怕他的音樂：它使他騷亂。他怕它會使他喪失心靈的平衡，那是歌德以多少痛苦換來的。——年輕的孟德爾頌，於一八三〇年經過魏瑪，曾經留下一封信，表示他確曾參透歌德自稱為「騷亂而熱烈的靈魂」深處，那顆靈魂是被歌德用強有力的智慧鎮壓著的。孟德爾頌在信中說：「……他先是不願聽人提及貝多芬；但這是無可避免的，（按孟德爾頌那次是奉歌德之命替他彈全部音樂史上的大作品——譯注）他聽了《第五交響曲》的第一章後大為騷動。他竭力裝作鎮靜，和我說：『這毫不動人，不過令人驚異而已。』過了一會，他又道：『這是巨大的，〔按歌德原詞是Grandiose，含有偉大或誇大的模稜兩可的意義，令人猜不透他這裡到底是頌讚（假如他的意思是「偉大」的話），還是貶抑（假如他的意思是「誇大」的話）——譯注〕狂妄的，竟可說屋宇為之震動。』接著是晚膳，其間他神思恍惚，若有所思，直到我們再提起貝多芬時，他開始詢問我，考問我。我明明看到貝多芬的音樂已經發生了效果……」

74. 按策爾特為一平庸的音樂家，早年反對貝多芬甚烈，直到後來他遇見貝多芬時，為他的人格大為感動，對他的音樂也一變往昔的謾罵口吻，轉而為熱烈的頌揚。策氏為歌德一生至友，歌德早期對貝多芬的印象，大半受策氏誤解之影響，關於貝多芬與歌德近人頗多擅文討論。羅曼·羅蘭亦有《歌德與貝多芬》一書，一九三〇年版。——譯注

見策爾特一八一二年九月二日致歌德書，又同年九月十四日歌德致策爾特書：「是的，我也是用著驚愕的心情欽佩他。」一八一九年策爾特給歌德的信中說：「人家說他瘋了。」

我不知他是否真如瓦格納所說的，想在《第七交響曲》的終局內描寫一個酒神的慶祝會。[75]在這闋豪放的鄉村節會音樂中，我特別看到他佛蘭芒族的遺傳；同樣，在以紀律和服從為尚的國家，他的肆無忌憚的舉止談吐，也是淵源於他自身的血統。

不論在哪一件作品裡，都沒有《第七交響曲》那麼坦白、那麼自由的力。這是無目的地，單為了娛樂而浪費著超人的精力，宛如一條洋溢氾濫的河的歡樂。

在《第八交響曲》內，力量固沒有這樣地誇大，但更加奇特，更表現出作者的特點，交融著悲劇與滑稽，力士般的剛強和兒童般的任性。[76]

一八一四年是貝多芬幸運的頂點。在維也納會議中，人家看他作歐羅巴的光榮。他在慶祝會中非常活躍。親王們向他致敬，像他自己高傲地向申德勒所說的，他聽任他們追逐。

他受著獨立戰爭的鼓動。[77]一八一三年，他寫了一闋《威靈頓之勝利交響曲》；一八一四年初，寫了一闋戰士的合唱——《德意志的再生》；一八一四年十一月二十九日，他在許多君主前面指揮一支愛國歌曲——《光榮的時節》；一八一五年，他為攻陷巴黎[78]寫了一首合唱——《大功告成》。

這些應時的作品，比他一切旁的音樂更能增加他的聲名。

---

75. 這至少是貝多芬曾經想過的題目，因為他在筆記內曾經說到，尤其他在《第十交響曲》的計畫內提及。

76. 和寫作這些作品同時，他在一八一一至一八一二年間在特普里茲認識了一個柏林的青年女歌唱家，和她有著相當溫柔的友誼，也許對這些作品不無影響。

77. 在這種事故上和貝多芬大異的，是舒伯特的父親——在一八〇七年時寫了一闋應時的音樂《獻給拿破崙大帝》，且在拿破崙御前親自指揮。

78. 按係指一八一四年三月奧德各邦聯軍攻入巴黎。——譯注

按拿破崙於一八一二年征俄敗歸後，一八一三年奧國與師討法，不久普魯士亦接踵而起，是即史家所謂獨立戰爭，亦稱解放戰爭。——譯注

布萊修斯・赫弗爾依著弗朗索瓦・勒特龍的素描所做的木刻，和一八一三年弗蘭茲・克萊因塑的臉型（Masque），活潑潑地表現出貝多芬在維也納會議時的面貌。

獅子般的臉上，牙床緊咬著，刻畫著憤怒與苦惱的皺痕，但表現得最明顯的性格是他的意志，早年拿破崙式的意志：「可惜我在戰爭裡不像在音樂中那麼內行！否則我將戰敗他！」但是他的王國不在此世，像他寫信給弗朗索瓦・特・布倫瑞克時所說的：「我的王國是在天空。」[79]

在此光榮的時間以後，接踵而來的是最悲慘的時期。

維也納從未對貝多芬抱有好感。像他那樣一個高傲而獨立的天才，在此輕佻浮華、為瓦格納所痛惡的都城裡是不得人心的。[80]

他抓住可以離開維也納的每個機會；一八〇八年，他很想脫離奧國，到威斯特伐利亞王熱羅

79. 他在維也納會議時寫信給考卡說：「我不和你談我們的君王和王國，在我看來，思想之國是一切國家中最可愛的：那是此世和彼世的一切王國中的第一個。」

80. 瓦格納在一八七〇年所著的《貝多芬評傳》中有言：「維也納，這不就說明了一切？——全部的德國新教痕跡都已消失，連民族的口音也失掉而變成義大利化。德國的精神，德國的態度和風俗，全經義大利與西班牙輸入的指南冊代為解釋……這是一個歷史、學術、宗教都被篡改的地方……輕浮的懷疑主義，毀壞而且埋葬了真理之愛、榮譽之愛、自由獨立之愛！……」十九世紀的奧國戲劇詩人格里爾帕策曾說，生為奧國人是一樁不幸。十九世紀末住在維也納的德國大作曲家，都極感苦悶。那時奧國都城的思想全被勃拉姆斯偽善的氣息籠罩。布魯克納的生活是長時期的受難，雨果・沃爾夫終生奮鬥，對維也納表示極嚴厲的批評。

按布魯克納（1824—1896）與雨果・沃爾夫（1860—1903）皆為近代德國大音樂家。勃拉姆斯在當時為反動派音樂之代表。——譯注

姆．波拿巴的宮廷裡去。[81]但維也納的音樂泉源是那麼豐富，我們也不該抹殺那邊常有一班高貴的鑒賞家，感到貝多芬之偉大，不肯使國家蒙受喪失這天才之羞。

一八〇九年，維也納三個富有的貴族——貝多芬的學生魯道夫太子、洛布科維茲親王、金斯基親王，答應致送他四千弗洛令的年俸，只要他肯留在奧國。[82]

他們說：「顯然一個人只在沒有經濟煩慮的時候才能整個地獻身於藝術，才能產生這些崇高的作品為藝術增光，所以我們決意使貝多芬獲得物質的保障，避免一切足以妨害他天才發展的阻礙。」

不幸結果與諾言不符。這筆津貼並未付足，不久又完全停止。且從一八一四年維也納會議起，維也納的性格也轉變了。社會的目光從藝術移到政治方面，音樂口味被義大利作風破壞了，時尚所趨的是羅西尼，把貝多芬視為迂腐。[83]

貝多芬的朋友和保護人，分散的分散，死亡的死亡：金斯基親王死於一八一二，李希諾夫斯基親王死於一八一四，洛布科維茲死於一八一六。受貝多芬題贈作品第五十九號的美麗的四重奏的拉蘇莫夫斯基，在一八一五年舉辦了最後的一次音樂會。同年，貝多芬和童年的朋友，埃萊奧

81. 熱羅姆王願致送貝多芬終身俸每年六百杜加（按每杜加約合九先令——譯注），外加旅費津貼一百五十銀幣，唯一的條件是不時在他面前演奏，並指揮室內音樂會，那些音樂會是歷時很短而且不常舉行的。貝多芬差不多決定動身了。
按熱羅姆王為拿破崙之弟，被封為威斯特伐利亞王。——譯注

82. 弗洛令為奧國銀幣名，每單位約合一先令又半。——譯注

83. 羅西尼的歌劇《唐克雷迪》足以撼動整個的德國音樂。一八一六年時維也納沙龍裡的意見，據鮑恩費爾德的日記所載是：「莫札特和貝多芬是老學究，只有荒謬的上一代贊成他們；但直到羅西尼出現，大家方知何謂旋律。《菲岱里奧》是一堆垃圾，真不懂人們怎會不怕厭煩地去聽它。」——貝多芬舉行的最後一次鋼琴演奏會是一八一四年。

諾雷的哥哥，斯特凡・馮・布羅伊寧失和。[84]從此他孤獨了。[85]在一八一六年的筆記上，他寫道：「沒有朋友，孤零零地在世界上。」

耳朵完全聾了。[86]從一八一五年秋天起，他和人們只有筆上的往還。最早的談話手冊是一八一六年的。[87]關於一八二二年《菲岱里奧》預奏會的經過，有申德勒的一段慘痛的記述可按。

「貝多芬要求親自指揮最後一次的預奏……從第一幕的二部唱起，顯而易見他全沒聽見台上的歌唱。他把樂曲的進行延緩很多；當樂隊跟著他的指揮棒進行時，台上的歌手自顧自地匆匆向前。結果是全域都紊亂了。經常地，樂隊指揮烏姆勞夫不說明什麼理由，提議休息一會，和歌唱者交換了幾句說話之後，大家重新開始。同樣的紊亂又發生了。不得不再休息一次。在貝多芬指揮之下，無疑是幹不下去的了；但怎樣使他懂得呢？沒有一個人有心腸對他說：『走吧，可憐蟲，你不能指揮了。』貝多芬不安起來，騷動之餘，東張西望，想從不同的臉上猜出癥結所在：可是大家都默不作聲。他突然用命令的口吻呼喚我。我走近時，他把談話手冊授給我，示意我寫。我便

84. 同年，貝多芬的兄弟卡爾死。他寫信給安東尼・布倫塔諾說：「他如此地執著生命，我卻如此地願意捨棄生命。」

85. 此時唯一的朋友，是瑪麗亞・馮・埃爾德迪，他和她維持著動人的友誼，但她和他一樣有著不治之症，一八一六年，她的獨子又暴卒。貝多芬題贈給她的作品，有一八〇九年作品第七十號的兩支三重奏，一八一五至一八一七年間作品第一〇二號的兩支大提琴奏鳴曲。

86. 丟開耳聾不談，他的健康也一天不如一天。從一八一六年十月起，他患著重傷風。一八一七年夏天，醫生說他是肺病。一八一七至一八一八年間的冬季，他老是為這場所謂的肺病擔心著。一八二〇至一八二一年間他患著劇烈的關節炎。一八二一年患黃熱病。一八二三年又患結膜炎。

87. 值得注意的是，同年起他的音樂作風改變了，表示這轉捩點的是作品第一〇一號的奏鳴曲。貝多芬的談話冊，共有一萬一千頁的手寫稿，今日全部保存於柏林國家圖書館。一九二三年諾爾開始印行他一八一九年三月至一八二〇年三月的談話冊，可惜以後未曾續印。

寫著：『懇求您勿再繼續，等回去再告訴您理由。』於是他一躍下台，對我嚷道：『快走！』他一口氣跑回家裡去；進去，一動不動地倒在便榻上，雙手捧著他的臉；他這樣一直到晚飯時分。用餐時他一言不發，保持著最深刻的痛苦的表情。晚飯以後，當我想告別時，他留著我，表示不願獨自在家。等到我們分手的辰光，他要我陪著去看醫生，以耳科出名的……在我和貝多芬的全部交誼中，沒有一天可和這十一月裡致命的一天相比。他心坎裡受了傷，至死不曾忘記這可怕的一幕的印象。」[88]

兩年以後，一八二四年五月七日，他指揮著（或更準確地，像節目單上所註明的「參與指揮事宜」）《合唱交響曲》[89]時，他全沒聽見全場一致的彩聲；他絲毫不曾覺察，直到一個女歌唱演員牽著他的手，讓他面對著群眾時，他才突然看見全場起立，揮舞著帽子，向他鼓掌。——一個英國遊歷家羅素，一八二五年時看見過他彈琴，說當他要表現柔和的時候，琴鍵不曾發聲，在這靜寂中看著他情緒激動的神氣，臉部和手指都抽搐起來，真是令人感動。

隱遁在自己的內心生活裡，和其餘的人類隔絕著，[90]他只有在自然中覓得些許安慰。特雷澤說：「自然是他唯一的知己。」它成為他的托庇所。一八一五年時認識他的查理・納德，說他從未見過一個人像他這樣地愛花木、雲彩、自然……他似乎靠著自然生活。[91]

---

88. 申德勒從一八一四年起就和貝多芬來往，但到一八一九以後方始成為他的密友。貝多芬不肯輕易與之結交，最初對他表示高傲輕蔑的態度。
89. 即《第九交響曲》。——譯注
90. 參看瓦格納的《貝多芬評傳》，對他的耳聾有極美妙的敘述。
91. 他愛好動物，非常憐憫牠們。有名的史家弗里梅爾的母親，說她不由自主地對貝多芬懷有長時期的仇恨，因為貝多芬在她兒時把她要捕捉的蝴蝶用手帕趕開。

貝多芬寫道：「世界上沒有一個人像我這樣地愛田野……我愛一株樹甚於愛一個人……」

在維也納時，每天他沿著城牆繞一個圈子。在鄉間，從黎明到黑夜，他獨自在外散步，不戴帽子，冒著太陽，冒著風雨。「全能的上帝！——在森林中我快樂了，——在森林中我快樂了，——每株樹都傳達著你的聲音。——天哪！何等地神奇！——在這些樹林裡，在這些崗巒上，——一片寧謐，供你役使的寧謐。」

他的精神的騷亂在自然中獲得了一些安慰。[92] 他為金錢的煩慮弄得困憊不堪。一八一八年時他寫道：「我差不多到了行乞的地步，而我還得裝作日常生活並不艱窘的神氣。」此外他又說：「作品第一〇六號的奏鳴曲是在緊急情況中寫的。要以工作來換取麵包實在是一件苦事。」

施波爾[93]說他往往不能出門，為了靴子洞穿之故。他對出版商負著重債，而作品又賣不出錢。《D調彌撒曲》發售預約時，只有七個預約者，其中沒有一個是音樂家。[94] 他全部美妙的奏鳴曲——每曲都得花費他三個月的工作——只給他掙了三十至四十杜加。[95] 加利欽親王要他製作的四重奏（作品第一二七、一三〇、一三二號），也許是他作品中最深刻的，彷彿用血淚寫成的，結果是一文都不曾拿到。

把貝多芬煎熬完的是，日常的窘況，無窮盡的訟案：或是要人家履行津貼的諾言，或是為爭取侄兒的監護權，因為他的兄弟卡爾於一八一五年死於肺病，遺下一個兒子。

---

92. 他的居處永遠不舒服。在維也納三十五年，他遷居三十次。

93. 路德維希・施波爾（Ludwig Spohr，1784—1859），當時德國的提琴家兼作曲家。——譯注

94. 貝多芬寫信給凱魯比尼，「為他在同時代的人中最敬重的」。可是凱魯比尼置之不理。
按凱氏為義大利人，為法國音樂院長、作曲家，在當時音樂界中極有勢力。——譯注

95. 按貝多芬鋼琴奏鳴曲一項，列在全集內的即有三十二首之多。——譯注

他心坎間洋溢著的溫情全部灌注在這個孩子身上。這兒又是殘酷的痛苦等待著他。彷彿是境遇的好意，特意替他不斷地供給並增加苦難，使他的天才不致缺乏營養。——他先是要和他那個不入流品的弟婦爭他的小卡爾，他寫道：

「噢，我的上帝，我的城牆，我的防衛，我唯一的托庇所！我的心靈深處，你是一覽無遺的，我使那些和我爭奪卡爾的人受苦時，我的苦痛，你是鑒臨的。[96]請你聽我呀，我不知如何稱呼你的神靈！請你接受我熱烈的祈求，我是你造物之中最不幸的可憐蟲。」

「噢，神哪！救救我吧！你瞧，我被全人類遺棄，因為我不願和不義妥協！接受我的祈求吧，讓我，至少在將來，能和我的卡爾一起過活！……噢，殘酷的命運，不可搖撼的命運！不，不，我的苦難永無終了之日！」

然後，這個熱烈地被愛的侄子，顯得並不配受伯父的信任。貝多芬給他的書信是痛苦的、憤慨的，宛如米開朗基羅給他的兄弟們的信，但是更天真、更動人：

「我還得再受一次最卑下的無情義的酬報嗎？也罷，如果我們之間的關係要破裂，就讓它破裂吧！一切公正的人知道這回事以後，都將恨你……如果聯繫我們的約束使你不堪擔受，那麼憑著上帝的名字——但願一切都照著他的意志實現——我把你交給至聖至高的神明了；我已盡了我所有的力量；我敢站在最高的審判之前……」[97]

「像你這樣嬌養壞的孩子，學一學真誠與樸實決計於你無害；你對我的虛偽的行為，使我的心太痛苦了，難以忘懷……上帝可以作證，我只想跑到千里之外，遠離你，遠離這可憐的兄弟和

96.他寫信給施特賴謝爾夫人說：「我從不報復。當我不得不有所行動來反對旁人時，我只限於自衛，或阻止他們作惡。」

97.見諾爾編貝多芬書信集三四三。

這醜惡的家庭……我不能再信任你了。」下面的署名是：「不幸的是，你的父親，——或更好，不是你的父親。」[98]

但寬恕立刻接踵而至：

「我親愛的兒子！——一句話也不必再說，——到我臂抱裡來吧，你不會聽到一句嚴厲的說話……我將用同樣的愛接待你。如何安排你的前程，我們將友善地一同商量。——我以榮譽為擔保，絕無責備的言辭！那是毫無用處的。你能期待於我的只有殷勤和最親切的幫助。——來吧——來到你父親的忠誠的心上。——來吧，一接到信立刻回家吧。」（在信封上又用法文寫著：「如果你不來，我定將為你而死。」）[99]

他又哀求道：「別說謊，永遠做我最親愛的兒子！如果你用虛偽來報答我，像人家使我相信的那樣，那真是何等醜惡、何等刺耳！……別了，我雖不曾生下你來，但的確撫養過你，而且竭盡所能地培植過你精神的發展，現在我用著有甚於父愛的情愛，從心坎裡求你走上善良與正直的唯一的大路。你的忠誠的老父。」[100]

這個並不缺少聰明的侄兒，貝多芬本想把他領上高等教育的路，然而替他籌畫了無數美妙的前程之夢以後，不得不答應他去習商。但卡爾出入賭場，負了不少債務。

由於一種可悲的怪現象，比人們想像中更為多見的怪現象，伯父的精神的偉大，對侄兒非但

98. 見諾爾編書信集三一四。
99. 見書信集三七〇。
100. 以上見書信集三六二至三六七。另外一封信，是一八一九年二月一日的，裡面表示貝多芬多麼熱望把他的侄子造成「一個於國家有益的公民」。

無益，而且有害，使他惱怒，使他反抗，如他自己所說的：「因為伯父要我上進，所以我變得更下流。」

這種可怕的說話，活活顯出這個浪子的靈魂。他甚至在一八二六年時在自己頭上打了一槍。然而他並不死，倒是貝多芬幾乎因之送命：他為這件事情所受的難堪，永遠無法擺脫。[101]卡爾痊癒了，他自始至終使伯父受苦，而對於這伯父之死，也未始沒有關係；貝多芬臨終的時候，他竟沒有在場。

——幾年以前，貝多芬寫給侄子的信中說：「上帝從沒遺棄我。將來終有人來替我闔上眼睛。」——然而替他闔上眼睛的，竟不是他稱為「兒子」的人。

在此悲苦的深淵裡，貝多芬從事於謳歌歡樂。

這是他畢生的計畫。從一七九三年他在波恩時起就有這個念頭。[102]他一生要歌唱歡樂，把這歌唱作為他某一大作品的結局。頌歌的形式，以及放在哪一部作品裡這些問題，他躊躇了一生。即在《第九交響曲》內，他也不曾打定主意。直到最後一刻，他還想把《歡樂頌歌》留下來，放在第

101. 當時看見他的申德勒，說他突然變得像一個七十歲的老人，精神崩潰，沒有力量，沒有意志。倘卡爾死了的話，他也要死的了。——不多幾月之後，他果然一病不起。

102. 見一七九三年一月菲舍尼希致夏洛特．席勒書。席勒的《歡樂頌》是一七八五年寫的。貝多芬所用的主題，先後見於一八〇八作品第八十號的《鋼琴、樂隊、合唱幻想曲》，及一八一〇依歌德詩譜成的「歌」。——在一八一二年的筆記內，在《第七交響曲》的擬稿和《麥克佩斯前奏曲》的計畫之間，有一段樂稿是採用席勒原詞的，其音樂主題，後來用於作品第一一五號的《納門斯弗爾前奏曲》。——《第九交響曲》內有些樂旨在一八一五年以前已經出現。定稿中歡樂頌歌的主題和其他部分的曲調，都是一八二二年寫下的，以後再寫Trio（中段）部分，然後又寫Andante（行板）、Moderato（中板）部分，直到最後才寫成Adagio（柔板）。

十或第十一的交響曲中去。

我們應當注意《第九交響曲》的原題，並非今日大家所慣用的《合唱交響曲》，而是《以歡樂頌歌的合唱為結局的交響曲》。《第九交響曲》可能而且應該有另外一種結束。一八二三年七月，貝多芬還想給它以一個器樂的結束；這一段結束，他以後用在作品第一三二號的四重奏內。車爾尼和松萊特納確言，即在演奏過後（一八二四年五月），貝多芬還未放棄改用器樂結束的意思。

要在一闋交響曲內引進合唱，有極大的技術上的困難，這是可從貝多芬的稿本上看到的，他做過許多試驗，想用別種方式，並在這件作品的別的段落引進合唱。

在Adagio（柔板）的第二主題的稿本上，他寫道：「也許合唱在此可以很適當地開始。」但他不能毅然決然地和他忠誠的樂隊分手。

他說：「當我看見一個樂思的時候，我總是聽見樂器的聲音，從未聽見人聲。」所以他把運用歌唱的時間儘量延宕；甚至先把主題交給器樂來奏出，不但終局的吟誦體為然，[103]連「歡樂」的主題亦是如此。

對於這些延緩和躊躇的解釋，我們還得更進一步：它們還有更深刻的原因。這個不幸的人永遠受著憂患折磨，永遠想謳歌「歡樂」之美；然而年復一年，他延宕著這樁事業，因為他老是捲在熱情與哀傷的漩渦內。直到生命的最後一日他才完成了心願，可是完成的時候是何等地偉大！

當歡樂的主題初次出現時，樂隊忽然中止，出其不意地一片靜默，這使歌唱的開始帶著一種神秘與神明的氣概。而這是不錯的，這個主題的確是一個神明。「歡樂」自天而降，包裹在非現實

103. 貝多芬說這一部分「完全好像有歌詞在下面」。

的寧靜中間：它用柔和的氣息撫慰著痛苦；而它溜滑到大病初癒的人的心坎中時，第一下的撫摩又是那麼溫柔，令人如貝多芬的那個朋友一樣，禁不住因「看到他柔和的眼睛而為之下淚」。

當主題接著過渡到人聲上去時，先由低音表現，帶著一種嚴肅而受壓迫的情調。慢慢地，「歡樂」抓住了生命。這是一種征服，一場對痛苦的鬥爭。然後是進行曲的節奏，浩浩蕩蕩的軍隊，男高音熱烈急促的歌，在這些沸騰的樂章內，我們可以聽到貝多芬的氣息，他的呼吸與他受著感應的呼喊的節奏，活現出他在田野間奔馳，作著他的樂曲，受著如醉如狂的激情鼓動，宛如大雷雨中的李爾老王。

在戰爭的歡樂之後，是宗教的醉意；隨後又是神聖的宴會，又是愛的興奮。整個的人類向天張著手臂，大聲疾呼著撲向「歡樂」，把它緊緊地摟在懷裡。

巨人的巨著終於戰勝了群眾的庸俗。維也納輕浮的風氣，被它震撼了一剎那，這都城當時是完全在羅西尼與義大利歌劇的勢力之下的。貝多芬頹喪憂鬱之餘，正想移居倫敦，到那邊去演奏《第九交響曲》。像一八〇九年一樣，幾個高貴的朋友又來求他不要離開祖國。

他們說：「我們知道您完成了一部新的聖樂，[104]表現著您深邃的信心感應給您的情操。滲透著您的心靈的超現實的光明，照耀著這件作品。我們也知道您的偉大的交響曲的王冠上，又添了一朵不朽的鮮花……您近幾年來的沉默，使一切關注您的人為之淒然。[105]大家都悲哀地想到，正當外國音樂移植到我們的土地上，令人遺忘德國藝術的產物之時，我們的天才，在人類中佔有那麼崇高的

104. 按係指《D調彌撒曲》。——譯注

105. 貝多芬為瑣碎的煩惱、貧窮以及各種的憂患所困，在一八一六至一八二一的五年中間，只寫了三支鋼琴曲（作品第一〇一、一〇二、一〇六號）。他的敵人說他才力已盡。一八二一年起他才重新工作。

地位的，竟默無一言。……唯有在您身上，整個的民族期待著新生命，新光榮，不顧時下的風氣而建立起真與美的新時代……但願您能使我們的希望不久即實現……但願靠了您的天才，將來的春天，對於我們，對於人類，加倍地繁榮！」[106]

這封慷慨陳詞的信，證明貝多芬在德國優秀階級中所享有的聲威，不但是藝術方面的，而且是道德方面的。他的崇拜者稱頌他的天才時，所想到的第一個字既非學術，亦非藝術，而是「信仰」。[107]

貝多芬被這些言辭感動了，決意留下。

一八二四年五月七日，在維也納舉行《D調彌撒曲》和《第九交響曲》的第一次演奏會，獲得空前的成功。情況之熱烈，幾乎含有暴動的性質。

當貝多芬出場時，受到群眾五次鼓掌的歡迎；在此講究禮節的國家，對皇族的出場，習慣也只用三次的鼓掌禮。因此員警不得不出面干涉。交響曲引起狂熱的騷動，許多人哭起來。貝多芬在終場以後感動得暈去；大家把他抬到申德勒家，他朦朦朧朧地和衣睡著，不飲不食，直到次日早上。

可是勝利是暫時的，對貝多芬毫無盈利。音樂會不曾給他掙什麼錢。物質生活的窘迫依然如故。他貧病交迫，孤獨無依，可是戰勝了——戰勝了人類的平庸，戰勝了他自己的命運，戰勝了他

106.這是一八二四年的事，署名的有C・李希諾夫斯基親王等二十餘人。

107.一八一九年二月一日，貝多芬要求對侄子的監護權時，在維也納市政府高傲地宣稱：「我的道德的品格是大家公認的。」

的痛苦。[108]

「犧牲，永遠把一切人生的愚昧為你的藝術去犧牲！藝術，這是高於一切的上帝！」

因此他已達到了終身想望的目標。他已抓住歡樂。但在這控制著暴風雨的心靈高峰上，他是否能長此逗留？——當然，他還得不時墮入往昔的愴痛裡。當然，他最後的幾部四重奏裡充滿著異樣的陰影。可是《第九交響曲》的勝利，似乎在貝多芬心中已留下它光榮的標記。他未來的計畫是[109]：《第十交響曲》[110]，《紀念巴赫的前奏曲》，為格里爾巴策的《曼呂西納》譜的音樂，[111]為克爾納的

108. 一八二四年秋，他很擔心要在一場暴病中送命。「像我親愛的祖父一樣，我和他有多少地方相似。」他胃病很厲害。一八二四至一八二五年間的冬天，他又重病。一八二五年五月，他吐血，流鼻血。同年六月九日他寫信給侄兒說：「我衰弱到了極點，長眠不起的日子快要臨到了。」德國首次演奏《第九交響曲》，是一八二五年四月一日在法蘭克福；倫敦是一八二五年三月二十五日；巴黎是一八三一年五月二十七日，在國立音樂院。十七歲的孟德爾頌，在柏林獵人大廳於一八二六年十一月十四日用鋼琴演奏。瓦格納在萊比錫大學教書時，全部手抄過；且在一八三〇年十月六日致書出版商肖特，提議由他把交響曲改成鋼琴曲。可說《第九交響曲》決定了瓦格納的生涯。

109. 一八二四年九月十七日致肖特兄弟信中，貝多芬寫道：「藝術之神還不願死亡把我帶走，因為我還負欠甚多！在我出發去天國之前，必得把精靈啟示我而要我完成的東西留給後人，我覺得我才開始寫了幾個音符。」書信集二七二。

110. 一八二七年三月十八日貝多芬寫信給莫舍勒斯說：「初稿全部寫成的一部交響曲和一支前奏曲放在我的書桌上。」但這部初稿從未發現。我們只在他的筆記上讀到：「用Andante（行板）寫的Cantique——用古音階寫的宗教歌，或是用獨立的形式，或是作為一支賦格曲的引子。這部交響曲的特點是引進歌唱，或者用在終局，或從Adagio（柔板）起就插入。樂隊中小提琴……都當特別加強最後幾段的力量。歌唱開始時一個一個地，或在最後幾段中複唱Adagio（柔板）——Adagio（柔板）的歌詞用一個希臘神話或宗教頌歌，Allegro（快板）則用酒神慶祝的形式。」（以上見一八一八年筆記）由此可見以合唱終局的計畫是預備用在第十而非第九交響曲的。後來他又說要在《第十交響曲》中，把現代世界和古代世界調和起來，像歌德在第二部《浮士德》中所嘗試的。

111. 詩人原作是敘述一個騎士，戀愛著一個女神而被她拘囚著；他念著家鄉與自由。這首詩和《湯豪舍》（按係瓦格納的名歌劇——譯注）頗多相似之處，貝多芬在一八二三至一八二六年間曾經從事工作。——原注

《奧德賽》、歌德的《浮士德》譜的音樂，[112]《大衛與掃羅的清唱劇》。這些都表示他的精神傾向於德國古代大師的清明恬靜之境：巴赫與韓德爾——尤其是傾向於南方，法國南部，或他夢想要去遊歷的義大利。[113]

施皮勒醫生於一八二六年看見他，說他氣色變得快樂而旺盛了。同年，當格里爾巴策最後一次和他晤面時，倒是貝多芬來鼓勵這頹喪的詩人：「啊，他說，要是我能有千分之一的你的體力和強毅的話！」

時代是艱苦的。專制政治的反動，壓迫著思想界。格里爾巴策呻吟道：「言論檢查把我殺害了。倘使一個人要言論自由、思想自由，就得往北美洲去。」

但沒有一種權力能鉗制貝多芬的思想。詩人庫夫納寫信給他說：「文字是被束縛了，幸而聲音還是自由的。」

貝多芬是偉大的自由之聲，也許是當時德意志思想界唯一的自由之聲。他自己也感到。他時常提起，他的責任是把他的藝術來奉獻於「可憐的人類」、「將來的人類」，為他們造福利，給他們勇氣，喚醒他們的迷夢，斥責他們的懦怯。他寫信給侄子說：「我們的時代，需要有力的心靈把這些可憐的人群加以鞭策。」

112. 貝多芬從一八〇八起就有意為《浮士德》寫音樂。（《浮士德》以悲劇的形式出現是一八〇七年秋。）這是他一生最重視的計畫之一。——原注

113. 貝多芬的筆記中有：「法國南部！對啦！對啦！」「離開這裡，只要辦到這一著，你便能重新登上你藝術的高峰。……寫一部交響曲，然後出發，出發，出發……夏天，為了旅費工作著，然後周遊義大利、西西里，和幾個旁的藝術家一起……」（出處同前）——原注

一八二七年，米勒醫生說「貝多芬對於政府、員警、貴族，永遠自由發表意見，甚至在公眾面前也是如此。[114] 員警當局明明知道，但將他的批評和嘲諷認為無害的夢囈，因此也就讓這個光芒四射的天才太平無事」。[115]

因此，什麼都不能使這股不可馴服的力量屈膝。如今它似乎玩弄痛苦了。在此最後幾年中所寫的音樂，雖然環境惡劣，[116] 往往有一副簇新的面目，嘲弄的，睥睨一切的，快樂的。

他逝世以前四個月，在一八二六年十一月完成的作品，作品第一三〇號的四重奏的新的結束是非常輕快的。實在這種快樂並非一般人所有的那種。時而是莫舍勒斯所說的嬉笑怒罵，時而是

---

114. 在談話手冊裡，我們可以讀到：（一八一九年份的）「歐洲政治目前所走的路，令人沒有金錢、沒有銀行便什麼事都不能做。」「統治者的貴族，什麼也不曾學得，什麼也不曾忘記。」「五十年內，世界上到處都將有共和國。」——原注

115. 一八一九年他幾被員警當局起訴，因為他公然聲言：「歸根結底，基督不過是一個被釘死的猶太人。」那時他正寫著《D調彌撒曲》。由此可見他的宗教感應是極其自由的。他在政治方面也是一樣的毫無顧忌，很大膽地抨擊他的政府之腐敗。他特別指斥幾件事情：法院組織的專制與依附權勢，程序繁瑣，完全妨害訴訟的進行；警權的濫用；官僚政治的腐化與無能；頹廢的貴族享有特權，霸佔著國家最高的職位。從一八一五年起，他在政治上是同情英國的。據申德勒說，他非常熱烈地讀著英國國會的記錄。英國的樂隊指揮西普里亞尼・波特，一八一七年到維也納，說：「貝多芬用盡一切詛咒的字眼痛罵奧國政府。他一心要到英國來看看下院的情況。他說：『你們英國人，你們的腦袋的確在肩膀上。』」

按一八一四年拿破崙失敗，列強舉行維也納會議，重行瓜分歐洲。奧國首相梅特涅雄心勃勃，頗有隻手左右天下之志；對於奧國內部，厲行壓迫，言論自由剝削殆盡。其時歐洲各國類皆趨於反動統治，虐害共和黨人。但法國大革命的精神早已瀰漫全歐，到處有蠢動之象。一八二〇年的西班牙、葡萄牙、那不勒斯的革命開其端，一八二一年的希臘獨立戰爭接踵而至，降至一八三〇年法國又有七月革命，一八四八年又有二月革命……貝多芬晚年的政治思想，正反映一八一四至一八三〇年間歐洲知識份子的反抗精神。讀者於此，必須參考當時國際情勢，方能對貝多芬的思想有一估價準確之認識。——譯注

116. 例如侄子之自殺。

戰勝了如許痛苦以後的動人的微笑。總之，他是戰勝了。他不相信死。

然而死終於來了。一八二六年十一月終，他得著肋膜炎性的感冒；為侄子奔走前程而旅行回來，他在維也納病倒了。[117] 朋友都在遠方。他打發侄兒去找醫生。據說這麻木不仁的傢伙竟忘記了使命，兩天之後才重新想起來。醫生來得太遲，而且治療得很惡劣。三個月內，他運動家般的體格和病魔掙扎著。一八二七年一月三日，他把至愛的侄兒立為正式的承繼人。他想到萊茵河畔的親愛的友人，寫信給韋格勒說：「我多想和你談談！但我身體太弱了，除了在心裡擁抱你和你的洛亨以外，我什麼都無能為力了。」[118]

要不是幾個豪俠的英國朋友，貧窮的苦難幾乎籠罩到他生命的最後一刻。他變得非常柔和，非常忍耐。[119] 一八二七年二月十七日，躺在彌留的床上，經過了三次手術以後，等待著第四次，他在等待期間還安詳地說：「我耐著性子，想道：一切災難都帶來幾分善。」[120]

這個善，是解脫，是像他臨終時所說的「喜劇的終場」，——我們卻說是他一生悲劇的終場。

他在大風雨中，大風雪中，一聲響雷中，咽了最後一口氣。一隻陌生的手替他闔上了眼睛（一

---

117. 他的病有兩個階段：（一）肺部的感冒，那是六天就結束的。「第七天上，他覺得好了一些，從床上起來，走路，看書，寫作。」（二）消化器病，外加循環系病。醫生說：「第八天，我發現他脫了衣服，身體發黃色。劇烈地泄瀉，外加嘔吐，幾乎使他那天晚上送命。」從那時起，水腫病開始加劇。這一次的復病還有我們迄今不甚清楚的精神上的原因。華洛赫醫生說：「一件使他憤慨的事，使他大發雷霆，非常苦惱，這就促成了病的爆發。打著寒噤，渾身戰抖，因內臟的痛楚而起拘攣。」關於貝多芬最後一次的病情，從一八四二年起就有醫生詳細的敘述公開發表。

118. 按洛亨即韋格勒夫人埃萊奧諾雷的親密的稱呼。——譯注

119. 一個名叫路德維希・克拉莫利尼的歌唱家，說他看見最後一次病中的貝多芬，覺得他心地寧靜，慈祥愷惻，達於極點。

120. 據格哈得・馮・布羅伊寧的信，說他在彌留時，在床上受著臭蟲的騷擾。——他的四次手術是一八二六年十二月二十日，一八二七年正月八日、二月二日和二月二十七日。

八二七年三月二十六日）。[121]

親愛的貝多芬！多少人已頌讚過他藝術上的偉大。但他遠不止是音樂家中的第一人，而是近代藝術的最英勇的力。對於一班受苦而奮鬥的人，他是最大而最好的朋友。當我們對著世界的劫難感到憂傷時，他會到我們身旁來，好似坐在一個穿著喪服的母親旁邊，一言不發，在琴上唱著他隱忍的悲歌，安慰那哭泣的人。

當我們對德與善的庸俗，鬥爭到疲憊的辰光，到此意志與信仰的海洋中浸潤一下，將獲得無可言喻的裨益。他分贈我們的是一股勇氣，一種奮鬥的歡樂，[122]一種感到與神同在的醉意。彷彿在他和大自然不息的溝通之下，他竟感染了自然的深邃的力。[123]

格里爾巴策對貝多芬是欽佩之中含有懼意的，在提及他時說：「他所到達的那種境界，藝術竟和曠野與古怪的元素混合為一。」舒曼提到《第五交響曲》時也說：「儘管你時常聽到它，它對你始終有一股不變的威力，有如自然界的現象，雖然時時發生，總教人充滿著恐懼與驚異。」他的密友申德勒說：「他抓住了大自然的精神。」——這是不錯的：貝多芬是自然界的一股力；一種原始的

121. 這陌生人是青年音樂家安塞爾姆．許滕布倫納。——布羅伊寧寫道：「感謝上帝！感謝他結束了這長時期悲慘的苦難。」貝多芬的手稿、書籍、傢俱，全部拍賣掉，代價不過一百七十五弗洛令。拍賣目錄上登記著二百五十二件音樂手稿和音樂書籍，共售九百八十二弗洛令。談話手冊只售一弗洛令二十。

122. 他致「不朽的愛人」信中有言：「當我有所克服的時候，我總是快樂的。」一八〇一年十一月十六日致韋格勒信中又言：「我願把生命活上千百次……我非生來過恬靜的日子的。」

123. 申德勒有言：「貝多芬教了我大自然的學問，在這方面的研究，他給我的指導和在音樂方面沒有分別。使他陶醉的並非自然的律令Law，而是自然的基本威力。」

力和大自然其餘的部分接戰之下，便產生了荷馬史詩般的壯觀。

他的一生宛如一天雷雨的日子。——先是一個明淨如水的早晨，僅僅有幾陣懶懶的微風。但在靜止的空氣中，已經有隱隱的威脅，沉重的預感。然後，突然之間巨大的陰影卷過，悲壯的雷吼，充滿著聲響的可怖的靜默，一陣復一陣的狂風，《英雄交響曲》與《第五交響曲》。然而白日的清純之氣尚未受到損害。歡樂依然是歡樂，悲哀永遠保存著一縷希望。但自一八一〇年後，心靈的均衡喪失了。日光變得異樣。最清楚的思想，也看來似乎水汽一般在昇華：忽而四散，忽而凝聚，它們又淒涼又古怪的騷動，罩住了心；往往樂思在薄霧之中浮沉了一二次以後，完全消失了，淹沒了，直到曲終才在一陣狂飆中重新出現。即是快樂本身也蒙上苦澀與曠野的性質。所有的情操裡都混合著一種熱病，一種毒素。[124]黃昏將臨，雷雨也隨著醞釀。隨後是沉重的雲，飽蓄著閃電，給黑夜染成烏黑，挾帶著大風雨，那是《第九交響曲》的開始。——突然，當風狂雨驟之際，黑暗裂了縫，夜在天空給趕走，由於意志之力，白日的清明重又還給了我們。

什麼勝利可和這場勝利相比？波拿巴的哪一場戰爭，奧斯特利茨[125]哪一天的陽光，曾經達到這種超人的努力的光榮？曾經獲得這種心靈從未獲得的凱旋？一個不幸的人，貧窮，殘廢，孤獨，由痛苦造成的人，世界不給他歡樂，他卻創造了歡樂來給予世界！他用他的苦難來鑄成歡樂，好似他用那句豪語來說明的，——那是可以總結他一生，可以成為一切英勇心靈的箴言的：

「用痛苦換來的歡樂。」[126]

---

124. 貝多芬一八一〇年五月二日致韋格勒書中有言：「噢，人生多美，但我的是永遠受著毒害……」
125. 按係拿破崙一八〇五年十二月大獲勝利之地。——譯注
126. 一八一五年十月十日貝多芬致埃爾德迪夫人書。

貝多芬遺囑

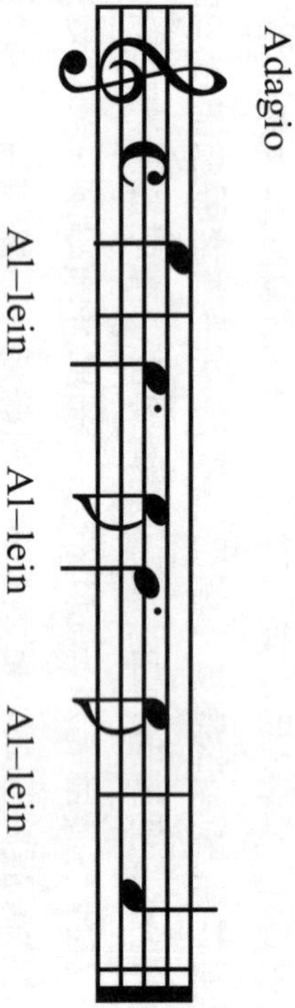

孤獨，孤獨，孤獨

一八一四年九月十二日致李希諾夫斯基

海林根施塔特遺囑[127]

給我的兄弟卡爾與約翰·貝多芬

噢，你們這班人，把我當作或使人把我看作心懷怨恨的、瘋狂的或憤世嫉俗的，他們真是誣衊了我！你們不知道在那些外表之下的隱秘的理由！

從童年起，我的心和精神都傾向於慈悲的情操。甚至我老是準備去完成一些偉大的事業。可是你們想，六年以來我的身體何等惡劣，沒有頭腦的醫生加深了我的病，年復一年地受著騙，空存著好轉的希望，終於不得不看到一種「持久的病症」，即使痊癒不是完全無望，也得要長久的年代。

生就一副熱烈與活動的性格，甚至也能適應社會的消遣，我卻老早被迫和人類分離，過著孤獨生活。如果有時我要克服這一切，噢，總是被我殘廢這個悲慘的經驗擋住了路！可是我不能對人說：「講得高聲一些，叫喊吧；因為我是聾子！」啊！我怎能讓人知道我的「一種感官」出了毛

127. 海林根施塔特為維也納近郊小鎮名。貝多芬在此曾做勾留。——譯注

病，這感官在我是應該特別比人優勝，而我從前這副感官確比音樂界中誰都更完滿的！——噢！這我辦不到！——所以倘你們看見我孤僻自處，請你們原諒，因為我心中是要和人們做伴的。

我的災禍對我是加倍的難受，因為我因之被人誤解。在人群的交接中、在微妙的談話中、在彼此的傾吐中去獲得安慰，於我是禁止的。孤獨，完全的孤獨。越是我需要在社會上露面，越是我不能冒險。我只能過著亡命者的生活。如果我走近一個集團，我的心就慘痛欲裂，唯恐人家發覺我的病。

因此我最近在鄉下住了六個月。我的高明的醫生勸我儘量保護我的聽覺，他迎合我的心意。然而多少次我覺得非與社會接近不可時，我就禁不住要去了。但當我旁邊的人聽到遠處的笛聲而「我聽不見」時，或「他聽見牧童歌唱」而我一無所聞時，真是何等的屈辱！[128]

這一類的經驗幾乎使我完全陷於絕望：我的不致自殺也是間不容髮的事了。——「是藝術」，就只是藝術留住了我。啊！在我尚未把我感到的使命全部完成之前，我覺得不能離開這個世界。這樣我總挨延著這種悲慘的——實在是悲慘的——生活，這個如是虛弱的身體，些少變化就曾使健康變為疾病的身體！——「忍耐啊！」——人家這麼說著，我如今也只能把它來當作我的嚮導了。我已經有了耐性。——但願我抵抗的決心長久支持，直到無情的死神來割斷我的生命線的時候。——也許這倒更好，也許並不：總之我已端整好了。——二十八歲上，我已不得不看破一切，

128.原關於這段痛苦的怨歎，我要提出一些意見，為誰都不曾提過的。大家知道在《田園交響曲》第二章之末，樂隊奏出夜鶯、杜鵑、鵪鶉的歌聲；而且可說整個交響曲都是用自然界的歌唱與喁語組成的。美學家們發表過許多議論，要決定應否贊成這一類模仿音樂的嘗試。沒有一個人注意到貝多芬實在並未模仿，既然他什麼都已無法聽見：他只在精神上重造一個於他已經死滅的世界。就是這一點使他樂章中喚引起群鳥歌唱的部分顯得如此動人。要聽到它們的唯一的方法，是使它們在他心中歌唱。

這不是容易的；保持這種態度，在一個藝術家比別人更難。

神明啊！你在天上滲透著我的心，你認識它，你知道它對人類抱著熱愛，抱著行善的志願！噢，人啊，要是你們有一天讀到這些，別忘記你們曾對我不公平；但願不幸的人，看見一個與他同樣的遭難者，不顧自然的阻礙，竭盡所能地廁身於藝術家與優秀之士之列，而能藉以自慰。

你們，我的兄弟卡爾和約翰，我死後倘施密特教授尚在人世的話，用我的名義去請求他，把我的病狀詳細敘述，在我的病史之外再加上現在這封信，使社會在我死後盡可能地和我言歸於好。——同時我承認你們是我的一些薄產的承繼者。公公平平地分配，和睦相愛，緩急相助。你們給我的損害，你們知道我久已原諒。

你，兄弟卡爾，我特別感謝你近來對我的忠誠。我祝望你們享有更幸福的生活，不像我這樣充滿著煩惱。把「德行」教給你們的孩子：使人幸福的是德行而非金錢。這是我的經驗之談。在患難中支持我的是道德，使我不曾自殺的，除了藝術以外也是道德。

——別了，相親相愛吧！——我感謝所有的朋友，特別是李希諾夫斯基親王和施密特教授。——我希望李希諾夫斯基的樂器能保存在你們之中任何一個的手裡。[129]但切勿因之而有何爭論。倘能有助於你們，那麼儘管賣掉它，不必遲疑。要是我在墓內還能幫助你們，我將何等歡喜！

若果如此，我將懷著何等的歡心飛向死神。——倘使死神在我不及發展我所有的官能之前便降臨，那麼，雖然我命途多舛，我還嫌它來得過早，我祝禱能展緩它的出現。——但即使如此，我也快樂了。它豈非把我從無窮的痛苦之中解放了出來？——死亡願意什麼時候來就什麼時候來吧，我

129. 按係指李氏送給他的一套絃樂四重奏樂器。——譯注

將勇敢地迎接你。——別了，切勿把我在死亡中完全忘掉；我是值得你們思念的，因為我在世時常常思念你們，想使你們幸福。但願你們幸福！

路德維希・凡・貝多芬

一八〇二年十月六日海林根施塔特

給我的兄弟卡爾和約翰在我死後開拆並執行

海林根施塔特，一八〇二年十月十日。這樣，我向你們告別了，——當然是很傷心地。是的，我的希望，——至少在某程度內痊癒的希望，把我遺棄了。好似秋天的樹葉搖落枯萎一般，這希望於我也枯萎死滅了。幾乎和我來時一樣。我去了。即是最大的勇氣，屢次在美妙的夏天支持過我的，它也消逝了。——噢，萬能的主宰，給我一天純粹的快樂吧！我沒有聽到歡樂的深遠的聲音已經多久！——噢！什麼時候，噢，神明！什麼時候我再能在自然與人類的廟堂中感覺到歡樂？——永遠不？——不！——噢！這太殘酷了！

書信集

貝多芬致阿門達牧師書[130]

我的親愛的，我的善良的阿門達，我的心坎裡的朋友，接讀來信，我心中又是痛苦又是歡喜。你對於我的忠實和懇摯，能有什麼東西可以相比？噢！你始終對我抱著這樣的友情，真是太好了。是的，我把你的忠誠做過試驗，而我是能把你和別個朋友辨別的。你不是一個維也納的朋友，不，你是我的故鄉所能產生的人物之一！我多祝望你能常在我身旁！因為你的貝多芬可憐已極。得知道我的最高貴的一部分，我的聽覺，大大地衰退了。當你在我身邊時，我已覺得許多徵象，我瞞著；但從此越來越惡化。是否會醫好，目前還不得而知；這大概和我肚子的不舒服有關。但那差不多已經痊癒，可是我的聽覺還有告痊之望嗎？我當然如此希望；但非常渺茫，因為這一類的病是無藥可治的。我得過著淒涼的生活，避免我一切心愛的人物，尤其是在這個如此可憐、如此自私的世界上！……——在所有的人中，我可以說最可靠的朋友是李希諾夫斯基。自

130. 時期約為一八〇一年。——譯注

從去年到現在，他給了我六百弗洛令；這個數目之外，再加上我作品售得的錢，使我不致為每天的麵包發愁了。我如今所寫的東西，立刻可有四五家出版商要，賣得很好的代價。——我近來寫了不少東西；既然我知道你在××鋪子裡訂購鋼琴，我可把各種作品和鋼琴一起打包寄給你，使你少費一些錢。

現在，我的安慰是來了一個朋友，和他我可享受一些談心的樂趣和純粹的友誼：那是少年時代的朋友之一[131]。我和他時常談到你，我告訴他，自從我離了家鄉以後，你是我衷心選擇的朋友之一。——他也不歡喜××[132]；他素來太弱，擔當不了友誼。我把他和××完全認為高興時使用一下的工具。但他們永遠不能瞭解我崇高的活動，也不能真心參加我的生活；我只依著他們為我所盡的力而報答他們。

噢！我將多幸福，要是我能完滿地使用我的聽覺的話！那時我將跑到你面前來。但我不得不遠離著一切；我最美好的年齡虛度了，不曾實現我的才具與力量所能勝任的事情。——我不得不在傷心的隱忍中找棲身！固然我曾發願要超臨這些禍害，但又如何可能？

是的，阿門達，倘六個月內我的病不能告痊，我要求你丟下一切而到我這裡來。那時我將旅行（我的鋼琴演奏和作曲還不很受到殘廢的影響，只有在與人交際時才特別不行），你將做我的旅伴：我確信幸福不會缺少，現在有什麼東西我不能與之一較短長？自你走後，我什麼都寫，連歌劇和宗教音樂都有。是的，你是不會拒絕的，你會幫助你的朋友擔受他的疾病和憂慮。我的鋼琴演奏也大有進步，我也希望這旅行能使你愉快。然後，你永久留在我身旁。

131. 斯特凡・馮・布羅伊寧。
132. 疑係指茲梅什卡爾，他在維也納當宮廷秘書，對貝多芬極忠誠。

——你所有的信我全收到；雖然我覆信極少，你始終在我眼前；我的心也以同樣的溫情為你跳動著。——關於我聽覺的事，請嚴守秘密，對誰都勿提。——多多來信。即使幾行也能使我安慰和得益。希望不久就有信來，我最親愛的朋友。——我沒有把你的四重奏[133]寄給你，因為從我知道正式寫作四重奏之後，已把它大為修改：將來你自己會看到的。——如今，別了，親愛的好人！倘我能替你做些使你愉快的事，不用說你當告訴忠實的貝多芬，他是真誠地愛你的。

133. 作品第十八號之一。

貝多芬致弗蘭茨·韋格勒書

維也納，一八〇一年六月二十九日

我的親愛的好韋格勒，多謝你的關注！我真是不該受，而且我的行為也不配受你的關注；然而你竟如此好心，即是我不可原恕的靜默也不能使你沮喪，你永遠是忠實的、慈悲的、正直的朋友。——說我能忘記你，忘記你們，忘記我如是疼愛、如是珍視的你們，不，這是不可信的！有時我熱烈地想念你們，想在你們旁邊消磨若干時日。——我的故鄉，我出生的美麗的地方，至今清清楚楚地在我眼前，和我離開你們時一樣。當我能重見你們，向我們的父親萊茵致敬時，將是我一生最幸福的歲月的一部分。——何時能實現，我還不能確言。——至少我可告訴你們，那時你將發覺我更長大：不說在藝術方面，而是在為人方面，你們將發覺我更善良、更完滿。如果我們的國家尚未有何進步，我的藝術應當用以改善可憐的人們的命運……

你要知道一些我的近況，那麼，還不壞。從去年起，李希諾夫斯基（雖然我對你說了你還覺得難於相信）一直是我最熱烈的朋友，——我們中間頗有些小小的誤會，但更加強了我們的友誼——他給我每年六百弗洛令的津貼，直到將來我找到一個相當的美事時為止。

我的樂曲替我掙了不少錢，竟可說人家預訂的作品使我有應接不暇之勢。每件作品有六七個出版商爭著要。人家不再跟我還價了；我定了一個價目，人家便照付。你瞧這多美妙。譬如我看見一個朋友陷入窘境，倘我的錢袋不夠幫助他，我只消坐在書桌前面，頃刻之間便解決了他的困難。——我也比從前更省儉了……

不幸，嫉妒的惡魔，我的羸弱的身體，竟來和我作難。三年以來，我的聽覺逐漸衰退。這大概受我肚子不舒服的影響，那是你知道我以前已經有過，而現在更加惡劣的；因為我不斷地泄瀉，接著又是極度的衰弱。法朗克想把補藥來滋補我，用薄荷油來醫治我的耳朵。可是一無用處；聽覺越來越壞，肚子也依然如故。這種情形一直到去年秋天，那時我常常陷於絕望。一個其蠢似驢的醫生勸我洗冷水浴；另一個比較聰明的醫生，勸我到多瑙河畔去洗溫水浴——這倒大為見效。肚子好多了，但我的耳朵始終如此，或竟更惡化。

去年冬天，我的身體簡直糟透：我患著劇烈的腹痛，完全是復病的樣子。這樣一直到上個月，我去請教韋林；因為我想我的病是該請外科醫生診治的，而且我一直相信他。他差不多完全止住我的泄瀉，又勸我洗溫水浴，水裡放一些健身的藥酒；他不給我任何藥物，直到四天前才給我一些治胃病藥丸和治耳朵的一種茶。我覺得好了一些，身體也強壯了些；只有耳朵轟轟作響，日夜不息。兩年來我躲避一切交際，我不能對人說：「我是聾子。」倘我幹著別種職業，也許還可以；但在我的行當裡，這是可怕的遭遇。敵人們將怎麼說呢，而且他們的數目又是相當可觀！

使你對我這古怪的耳聾有個概念起計，我告訴你，在戲院內我得坐在貼近樂隊的地方才能懂得演員的說話。我聽不見樂器和歌唱的高音，假如座位稍遠的話。在談話裡，有些人從未覺察我的病，真是奇怪。人家柔和地談話時，我勉強聽到一些；是的，我聽到聲音，卻聽不出字句；但當人家高聲叫喊時，我簡直痛苦難忍了。結果如何，只有老天知道。韋林說一定會好轉，即使不能完全復原。——我時常詛咒我的生命和我的造物主。普盧塔克教我學習隱忍，我卻要和我的命運挑戰，只要可能；但有些時候我竟是上帝最可憐的造物。

——我求你勿把我的病告訴任何人，連對洛亨都不要說；我是把這件事情當作秘密般交托給你的。你能寫信給韋林討論這個問題，我很高興。倘我的現狀要持續下去，我將在明春到你身邊來；你可在什麼美麗的地方替我租一所鄉下屋子，我願重做六個月的鄉下人。也許這對我有些好處。隱忍！多傷心的棲留所！然而這是我唯一的出路！——原諒我在你所有的煩惱中再來加上一重友誼的煩惱。

斯特凡•布羅伊寧此刻在這裡，我們幾乎天天在一起。回念當年的情緒，使我非常安慰！他已長成為一個善良而出色的青年，頗有些智識，（且像我們一樣，）心地很純正。……

我也想寫信給洛亨。即使我毫無音信，我也沒有忘掉你們之中任何一個，親愛的好人們；但是寫信，你知道，素來非我所長，我最好的朋友都成年累月的接不到我一封信。我只在音符中過生活；一件作品才完工，另一件又已開始。照我現在的工作方式，我往往同時寫著三四件東西。——時時來信吧，我將尋出一些時間來回答你。替我問候大家……

別了，我的忠實的好韋格勒。相信你的貝多芬的情愛與友誼。

致韋格勒書

維也納，一八〇一年十一月十六日

我的好韋格勒！謝謝你對我表示的新的關切，尤其因為我的不該承受。——你要知道我身體怎樣，需要什麼。雖然談論這個問題於我是那麼不快，但我極樂意告訴你。

韋林幾個月來老把發泡藥塗在我的兩臂上……這種治療使我極端不快；痛苦是不必說，我還要一兩天不能運用手臂……得承認耳朵裡的轟轟聲比從前輕減了些，尤其是左耳，那最先發病的一隻；但我的聽覺，迄今為止絲毫沒有改善，我不敢決定它是否變得更壞。——肚子好多了；特別當我洗了幾天溫水浴後，可有八天或十天的舒服。

每隔多少時候，我服用一些強胃的藥；我也遵從你的勸告，把草藥敷在腹上。——韋林不願我提到淋雨浴。此外我也不大樂意他。他對於這樣的一種病實在太不當心、太不周到了，倘我不到他那邊去，——而這於我又是多費事——就從來看不見他。——你想施密特如何？我不是樂於換醫生；但似乎韋林太講究手術，不肯從書本上去補充他的學識。在這一點上施密特顯得完全兩樣，也許也不像他那麼大意。人家說直流電有神效，你以為怎樣？有一個醫生告訴我，他看見一個聾而且啞的孩子恢復聽覺，一個聾了七年的人也醫好。——我正聽說施密特在這方面有過經驗。

我的生活重又愉快了些，和人們來往也較多了些。你簡直難於相信我兩年來過的是何等孤獨與悲哀的生活。我的殘疾到處擋著我，好似一個幽靈，而我逃避著人群。旁人一定以為我是憎惡人類，其實我並不如此！——如今的變化，是一個親愛的、可人的姑娘促成的；她愛我，我也愛她；這是兩年來我重又遇到的幸福的日子，也是第一次我覺得婚姻可能給人幸福。不幸，她和我境況不同；而現在，老實說我還不能結婚，還得勇敢地掙扎一下才行。

要不是為了我的聽覺，我早已走遍半個世界；而這是我應當做的。——琢磨我的藝術，在人前表現：對我再沒更大的愉快了。——勿以為我在你們家裡會快樂。誰還能使我快樂呢？連你們的殷勤，於我都將是一種重負：我將隨時在你們臉上看到同情的表示，使我更苦惱。——我故園的美麗的鄉土，什麼東西在那裡吸引我呢？不過是環境較好一些的希望罷了；而這個希望，倘沒有這病，早已實現的了！

噢！要是我能擺脫這病魔，我願擁抱世界！我的青春，是的，我覺得它不過才開始；我不是一向病著嗎？近來我的體力和智力突飛猛進。我窺見我不能加以肯定的目標，我每天都更迫近它一些。唯有在這種思想裡，你的貝多芬方能存活。一些休息都沒有！——除了睡眠以外，我不知還有什麼休息；而可憐我對睡眠不得不花費比從前更多的時間。但願我能在疾病中解放出一半，那時候，我將以一個更能自主、更成熟的人的姿態，來到你們面前，加強我們永久的友誼。

我應當盡可能地在此世得到幸福，——決不要苦惱。——不，這是我不能忍受的！我要扼住命運的咽喉。它絕不能使我完全屈服。——噢！能把生命活上千百次真是多美！——我非生來過恬靜的日子的。

……替我向洛亨致千萬的情意……你的確有些愛我的，不是嗎？相信我的情愛和友誼。

你的貝多芬

韋格勒與埃萊奧諾雷致貝多芬書[134]

科布倫茨，一八二五年十二月二十八日

親愛的老友路德維希：

在我送里斯[135]的十個兒子之一上維也納的時候，不由不想起你。從我離開維也納二十八年以來，如果你不曾每隔兩月接到一封長信，那麼你該責備在我給你最後兩信以後的你的緘默。這是不可以的，尤其是現在；因為我們這班老年人多樂意在過去中討生活，我們最大的愉快莫過於青年時代的回憶。至少對於我，由於你的母親（上帝祝福她！）之力而獲致的對你的認識和親密的友誼，是我一生光明的一點，為我樂於回顧的……我遠遠裡矚視你時，彷彿矚視一個英雄似的，我可以自豪地說：「我對他的發展並非全無影響，他曾對我吐露他的願意和幻夢；後來當他常常被人誤解時，我才明白他的志趣所在。」

感謝上帝使我能和我的妻子談起你，現在再和我的孩子們談起你！對於你，我岳母的家比你自己的家還要親切，尤其從你高貴的母親死後。再和我們說一遍呀：「是的，在歡樂中，在悲哀

134. 作者認為在此插入以下兩封書信並非沒有意義，因為它們表現出這些卓越的人物——貝多芬最忠實的朋友，而且從朋友身上更可以認識貝多芬的面目。——譯注

135. 按里斯（1784—1838）為德國鋼琴家兼作曲家。——譯注

中，我都想念你們。」一個人即使像你這樣升得高，一生也只有一次幸福：就是年輕的時光。波恩，克羅伊茨貝格，戈德斯貝格，佩比尼哀，等等，應該是你的思念歡欣地眷戀的地方。

現在我要對你講起我和我們，好讓你寫覆信時有一個例子。

一七九六年從維也納回來之後，我的境況不大順利。好幾年中我只靠了行醫糊口；而在此可憐的地方，直要經過多少年月我才差堪溫飽。以後我當了教授，有了薪給，一八〇二年結了婚。一年以後我生了一個女兒，至今健在，教育也受完全了。她除了判斷正直以外，稟受著她父親清明的氣質，她把貝多芬的奏鳴曲彈奏得非常動人。在這方面她不值得什麼稱譽，那完全是靠天賦。一八〇七年，我有了一個兒子，現在柏林學醫。四年之內，我將送他到維也納來：你肯照顧他嗎？……今年八月裡我過了六十歲的生辰，來了六十位左右的朋友和相識，其中有城裡第一流的人物。從一八〇七年起，我住在這裡，如今我有一座美麗的屋子和一個很好的職位。上司對我表示滿意，國王頒賜勳章和封綬。洛亨和我，身體都還不差。——好了，我已把我們的情形完全告訴了你，輪到你了！……

你永遠不願把你的目光從聖艾蒂安教堂[136]上移向別處嗎？旅行不使你覺得愉快嗎？你不願再見萊茵了嗎？——洛亨和我，向你表示無限懇切之意。

你的老友 韋格勒

科布倫茨，一八二五年十二月二十九日

136. 按係維也納名教堂之一。——譯注

親愛的貝多芬，多少年來親愛的人！要韋格勒重新寫信給您是我的願望。——如今這願望實現以後，我認為應當添加幾句，——不但為特別使您回憶我，而且為加重我們的請求，問你是否毫無意思再見萊茵和您的出生地，並且給韋格勒和我最大的快樂。

我們的朗亨[137]感謝您給了她多少幸福的時間；——她多高興聽我們談起您；她詳細知道我們青春時代在波恩的小故事，——爭吵與和好……她將多少樂意看見您！——不幸這妮子毫無音樂天才；但她曾用過不少功夫，那麼勤奮，那麼有恆，居然能彈奏您的奏鳴曲和變奏曲等等了；又因音樂對於韋始終是最大的安慰，所以她給他消磨了不少愉快的光陰。

尤利烏斯頗有音樂才具，但目前還不知用功，——六個月以來，他很快樂地學習著大提琴；既然柏林有的是好教授，我相信他能有進步。——兩個孩子都很高大，像父親；韋至今保持著的——感謝上帝！——和順與快活的心情，孩子們也有。韋最愛彈您的變奏曲裡的主題；老人們自有他們的嗜好，但他也奏新曲，而且往往用著難以置信的耐性。——您的歌，尤其為他愛好；韋從沒有進他的房間而不坐上鋼琴的。

因此，親愛的貝多芬，您可看到，我們對您的思念是多麼鮮明、多麼持久。——但望您告訴我們，說這對您多少有些價值，說我們不曾被您完全忘懷。——要不是我們最熱望的意願往往難於實現的話，我們早已到維也納我的哥哥家裡來探望您了；但這旅行是不能希望的了，因為我們的兒子現在柏林。韋已把我們的情況告訴了您：——我們是不該抱怨的了。——對於我們，連最艱難的時代也比對多數其餘的人好得多。最大的幸福是我們身體健康，有著很好而純良的兒女。是的，

137. 按係她的女兒。——譯注

他們還不曾使我們有何難堪，他們是快樂的、善良的孩子。朗亨只有一樁大的悲傷，即當我們可憐的布林沙伊德死去的時候，——那是我們大家不會忘記的。別了，親愛的貝多芬，請您用慈悲的心情想念我們吧。

埃萊奧諾雷・韋格勒

貝多芬致韋格勒書[138]

維也納，一八二六年十二月七日

親愛的老朋友！

你和你洛亨的信給了我多少歡樂，我簡直無法形容。當然我應該立刻回覆的；但我生性疏懶，尤其在寫信方面，因為我想最好的朋友不必我寫信也能認識我。我在腦海裡常常答覆你們；但當我要寫下來時，往往我把筆丟得老遠，因為我不能寫出我的感覺。我記得你一向對我表示的情愛，譬如你教人粉刷我的房間，使我意外地歡喜了一場。我也不忘布羅伊寧一家。彼此分離是事理之常：各有各的前程要趲奔；就只永遠不能動搖的為善的原則，把我們永遠牢固地連在一起。不幸今天我不能稱心如意地給你寫信，因為我躺在床上……

你的洛亨的倩影，一直在我的心頭，我這樣說是要你知道，我年輕時代一切美好和心愛的成分於我永遠是寶貴的。

……我的箴言始終是：無日不動筆；如果我有時讓藝術之神瞌睡，也只為要使它醒後更興奮。我還希望再留幾件大作品在世界上，然後和老小孩一般，我將在一些好人中間結束我塵世的

138. 貝多芬答覆韋格勒夫婦的信，已在十個月之後；可見當時的朋友，即使那樣地相愛，他們的情愛也不像我們今日這樣地急切。

途程。[139]

……在我獲得的榮譽裡面，——因為知道你聽了會高興，所以告訴你——有已故的法王贈我的勳章，鐫著「王贈予貝多芬先生」；此外還附有一封非常客氣的信，署名的是「王家侍從長，夏特勒大公」。

親愛的朋友，今天就以這幾行為滿足吧。過去的回憶充滿我的心頭，寄此信的時候，我禁不住涕淚交流。這不過是一個引子，不久你可接到另一封信；而你來信越多，就越使我快活。這是無須疑惑的，當我們的交誼已到了這個田地的時候。別了。請你溫柔地為我擁抱你親愛的洛亨和孩子們。想念我啊。但願上帝與你們同在！

永遠尊敬你的，忠實的、真正的朋友。

貝多芬

139. 貝多芬毫未想到那時他所寫的，作品第一三〇號的四重奏的改作的終局部分，已是他最後的作品。那時他在兄弟家裡，在多瑙河畔小鎮上。

致韋格勒書

維也納，一八二七年二月十七日

我的正直的老友！

我很高興地從布羅伊寧那裡接到你的第二封信。我身體太弱，不能作覆；但你可想到，你對我所說的一切都是我歡迎而渴望的。至於我的復原，如果我可這樣說的話，還很遲緩；雖然醫生們沒有說，我猜到還需施行第四次手術。我耐著性子，想道：一切災難都帶來幾分善……今天我還有多少話想對你說！但我太弱了：除了在心裡擁抱你和你的洛亨以外，什麼都無能為力。你的忠實的老朋友對你和你一家表示真正的友誼和眷戀。

貝多芬

貝多芬致莫舍勒斯書[140]

維也納，一八二七年三月十四日

我的親愛的莫舍勒斯：

……二月十七日，我受了第四次手術；現又發現確切的徵象，需要不久等待第五次手術。長此以往，這一切如何結束呢？我將臨到些什麼？——我的一份命運真是艱苦已極。但我聽任命運安排，只求上帝，以它神明的意志讓我在生前受著死的磨難的期間，不再受生活的窘迫。這可使我有勇氣順從著至高的神的意志去擔受我的命運，不論它如何艱苦，如何可怕。

……您的朋友

L・V・貝多芬

---

140. 貝多芬此時快要不名一文了，他寫信給倫敦的音樂協會和當時在英國的莫舍勒斯，要求他們替他舉辦一個音樂會籌一筆款子。倫敦的音樂協會慷慨地立即寄給他一百鎊作為預支。貝多芬衷心感動。據一個朋友說：「他收到這封信的時候，合著雙手，因快樂與感激而號啕大哭起來，在場的人都為之心碎。」感動之下，舊創又迸發了，但他還要念出信稿，教人寫信去感謝「豪俠的英國人分擔他悲慘的命運」；他答應他們製作一支大曲——《第十交響曲》，一支前奏曲，還有聽他們指定就是。他說：「我將心中懷著從未有過的熱愛替他們寫作那些樂曲。」這封覆信是三月十八日寫的。同月二十六日他就死了。

思想錄

關於音樂

沒有一條規律不可為獲致「更美」的效果起計而破壞。

音樂當使人類的精神爆出火花。

音樂是比一切智慧、一切哲學更高的啟示……誰能參透我音樂的意義，便能超脫尋常人無以振拔的苦難。

（一八一〇年致貝蒂娜）

最美的事，莫過於接近神明而把它的光芒散播於人間。

為何我寫作？——我心中所蘊蓄的必得流露出來，所以我才寫作。

你相信嗎：當神明和我說話時，我是想著一架神聖的提琴，而寫下它所告訴我的一切。

（致舒潘齊希）

照我作曲的習慣，即在製作器樂的時候，我眼前也擺好著全部的輪廓。

（致特賴奇克）

不用鋼琴而作曲是必須的……慢慢地可以養成一種機能，把我們所願望的、所感覺的，清清楚楚映現出來，這對於高貴的靈魂是必不可少的。

（致奧太子魯道夫）

描寫是屬於繪畫的。在這一方面，詩歌和音樂比較之下，也可說是幸運的了；它的領域不像我的那樣受限制。但另一方面，我的領土在旁的境界內擴張得更遠，人家不能輕易達到我的王國。

（致威廉・格哈得）

自由與進步是藝術的目標，如在整個人生中一樣。即使我們現代人不及我們祖先堅定，至少有許多事情已因文明的精煉而大為擴張。

（致奧太子魯道夫）

我的作品一經完成，就沒有再加修改的習慣。因為我深信部分的變換足以改易作品的性格。

（致湯姆森）

除了「榮耀歸主」和類乎此的部分以外，純粹的宗教音樂只能用聲樂來表現。所以我最愛帕萊斯特里納；但沒有他的精神和他的宗教觀念而去模仿他，是荒謬的。

（致大風琴手弗羅伊登貝格）

當你的學生在琴上指法適當、節拍準確、彈奏音符也相當合拍時，你只需留心風格，勿在小錯失上去阻斷他，而只等一曲終了時告訴他。——這個方法可以養成「音樂家」，而這是音樂藝術的第一個目的。[141]……至於表現技巧的篇章，可使他輪流運用全部手指……當然，手指用得較少時可以獲得人家所謂「圓轉如珠」的效果，但有時我們更愛別的寶物。

（致鋼琴家車爾尼）

在古代大師裡，唯有德國人韓德爾和賽巴斯蒂安•巴赫真有天才。

（一八一九致魯道夫）

141. 一八〇九年特雷蒙男爵曾言：「貝多芬的鋼琴技術並不準確，指法往往錯誤，音的性質也被忽視。但誰會想到他是一個演奏家呢？人家完全沉浸在他的思想裡，至於表現思想的他的手法，沒有人加以注意。」

我整個的心為著賽巴斯蒂安•巴赫的偉大而崇高的藝術跳動，他是和聲之王。

（一八〇一年致霍夫邁斯特）

我素來是最崇拜莫札特的人，直到我生命的最後一刻，我還是崇拜他的。

（一八二六年致神甫斯塔德勒）

我敬重您的作品，甚於一切旁的戲劇作品。每次我聽到您的一件新作時，我總是非常高興，比對我自己的更感興趣：總之，我敬重您，愛您……您將永遠是我在當代的人中最敬重的一個。如果您肯給我幾行，您將給我極大的快樂和安慰。藝術結合人類，尤其是真正的藝術家們；也許您肯把我歸入這個行列之內。[142]

（一八二三年致凱魯比尼）

---

142. 這封信，我們以前提過，凱魯比尼置之不理。

關於批評

在藝術家的立場上，我從沒對別人涉及我的文字加以注意。

（一八二五年致肖特）

我和伏爾泰一樣地想：「幾個蒼蠅咬幾口，絕不能羈留一匹英勇的奔馬。」

（一八二六年致克萊因）

至於那些蠢貨，只有讓他們去說。他們的嚼舌絕不能使任何人不朽，也絕不能使阿波羅指定的人喪失其不朽。

（一八〇一致霍夫邁斯特）

附錄：貝多芬的作品及其精神

傅雷

一　貝多芬與力

十八世紀是一個兵連禍結的時代，也是歌舞昇平的時代；是古典主義沒落的時代，也是新生運動萌芽的時代——新陳代謝的作用在歷史上從未停止：最混亂最穢濁的地方就有鮮豔的花朵在探出頭來。法蘭西大革命，展開了人類史上最驚心動魄的一頁：十九世紀！多悲壯，多燦爛！彷彿所有的天才都降生在一時期……從拿破崙到俾斯麥，從康得到尼采，從歌德到左拉，從達維德到塞尚，從貝多芬到俄國五大家；北歐多了一個德意志，南歐多了一個義大利，民主和專制的搏鬥方終，社會主義的殉難生活已經開始：人類幾曾在一百年中走過這麼長的路！而在此波瀾壯闊、峰巒重疊的旅程的起點，照耀著一顆巨星：貝多芬。在音響的世界中，他預言了一個民族的復興——德意志聯邦，他象徵著一世紀中人類活動的基調——力！

一個古老的社會崩潰了，一個新的社會在醞釀中。在青黃不接的過程內，第一先得解放個人。（這是文藝復興發軔而未完成的基業。）反抗一切約束，爭取一切自由的個人主義，是未來世界的先驅。各有各的時代。第一是：我！然後是：社會。

要肯定這個「我」，在帝王與貴族之前解放個人，使他們承認個個人都是帝王貴族，或個個帝王貴族都是平民，就須先肯定「力」，把它栽培、扶養、提出、具體表現，使人不得不接受。每個自由的「我」要指揮。倘他不能在行動上，至少能在藝術上指揮。倘他不能征服王國，像拿破崙；至少他要征服心靈、感覺和情操，像貝多芬。

是的，貝多芬與力，這是一個天生就的題目。我們不在這個題目上做一番探討，就難能瞭解他的作品及其久遠的影響。

從羅曼・羅蘭所作的傳記裡，我們已熟知他運動家般的體格。平時的生活除了過度艱苦以外，沒有旁的過度足以摧毀他的健康。健康是他最珍視的財富，因為它是一切「力」的資源。當時見過他的人說「他是力的化身」，當然這是含有肉體與精神雙重的意義的。他的幾件無關緊要的性的冒險，[143]既未減損他對於愛情的崇高理想，也未減損他對於肉欲的控制力。他說：「要是我犧牲了我的生命力，還有什麼可以留給高貴與優越？」

力，是的，體格的力，道德的力，是貝多芬的口頭禪。「力是那班與尋常人不同的人的道德，也便是我的道德。」[144]這種論調分明已是「超人」的口吻。而且在他三十歲前後，過於充溢的力未免有不公平的濫用。不必說他暴烈的性格對身分高貴的人要不時爆發，即對他平輩或下級的人也有枉用的時候。他胸中滿是輕蔑：輕蔑弱者，輕蔑愚昧的人，輕蔑大眾，（然而他又是熱愛人類的

143. 這一點，我們無須為他隱諱。傳記裡說他終身童貞的話是靠不住的，羅曼・羅蘭自己就修正過。貝多芬一八一六年的日記內就有過性關係的記載。

144. 一八〇〇年語。

人！）甚至輕蔑他所愛好而崇拜他的人。[145]在他青年時代幫他不少忙的李希諾夫斯基親王的母親，曾有一次因為求他彈琴而下跪，他非但拒絕，甚至在沙發上立也不立起來。後來他和李希諾夫斯基親王反目，臨走時留下的條子是這樣寫的：「親王，您之為您，是靠了偶然的出身；我之為我，是靠了我自己。親王們現在有的是，將來也有的是。至於貝多芬，卻只有一個。」這種驕傲的反抗，不獨用來對另一階級和同一階級的人，且也用來對音樂上的規律：

——「照規則是不許把這些和絃連用在一塊的……」人家和他說。

——「可是我允許。」他回答。

然而讀者切勿誤會，切勿把常人的狂妄和天才的自信混為一談，也切勿把力的過剩的表現和無理的傲慢視同一律。以上所述，不過是貝多芬內心蘊蓄的精力，因過於豐滿之故而在行動上流露出來的一方面；而這一方面，——讓我們說老實話——也並非最好的一方面。缺陷與過失，在偉人身上也仍然是缺陷與過失。而且貝多芬對世俗、對旁人儘管傲岸不遜，對自己卻竭盡謙卑。當他對車爾尼談著自己的缺點和教育的不夠時，歎道：「可是我並非沒有音樂的才具！」二十歲時摒棄的大師，他四十歲上把一個一個的作品重新披讀。晚年他更說：「我才開始學得一些東西……」青年時，朋友們向他提起他的聲名，他回答說：「無聊！我從未想到聲名和榮譽而寫作。我心坎裡的東西要出來，所以我才寫作！」[146]

可是他精神的力，還得我們進一步去探索。

大家說貝多芬是最後一個古典主義者，又是最先一個浪漫主義者。浪漫主義者，不錯，在表

145.在他致阿門達牧師信內，有兩句說話便是誣衊一個對他永遠忠誠的朋友的。參看《書信集》。

146.這是車爾尼的記載。——這一段希望讀者，尤其是音樂青年，作為座右銘。

現為先、形式其次上面，在不避劇烈的情緒流露上面，在極度的個人主義上面，他是的。但浪漫主義的感傷氣氛與他完全無緣，他生平最厭惡女性的男子。和他性格最不相容的是沒有邏輯和過分誇張的幻想。

他是音樂家中最男性的。羅曼・羅蘭甚至不大受得了女子彈奏貝多芬的作品，除了極少的例外。他的鋼琴即興，素來被認為具有神奇的魔力。當時極優秀的鋼琴家里斯和車爾尼輩都說：「除了思想的特異與優美之外，表情中間另有一種異乎尋常的成分。」他賽似狂風暴雨中的魔術師，會從「深淵裡」把精靈呼召到「高峰上」。聽眾號啕大哭，他的朋友雷夏爾特流了不少熱淚，沒有一雙眼睛不濕……當他彈完以後看見這些淚人兒時，他聳聳肩，放聲大笑道：「啊，瘋子！你們真不是藝術家。藝術家是火，他是不哭的。」[147]

又有一次，他送一個朋友遠行時，說：「別動感情。在一切事情上，堅毅和勇敢才是男兒本色。」這種控制感情的力，是大家很少認識的！「人家想把他這株橡樹當作蕭颯的白楊，不知蕭颯的白楊是聽眾。他是力能控制感情的。」[148]

音樂家，光是做一個音樂家，就需要有對一個意念集中注意的力，需要西方人特有的那種控制與行動的鐵腕：因為音樂是動的構造，所有的部分都得同時抓握。他的心靈必須在靜止（immobilité）中做疾如閃電的動作。清明的目光，緊張的意志，全部的精神，都該超臨在整個夢境之上。那麼，在這一點上，把思想抓握得如是緊密、如是恒久、如是超人式的，恐怕沒有一個音樂家可和貝多芬相比。因為沒有一個音樂家有他那樣堅強的力。他一朝握住一個意念時，不到

147. 以上都見車爾尼記載。
148. 羅曼・羅蘭語。

把它佔有絕不放手。他自稱那是「對魔鬼的追逐」。——這種控制思想、左右精神的力，我們還可從一個較為浮表的方面獲得引證。早年和他在維也納同住過的賽弗里德曾說：「當他聽人家一支樂曲時，要在他臉上去猜測贊成或反對是不可能的；他永遠是冷冷的，一無動靜。精神活動是內在的，而且是無時或息的；但軀殼只像一塊沒有靈魂的大理石。」

要是在此靈魂的探險上更往前去，我們還可發現更深邃、更神化的面目。如羅曼・羅蘭所說的：提起貝多芬，不能不提起上帝[149]。貝多芬的力不但要控制肉欲、控制感情、控制思想、控制作品，且竟與運命挑戰、與上帝搏鬥。

「他可把神明視為平等，視為他生命中的伴侶，被他虐待的；視為磨難他的暴君，被他詛咒的；再不然把它認為他的自我之一部，或是一個冷酷的朋友、一個嚴厲的父親……而且不論什麼，只要敢和貝多芬對面，他就永不和它分離。一切都會消逝，他卻永遠在它面前。貝多芬向它哀訴，向它怨艾，向它威逼，向它追問。內心的獨白永遠是兩個聲音的。從他初期的作品起[150]，我們就聽見這些兩重靈魂的對白，時而協和，時而爭執，時而扭毆，時而擁抱……但其中之一總是主子的聲音，絕不會令你誤會。」[151]

倘沒有這等持久不屈的「追逐魔鬼」、撾住上帝的毅力，他哪還能在《海林根施塔特遺囑》之後再寫《英雄交響曲》和《命運交響曲》？哪還能戰勝一切疾病中最致命的——耳聾？

耳聾，對平常人是一部分世界的死滅，對音樂家是整個世界的死滅。整個的世界死滅了而貝

149. 注意：此處所謂上帝係指十八世紀泛神論中的上帝。
150. 作品第九號之三的三重奏的Allegro，作品第十八號之四的四重奏的第一章，及《悲愴奏鳴曲》等。
151. 以上引羅曼・羅蘭語。

多芬不曾死！並且他還重造那已經死滅的世界，重造音響的王國，不但為他自己，而且為著人類，為著「可憐的人類」！這樣一種超生和創造的力，只有自然界裡那種無名的、原始的力可以相比。在死亡包裹著一切的大沙漠中間，唯有自然的力才能給你一片水草！

一八〇〇年，十九世紀第一頁。那時的藝術界，正如行動界一樣，是屬於強者而非屬於微妙的機智的。誰敢保存他本來面目，誰敢威嚴地主張和命令，社會就跟著他走。個人的強項，直有吞噬一切之勢；並且有甚於此的是，個人還需要把自己溶化在大眾裡，溶化在宇宙裡。所以羅曼・羅蘭把貝多芬和上帝的關係寫得如是壯烈，絕不是故弄玄妙的文章，而是窺透了個人主義的深邃的意識。

藝術家站在「無意識界」的最高峰上，他說出自己的胸懷，結果是唱出了大眾的情緒。貝多芬不曾下功夫去認識的時代意識，時代意識就在他自己的思想裡。拿破崙把自由、平等、博愛當作幌子踏遍了歐洲，實在還是替整個時代的「無意識界」做了代言人。感覺早已普遍散佈在人們心坎間，雖有傳統、盲目的偶像崇拜，竭力高壓也是徒然，藝術家遲早會來揭幕！《英雄交響曲》！即在一八〇〇年以前，少年貝多芬的作品，對於當時的青年音樂界，也已不下於《少年維特之煩惱》那樣地誘人。[152] 然而《第三交響曲》是第一聲洪亮的信號。力解放了個人，個人解放了大眾，——自然，這途程還長得很，有待於我們，或以後幾代的努力；但力的化身已經出現過，悲壯的例子寫定在歷史上，目前的問題不是否定或爭辯，而是如何繼續與完成……

當然，我不否認力是巨大無比的，巨大到可怕的東西。普羅米修士的神話存在了已有二十餘

152. 莫舍勒斯說他少年時在音樂院裡私下問同學借抄貝多芬的《悲愴奏鳴曲》，因為教師是絕對禁止「這種狂妄的作品」的。

世紀。使大地上五穀豐登、果實纍纍的，是力；移山倒海，甚至使星球擊撞的，也是力！在人間如在自然界一樣，力足以推動生命，也能促進死亡。兩個極端擺在前面：一端是和平、幸福、進步、文明、美，一端是殘殺、戰爭、混亂、野蠻、醜惡。具有「力」的人宛如執握著一個轉折乾坤的鐘擺，在這兩極之間擺動。往哪兒去？……瞧瞧先賢的足跡吧。貝多芬的力所推動的是什麼？鍛煉這股力的洪爐又是什麼？——受苦，奮鬥，為善。沒有一個藝術家對道德的修積，像他那樣地兢兢業業；也沒有一個音樂家的生涯，像貝多芬這樣地酷似一個聖徒的行述。天賦給他的曠野的力，他早替它定下了方向。它是應當奉獻於同情、憐憫、自由的，它是應當教人隱忍、捨棄、歡樂的。對苦難、命運，應當用「力」去反抗和征服；對人類，應當用「力」去鼓勵，去熱烈地愛。——所以《彌撒曲》裡的泛神氣息，代卑微的人類呼籲，為受難者歌唱……《第九交響曲》裡的歡樂頌歌，又從痛苦與鬥爭中解放了人，擴大了人。解放與擴大的結果，人與神明迫近，與神明合一。那時候，力就是神，力就是力，無所謂善惡，無所謂衝突，力的兩極性消滅了。人已超臨了世界，跳出了萬劫，生命已經告終，同時已經不朽！這才是歡樂，才是貝多芬式的歡樂！

二　貝多芬的音樂建樹

現在，我們不妨從高遠的世界中下來，看看這位大師在音樂藝術內的實際成就。

在這件工作內，最先仍須從回顧以往開始。一切的進步只能從比較上看出。十八世紀是講究說話的時代，在無論何種藝術裡，這是一致的色彩。上一代的古典精神至此變成纖巧與雕琢的形式主義，內容由微妙而流於空虛，由富麗而陷於貧弱。不論你表現什麼，第一要「說得好」，要巧妙、雅致。藝術品的要件是明白、對稱、和諧、中庸；最忌狂熱、真誠、固執，那是「趣味惡劣」的表現。

海頓的宗教音樂也不容許有何種神秘的氣氛，它是空洞的、世俗氣極濃的作品。因為時尚所需求的彌撒曲，實際只是一個變相的音樂會；由歌劇曲調與悅耳的技巧表現混合起來的東西，才能引起聽眾的趣味。流行的觀念把人生看作肥皂泡，只顧享受和鑒賞它的五光十色，而不願參透生與死的神秘。所以海頓的旋律是天真地、結實地構成的，所有的樂句都很美妙和諧；它特別魅惑你的耳朵，滿足你的智的要求，卻從無深切動人的言語訴說。即使海頓是一個善良的、虔誠的「好爸爸」，也逃不出時代感覺的束縛：缺乏熱情。幸而音樂在當時還是後起的藝術，連當時那麼濃厚的頹廢色彩都阻遏不了它的生機。

十八世紀最精彩的面目和最可愛的情調，還找到一個曠世的天才做代言人：莫札特。他除了歌劇以外，在交響樂方面的貢獻也不下於海頓，且在精神方面還更走前了一步。音樂之作為心理描寫是從他開始的。他的《G小調交響曲》在當時批評界的心目中已是艱澀難解（！）之作。但他的溫柔與嫵媚，細膩入微的感覺，勻稱有度的體裁，我們仍覺是舊時代的產物。

而這是不足為奇的。時代精神既還有最後幾朵鮮花需要開放，音樂曲體大半也還在摸索著路子。所謂古奏鳴曲的形式，確定了不過半個世紀。最初，奏鳴曲的第一章只有一個主題（thème），後來才改用兩個基調（tonalité）不同而互有關聯的兩個主題。當古典奏鳴曲的形式確定以後，就成為三鼎足式的對稱樂曲，主要以三章構成，即：快——慢——快。第一章 Allegro 本身又含有三個步驟：（一）破題（exposition），即披露兩個不同的主題；（二）發展

（**développement**），把兩個主題做種種複音的配合，做種種的分析或綜合——這一節是全曲的重心；（三）複題（**récapitulation**），重行披露兩個主題，而第二主題（亦稱副句，第一主題亦稱主句）以和第一主題相同的基調出現，因為結論總以第一主題的基調為本。（這第一章部分稱為奏鳴曲典型：**forme-sonate**。）第二章 **Andante** 或 **Adagio**，或 **Larghetto**，以歌（**Lied**）體或變奏曲（**Variation**）寫成。第三章 **Allegro** 或 **Presto**，和第一章同樣用兩句三段組成；再不然是 **Rondo**，由許多複奏（**répétition**）組成，而用對比的次要樂句做穿插。這就是三鼎足式的對稱。但第二與第三章間，時或插入 Menuet 舞曲。

這個格式可說完全適應著時代的趣味。當時的藝術家首先要使聽眾對一個樂曲的每一部分都感興味，而不為單獨的任何部分著迷。（所以特別重視均衡。）第一章 **Allegro** 的美的價值，特別在於明白、均衡和有規律：不同的樂旨總是對比的，每個樂旨總在規定的地方出現，它們的發展全在典雅的形式中進行。

第二章 **Andante**，則來撫慰一下聽眾微妙精練的感覺，使全曲有些優美柔和的點綴；然而一切劇烈的表情是給莊嚴穩重的 **Menuet** 擋住去路的，——最後再來一個天真的 **Rondo**，用機械式的複奏和輕盈的愛嬌，使聽的人不致把藝術當真，而明白那不過是一場遊戲。淵博而不迂腐，敏感而不著魔，在各種情緒的表皮上輕輕拂觸，卻從不停留在某一固定的感情上：這美妙的藝術組成時，所模仿的是沙龍裡那些翩翩蛺蝶，組成以後所供奉的也仍是這班翩翩蛺蝶。

我所以冗長地敘述這段奏鳴曲史，因為奏鳴曲（尤其是其中奏鳴曲典型那部分）是一切交響曲、四重奏等純粹音樂的核心。貝多芬在音樂上的創新也是由此開始。而且我們瞭解了他的奏鳴曲組織，對他一切旁的曲體也就有了綱領。古典奏鳴曲雖有明白與構造結實之長，但有呆滯單調之弊。樂旨（motif）與破題之間，樂節（période）與複題之間，凡是專司聯絡之職的過板（conduit）總是無美感與表情可言的。當樂曲之始，兩個主題一經披露之後，未來的結論可以推想而知：起承轉合的方式，宛如學院派的辯論一般有固定的線索，一言以蔽之，這是西洋音樂上的八股。

貝多芬對奏鳴曲的第一件改革，便是推翻它刻板的規條，給以範圍廣大的自由與伸縮，使它施展雄辯的機能。他的三十二闋鋼琴奏鳴曲中，十三闋有四章，十三闋只有三章，六闋只有兩章，每闋各章的次序也不依「快——慢——快」的成法。兩個主題在基調方面的關係，同一章內各個不同的樂旨間的關係，都變得自由了。即是奏鳴曲的骨幹——奏鳴曲典型——也被修改。連接各個樂旨或各個小段落的過板，到貝多芬手裡大為擴充，且有了生氣，有了更大的和更獨立的音樂價值，甚至有時把第二主題的出現大為延緩，而使它以不重要的插曲的形式出現。

前人作品中純粹分立而僅有樂理關係（即副句與主句互有關係，例如以主句基調的第五度音作為副句的主調音等等）的兩個主題，貝多芬使它們在風格上統一，或者出之以對照，或者出之以類似。所以我們在他作品中常常一開始便聽到兩個原則的爭執，結果是其中之一獲得了勝利；有時我們卻聽到兩個類似的樂旨互相融合，（這就是上文所謂的兩重靈魂的對白，）例如作品第七十一號之一的《告別奏鳴曲》，第一章內所有旋律的元素，都是從最初三音符上衍變出來的。奏鳴曲典型部分原由三個步驟組成，（詳見前文）貝多芬又於最後加上一節結局（coda），把全章樂旨做一有力的總結。

貝多芬在即興（improvisation）方面的勝長，一直影響到他奏鳴曲的曲體。據約翰•桑太伏阿納[153]的分析，貝多芬在主句披露完後，常有無數的延音（point d'orgue）、無數的休止，彷彿他在即興時繼續尋思、猶疑不決的神氣。甚至他在一個主題的發展中間，會插入一大段自由的訴說，縹緲的夢境，宛似替聲樂寫的旋律一般。這種作風不但加濃了詩歌的成分，抑且加強了戲劇性。特別是他的Adagio，往往受著德國歌謠的感應。——莫札特的長句令人想起義大利風的歌曲（Aria），海頓的旋律令人想起節奏空靈的法國的歌（Romance），貝多芬的Adagio卻充滿著德國歌謠（Lied）所特有的情操：簡單純樸，親切動人。

在貝多芬心目中，奏鳴曲典型並非不可動搖的格式，而是可以用作音樂上的辯證法的：他提出一個主句、一個副句，然後獲得一個結論，結論的性質或是一方面勝利，或是兩方面調和。在此我們可以獲得一個理由，來說明為何貝多芬晚年特別運用賦格曲。（Fugue這是巴赫以後在奏鳴曲中一向遭受擯棄的曲體。貝多芬中年時亦未採用。）由於同一樂旨以音階上不同的等級三四次地連續出現，由於參差不一的答句，由於這個曲體所特有的迅速而急促的演繹法，這賦格曲的風格能完滿地適應作者的情緒，或者：原來孤立的一縷思想慢慢地滲透了心靈，終而至於佔據全意識界；或者，憑著意志之力，精神必然而然地獲得最後勝利。

總之，由於基調和主題的自由的選擇，由於發展形式的改變，貝多芬把硬性的奏鳴曲典型化為表白情緒的靈活的工具。他依舊保存著樂曲的統一性，但他所重視的不在於結構或基調之統一，而在於情調和口吻（accent）之統一；換言之，這統一是內在的而非外在的。他是把內容來確定形式的；所以當他覺得典雅莊重的Menuet束縛難忍時，他根本換上了更快捷、更歡欣、更富於

153. 近代法國音樂史家。

詼諧性、更宜於表現放肆姿態的Scherzo。[154]當他感到原有的奏鳴曲體與他情緒的奔放相去太遠時，他在題目下另加一個小標題：Quasi una Fantasia。（意為「近於幻想曲」。）（作品第二十七號之一、之二——後者即俗稱《月光曲》。）

此外，貝多芬還把另一個古老的曲體改換了一副新的面目。變奏曲在古典音樂內，不過是一個主題周圍加上無數的裝飾而已。但在五彩繽紛的衣飾之下，本體（即主題）的真相始終是清清楚楚的。貝多芬卻把它加以更自由的運用，（後人稱貝多芬的變奏曲為大變奏曲，以別於純屬裝飾味的古典變奏曲，）甚至使主體改頭換面，不復可辨。有時旋律的線條依舊存在，可是節奏完全異樣。有時旋律之一部被作為另一個新的樂思的起點。有時，在不斷地更新的探險中，單單主題的一部分節奏或是主題的和聲部分，仍和主題保持著渺茫的關係。貝多芬似乎想以一個題目為中心，把所有的音樂聯想搜羅淨盡。

至於貝多芬在配器法（orchestration）方面的創新，可以粗疏地歸納為三點：（一）樂隊更龐大，樂器種類也更多；[155]（二）全部樂器的更自由的運用——必要時每種樂器可有獨立的效能；[156]（三）因為樂隊的作用更富於戲劇性，更直接表現感情，故樂隊的音色不獨變化迅速，且臻於前所未有的富麗之境。

---

154. 按此字在義大利語中意為joke，貝多芬原有粗獷的滑稽氣氛，故在此體中的表現尤為酣暢淋漓。

155. 但龐大的程度最多不過六十八人：絃樂器五十四人，管樂、銅樂、敲擊樂器十四人。這是從貝多芬手稿上——現存柏林國家圖書館——錄下的數目。現代樂隊演奏他的作品時，人數往往遠過於此，致為批評家詬病。桑太伏阿納有言：「擴大樂隊並不使作品增加偉大。」

156. 以《第五交響曲》為例，Andante裡有一段，basson占著領導地位。在Allegro內有一段，大提琴與doublebasse又當著主要角色。素不被重視的鼓，在此交響曲內的作用，尤為人所共知。

在歸納他的作風時，我們不妨從兩方面來說：素材（包括旋律與和聲）與形式（即曲體，詳見本文前段分析）。前者極端簡單，後者極端複雜，而且有不斷的演變。

以一般而論，貝多芬的旋律是非常單純的；倘若用線來表現，那是沒有多少波浪，也沒有多大曲折的。往往他的旋律只是音階中的一個片段（a fragment of scale），而他最美、最知名的主題即屬於這一類；如果旋律上行或下行，也是用自然音音程的（diatonic interval）。所以音階組成了旋律的骨幹。他也常用完全和絃的主題和轉位法（inverting）。但音階、完全和絃、基調的基礎，都是一個音樂家所能運用的最簡單的元素。

在旋律的主題（melodic theme）之外，他亦有交響的主題（symphonic theme）作為一個「發展」的材料，但仍是絕對地單純：隨便可舉的例子，有《第五交響曲》最初的四音符（sol-sol-sol-mib），或《第九交響曲》開端的簡單的下行五度音。因為這種簡單，貝多芬才能在「發展」中間保存想像的自由，儘量利用想像的富藏。而聽眾因無須費力就能把握且記憶基本主題，所以也能追隨作者最特殊、最繁多的變化。

貝多芬的和聲，雖然很單純、很古典，但較諸前代又有很大的進步。不協和音的運用是更常見、更自由了：在《第三交響曲》、《第八交響曲》、《告別奏鳴曲》等某些大膽的地方，曾引起當時人的譭謗（！）。他的和聲最顯著的特徵，大抵在於轉調（modulation）之自由。上面已經述及他在奏鳴曲中對基調間的關係，同一樂章內各個樂旨間的關係，並不遵守前人規律。這種情形不獨見於大處，亦且見於小節。某些轉調是由若干距離遙遠的音符組成的，而且出之以突兀的方式，令人想起大畫家所常用的「節略」手法，色彩掩蓋了素描，旋律的繼續被遮蔽了。

至於他的形式，因繁多與演變的迅速，往往使分析的工作難於措手。十九世紀中葉，若干史家把貝多芬的作風分成三個時期，[157] 這個觀點至今非常流行，但時下的批評家均嫌其武斷籠統。一八五二年十二月二日，李斯特答覆主張三期說的史家蘭茲時，曾有極精闢的議論，足資我們參考，他說：

「對於我們音樂家，貝多芬的作品彷彿雲柱與火柱，領導著以色列人在沙漠中前行，——在白天領導我們的是雲柱，——在黑夜中照耀我們的是火柱，使我們夜以繼日地趲奔。他的陰暗與光明同樣替我們畫出應走的路，它們倆都是我們永久的領導、不斷的啟示。倘使我要把大師在作品裡表現的題旨不同的思想加以分類的話，我決不採用現下流行（按係指當時）而為您採用的三期論法。我只直截了當地提出一個問題，那是音樂批評的軸心，即傳統的、公認的形式，對於思想的機構的決定性，究竟到什麼程度？

「用這個問題去考察貝多芬的作品，使我自然而然地把它們分作兩類：第一類是傳統的、公認的形式包括而且控制作者的思想的；第二類是作者的思想擴張到傳統形式之外，依著他的需要與靈感而把形式與風格或是破壞，或是重造，或是修改。無疑地，這種觀點將使我們涉及『權威』與『自由』這兩個大題目。但我們無須害怕。在美的國土內，只有天才才能建立權威，所以權威與自由的衝突，無形中消滅了，又回復了它們原始的一致，即權威與自由原是一件東西。」

這封美妙的信可以列入音樂批評史上最精彩的文章裡。由於這個原則，我們可說貝多芬的一生是從事於以自由戰勝傳統而創造新的權威的。他所有的作品都依著這條路線進展。

157. 大概是把《第三交響曲》以前的作品列為第一期，鋼琴奏鳴曲至作品第二十二號為止，兩部奏鳴曲至作品第三十號為止。第三至第八交響曲被列入第二期，又稱為「貝多芬盛年期」，鋼琴奏鳴曲至作品第九十號為止。作品第一百號以後至貝多芬死的作品為末期。

貝多芬對整個十九世紀所發生的巨大影響，也許至今還未告終。上一百年中面目各異的大師，孟德爾頌，舒曼，勃拉姆斯，李斯特，柏遼茲，瓦格納，布魯克納，弗蘭克，全都沾著他的雨露。

誰曾想到一個父親能有如許精神，如是分歧的兒子？其緣故就因為有些作家在貝多芬身上特別關切權威這個原則，例如孟德爾頌與勃拉姆斯；有些則特別注意自由這個原則，例如李斯特與瓦格納。前者努力維持古典的結構，那是貝多芬在未曾完全摒棄古典形式以前留下最美的標本的。後者，尤其是李斯特，卻繼承著貝多芬在交響曲方面未完成的基業，而用著大膽和深刻的精神發現交響詩的新形體。

自由詩人如舒曼，從貝多芬那裡學會了可以表達一切情緒的彈性的音樂語言。最後，瓦格納不但受著《菲岱里奧》的感應，且從他的奏鳴曲、四重奏、交響曲裡提煉出「連續的旋律」（mélodie continue）和「領導樂旨」（leitmotiv），把純粹音樂搬進了樂劇的領域。

由此可見，一個世紀的事業，都是由一個人撒下種子的。固然，我們並未遺忘十八世紀的大家所給予他的糧食，例如海頓老人的主題發展，莫札特的旋律的廣大與豐滿。但在時代轉折之際，同時開下這許多道路、為後人樹立這許多路標的，的確除貝多芬外無第二人。所以說貝多芬是古典時代與浪漫時代的過渡人物，實在是估低了他的價值，估低了他的藝術的獨立性與特殊性。他的行為的光輪，照耀著整個世紀，孵育著多少不同的天才！音樂，由貝多芬從刻板嚴格的枷鎖之下解放了出來，如今可自由地歌唱每個人的痛苦與歡樂了。由於他，音樂從死的學術一變而為活的意識。所有的來者，即使絕對不曾模仿他，即使精神與氣質和他的相反，實際上也無異是他的門徒，因為他們享受著他用痛苦換來的自由！

三　重要作品淺釋

為完成我這篇粗疏的研究起計，我將選擇貝多芬最知名的作品加一些淺顯的注解。當然，以作者的外行與淺學，既談不到精密的技術分析，也談不到微妙的心理解剖。我不過摭拾幾個權威批評家的論見，加上我十餘年來對貝多芬作品親炙所得的觀念，做一個概括的敘述而已。我的希望是：愛好音樂的人能在欣賞時有一些啟蒙式的指南，在探寶山時稍有憑藉；專學音樂的青年能從這些簡單的引子裡，悟到一件作品的內容是如何精深宏博，如何在手與眼的訓練之外，需要加以深刻的體會，方能仰攀創造者的崇高的意境。——我國的音樂研究，十餘年來尚未走出幼稚園；向升堂入室的路出發，現在該是時候了吧！

（一）鋼琴奏鳴曲

作品第十三號：《悲愴奏鳴曲》（Sonate "Pathétique" in C min.）

這是貝多芬早年奏鳴曲中最重要的一闋，包括 Allegro—Adagio—Rondo 三章。第一章之前冠有一節悲壯嚴肅的引子，這一小節，以後又出現了兩次：一在破題之後，發展之前；一在複題之末，結論之前。更特殊的是，副句與主句同樣以小調為基礎。而在小調的 **Adagio** 之後，**Rondo** 仍以小調演出。——第一章表現青年的火焰，熱烈的衝動；到第二章，情潮似乎安定下來，沐浴在寧靜的氣氛中，但在第三章潑辣的 Rondo 內，激情重又抬頭。光與暗的對照，似乎象徵著悲歡的交替。

作品第二十七號之二：《月光奏鳴曲》（Sonate "quasi una fantasia"〔"Moonlight"〕in $C^\#$ min.）

奏鳴曲體制在此不適用了。原應位於第二章的 Adagio，占了最重要的第一章。開首便是單調的、冗長的、纏綿無盡的獨白，赤裸裸地吐露出淒涼幽怨之情。緊接著的是 Allegretto，把前章痛苦的悲吟擠逼成緊張的熱情。然後是激昂迫促的 Presto，以奏鳴曲典型的體裁，如古悲劇般做一強有力的結論：心靈的力終於鎮服了痛苦。情操控制著全域，充滿著詩情與戲劇式的波濤，一步緊似一步。[158]

作品第三十一號之二：《「暴風雨」奏鳴曲》（Sonate "Tempest" in D min.）

一八〇二至一八〇三年間，貝多芬給友人的信中說：「從此我要走上一條新的路。」這支樂曲便可說是證據。音節，形式，風格，全有了新面目，全用著表情更直接的語言。第一章末戲劇式的吟誦體（récitatif），宛如莊重而激昂的歌唱。Adagio 尤其美妙，蘭茲說：「它令人想起韻文體的神話；受了魅惑的薔薇，不，不是薔薇，而是被女巫的魅力催眠的公主……」那是一片天國的平和，柔和黝黯的光明。最後的 Allegretto 則是潑辣奔放的場面，一個「仲夏夜之夢」，如羅曼•羅蘭所說。

---

158. 十餘年前國內就流行著一種淺薄的傳說，說這曲奏鳴曲是即興之作，而且在小說式的故事中組成的。這完全是荒誕不經之說。貝多芬作此曲時絕非出於即興，而是經過苦心的經營而成。這有他遺下的稿本為證。

作品第五十三號：《黎明奏鳴曲》（Sonate l'Aurore in C）

黎明這個俗稱，和月光曲一樣，實在並無確切的根據。也許開始一章裡的crescendo，也許Rondo之前短短的Adagio，——那種曙色初現的氣氛，萊茵河上舟子的歌聲，約略可以喚起「黎明」的境界。然而可以肯定的是：在此毫無貝多芬悲壯的氣質，他彷彿在田野裡閒步，悠然欣賞著雲影、鳥語、水色，悵惘地出神著。到了Rondo，慵懶的幻夢又轉入清明高遠之境。羅曼・羅蘭說這支奏鳴曲是《第六交響曲》之先聲，也是田園曲。[159]

作品第五十七號：《熱情奏鳴曲》（Sonate "Appassionnata" in F min.）

壯烈的內心的悲劇，石破天驚的火山爆裂，莎士比亞的《暴風雨》式的氣息，偉大的征服……在此我們看到了貝多芬最光榮的一次戰爭。——從一個樂旨上演化出來的兩個主題：曠野而強有力的「我」，命令著，威鎮著；戰慄而怯弱的「我」，哀號著，乞求著。可是它不敢抗爭，追隨著前者，似乎堅忍地接受了運命（一段大調的旋律）。然而精力不繼，又傾倒了，在苦痛的小調上忽然停住——再起——再撲……一大段雄壯的「發展」，力的主題重又出現，滔滔滾滾地席捲著弱者，——它也不復中途蹉跌了。隨後是英勇的結局（coda）。末了，主題如雷雨一般在遼遠的天際消失，神秘的pianissimo。第二章，單純的Andante，心靈獲得須臾的休息，兩片巨大的陰影（第一與第三章）中間透露一道美麗的光。然而休戰的時間很短，在變奏曲之末，一切重又騷亂，

159. 通常稱為田園曲的奏鳴曲，是作品第十四號；但那是除了一段鄉婦的舞蹈以外，實在並無旁的田園氣息。

吹起終局（Finale-Rondo）的旋風……在此，怯弱的「我」雖仍不時發出悲愴的呼籲，但終於被狂風暴雨（曠野的我）淹沒了。最後的結論，無殊一片沸騰的海洋……人變了一顆原子，在吞噬一切的大自然裡不復可辨。因為曠野而有力的「我」就代表著原始的自然。在第一章裡猶圖掙扎的弱小的「我」，此刻被貝多芬交給了原始的「力」。

作品第八十一號之A：《告別奏鳴曲》（Sonate "Les Adieux" in E^b）（本曲印行時就刊有《告別》、《留守》、《重敘》這三個標題。所謂「告別」係指奧太子魯道夫一八〇九年五月之遠遊）

第一樂章全部建築在sol-fa-mi三個音符之上，所有的旋律都從這簡單的樂旨出發（這一點加強了全曲情緒之統一）；複題之末的結論中，《告別》（即前述的三音符）更以最初的形式反覆出現。——同一主題的演變，代表著同一情操的各種區別：在引子內，《告別》是淒涼的，但是鎮靜的，不無甘美的意味；在Allegro之初，（第一章開始時為一段遲緩的引子，然後繼以Allegro，）它又以擊撞抵觸的節奏與不協和絃重現——這是匆促的分手。末了，以對白方式再三重複的《告別》幾乎合為一體地以diminuento告終。兩個朋友最後的揚巾示意，愈離愈遠，消失了。——《留守》是短短的一章Adagio，彷徨，問詢，焦灼，朋友在期待中。然後是vivacissimamente，熱烈輕快的篇章，兩個朋友互相投在懷抱裡。——自始至終，詩情畫意籠罩著樂曲。

作品第九十號：《E小調奏鳴曲》（Sonate in E min.）

這是題贈李希諾夫斯基伯爵的，他不顧家庭的反對，娶了一個女伶。貝多芬自言在這支樂曲內敘述這樁故事。第一章題作《頭腦與心的交戰》，第二章題作《與愛人的談話》。故事至此告終，音樂也至此完了。而因為故事以吉慶終場，故音樂亦從小調開始，以大調結束。再以樂旨而論，在第一章內的戲劇情調和第二章內恬靜的傾訴，也正好與標題相符。詩意左右著樂曲的成分，比《告別奏鳴曲》更濃厚。

作品第一〇六號：《降B大調奏鳴曲》（Sonate in B^{b}）

貝多芬寫這支樂曲時是為了生活所迫，所以一開始便用三個粗野的和絃，展開這首慘痛絕望的詩歌。「發展」部分是頭緒萬端的複音配合，象徵著境遇與心緒的艱窘。[160]「發展」中間兩次運用賦格曲體式（Fugato）的作風，好似要尋覓一個有力的方案來解決這堆亂麻。一會兒是光明，一會兒是陰影。——隨後是又古怪又粗獷的Scherzo，噩夢中的幽靈。——意志的超人的努力，引起了痛苦的反省：這是Adagio Appassionato，慷慨的陳詞，淒涼的哀吟。三個主題以大變奏曲的形式鋪敘。當受難者悲痛欲絕之際，一段Largo引進了賦格曲，展開一個場面偉大、經緯錯綜的「發展」，運用一切對位與輪唱曲（Canon）的巧妙，來陳訴心靈的苦惱。接著是一段比較寧靜的插曲，預先唱出了《D調彌撒曲》內謝神的歌。——最後的結論，宣告患難已經克服，命運又被征服了一次。在貝多芬全部奏鳴曲中，悲哀的抒情成分，痛苦的反抗的吼聲，從沒有像在這件作品裡表現得驚心動魄。

160. 作曲年代是一八一八，貝多芬正為了侄兒的事弄得焦頭爛額。

（二）提琴與鋼琴奏鳴曲

在「兩部奏鳴曲」中（即提琴與鋼琴，或大提琴與鋼琴奏鳴曲），貝多芬顯然沒有像鋼琴奏鳴曲般地成功。軟性與硬性的兩種樂器，他很難覓得完善的駕馭方法。而且十闋提琴與鋼琴奏鳴曲內，九闋是《第三交響曲》以前所作；九闋之內五闋又是《月光奏鳴曲》以前的作品。一八一二年後，他不再從事於此種樂曲。在此我只介紹最特出的兩曲。

作品第三十號之二：《C小調奏鳴曲》（Sonate in C min.）（題贈俄皇亞歷山大二世）

在本曲內，貝多芬的面目較為顯著。暴烈而陰沉的主題，在提琴上演出時，鋼琴在下面怒吼。副句取著威武而興奮的姿態，兼具柔媚與遒勁的氣概。終局的激昂奔放，尤其標明了貝多芬的特色。赫里歐[161]有言：「如果在這件作品裡去尋找勝利者（按係指俄皇）的雄姿與戰敗者的哀號，未免穿鑿的話，我們至少可認為它也是英雄式的樂曲，充滿著力與歡暢，堪與《第五交響曲》相比。」

作品第四十七號：《克勒策奏鳴曲》（Sonate à Kreutzer in A min.）[162]

貝多芬一向無法安排的兩種樂器，在此被他找到了一個解決途徑：它們倆既不能調和，就讓

161. 法國現代政治家兼音樂批評家。
162. 克勒策為法國人，為王家教堂提琴手。曾隨軍至維也納與貝多芬相遇。貝多芬遇之甚善，以此曲題贈。但克氏始終不願演奏，因他的音樂觀念迂腐守舊，根本不瞭解貝多芬。

它們衝突；既不能攜手，就讓它們爭鬥。全曲的第一與第三樂章，不啻鋼琴與提琴的肉搏。在旁的「兩部奏鳴曲」中，答句往往是輕易的、典雅的美；這裡對白卻一步緊似一步，宛如仇敵的短兵相接。在 **Andante** 恬靜的變奏曲後，爭鬥重新開始，愈加緊張了，鋼琴與提琴一大段急流奔瀉的對位，由鋼琴洪亮的呼聲結束。「發展」奔騰飛縱，忽然凝神屏息了一會，經過幾節 **Adagio**，然後消沒在目眩神迷的結論中間。——這是一場決鬥，兩種樂器的決鬥，兩種思想的決鬥。

（三）四重奏

絃樂四重奏是以奏鳴曲典型為基礎的曲體，所以在貝多芬的四重奏裡，可以看到和他在奏鳴曲與交響曲內相同的演變。他的趨向是旋律的強化，發展與形式的自由；且在絃樂器上所能表現的複音配合，更為富麗，更為獨立。他一共製作十六闋四重奏，但在第十一與第十二闋之間，相隔有十四年之久（一八一〇至一八二四），故最後五闋形成了貝多芬作品中一個特殊面目，顯示他最後的藝術成就。

當第十二闋四重奏問世之時，《D調彌撒曲》與《第九交響曲》都已誕生。他最後幾年的生命是孤獨[163]、疾病、困窮、煩惱[164]煎熬他最甚的時代。他慢慢地隱忍下去，一切悲苦深深地沉潛到心靈深處。他在樂藝上表現的，是更為肯定的個性。他更求深入，更愛分析，儘量汲取悲歡的靈泉，打破形式的桎梏。音樂幾乎變成歌詞與語言一般，透明地傳達著作者內在的情緒，以及起伏微妙

163. 尤其是藝術上的孤獨，連親近的友人都不瞭解他了……
164. 侄子的不長進。

的心理狀態。

一般人往往只知鑒賞貝多芬的交響曲與奏鳴曲；四重奏的價值，至近數十年方始被人賞識。因為這類純粹表現內心的樂曲，必須內心生活豐富而深刻的人才能體驗；而一般的音樂修養也須到相當的程度方不致在森林中迷路。

作品第一二七號：《降E大調四重奏》（Quatuor in E^b）（第十二闋）

第一章裡的「發展」，著重於兩個原則：一是純粹節奏的（一個強毅的節奏與另一個柔和的節奏對比），一是純粹音階的（兩重節奏從E^{b}轉到明快的G，再轉到更加明快的C）。以靜穆的徐緩的調子出現的**Adagio**包括六支連續的變奏曲，但即在節奏複雜的部分內，也仍保持默想的氣息。奇譎的Scherzo以後的「終局」，含有多少大膽的和聲，用節略手法的轉調。——最美妙的是那些**Adagio**，（包括**Adagio ma non troppo**，**Andante con molto**，**Adagio molto espressivo**）好似一株樹上開滿著不同的花，各有各的姿態。在那些吟誦體內，時而清明，時而絕望——清明時不失激昂的情調，痛苦時並無疲倦的氣色。作者在此的表情，比在鋼琴上更自由。一方面傳統的形式似乎依然存在，一方面給人的感應又極富於啟迪性。

作品第一三〇號：《降B大調四重奏》（Quatuor in B^b）（第十三闋）

第一樂章開始時，兩個主題重複演奏了四次，——兩個在樂旨與節奏上都相反的主題：主句表現悲哀，副句（由第二小提琴演出的）表現決心。兩者的對白引入奏鳴曲典型的體制。在詼諧的**Presto**之後，接著一段插曲式的**Andante**：淒涼的幻夢與溫婉的惆悵，輪流控制著局面。此後是一段古老的 Menuet，予人以古風與現代風交錯的韻味。然後是著名的 Cavatinte—Adagio molto espressivo，為貝多芬流著淚寫的：第二小提琴似乎模仿著起伏不已的胸脯，因為它滿貯著歎息；繼以淒厲的悲歌，不時雜以斷續的呼號……受著重創的心靈還想掙扎起來飛向光明。——這一段倘和終局做對比，就愈顯得慘惻。——以全體而論，這支四重奏和以前的同樣含有繁多的場面，（Allegro 裡某些句子充滿著歡樂與生機，Presto 富有滑稽意味，Andante 籠罩在柔和的微光中，Menuet 借用著古德國的民歌的調子，終局則是波希米亞人放肆的歡樂，）但對照更強烈、更突兀，而且全部的光線也更神秘。

作品第一三一號：《升C小調四重奏》（Quatuor in $C^\#$ min.）（第十四闋）

開始是淒涼的 Adagio，用賦格曲寫成的，濃烈的哀傷氣氛，似乎預告著一篇痛苦的詩歌。瓦格納認為這段 Adagio 是音樂上從來未有的最憂鬱的篇章。然而此後的 Allegro molto vivace 卻又是典雅又是奔放，盡是出人不意的快樂情調。Andante 及變奏曲，則是特別富於抒情的段落，中心感動的，微微有些不安的情緒。此後是 Presto，Adagio，Allegro，章節繁多，曲折特甚的終局。——這是一支千緒萬端的大麯，輪廓分明的插曲即已有十三四支之多，彷彿作者把手頭所有的材料都集合在這裡了。

作品第一三二號：《A小調四重奏》（Quatuor in A min.）（第十五闋）

這是有名的「病癒者的感謝曲」。貝多芬在 Allegro 中先表現痛楚與騷亂，（第一小提琴的興奮和對位部分的嚴肅，）然後陰沉的天邊漸漸透露光明，一段鄉村舞曲代替了沉悶的冥想，一個牧童送來柔和的笛聲。接著是 **Allegro**，四種樂器合唱著感謝神恩的頌歌。貝多芬自以為病癒了。他似乎跪在地下，合著雙手。在赤裸的旋律之上（**Andante**），我們聽見從徐緩到急促的言語，賽如大病初癒的人試著軟弱的步子，逐漸回復了精力。多興奮！多快慰！合唱的歌聲再起，一次熱烈一次。虔誠的情意，預示瓦格納的《帕西發爾》歌劇。接著是 **Allegro alla marcia**，激發著青春的衝動。之後是終局。動作活潑，節奏明朗而均衡，但小調的旋律依舊很淒涼。病是痊癒了，創痕未曾忘記。直到旋律轉入大調，低音部樂器繁雜的節奏慢慢隱滅之時，貝多芬的精力才重新獲得了勝利。

作品第一三五號：《F大調四重奏》[165]（**Quatuor in F**）（第十六闋）

這是貝多芬一生最後的作品。第一章 **Allegretto** 天真，巧妙，充滿著幻想與愛嬌，年代久遠的海頓似乎復活了一剎那：最後一朵薔薇，在萎謝之前又開放了一次。**Vivace** 是一篇音響的遊戲，一幅縱橫無礙的素描。而後是著名的 **Lento**，原稿上註明著「甘美的休息之歌或和平之歌」，這是貝多芬最後的祈禱、最後的頌歌，照赫里歐的說法，是他精神的遺囑。他那種特有的清明的心境，實在只是平復了的哀痛。單純而肅穆、虔敬而和平的歌，可是其中仍有些急促的悲歎，最後更高遠的和平之歌把它撫慰下去，——而這縷恬靜的聲音，不久也朦朧入夢了。終局是兩個樂句劇烈爭執以後的單方面的結論；樂思的奔放，和聲的大膽，是這一部分的特色。

165. 未完成的稿本不計在內。

（四）協奏曲

貝多芬的鋼琴與樂隊合奏曲共有五支，重要的是第四與第五。提琴與樂隊合奏曲共只一闋，在全部作品內不占何等地位，因為國人熟知，故亦選入。

作品第五十八號：《G大調鋼琴協奏曲》（Concerto pour Piano et Orchestre in G）[166]

單純的主題先由鋼琴提出，然後繼以樂隊的合奏，不獨詩意濃郁，抑且氣勢雄偉，有交響曲之格局。「發展」部分由鋼琴表現出一組輕盈而大膽的面目，再以飛舞的線條（arabesque）作為結束。——但全曲最精彩的當推短短的Andante con molto，全無技術的炫耀，只有鋼琴與樂隊劇烈對壘的場面。樂隊奏出威嚴的主題，肯定是強暴的意志；膽怯的琴聲，柔弱地、孤獨地、用著哀求的口吻對答。對話久久繼續，鋼琴的呼籲越來越迫切，終於獲得了勝利。全場只有它的聲音，樂隊好似戰敗的敵人般，只在遠方發出隱約叫吼的回聲。不久琴聲也在悠然神往的和絃中緘默。——此後是終局，熱鬧的音響中雜有大膽的碎和聲（arpeggio）。

作品第七十三號：《「帝皇」鋼琴協奏曲》（Concerto "Empereur" in $E^{\flat}$）[167]

滾滾長流的樂句，像瀑布一般，幾乎與全樂隊的和絃同時揭露了這件莊嚴的大作。一連串的碎和音，奔騰而下，停留在$A^{\#}$的轉調上。浩蕩的氣勢，雷霆萬鈞的力量，富麗的抒情成分，燦爛

166. 第四協奏曲，一八〇六年作。
167. 第五協奏曲，一八〇九年作。「帝皇」二字為後人所加的俗稱。

的榮光，把作者當時的勇敢、胸襟、懷抱、騷動，[168]全部宣洩了出來。誰聽了這雄壯瑰麗的第一章不聯想到《第三交響曲》裡的crescendo?——由弦樂低低唱起的Adagio，莊嚴靜穆，是一股宗教的情緒。而Adagio與Finale之間的過渡，尤令人驚歎。在終局的Rondo內，豪華與溫情，英武與風流，又奇妙地熔冶於一爐，完成了這部大麯。

作品第六十一號：《D大調提琴協奏曲》（Concerto pour Violon et Orchestre in D）

第一章Adagio，開首一段柔媚的樂隊合奏，令人想起《第四鋼琴協奏曲》的開端。兩個主題的對比內，一個$C^\#$音的出現，在當時曾引起非難。Larghetto的中段一個純樸的主題唱著一支天真的歌，但奔放的熱情不久替它展開了廣大的場面，增加了表情的豐滿。最後一章Rondo則是歡欣的馳騁，不時雜有柔情的傾訴。

（五）交響曲

作品第二十一號：《第一交響曲》（in C）[169]

年輕的貝多芬在引子裡就用了F的不協和絃，與成法背馳（照例這引子是應該肯定本曲的基調的）。雖在今日看來，全曲很簡單，只有第三章的Menuet及其三重奏部分較為特別：以Allegro molto vivace奏出來的Menuet實際已等於Scherzo。但當時批評界覺得刺耳的，尤其是管樂器的運用大為推廣。Timbale在莫札特與海頓，只用來產生節奏，貝多芬卻用以加強戲劇情調。利用樂器

168. 一八〇九為拿破崙攻入維也納之年。
169. 一八〇〇年作。一八〇〇年四月二日初次演奏。

各別的音色而強調它們的對比，可說是從此奠定的基業。

作品第三十六號：《第二交響曲》（in D）[170]

製作本曲時，正是貝多芬初次的愛情失敗，耳聾的痛苦開始嚴重地打擊他的時候。然而作品的精力充溢飽滿，全無頹喪之氣。——引子比《第一交響曲》更有氣魄：先由低音樂器演出的主題，逐漸上升，過渡到高音樂器，終於由整個樂隊合奏。這種一步緊一步的手法，以後在《第九交響曲》的開端裡簡直達到超人的偉大。——Larghetto 顯示清明恬靜、胸境寬廣的意境。Scherzo 描寫興奮的對話，一方面是絃樂器，一方面是管樂和敲擊樂器。終局與 Rondo 相仿，但主題之騷亂，情調之激昂，是與通常流暢的 Rondo 大相徑庭的。

作品第五十五號：《第三交響曲》（《英雄交響曲》in E^b）[171]

巨大的迷宮，深密的叢林，劇烈的對照，不但是音樂史上劃時代的建築，（回想一下海頓和莫札特吧，）亦且是空前絕後的史詩。可是當心啊，初步的聽眾多容易在無垠的原野中迷路！——控制全域的樂句，實在只是：

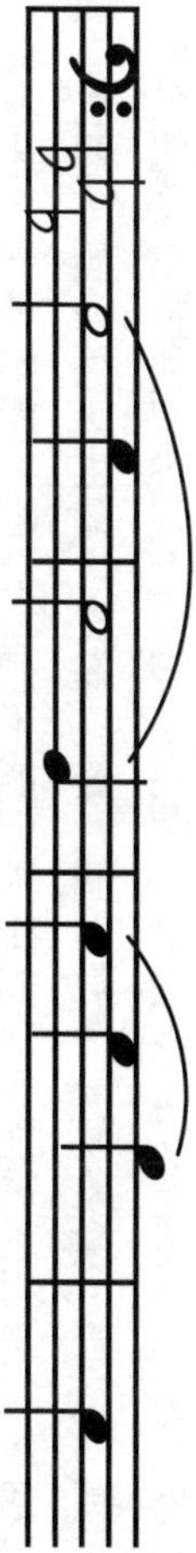

170. 一八〇一至一八〇二年作。一八〇三年四月五日演奏。
171. 一八〇三年作。一八〇五年四月七日初次演奏。

不問次要的樂句有多少，它的巍峨的影子始終矗立在天空。羅曼・羅蘭把它當作一個生靈，一縷思想，一個意志，一種本能。因為我們不能把英雄的故事過於看得現實，這並非敘事或描寫的音樂。拿破崙也罷，無名英雄也罷，實際只是一個因數，一個象徵。真正的英雄還是貝多芬自己。第一章通篇是他雙重靈魂的決鬥，經過三大回合（第一章內的三大段）方始獲得一個綜合的結論：鐘鼓齊鳴，號角長嘯，狂熱的群眾拽著英雄歡呼。然而其間的經過是何等曲折：多少次的顛撲與多少次的奮起。（多少次的 crescendo！）這是浪與浪的衝擊，巨人式的戰鬥！發展部分的龐大，是本曲最顯著的特徵，而這龐大與繁雜是適應作者當時的內心富藏的。——第二章，英雄死了！然而英雄的氣息仍留在送葬者的行列間。誰不記得這幽怨而悽惶的主句：

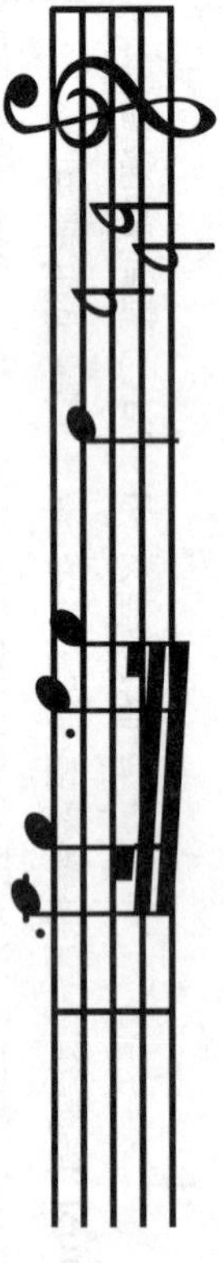

當它在大調上時，淒涼之中還有清明之氣，酷似古希臘的薤露歌。但回到小調上時，變得陰沉、淒厲、激昂，竟是莎士比亞式的悲愴與鬱悶了。輓歌又發展成史詩的格局。最後，在pianissimo 的結局中，嗚咽的葬曲在痛苦的深淵內靜默。——Scherzo 開始時是遠方隱約的波濤似的聲音，繼而漸漸宏大，繼而又由朦朧的號角（通常的三重奏部分）吹出無限神秘的調子。——終局是以富有舞曲風味的主題作成的變奏曲，彷彿是獻給歡樂與自由的。但第一章的主句，英雄，重又露面，而死亡也重現了一次：可是勝利之局已定。剩下的只有光榮的結束了。

作品第六十號：《第四交響曲》（in $B^{\flat}$）[172]

是貝多芬和特雷澤訂婚的一年，誕生了這件可愛的、滿是笑意的作品。引子從$B^{\flat}$小調轉到大調，遙遠的哀傷淡忘了。活潑而有飛縱跳躍之態的主句，由大管（basson）、雙簧管（hautbois）與長笛（flûte）高雅的對白構成的副句，流利自在的「發展」，所傳達的盡是快樂之情。一陣模糊的鼓聲，把開朗的心情微微攪動了一下，但不久又回到主題上來，以強烈的歡樂結束。——至於Adagio的旋律，則是徐緩的、和悅的，好似一葉扁舟在平靜的水上划過。而後是Menuet，保存著古稱而加速了節拍。號角與雙簧管傳達著縹緲的詩意。最後是Allegro ma non troppo，愉快的情調重複控制全域，好似突然露臉的陽光；強烈的生機與意志，在樂隊中間做了最後一次爆發。——在這首熱烈的歌曲裡，貝多芬洩露了他愛情的歡欣。

作品第六十七號：《第五交響曲》（in C min.）[173]

開首的sol-sol-sol-mib是貝多芬特別愛好的樂旨，在《第五奏鳴曲》（作品第九號之一）、《第三四重奏》（作品第十八號之三）、《熱情奏鳴曲》中，我們都曾見過它的輪廓。他曾對申德勒說：「命運便是這樣地來叩門的。」（「命運」二字的俗稱即淵源於此。）它統率著全部樂曲。渺小的人得憑著意志之力和它肉搏，——在運命連續呼召之下，回答的永遠是幽咽的問號。人掙扎著，抱著一腔的希望和毅力。但運命的口吻愈來愈威嚴，可憐的造物似乎戰敗了，只有悲歎之聲。——之後，殘酷的現實暫時隱滅了一下，Andante從深遠的夢境內傳來一支和平的旋律。勝利的主題出

172. 一八〇六年作。一八〇七年三月初次演奏。
173. 俗稱《命運交響曲》。一八〇七至一八〇八年間作。一八〇八年十二月二十二日初次演奏。

現了三次。接著是行軍的節奏，清楚而又堅定，掃蕩了一切矛盾。希望抬頭了，屈服的人恢復了自信。然而 Scherzo 使我們重新下地去面對陰影。運命再現，可是被粗野的舞曲與詼諧的 staccati 和 pizziccati 擋住。突然，一片黑暗，唯有隱約的鼓聲，樂隊延續奏著七度音程的和絃，然後迅速的 crescendo 唱起凱旋的調子。（這時已經到了終局。）運命雖再呼喊，（Scherzo 的主題又出現了一下，）不過如噩夢的回憶，片刻即逝。勝利之歌再接再厲地響亮。意志之歌切實宣告了終篇。——在全部交響曲中，這是結構最謹嚴、部分最均衡、內容最凝練的一闋。批評家說：「從未有人以這麼少的材料表達過這麼多的意思。」

作品第六十八號：《第六交響曲》（《田園交響曲》in F）[174]

這闋交響曲是獻給自然的。原稿上寫著：「紀念鄉居生活的田園交響曲，注重情操的表現而非繪畫式的描寫。」由此可見作者在本曲內並不想模仿外界，而是表現一組印象。——第一章 Allegro，題為《下鄉時快樂的印象》。在提琴上奏出的主句，輕快而天真，似乎從斯拉夫民歌上採來的。這個主題的冗長的「發展」，始終保持著深邃的平和，恬靜的節奏，平衡的轉調；全無次要樂曲的羼入。同樣的樂旨和面目來回不已。這是一個人面對著一幅固定的圖畫悠然神往的印象。——第二章 Andante，《溪畔小景》，中音弦樂（第二小提琴，次高音提琴，兩架大提琴），象徵著潺湲的流水，是「逝者如斯，往者如彼，而盈虛者未嘗往也」的意境。林間傳出夜鶯（長笛表現）、鵪鶉（雙簧管表現）、杜鵑（單簧管表現）的啼聲，合成一組三重奏。——第三章 Scherzo，

174. 一八〇七至一八〇八年間作。一八〇八年十二月二十二日初次演奏。

《鄉人快樂的宴會》。先是三拍子的華爾滋，——鄉村舞曲，繼以二拍子的粗野的蒲雷舞[175]。突然遠處一種隱雷（低音弦樂），一陣靜默……幾道閃電（小提琴上短短的碎和音）。俄而是暴雨和霹靂一齊發作。然後雨散雲收，青天隨著C大調的上行音階還有笛音點綴重新顯現。——而後是第四章Allegretto，《牧歌，雷雨之後的快慰與感激》。——一切重歸寧謐：潮濕的草原上發出清香，牧人們歌唱、互相應答，整個樂曲在平和與喜悅的空氣中告終。——貝多芬在此忘記了憂患，心上反映著自然界的甘美與閒適，抱著泛神的觀念，頌讚著田野和農夫牧子。

作品第九十二號：《第七交響曲》（in A）[176]

開首一大段引子，平靜的，莊嚴的，氣勢是向上的，但是有節度的。多少的和絃似乎推動著作品前進。用長笛奏出的主題，展開了第一樂章的中心：Vivace。活躍的節奏控制著全曲，所有的音域，所有的樂器，都由它來支配。這兒分不出主句或副句；參加著奔騰飛舞的運動的，可說有上百的樂旨，也可說只有一個。——Allegretto 卻把我們突然帶到另一個世界。基本主題和另一個憂鬱的主題輪流出現，傳出苦痛和失望之情。——然後是第三章，在戲劇化的 Scherzo 以後，緊接著美妙的三重奏，似乎均衡又恢復了一剎那。終局則是快樂的醉意，急促的節奏，再加一個粗獷的旋律，最後達於 crescendo 這緊張狂亂的高潮。——這支樂曲的特點是：一些單純而顯著的節奏產生出無數的樂旨；而其興奮動亂的氣氛，恰如瓦格納所說的，有如「祭獻舞神」的樂曲。

175. 法國一種地方舞。
176. 一八一二年作。一八一三年十二月八日初次演奏。

作品第九十三號：《第八交響曲》（in F）[177]

在貝多芬的交響曲內，這是一支小型的作品，宣洩著興高采烈的心情。短短的Allegro，純是明快的，喜悅、和諧而自在的遊戲。——在Scherzo部分（第三章內），作者故意採用過時的Menuet，來表現端莊嫻雅的古典美。——到了終局的Allegro vivace，則通篇充滿著笑聲與平民的幽默。有人說，是「笑」產生這部作品的。我們在此可發現貝多芬的另一副面目，像兒童一般，他做著音響的遊戲。

作品第一二五號：《第九交響曲》（《合唱交響曲》，Choral Symphony in D min.）[178]

《第八》之後十一年的作品，貝多芬把他過去在音樂方面的成就做了一個綜合，同時走上了一條新路。

——樂曲開始時（Allegro ma non troppo），la-mi的和音，好似從遠方傳來的呻吟，也好似從深淵中浮起來的神秘的形象，直到第十七節，才響亮地停留在D小調的基調上。而後是許多次要的樂旨，而後是本章的副句（B^{b}大調）……《第二》《第五》《第六》《第七》《第八》各交響曲裡的原子，迅速地露了一下臉，回溯著他一生的經歷，把貝多芬完全籠蓋住的陰影，在作品中間移過。現實的命運重新出現在他腦海裡。巨大而陰鬱的畫面上，只有若干簡短的插曲映入些微光明。

——第二章Molto vivace，實在便是Scherzo。句讀分明的節奏，在《彌撒曲》和《菲岱里奧序曲》內都曾應用過，表示歡暢的喜悅。在中段，單簧管與雙簧管引進一支細膩的牧歌，慢慢地傳

177. 一八一二年作。一八一四年二月二十七日初次演奏。
178. 一八二二至一八二四年間作。一八二四年五月七日初次演奏。

遞給整個的樂隊，使全章都蒙上明亮的色彩。

——第三章 **Adagio** 似乎使心靈遠離了一下現實。短短的引子只是一個夢。接著便是莊嚴的旋律，虔誠的禱告逐漸感染了熱誠與平和的情調。另一旋律又出現了，淒涼的，惆悵的。然後遠處吹起號角，令你想起人生的戰鬥。可是熱誠與平和未曾消滅，最後幾節的 **pianissimo** 把我們留在甘美的凝想中。

——但幻夢終於像水泡似的隱滅了，終局最初七節的 **Presto** 又卷起激情與衝突的漩渦。全曲的元素一個一個再現，全溶解在此最後一章內。[179] 從此起，貝多芬在調整你的情緒，準備接受隨後的合唱了。大提琴為首，漸漸領著全樂隊唱起美妙的精純的樂句，鋪陳了很久；於是曠野的引子又領出那句吟誦體，但如今非復最低音提琴，而是男中音的歌唱了：「噢，朋友，無須這些聲音，且來聽更美更愉快的歌聲。」（這是貝多芬自作的歌詞，不在席勒原作之內。）——接著，樂隊與合唱同時唱起《歡樂頌》的「歡樂，神明的美麗的火花，天國的女兒……」——每節詩在合唱之前，先由樂隊傳出詩的意境。

合唱是由四個獨唱員和四部男女合唱組成的。歡樂的節會由遠而近，然後大眾唱著：「擁抱啊，千千萬萬的生靈……」當樂曲終了之時，樂器的演奏者和歌唱員賽似兩條巨大的河流，匯合成一片音響的海。——在貝多芬的意念中，歡樂是神明在人間的化身，它的使命是把習俗和刀劍分隔的人群重行結合。它的口號是友誼與博愛。它的象徵是酒，是予人精力的旨酒。由於歡樂，我們方始成為不朽。所以要對天上的神明致敬，對使我們入於更苦之域的痛苦致敬。在分裂的世界

179. 先是第一章的神秘的影子，繼而是Scherzo的主題、Adagio的樂旨，但都被doublebasse上吟誦體的問句阻住去路。

之上，——一個以愛為本的神——在分裂的人群之中，歡樂是唯一的現實。愛與歡樂合為一體。這是柏拉圖式的，又是基督教式的愛。

——除此以外，席勒的《歡樂頌》，在十九世紀初期對青年界有著特殊的影響。（貝多芬屬意於此詩篇，前後共有二十年之久。）第一是詩中的民主與共和色彩在德國自由思想者的心目中，無殊《馬賽曲》之於法國人。無疑地，這也是貝多芬的感應之一。其次，席勒詩中頌揚著歡樂、友愛、夫婦之愛，都是貝多芬一生渴望而未能實現的，所以尤有共鳴作用。——最後，我們更當注意，貝多芬在此把字句放在次要地位；他的用意是要使器樂和人聲打成一片，——而這人聲既是他的，又是我們大眾的，——使音樂從此和我們的心融合為一，好似血肉一般不可分離。

（六）宗教音樂

作品第一二三號：《D調彌撒曲》（Missa Solemnis in D）

這件作品始於一八一七，成於一八二三。當初是為奧皇太子魯道夫兼任大主教的典禮寫的，結果非但失去了時效，作品的重要也遠遠地超過了酬應的性質。貝多芬自己說這是他一生最完滿的作品。——以他的宗教觀而論，雖然生長在基督舊教的家庭裡，他的信念可不完全合於基督教義。他心目之中的上帝是富有人間氣息的。他相信精神不死須要憑著戰鬥、受苦與創造，和純以皈依、服從、懺悔為主的基督教哲學相去甚遠。在這一點上他與米開朗基羅有些相似。他把人間與教會的籬垣撤去了，他要證明「音樂是比一切智慧與哲學更高的啟示」。在寫作這件作品時，他又說：「從我的心裡流出來，流到大眾的心裡。」

全曲依照彌撒祭曲禮的程序[180]，分成五大頌曲：（一）吾主憐我（Kyrie）；（二）榮耀歸主（Gloria）；（三）我信我主（Credo）；（四）聖哉聖哉（Sanctus）；（五）神之羔羊（Agnus Dei）。[181]

——第一部以熱誠的祈禱開始，繼以Andante奏出「憐我憐我」的悲歎之聲，對基督的呼籲，在各部合唱上輪流唱出。（五大部每部皆如奏鳴曲式分成數章，茲不詳解。）

——第二部表示人類俯伏卑恭，頌讚上帝，歌頌主榮，感謝恩賜。

——第三部，貝多芬流露出獨有的口吻了。開始時的莊嚴巨大的主題，表現他堅決的信心。結實的節奏，特殊的色彩，trompette的運用，作者把全部樂器的機能用來證實他的意念。他的神是勝利的英雄，是半世紀後尼采所宣揚的「力」的神。貝多芬在耶穌的苦難上發現了他自身的苦難。在受難、下葬等壯烈悲哀的曲調以後，接著是復活的呼聲，英雄的神明勝利了！

——第四部，貝多芬參見了神明，從天國回到人間，散佈一片溫柔的情緒。然後如《第九交響曲》一般，是歡樂與輕快的爆發。緊接著祈禱，蒼茫的，神秘的。虔誠的信徒匍匐著，已經蒙到主的眷顧。

——第五部，他又代表著遭劫的人類祈求著「神之羔羊」，祈求「內的和平與外的和平」，像他自己所說。

180. 按彌撒祭歌唱的詞句，皆有經文（拉丁文的）規定，任何人不能更易一字，各段文字大同小異，而節目繁多，譜為音樂時部門尤為龐雜。凡不解經典及不知典禮的人較難領會。

181. 全曲以四部獨唱與管弦樂隊及大風琴演出。樂隊的構成如下：2 flutes，2 hautbois，2 clarinettes，2 bassons，1 contrebasse，4 cors（horns），2 trompettes，2 trombones，timbale外加弦樂五重奏。人數之少非今人想像所及。

(七)其他

作品第一三八號之三:《雷奧諾序曲第三》(Ouverture de Leonore No.3)[182]

腳本出於一極平庸的作家,貝多芬所根據的乃是原作的德譯本。事述西班牙人弗洛雷斯當向法官唐・法爾南控告畢薩爾之罪,而反被誣陷,蒙冤下獄。弗妻雷奧諾化名菲岱里奧(西班牙文,意為忠貞)入獄救援,終獲釋放。故此劇初演時,戲名下另加小標題:一名夫婦之愛。——序曲開始時(Adagio),為弗洛雷斯當憂傷的怨歎。繼而引入Allegro。在trompette宣告釋放的信號(法官登場一場)之後,雷奧諾與弗洛雷斯當先後表示希望、感激、快慰等各階段的情緒。結束一節,尤暗示全劇明快的空氣。

在貝多芬之前,格魯克與莫札特,固已在序曲與歌劇之間建立密切的關係;但把戲劇的性格、發展的路線歸納起來,而把序曲構成交響曲式的作品,確從《雷奧諾》開始。以後韋伯、舒曼、瓦格納等在歌劇方面,李斯特在交響詩方面,皆受到極大的影響,稱《雷奧諾》為「近世抒情劇之父」。它在樂劇史上的重要,正不下於《第五交響曲》之於交響樂史。

182. 貝多芬完全的歌劇只此一齣。但從一八〇三年起到他死為止,二十四年間他一直斷斷續續地為這件作品花費著心血。一八〇五年十一月初次在維也納上演時,劇名叫作《菲岱里奧》,演出的結果很壞。一八〇六年三月,經過修改後,換了《雷奧諾》的名字再度出演,仍未獲得成功。一八一四年五月,又經一次大修改,仍用《菲岱里奧》之名上演。從此,本劇才算正式列入劇院的戲目裡。但一八二七年,貝多芬去世前數星期,還對朋友說他有一部《菲岱里奧》的手稿壓在紙堆下。可知他在一八一四年以後仍在修改。現存的《菲岱里奧》,共只二幕,為一八一四年稿本,目前戲院已不常貼演。在音樂會中不時可以聽到的,只是片段的歌唱。至今仍為世人熟知的,乃是它的序曲。——因為名字屢次更易,故序曲與歌劇之名今日已不統一。普通於序曲多稱《雷奧諾》,於歌劇多稱《菲岱里奧》;但亦不一定如此。再本劇序曲共有四支,以後貝多芬每改一次,即另作一次序曲。至今最著名的為第三序曲。

附錄

（一）貝多芬另有兩支迄今知名的序曲：一是《寇里奧蘭序曲》（Ouverture de Coriolan）[183]，把兩個主題做成強有力的對比：一方面是母親的哀求，一方面是兒子的固執。同時描寫這頑強的英雄在內心裡的爭鬥。——另一支是《哀格蒙特序曲》（Ouverture d'Egmont）[184]，描寫一個英雄與一個民族為自由而爭戰，而高歌勝利。

（二）在貝多芬所作的聲樂內，當以歌（Lied）為最著名。如《悲哀的快感》，傳達親切深刻的詩意；如《吻》，充滿著幽默；如《鶴鶉之歌》，純是寫景之作。——至於《彌儂》（歌德原作）的熱烈的情調，尤與詩人原作吻合。此外尚有《致久別的愛人》（作品第九十八號），四部合唱的《輓歌》（作品第一一八號），與以歌德的詩譜成的《平靜的海》與《快樂的旅行》等，均為知名之作。

183. 作品第六十二號。根據莎士比亞的本事，述一羅馬英雄名寇里奧蘭者，因不得民眾歡心，憤而率領異族攻略羅馬，及抵城下，母妻遮道泣諫，卒以罷兵。
184. 作品第八十五號。根據歌德的悲劇，述十六世紀荷蘭貴族哀格蒙特伯爵，領導民眾反抗西班牙統治之史實。

SECTION 2

米開朗基羅傳

譯者弁言

本書之前，有《貝多芬傳》；本書之後，有《托爾斯泰傳》：合起來便是羅曼・羅蘭的不朽的「三巨人傳」。移譯本書的意念是和移譯《貝多芬傳》的意念一致的，在此不必多說。在一部不朽的原作之前，冠上不倫的序文是件褻瀆的行為。因此，我只申說下列幾點：

一、本書是依據原本第十一版全譯的。但附錄的米氏詩選因其為義大利文原文（譯者無能），且在本文中已引用甚多，故擅為刪去。

二、附錄之後尚有詳細參考書目（英、德、美、義四國書目），因非目下國內讀書界需要，故亦從略。

三、原文注解除刪去最不重要的十餘則外，餘皆全譯，所以示西人治學之嚴，為我人做一榜樣耳。

一九三四年一月五日

原序

羅曼・羅蘭

在翡冷翠的國家美術館中，有一座為米開朗基羅稱為《勝利者》的白石雕像。這是一個裸露的青年，生成美麗的軀體，低低的額上垂覆著鬈曲的頭髮。昂昂地站著，他的膝蓋踞曲在一個胡髭滿面的囚人背上，囚人蜷伏著，頭伸向前面，如一匹牛。可是勝利者並不注視他。即在他的拳頭將要擊下去的一剎那，他停住了，滿是沉鬱之感的嘴巴和猶豫的目光轉向別處去了。手臂折轉去向著肩頭，身子往後仰著；他不再要勝利，勝利使他厭惡。他已征服了，但亦被征服了。

這幅英雄的惶惑之像，這個折了翅翼的勝利之神，在米開朗基羅全部作品中是永留在工作室中的唯一的作品，以後，達涅爾・特・沃爾泰雷想把它安置在米氏墓上。——它即是米開朗基羅自己，即是他全生涯的象徵。

痛苦是無窮的，它具有種種形式。有時，它是由於物質的凌虐，如災難、疾病、命運的徧枉、人類的惡意。有時，它即蘊藏在人的內心。在這種情境中的痛苦，是同樣的可憫，同樣的無可挽救；因為人不能自己選擇他的人生，人既不要求生，也不要求成為他所成為的樣子。

米開朗基羅的痛苦，即是這後一種。他有力強，他生來便是為戰鬥為征服的人；而且他居然征服了。——可是，他不要勝利。他所要的並不在此。——真是哈姆雷特式的悲劇呀！賦有英雄的天才，而沒有實現的意志；賦有專斷的熱情，而並無奮激的願望：這是多麼悲痛的矛盾！

人們可不要以為我們在許多別的偉大之外，在此更發現一樁偉大！我們永遠不會說是因為一個人太偉大了，世界於他才顯得不夠。精神的煩悶並非偉大的一種標識。即在一般偉大的人物，缺少生靈與萬物之間、生命與生命律令之間的和諧並不算是偉大，卻是一樁弱點。——為何要隱蔽這弱點呢？最弱的人難道是最不值得人家愛戀嗎？——他正是更值得愛戀，因為他對於愛的需求更為迫切。我決不會造成不可幾及的英雄範型。我恨那懦怯的理想主義，它只教人不去注視人生的苦難和心靈的弱點。我們當和太容易被夢想與甘言所欺騙的民眾說：英雄的謊言只是懦怯的表現。世界上只有一種英雄主義，便是注視世界的真面目——並且愛世界。

我在此所要敘述的悲劇，是一種與生俱來的痛苦，從生命的核心中發出的，它毫無間歇地侵蝕生命，直到把生命完全毀滅為止。這是巨大的人類中最顯著的代表之一，一千九百餘年來，我們的西方充塞著他的痛苦與信仰的呼聲，——這代表便是基督徒。

將來，有一天，在多少世紀的終極，——如果我們塵世的事蹟還能保存於人類記憶中的話——會有一天，那些生存的人們，對於這個消逝的種族，會倚憑在他們墮落的深淵旁邊，好似但丁俯在地獄第八層的火坑之旁那樣，充滿著驚歎、厭惡與憐憫。

但對於這種又驚又佩又惡又憐的感覺，誰還能比我們感得更真切呢？因為我們自幼便滲透這些悲痛的情操，便看到最親愛的人們相鬥，我們一向識得這基督教悲觀主義的苦澀而又醉人的味道，我們曾在懷疑躊躇的辰光，費了多少力量，才止住自己不致和多少旁人一樣墮入虛無的幻象中去。

神呀！永恆的生呀！這是一班在此世無法生存的人們的蔭庇！信仰，往往只是對於人生、對於前途的不信仰，只是對於自己的不信仰，只是缺乏勇氣與歡樂！……啊！信仰！你的苦痛的勝利，是由多少的失敗造成的呢！

基督徒們，為了這，我才愛你們，為你們抱憾。我為你們怨歎，我也歎賞你們的悲愁。你們使世界變得淒慘，又把它裝點得更美。當你的痛苦消滅的時候，世界將更加枯索了。在這滿著卑怯之徒的時代，——在苦痛前面發抖，大聲疾呼地要求他們的幸福，而這幸福往往便是別人的災難，——我們應當敢於正視痛苦，尊敬痛苦！歡樂固然值得頌讚，痛苦亦何嘗不值得頌讚！這兩位是姊妹，而且都是聖者。她們鍛煉人類開展偉大的心魂。她們是力，是生，是神。凡是不能兼愛歡樂與痛苦的人，便是既不愛歡樂，亦不愛痛苦。凡能體味她們的，方懂得人生的價值和離開人生時的甜蜜。

米開朗基羅傳

導言

這是一個翡冷翠城中的中產者，——

——那裡，滿是陰沉的宮殿，矗立著崇高的塔尖如長矛一般，柔和而又枯索的山崗細膩地映在天際，崗上搖曳著杉樹的圓蓋形的峰巔，和閃閃作銀色、波動如水浪似的橄欖林；

——那裡，一切都講究極端的典雅。洛倫佐・特・梅迪契的譏諷的臉相，馬基雅弗利的闊大的嘴巴，波提切利畫上的黃髮，貧血的維納斯，都會合在一起；

——那裡，充滿著熱狂、驕傲、神經質的氣息，易於沉溺在一切盲目的信仰中，受著一切宗教的和社會的狂潮聳動。在那裡，個個人是自由的，個個人是專制的；在那裡，生活是那麼舒適，可是那裡的人生無異是地獄；

——那裡，居民是聰慧的、頑固的、熱情的、易怒的，口舌如鋼一般尖利，心情是那麼多疑，互相試探、互相嫉忌、互相吞噬；

——那裡，容留不下李奧納多・達・文西般的自由思想者，那裡，波提切利只能如一個蘇格蘭的清教徒般在幻想的神秘主義中終其天年，那裡，薩伏那洛拉受了一班壞人的利用，舉火焚燒藝術品，使他的僧徒們在火旁舞蹈——三年之後，這火又死灰復燃地燒死了他自己。

在這個時代的這個城市中，他是他們的狂熱的對象。

「自然，他對於他的同胞們沒有絲毫溫婉之情，他的豪邁宏偉的天才蔑視他們小組的藝術、矯飾的精神、平凡的寫實主義，他們的感傷情調與病態的精微玄妙。他對待他們的態度很嚴酷，但他愛他們。他對於他的國家，並無達•文西般的微笑的淡漠。遠離了翡冷翠，便要為懷鄉病所苦。」[1]

一生想盡方法要住在翡冷翠，在戰爭的悲慘的時期中，他留在翡冷翠；他要「至少死後能回到翡冷翠，既然生時是不可能」。[2]

因為他是翡冷翠的舊家，故他對於自己的血統與種族非常自傲。[3]甚至比對於他的天才更加自傲。他不答應人家當他藝術家看待：

1.「我不時墮入深切的悲苦中，好似那些遠離家庭的人一樣。」（見羅馬，一四九七年八月十九日書）

2.「死之於我，顯得那麼可愛；因為它可以使我獲得生前所不能得到的幸福，即回到我的故鄉。」

3. 博納羅蒂•西莫內，裔出塞蒂尼亞諾，在翡冷翠地方誌上自十二世紀起即已有過記載。米開朗基羅當然知道這一點。「我們是中產階級，是最高貴的世裔。」（一五四六年十二月致他的侄子利奧那多書）——他不贊成他的侄子要變得更高貴的思念：「這絕非是自尊的表示。大家知道我們是翡冷翠最老、最高貴的世家。」（一五四九年二月）——他試著要重振他的門第，教他的家庭恢復他的舊姓西莫內，在翡冷翠創立一族莊；但他老是被他兄弟們的平庸所沮喪。他想起他的弟兄中有一個（西吉斯蒙多）還推車度日，如鄉下人一般地生活著，他不禁要臉紅。一五二〇年，亞歷山德羅•特•卡諾薩伯爵寫信給他，說在伯爵的家譜上查出他們原是親戚的證據。這消息是假的，米開朗基羅卻很相信，他竟至要購買卡諾薩的宮邸。據說那是他的祖先的發祥地。他的傳記作者孔迪維依了他的指點把法王亨利二世的姊妹和瑪爾蒂爾德大伯爵夫人都列入他的家譜之內。一五一五年，教皇利奧十世到翡冷翠的時候，米開朗基羅的兄弟博納羅托受到教皇的封綬。

「我不是雕塑家米開朗基羅……我是米開朗基羅・博納羅蒂……」[4]

他精神上便是一個貴族，而且具有一切階級的偏見。他甚至說：「修煉藝術的，當是貴族而非平民。」[5]

他對於家族抱有宗教般的、古代的、幾乎是野蠻的觀念。他為它犧牲一切，而且要別人和他一樣犧牲。他將，如他所說的，「為了它而賣掉自己，如奴隸一般」。[6]在這方面，為了些微的事情，他會激動感情。他輕蔑他的兄弟們，的確他們應該受他輕蔑。他輕蔑他的侄子——他的繼承人。但對於他的侄子和兄弟們，他仍尊敬他們代表世系的身分。這種言語在他的信札中屢見不鮮：

「我們的世系……維持我們的世系……不要令我們的血統中斷……」

凡是這強悍的種族的一切迷信、一切盲從，他都全備。這些彷彿是一個泥團，（有如上帝捏造人類的泥團，）米開朗基羅即是在這個泥團中形成的。但在這個泥團中卻湧躍出澄清一切的成分：天才。

「不相信天才，不知天才為何物的人，請看一看米開朗基羅吧！從沒有人這樣為天才所拘囚的了。這天才的氣質似乎和他的氣質完全不同，這是一個征服者投入他的懷中而把他制服了。他

4. 他又說：「我從來不是一個畫家，也不是雕塑家，——做藝術商業的人。我永遠保留著我世家的光榮。」（一五四八年五月二日致利奧那多書）
5. 他的傳記作者孔迪維所述語。
6. 一四九七年八月十九日致他的父親書。——他在一五〇八年三月十三日三十三歲時才從父親那裡獲得成丁獨立權。

的意志簡直是一無所能，甚至可說他的精神與他的心也是一無所能。這是一種狂亂的爆發，一種駭人的生命，為他太弱的肉體與靈魂所不能勝任的。

「他在繼續不斷的興奮中過生活。他的過分的力量使他感到痛苦，這痛苦逼迫他行動，不息地行動，一小時也不得休息。」

他寫道：「我為了工作而筋疲力盡，從沒有一個人像我這樣地工作過，我除了夜以繼日地工作之外，什麼都不想。」

這種病態的需要活動不特使他的業務天天積聚起來，不特使他接受他所不能實行的工作，而且也使他墮入偏執的僻性中去。他要雕琢整個的山頭。當他要建造什麼紀念物時，他會費掉幾年的光陰到石廠中去挑選石塊，建築搬運石塊的大路；他要成為一切——工程師、手工人、斫石工人；他要獨自幹完一切；建造宮邸、教堂，由他一個人來。

這是一種判罰苦役的生活。他甚至不願分出時間去飲食睡眠。在他信札內，隨處看得到同樣可憐的語句：

「我幾乎沒有用餐的時間……我沒有時間吃東西……十二年以來，我的肉體被疲倦所毀壞了，我缺乏一切必需品……我沒有一個銅子，我是裸體了，我感受無數的痛苦……我在悲慘與痛苦中討生活……我和患難爭鬥……」[7]

7. 見一五〇七、一五〇九、一五一二、一五一三、一五二五、一五四七諸年信札。

這患難其實是虛幻的。米開朗基羅是富有的；他拚命使自己富有，十分富有。[8] 但富有對於他有何用處？他如一個窮人一樣生活，被勞作束縛著好似一匹馬被磨輪的軸子繫住一般。沒有人會懂得他如此自苦的原因。沒有人能懂得他為何不能自主地使自己受苦，也沒有人能懂得他的自苦對於他實是一種需要。即是脾氣和他極相似的父親也埋怨他：

「你的弟弟告訴我，你生活得十分節省，甚至節省到悲慘的程度：節省是好的；但悲慘是壞的，這是使神和人都為之不悅的惡行，它會妨害你的靈魂與肉體。只要你還年輕，這還可以；但當你漸漸衰老的時光，這悲慘的壞生活所能產生的疾病與殘廢，全都會顯現。應當避免悲慘，中庸地生活，當心不要缺乏必需的營養，留意自己不要勞作過度……」[9]

但什麼勸告也不起影響。他從不肯把自己的生活安排得更合人性些。他只以極少的麵包與酒來支持他的生命。他只睡幾小時。當他在博洛尼亞進行尤利烏斯二世的銅像時，他和他的三個助手睡在一張床上，因為他只有一張床而又不願添置。[10] 他睡時衣服也不脫，皮靴也不卸。有一次，腿腫起來了，他不得不割破靴子；在脫下靴子的時候，腿皮也隨著剝下來了。

這種駭人的衛生，果如他的父親所預料，使他老是患病。在他的信札中，人們可以看出他生

---

8. 他死後，人家在他羅馬寓所發現他的藏金有七千至八千金幣，約合今日四十或五十萬法郎。史家瓦薩里說他兩次給他的侄兒七千小金元，給他的侍役烏爾比諾二千小金元。他在翡冷翠亦有大批存款。一五三四年時，他在翡冷翠及附近各地置有房產六處、田產七處。他酷愛田。一五〇五、一五〇六、一五一二、一五一五、一五一七、一五一八、一五一九、一五二〇各年他購置不少田地。這是他鄉下人的遺傳性。然而他的儲蓄與置產並非為了他自己，而是為別人花去，他自己卻什麼都不捨得享用。

9. 這封信後面又加上若干指導衛生的話，足見當時的野蠻程度：「第一，保護你的頭，到它保有相當的溫暖，但不要洗：你應當把它揩拭，但不要洗。」（一五〇〇年十二月十九日信）

10. 見一五〇六年信。

過十四或十五次大病。[11]他好幾次發熱，幾乎要死去。他眼睛有病，牙齒有病，頭痛，心病。[12]他常為神經痛所苦，尤其當他睡眠的時候；睡眠對於他竟是一種苦楚。他很早便老了。四十二歲，他已感到衰老。[13]四十八歲時，他說他工作一天必得要休息四天。[14]他又固執著不肯請任何醫生診治。

他的精神所受到這苦役生活的影響，比他的肉體更甚。悲觀主義侵蝕他。這於他是一種遺傳病。青年時，他費盡心機去安慰他的父親，因為他有時為狂亂的苦痛糾纏著。[15]可是米開朗基羅的病比他所照顧的人感染更深。這沒有休止的活動，累人的疲勞，使他多疑的精神陷入種種迷亂狀態。他猜疑他的敵人，他猜疑他的朋友。[16]他猜疑他的家族、他的兄弟、他的嗣子；他猜疑他們不耐

---

11. 一五一七年九月，在他從事於聖洛倫佐的墳墓雕塑與《米涅瓦基督》的時候，他病得幾乎死去。一五一八年九月，在塞拉韋扎石廠中，他因疲勞過度與煩悶而病了。一五二〇年拉斐爾逝世的時候，他又病倒了。一五二一年年終，一個友人利奧那多·塞拉約祝賀他：「居然從一場很少人能逃過的痛症中痊癒了。」一五三一年六月，翡冷翠城陷落後，他失眠，飲食不進，頭和心都病了；這情景一直延長到年終，他的朋友們以為他是沒有希望的了。一五三九年，他從西斯廷教堂的高架上墮下，跌破了腿。一五四四年六月，他患了一場極重的熱病。一五四五年十二月至一五四六年正月，他舊病復發，使他的身體極度衰弱。一五四九年三月，他為石淋症磨難極苦。一五五五年七月，他患風痛。一五五九年七月，他又患石淋與其他種種疾病：他衰弱得厲害。一五六一年八月，他「暈倒了，四肢拘攣著」。
12. 見他的詩集卷八十二。
13. 一五一七年七月致多梅尼科·博寧塞尼書。
14. 一五二三年七月致巴爾特·安吉奧利尼書。
15. 在他致父親的信中，時時說：「你不要自苦……」（一五〇九年春）——「你在這種悲痛的情操中生活真使我非常難過。我祈求你不要再去想這個了。」（一五〇九年正月二十七日）——「你不要驚惶，不要愁苦。」（一五〇九年九月十五日）他的父親博納羅蒂和他一樣時時要發神經病。一五二一年，他突然從他自己家裡逃出來，大聲疾呼地說他的兒子把他趕出了。
16. 「在完滿的友誼中，往往藏著毀損名譽與生命的陰謀。」（見他致他的朋友盧伊吉·德爾·里喬——把他從一五四六年那場重病中救出來的朋友——的十四行詩）參看一五六一年十一月十五日，他的忠實的朋友卡瓦列里為他褊枉的猜忌之後給他的聲辯信：「我敢確言我從沒得罪過你，但你太輕信那班你最不應該相信的人……」

煩地等待他的死。

一切使他不安，[17]他的家族也嘲笑這永遠的不安。[18]他如自己所說的一般，在「一種悲哀的或竟是癲狂的狀態」中過生活。[19]痛苦久了，他竟嗜好有痛苦，他在其中覓得一種悲苦的樂趣：

「愈使我受苦的我愈歡喜。」[20]

對於他，一切都成為痛苦的題目，——甚至愛，[21]甚至善。[22]

「我的歡樂是悲哀。」[23]

沒有一個人比他更不接近歡樂而更傾向於痛苦的了。他在無垠的宇宙中所見到的所感到的只有它。世界上全部的悲觀主義都包含在這絕望的呼聲，這極端褊枉的語句中。

「千萬的歡樂不值一單獨的苦惱！……」[24]

「他的猛烈的力量，」孔迪維說，「把他和人群幾乎完全隔離了。」

17.「我在繼續的不信任中過生活……不要相信任何人，張開了眼睛睡覺……」

18.一五一五年九月與十月致他的兄弟博納羅托信中有言：「……不要嘲笑我所寫的一切……一個人不應當嘲笑任何人；在這個時代，為了他的肉體與靈魂而在恐懼與不安中過活是並無害處的……在一切時代，不安是好的……」

19.在他的信中，他常自稱為「憂愁的與瘋狂的人」、「老悖」、「瘋子與惡人」。——但他為這瘋狂辯白，說到只對於他個人有影響。

20.詩集卷一百五十二。

21.十四行詩卷一百九十第四十八首：「些少的幸福對於戀愛中人是一種豐滿的享樂，但它會使欲念絕滅，不若災患會使希望長大。」

22.「一切事物使我悲哀，」他寫道，「……即是善，因為它存在的時間太短了，故給予我心靈的苦楚不減於惡。」

23.詩集卷八十一。

24.詩集卷七十四。

他是孤獨的。──他恨人，他亦被人恨。他愛人，他不被人愛。人們對他又是欽佩，又是畏懼。晚年，他令人發生一種宗教般的尊敬。他威臨著他的時代。那時，他稍微鎮靜了些。他從高處看人，人們從低處看他。他從沒有休息，也從沒有最微賤的生靈所享受的溫柔──即在一生能有一分鐘的時間在別人的愛撫中睡眠。婦人的愛情於他是無緣的。在這荒漠的天空，只有維多利亞．科隆娜的冷靜而純潔的友誼，如明星一般照耀了一剎那。周圍盡是黑夜，他的思想如流星一般在黑暗中劇烈旋轉，他的意念與幻夢在其中迴盪。貝多芬卻從沒有這種情境。因為這黑夜即在米開朗基羅自己的心中。貝多芬的憂鬱是人類的過失；他天性是快樂的，他希望快樂。米開朗基羅卻是內心憂鬱，這憂鬱令人害怕，一切的人本能地逃避他。他在周圍造成一片空虛。

這還算不得什麼。最壞的並非是成為孤獨，卻是對自己亦孤獨了，和自己也不能生活，不能為自己的主宰，而且否認自己，與自己鬥爭，毀壞自己。他的心魂永遠在欺妄他的天才。人們時常說起他有一種「反對自己」的宿命，使他不能實現他任何偉大的計畫。這宿命便是他自己。他的不幸的關鍵足以解釋他一生的悲劇──而為人們所最少看到或不敢去看的關鍵──只是缺乏意志和賦性懦怯。

在藝術上、政治上，在他一切行動和一切思想上，他都是優柔寡斷的。在兩件作品、兩項計畫、兩個部分中間，他不能選擇。關於尤利烏斯二世的紀念建築、聖洛倫佐的屋面、梅迪契的墓等等的歷史都足以證明他這種猶豫。他開始，開始，卻不能有何結果。他要，他又不要。他才選定，他已開始懷疑。在他生命終了的時光，他什麼也沒有完成：他厭棄一切。人家說他的工作是強迫的；人家把朝三暮四、計畫無定之責，加在他的委託人身上。其實如果他決定拒絕的話，他的主使人正無法強迫他呢。可是他不敢拒絕。

他是弱者。他在種種方面都是弱者，為了德行和為了膽怯。他是心地怯弱的。他為種種思慮而苦悶，在一個性格堅強的人，這一切思慮全都可以丟開的。因為他把責任心誇大之故，便自以為不得不去幹那最平庸的工作，為任何匠人可以比他做得更好的工作。[25]他既不能履行他的義務，也不能把它忘掉。[26]

他為了謹慎與恐懼而變得怯弱。為尤利烏斯二世所稱為「可怕的人」，同樣可被瓦薩里稱作「謹慎者」——「使任何人，甚至使教皇也害怕的」人會害怕一切。[27]他在親王權貴面前是怯弱的，——可是他又最瞧不起在親王權貴面前顯得怯弱的人，他把他們叫作「親王們的荷重的驢子」，[28]——他要躲避教皇；他卻留著，他服從教皇。[29]他容忍他的主人們的蠻橫無理的信，他恭敬地答覆他們。[30]有時，他反抗起來，他驕傲地說話；但他永遠讓步。直到死，他努力掙扎，可沒有力量奮鬥。教皇克雷芒七世——和一般的意見相反——在所有的教皇中是對他最慈和的人，他認識他的弱點，他也憐憫他。[31]

他的全部的尊嚴會在愛情面前喪失。他在壞蛋面前顯得十分卑怯。他把一個可愛的但是平庸

25. 他雕塑聖洛倫佐的墓像時，在塞拉韋扎石廠中過了幾年。
26. 他一五一四年承受下來的米涅瓦寺中的基督像，到一五一八年還未動工。「我痛苦死了……我做了如竊賊一般的行為……」一五〇一年，他和錫耶納的皮科洛米尼寺簽訂契約，定明三年以後交出作品。可是六十年後，一五六一年，他還為了沒有履行契約而苦惱。
27. 塞巴斯蒂阿諾・德爾・皮翁博信中語。（一五二〇年十月二十七日）
28. 和瓦薩里談話時所言。
29. 一五三四年，他要逃避教皇保羅三世，結果仍是聽憑工作把他繫住。
30. 一五一八年二月二日，大主教尤利烏斯・梅迪契猜疑他被卡拉伊人收買，送一封措辭嚴厲的信給他。米開朗基羅屈服地接受了，回信中說他「在世界上除了專心取悅他以外，再沒有別的事務了」。
31. 參看在翡冷翠陷落之後，他和塞巴斯蒂阿諾・德爾・皮翁博的通信。他為了他的健康、為了他的苦悶抱著不安。

的人，如托馬索・卡瓦列里當作一個了不得的天才。[32]

至少，愛情使他這些弱點顯得動人。當他為了恐懼之故而顯得怯弱時，這怯弱只是——人們不敢說是可恥的——痛苦得可憐的表現。他突然陷入神志錯亂的恐怖中。於是他逃了，他被恐怖逼得在義大利各處奔竄。一四九四年，為了某種幻象，嚇得逃出翡冷翠。一五二九年，翡冷翠被圍，負有守城之責的他，又逃亡了。他一直逃到威尼斯。幾乎要逃到法國去。以後他對於這件事情覺得可恥，他重新回到被圍的城裡，盡他的責任，直到圍城終了。但當翡冷翠陷落，嚴行流戍放逐，雷厲風行之時，他又是多麼怯弱而發抖！他甚至去恭維法官瓦洛里，那個把他的朋友——高貴的巴蒂斯塔・德拉・帕拉處死的法官。可憐啊！他甚至棄絕他的友人，翡冷翠的流戍者。[33]

他怕。他對於他的恐怖感到極度的羞恥。他瞧不起自己。他憎厭自己以致病倒了。他要死。人家也以為他快死了。[34]

但他不能死。他內心有一種癲狂的求生的力量，這力量每天會甦醒、求生，為的要繼續受

32.「……我不能和你相比。你在一切學問方面是獨一無二的。」（一五三三年正月一日米開朗基羅致托馬索・卡瓦列里書）

33.「……一向我留神著不和被判流戍的人談話，不和他們有何來往；將來我將更加留意……我不和任何人談話，尤其是翡冷翠人。如果有人在路上向我行禮，在理我不得不友善地和他們招呼，但我竟不理睬。如果我知道誰是流戍的翡冷翠人，我簡直不回答他……」這是他的侄兒通知他被人告發與翡冷翠的流戍者私自交通後，他自羅馬發的覆信（一五四八年）中語。——更甚於此的，他還做了忘恩負義的事情。他否認他病劇時受過斯特羅齊一家的照拂：「至於人家責備我曾於病中受斯特羅齊家的照拂，那麼，我並不認為我是在斯特羅齊家中而是在盧伊吉・德爾・里喬的臥室中，他是和我極友善的。」（盧伊吉・德爾・里喬是在斯特羅齊邸中服役。）米開朗基羅曾在斯特羅齊家中做客是毫無疑義的事，他自己在兩年以前即送給羅伯托・斯特羅齊一座《奴隸》（現存法國羅浮宮），表示對於他的盛情的感謝。

34.那是一五三一年，在翡冷翠陷落後，他屈服於教皇克雷芒七世和諂媚法官瓦洛里之後。

苦。——他如果能不活動呢？但他不能如此。他不能不有所行動。他行動。他應得要行動。——他自己行動嗎？——他是被動！他是捲入他的癲癇的熱情與矛盾中，好似但丁的獄囚一般。

他應得要受苦啊！

「使我苦惱吧！苦惱！在我過去，沒有一天是屬於我的！」[35]

他向神發出這絕望的呼號：

「神喲！神喲！誰還能比我自己更透入我自己？」[36]

如果他渴望死，那是因為他認為死是這可怕的奴隸生活的終極之故。他講起已死的人時真是多麼豔羨！

「你們不必再恐懼生命的嬗變和欲念的轉換……後來的時間不再對你們有何強暴的行為了，必須與偶然不再驅使你們……言念及此，能不令我豔羨？」[37]

「死！不再存在！不再是自己！逃出萬物的桎梏！逃出自己的幻想！」

「啊！使我，使我不再回復我自己！」[38]

他的煩躁的目光還在京都博物館中注視我們，在痛苦的臉上，我更聽到這悲愴的呼聲。[39]

他是中等的身材，肩頭很寬，骨骼與肌肉突出很厲害。因為勞作過度，身體變了形，走路

35. 詩集卷四十九（一五三二年）。
36. 詩集卷六（一五〇四至一五一一年間）。
37. 詩集卷五十八（一五三四年紀念他父親之死的作品）。
38. 詩集卷一百三十五。
39. 以下的描寫根據米開朗基羅的各個不同的肖像。弗朗切斯科．拉卡瓦晚近發現《最後之審判》中有他自己的畫像，四百年來，多少人在他面前走過而沒有看見他。但一經見到，便永遠忘不了。

時，頭往上仰著，背傴僂著，腹部突向前面。這便是畫家法蘭西斯科・特・奧蘭達的肖像中的形象：那是站立著的側影，穿著黑衣服，肩上披著一件羅馬式大氅，頭上纏著布巾，布巾之上覆著一頂軟帽[40]。

頭顱是圓的，額角是方的，滿著皺痕，顯得十分寬大。黑色的頭髮亂蓬蓬地虯結著。眼睛很小，又悲哀，又強烈，光彩時時在變化，或是黃的，或是藍的。鼻子很寬很直，中間隆起，曾被托里賈尼的拳頭擊破。[41]從鼻孔到口角有很深的皺痕，嘴巴生得很細膩，下唇稍稍前突，鬢毛稀薄，牧神般的鬍鬚簇擁著兩片顴骨前突的面頰。

全部臉相上籠罩著悲哀與猶豫的神情，這確是詩人塔索時代的面目，表現著不安的、被懷疑所侵蝕的痕跡。淒慘的目光引起人們的同情。

同情，我們不要和他斤斤較量了吧。他一生所希望而沒有獲到的這愛情，我們給了他吧。他嘗到一個人可能受到的一切苦難。他目擊他的故鄉淪陷。他目擊義大利淪於野蠻民族之手。他目擊自由之消滅。他眼見他所愛的人一個一個地逝世。他眼見藝術上的光明，一顆一顆地熄滅。

在這黑夜將臨的時光，他孤獨地留在最後。在死的門前，當他回首瞻望的時候，他不能說他已做了他所應做與能做的事以自安慰。他的一生於他顯得是白費的。一生沒有歡樂也是徒然。他也徒然把他的一生為藝術的偶像犧牲了。[42]

40. 一五六四年，人們把他的遺骸自羅馬運回到翡冷翠去的時候，曾經重開他的棺龕，那時頭上便戴著這種軟帽。
41. 這是一四九〇至一四九二年間事。
42. 「……熱情的幻夢，使我把藝術當作一個偶像與一個王國……」（詩集卷一百四十七）

沒有一天快樂，沒有一天享受到真正的人生，九十年間的巨大的勞作，竟不能實現他夢想的計畫於萬一。他認為最重要的作品沒有一件是完成的。運命嘲弄他，使這位雕塑家有始有終地完成的事業，只是他所不願意的繪畫。[43]在那些使他驕傲、使他苦惱的大工程中，有些——如《比薩之戰》的圖稿、尤利烏斯二世的銅像——在他生時便毀掉了，有些——尤利烏斯二世的墳墓、梅迪契的家廟——是可憐地流產了：現在我們所看到的只是他的思想的速寫而已。

雕塑家吉貝爾蒂在他的注解中講述一椿故事，說德國安永公爵的一個鏤銀匠，具有可和「希臘古雕塑家相匹敵」的手腕，暮年時眼見他灌注全生命的一件作品毀掉了。——「於是他看到他的一切疲勞都是枉費；他跪著喊道：『喲，吾主，天地的主宰，不要再使我迷失，不要讓我再去跟從除你以外的人。可憐我吧！』立刻，他把所有的財產分給了窮人，退隱到深山中去，死了……」

如這個可憐的德國鏤銀家一樣，米開朗基羅到了暮年，悲苦地看著他的一生、他的努力都是枉費，他的作品未完的未完、毀掉的毀掉。

於是，他告退了。文藝復興睥睨一切的光芒，宇宙的自由的至高至上的心魂，和他一起遁入「這神明的愛情中，他在十字架上張開著臂抱迎接我們」。

「頌讚歡樂」的豐滿的呼聲，沒有嘶喊出來。於他直到最後的一呼吸永遠是「痛苦的頌讚」「解放一切的死的頌讚」。他整個地戰敗了。

43. 他自稱為「雕塑家」而非「畫家」。一五〇八年三月十日，他寫道：「今日，我雕塑家米開朗基羅，開始西斯廷教堂的繪畫。」——「這全不是我的事業，」一年以後他又寫道，「……我毫無益處地費掉我的時間。」（一五〇九年正月二十七日）關於這個見解，他從沒變更。

這便是世界的戰勝者之一。我們，享受他的天才的結晶品時，和享受我們祖先的功績一般，再也想不起他所流的鮮血。

我願把這血滲在大家眼前，我願舉起英雄們的紅旗在我們的頭上飄揚。

上編 戰鬥

一 力

一四七五年三月六日，他生於卡森蒂諾地方的卡普雷塞。荒確的鄉土，「飄逸的空氣」[44]，岩石，桐樹，遠處是亞平寧山。不遠的地方，便是阿西西的聖方濟各在阿爾佛尼阿山頭看見基督顯靈的所在。

父親[45]是卡普雷塞與丘西地方的法官。這是一個暴烈的、煩躁的、「怕上帝」的人。母親[46]在米開朗基羅六歲時便死了。[47]他們共是弟兄五人：利奧那多、米開朗基羅、博納羅托、喬凡・西莫內、西吉斯蒙多。[48]

44.米開朗基羅歡喜說他的天才是由於他的故鄉的「飄逸的空氣」所賜。
45.他的名字叫作洛多維科・迪・利奧那多・博納羅蒂・西莫內——他們一家真正的姓字是西莫內。
46.法蘭西斯卡・迪・奈麗・迪・米尼阿托・德爾・塞拉。
47.父親在一四八五年續娶盧克蕾齊亞・烏巴爾迪妮，她死於一四九七年。
48.利奧那多生於一四七三年，博納羅托生於一四七七年，喬凡・西莫內生於一四七九年，西吉斯蒙多生於一四八一年。利奧那多做了教士。因此米開朗基羅成為長子了。

他幼時寄養在一個石匠的妻子家裡。以後他把做雕塑家的志願好玩地說是由於這幼年的乳。人家把他送入學校，他只用功素描。「為了這，他被他的父親與伯叔瞧不起，而且有時打得很凶，他們都恨藝術家這職業，似乎在他們的家庭中出一個藝術家是可羞的。」[49]因此，他自幼便認識人生的殘暴與精神的孤獨。

可是他的固執戰勝了父親的固執。十三歲時，他進入多梅尼科・吉蘭達約的畫室——那是當代翡冷翠畫家中最大最健全的一個。他初時的成績非常優異，據說甚至令他的老師也嫉妒起來。[50]一年之後他們分手了。

他已開始憎厭繪畫。他企慕一種更英雄的藝術。他轉入雕塑學校。那個學校是洛倫佐・特・梅迪契所主辦的，設在聖馬可花園內。[51]那親王很賞識他：叫他住在宮邸中，允許他和他的兒子們同席；童年的米開朗基羅一下子便處於義大利文藝復興運動的中心，處身於古籍之中，沐浴著柏拉圖研究的風氣。他們的思想，把他感染了，他沉湎於懷古的生活中，心中也存了崇古的信念：他變成一個希臘雕塑家。在「非常鍾愛他」的波利齊亞諾的指導之下，他雕了《半人半馬怪與拉庇泰人之戰》。[52]

這座驕傲的浮雕，這件完全給力與美統治著的作品，反映出他成熟時期的武士式的心魂與粗

49. 據孔迪維記載。
50. 實在，一個那樣大的藝術家曾對他的學生嫉妒是很難令人置信的。我不信這是米開朗基羅離開吉蘭達約的原因。他到暮年還保存著對於他的第一個老師的尊敬。
51. 這個學校由多那太羅的學生貝爾托爾多所主持。
52. 此像現存翡冷翠。《微笑的牧神面具》一作，亦是同時代的，它引起洛倫佐・特・梅迪契對於米開朗基羅的友誼。《梯旁的聖母》亦是那時所做的浮雕。

獷堅強的手法。

他和洛倫佐・迪・克雷蒂、布賈爾迪尼、格拉納奇、托里賈諾・德爾・托里賈尼等到卡爾米尼寺中去臨摹馬薩喬的壁畫。他不能容忍他的同伴們的嘲笑。一天，他和虛榮的托里賈尼衝突起來。托里賈尼一拳把他的臉擊破了，後來，他以此自豪：「我緊握著拳頭，」他講給貝韋努托・切利尼聽，「我那麼厲害地打在他的鼻子上，我感到他的骨頭粉碎了，這樣，我給了他一個終身的紀念。」[53]

然而異教色彩並未抑滅米開朗基羅的基督教信仰。兩個敵對的世界爭奪米開朗基羅的靈魂。一四九〇年，教士薩伏那洛拉，依據了多明我派的神秘經典《啟示錄》開始說教。他三十七歲，米開朗基羅十五歲。他看到這短小羸弱的說教者，充滿著熱烈的火焰，被神的精神燃燒著，在講壇上對教皇做猛烈的攻擊，向全義大利宣揚神的威權。翡冷翠人心動搖。大家在街上亂竄，哭著喊著如瘋子一般。最富的市民如魯切拉伊、薩爾維亞蒂、阿爾比齊、斯特羅齊輩都要求加入教派。博學之士、哲學家也承認他有理。[54]米開朗基羅的哥哥利奧那多便入了多明我派修道。[55]米開朗基羅也沒有免掉這驚惶的傳染。薩伏那洛拉自稱為預言者，他說法蘭西王查理八世將是神的代表，這時候，米開朗基羅不禁害怕起來。

53. 一四九一年事。

54. 那時的學者皮克・德拉・米蘭多萊和波利齊亞諾等都表示屈服於薩伏那洛拉的教義。不久之後，他們都死了（一四九四）。波利齊亞諾遺言死後要葬在多明我派的聖馬可寺中——即薩伏那洛拉的寺院。皮克・德拉・米蘭多萊死時特地穿著多明我派教士的衣裳。

55. 一四九一年事。

他的一個朋友，詩人兼音樂家卡爾迪耶雷有一夜看見洛倫佐・特・梅迪契的黑影在他面前顯現，穿著襤褸的衣衫，身體半裸著；死者命他預告他的兒子彼得，說他將要被逐出他的國土，永遠不得回轉。[56]卡爾迪耶雷把這幕幻象告訴了米開朗基羅，米氏勸他去告訴親王；但卡爾迪耶雷畏懼彼得，絕對不敢。一個早上，他又來找米開朗基羅，驚悸萬分地告訴他說，死者又出現了：他甚至穿了特別的衣裝，卡爾迪耶雷睡在床上，靜默地注視著，死人的幽靈便來把他批頰，責罰他沒有聽從他。米開朗基羅大大地埋怨他，逼他立刻步行到梅迪契別墅。

半路上，卡爾迪耶雷遇到了彼得，他就講給他聽。彼得大笑，喊馬弁把他打開。親王的秘書別納和他說：「你是一個瘋子。你想洛倫佐愛哪一個呢？愛他的兒子呢，還是愛你？」卡爾迪耶雷遭了侮辱與嘲笑，回到翡冷翠，把他倒楣的情形告知米開朗基羅，並把翡冷翠定要逢到大災難的話說服了米開朗基羅，兩天之後，米開朗基羅逃走了。[57]

這是米開朗基羅第一次為迷信而大發神經病，他一生，這類事情不知發生了多少次，雖然他自己也覺得可羞，但他竟無法克制。

他一直逃到威尼斯。

56. 洛倫佐・特・梅迪契死於一四九二年四月八日，他的兒子彼得承襲了他的爵位。米開朗基羅離開了爵邸，回到父親那裡，若干時內沒有事做。以後，彼得又叫他去任事，委託他選購浮雕與凹雕的細石。於是他雕成巨大的白石像《力行者》，最初放在斯特羅齊宮中，一五二九年被法蘭西王法蘭西斯一世購藏於楓丹白露，但在十七世紀時便不見了。放在聖靈修院的十字架木雕亦是此時之作，為這件作品，米開朗基羅用屍身研究解剖學，研究得那麼用功，以致病倒了（一四九四）。

57. 據孔迪維的記載，米開朗基羅於一四九四年十月逃亡。一個月之後，彼得・特・梅迪契因為群眾反叛也逃跑了；平民政府便在翡冷翠建立，薩伏那洛拉力予贊助，預言翡冷翠將使全世界都變成共和國。但這共和國將承認一個國王，便是耶穌基督。

他一逃出翡冷翠，他的騷亂靜了下來。——回到博洛尼亞，過了冬天，[58]他把預言者和預言全都忘掉了。世界的美麗重新使他奮激。他讀彼特拉克、薄伽丘和但丁的作品。

一四九五年春，他重新路過翡冷翠，正當舉行著狂歡節的宗教禮儀，各黨派劇烈地爭執的時候。但他此刻對於周圍的熱情變得那麼淡漠，且為表示不再相信薩伏那洛拉派的絕對論起見，他雕成著名的《睡著的愛神》像，在當時被認為是古代風的作品。在翡冷翠只住了幾個月，他到羅馬去。直到薩伏那洛拉死為止，他是藝術家中最傾向於異教精神的一個。他雕《醉的酒神》、《垂死的阿多尼斯》[59]和巨大的《愛神》的那一年，薩伏那洛拉正在焚毀他認為「虛妄和邪道」的書籍、飾物和藝術品。他的哥哥利奧那多為了他信仰預言之故被告發了。一切的危險集中於薩伏那洛拉的頭上，米開朗基羅卻並不回到翡冷翠去營救他。薩伏那洛拉被焚死了，米開朗基羅一聲也不響。[60]在他的信中，找不出這些事變的任何痕跡。

米開朗基羅一聲也不響，但他雕成了《哀悼基督》：

永生了一般的年輕，死了的基督躺在聖母的膝上，似乎睡熟了。他們的線條饒有希臘風的嚴肅。但其中已混雜著一種不可言狀的哀愁情調；這些美麗的軀體已沉浸在淒涼的氛圍中。悲哀已佔據了米開朗基羅的心魂。[61]

58.在那裡他住在高貴的喬凡尼・弗朗切斯科・阿爾多弗蘭迪家裡做客。在和博洛尼亞員警當局發生數次的糾葛中，都得到他的不少幫助。這時候他雕了幾座宗教神像，但全無宗教意味，只是驕傲的力的表現而已。
59.米開朗基羅於一四九六年六月到羅馬。《醉的酒神》、《垂死的阿多尼斯》與《愛神》都是一四九七年的作品。
60.時在一四九八年五月二十三日。
61.據米開朗基羅與孔迪維的談話，可見他所雕的聖母所以那麼年輕，所以和多那太羅、波提切利輩的聖母決然不同，是另有一種騎士式的神秘主義為背景的。

使他變得陰沉的，還不單是當時的憂患和罪惡的境象。一種專暴的力進入他的內心再也不放鬆他了。他為天才的狂亂所扼制，至死不使他呼一口氣，並無什麼勝利的幻夢，他卻賭咒要戰勝，為了他的光榮和為他家屬的光榮。

他的家庭的全部負擔壓在他一個人肩上。他們向他要錢。他沒有錢，但那麼驕傲，從不肯拒絕他們：他可以把自己賣掉，只是為要供應家庭向他要求的金錢。他的健康已經受了影響。營養不佳、時時受寒、居處潮濕、工作過度等等開始把他磨蝕。他患著頭痛，一面的肋腹發腫。[62]他的父親責備他的生活方式：他卻不以為是他自己的過錯。「我所受的一切痛苦，我是為的你們受的。」米開朗基羅以後在寫給父親的信中說。[63]

「……我一切的憂慮，我只因為愛護你們而有的。」[64]

一五〇一年春，他回到翡冷翠。

四十年前，翡冷翠大寺維持會曾委託阿戈斯蒂諾雕一個先知者像，那作品動工了沒有多少便中止了。一向沒有人敢上手的這塊巨大的白石，這次交托給米開朗基羅了。[65]碩大無朋的《大衛》，便是緣源於此。

62.見他父親給他的信（一五〇〇年十二月十九日）。
63.見他給父親的信（一五〇九年春）。
64.見他給父親的信（一五二一年）。
65.一五〇一年八月。——幾個月之前，他和弗朗切斯科・皮科洛米尼大主教簽訂合同，承應為錫耶納寺塑造裝飾用的雕像。這件工作他始終沒有做，他一生常常因此而內疚。

相傳，翡冷翠的行政長官皮耶爾·索德里尼（即是決定交托米氏雕塑的人）去看這座像時，為表示他的高見計，加以若干批評：他認為鼻子太厚了。

米開朗基羅拿了剪刀和一些石粉爬上台架，輕輕地把剪刀動了幾下，手中慢慢地散下若乾粉屑；但他一些也沒有改動鼻子，還是照它老樣。於是，他轉身向著長官問道：

「現在請看。」

「現在，」索德里尼說，「它使我更歡喜了些。你把它改得有生氣了。」

「於是，米開朗基羅走下台架，暗暗地好笑。」[66]

在這件作品中，我們似乎便可看到幽默的輕蔑。這是在休止期間的一種騷動的力。它充滿著輕蔑與悲哀。在美術館的陰沉的牆下，它會感到悶塞。它需要大自然中的空氣，如米開朗基羅所說的一般，它應當「直接受到陽光」。[67]

一五〇四年正月二十五日，藝術委員會（其中的委員有菲利比諾·利比、波提切利、佩魯吉諾與李奧納多·達·文西等）討論安置這座巨像的地方。依了米開朗基羅的請求，人們決定把它立在「諸侯宮邸」的前面。[68]

搬運的工程交托大寺的建築家們去辦理。五月十四日傍晚，人們把《大衛》從臨時廊棚下移

66. 據瓦薩里記載。

67. 這個像在他的工作室內時，一個雕塑家想使外面的光線更適宜於這件作品，米開朗基羅和他說：「不必你辛苦，重要的是直接受到陽光。」

68. 委員會討論此事的會議錄還保存著。迄一八七三年為止，《大衛》留在當時米開朗基羅所指定的地位，在諸侯宮邸前面。以後，人們把它移到翡冷翠美術學士院的一個特別的圓亭中，因為那時代這像已被風雨侵蝕到令人擔憂的程度。翡冷翠藝術協會同時提議做一個白石的摹本放在諸侯宮邸前的原位上。

出來。晚上，市民向巨像投石，要擊破它，當局不得不加以嚴密的保護。巨像慢慢地移動，繫得挺直，高處又把它微微吊起，免得在移轉時要抵住泥土。從大教堂廣場搬到老宮前面一共費了四天光陰。五月十八日正午，終於到達了指定的場所。夜間防護的工作仍未稍懈。可是雖然那麼周密，某個晚上群眾的石子終於投中了《大衛》。[69]

這便是人家往往認為值得我們作為模範的翡冷翠民族。[70]

一五〇四年，翡冷翠的諸侯把米開朗基羅和李奧納多・達・文西放在敵對的立場上。

兩人原不相契。他們都是孤獨的，在這一點上，他們應該互相接近了。但他們覺得離開一般的人群固然很遠，他們兩人卻離得更遠。

兩人中更孤獨的是李奧納多。他那時是五十二歲，長米開朗基羅二十歲。從三十歲起，他離開了翡冷翠，那裡的狂亂與熱情使他不耐；他的天性是細膩精密的，微微有些膽怯，他的清明寧靜與帶著懷疑色彩的智慧，和翡冷翠人的性格都是不相投契的。這享樂主義者，這絕對自由、絕對孤獨的人，對於他的鄉土、宗教、全世界，都極淡漠，他只有在一班思想自由的君主旁邊才感到舒服。

一四九九年，他的保護人盧多維克・勒・莫雷下台了，他不得不離別米蘭。一五〇二年，他投效於切薩爾・博爾吉亞幕下；一五〇三年，這位親王在政治上失勢了，他又不得不回到翡冷翠。

69. 這一段記載，完全根據當時的歷史，詳見皮耶特羅・迪・馬可・帕倫蒂著《翡冷翠史》。
70. 大衛的聖潔的裸體使翡冷翠人大感局促。一五四五年，人們指責《最後之審判》中的猥褻（因為其中全是裸體的人物）時，寫信給他道：「仿效翡冷翠人的謙恭吧，把他們身體上可羞的部分用金葉遮掩起來。」

在此，他的譏諷的微笑正和陰沉狂熱的米開朗基羅相遇，而他正激怒他。米開朗基羅，整個地投入他的熱情與信仰之中的人，痛恨他的熱情與信仰的一切敵人，而他尤其痛恨毫無熱情、毫無信仰的人。李奧納多愈偉大，米開朗基羅對他愈懷著敵意；他亦決不放過表示敵意的機會。

「李奧納多面貌生得非常秀美，舉止溫文爾雅。有一天他和一個朋友在翡冷翠街上閒步。他穿著一件玫瑰紅的外衣，一直垂到膝蓋；修剪得很美觀的鬈曲的長鬚在胸前飄蕩。在聖三一寺旁，幾個中產者在談話，他們辯論著但丁的一段詩。他們招呼李奧納多，請他替他們辨明其中的意義。這時候米開朗基羅在旁走過。李奧納多說：『米開朗基羅會解釋你們所說的那段詩。』「米開朗基羅以為是有意嘲弄他，冷酷地答道：『你自己解釋吧，你這曾做過一座銅馬的模塑[71]卻不會鑄成銅馬，而你居然不覺羞恥地就此中止了的人！』說完，他旋轉身走了。李奧納多站著，臉紅了。米開朗基羅還以為未足，滿懷著要中傷他的念頭，喊道：『而那些混帳的米蘭人竟會相信你做得了這樣的工作！』」[72]

是這樣的兩個人，行政長官索德里尼竟把他們安置在一件共同的作品上，即諸侯宮邸中會議廳的裝飾畫。這是文藝復興兩股最偉大的力的奇特的爭鬥。

一五〇四年五月，李奧納多開始他的《安吉亞里之戰》[73]的圖稿。一五〇四年八月，米開朗基羅受命製作那《卡希納之戰》[74]。全個翡冷翠為了他們分成兩派。——但是時間把一切都平等了。兩件

71. 這是隱指李奧納多沒有完成的弗朗切斯科・斯福爾札大公的雕像。
72. 一個同時代人的記錄。
73. 這戰役是翡冷翠人打敗米蘭人的一仗。這個題目是故意使李奧納多難堪的，因為他在米蘭有那麼多的朋友與保護人。
74. 亦名《比薩之役》。

作品全都消滅了。[75]

一五〇五年三月，米開朗基羅被教皇尤利烏斯二世召赴羅馬。從此便開始了他生涯中的英雄的時代。

兩個都是強項、偉大的人，當他們不是凶狠地衝突的時候，教皇與藝術家生來便是相契的。他們的腦海中湧現著巨大的計畫。尤利烏斯二世要令人替他造一個陵墓，和古羅馬城相稱的。米開朗基羅為這個驕傲的思念激動得厲害。他懷抱著一個巴比倫式的計畫，要造成一座山一般的建築，上面放著碩大無朋的四十餘座雕像。教皇興奮非凡，派他到卡拉雷地方去，在石廠中斫就一切必需的白石。在山中米開朗基羅住了八個多月。他完全被一種狂熱籠罩住了。「一天他騎馬在山中閒逛，他看見一座威臨全景的山頭：他突然想把它整個地雕起來，成為一個巨大無比的石像，使海中遠處的航海家們也能望到……如果他有時間，如果人家答應他，他定會那麼做。」[76]

一五〇五年十二月，他回到羅馬，他所選擇的大塊白石亦已開始運到，安放在聖彼得廣場上，米開朗基羅所住的桑塔－卡泰里納的後面。「石塊堆到那麼高大，群眾為之驚愕，教皇為之狂

---

75. 米開朗基羅的圖稿於一五〇五年畫到壁上，到了一五一二年梅迪契捲土重來時的暴亂中便毀掉了。這件作品只有從零星的摹本中可以窺一斑。至於李奧納多的一幅，李奧納多自己已經把它毀滅了。他為求技巧完美起見，試用一種油膏，但不能持久；那幅畫後來因他灰心而丟棄，到一五五〇年時已不存在了。米開朗基羅這時代（一五〇一至一五〇五）的作品，尚有《聖母》、《小耶穌》二座浮雕，現存倫敦皇家美術院和翡冷翠巴爾傑洛博物館；《布魯日聖母》，一五〇六年時被佛蘭芒商人購去；還有現存烏菲齊博物館的《聖家庭》那幅大水膠畫，是米氏最經意最美之作。他的清教徒式的嚴肅，他的英雄的調子，和李奧納多的懶散肉感的藝術極端相反。

76. 據孔迪維記載。

喜。」米開朗基羅埋首工作了。教皇不耐煩地常來看他，「和他談話，好似父子那般親熱」。為更便於往來起見，他令人在梵蒂岡宮的走廊與米開朗基羅的寓所中間造了一頂浮橋，使他可以隨意在秘密中去看他。

但這種優遇並不如何持久。尤利烏斯二世的性格和米開朗基羅的同樣無恒。他一會兒熱心某個計畫，一會兒又熱心另一個決然不同的計畫。另一個計畫於他顯得更能使他的榮名垂久：他要重建聖彼得大寺。是米開朗基羅的敵人們慫恿他傾向於這新事業的，那些敵人數不在少，而且都是強有力的。他們中間的首領是一個天才與米開朗基羅相彷而意志更堅強的人物——布拉曼特，他是教皇的建築家，拉斐爾的朋友。在兩個理智堅強的翁布里亞偉人與一個天才曠野的翡冷翠人中間，毫無同情心可言。但他們所以決心要打倒他，[77]無疑是因為他曾向他們挑戰之故。米開朗基羅毫無顧忌地指責布拉曼特，說他在工程中舞弊。[78]那時布拉曼特便決意要剪除他。

他使他在教皇那邊失寵。他利用尤利烏斯二世的迷信，在他面前說據普通的觀念，生前建造陵墓是大不祥的。他居然使教皇對於米開朗基羅的計畫冷淡下來，而乘機獻上他自己的計畫。一五〇六年正月，尤利烏斯二世決定重建聖彼得大寺。陵墓的事情擱置了，米開朗基羅不獨被壓倒

---

77. 至少是布拉曼特有此決心。至於拉斐爾，他和布拉曼特交情太密了，不得不和他取一致行動，但說拉斐爾個人反對米開朗基羅卻並無實據。只是米開朗基羅確言他也加入陰謀：「我和教皇尤利烏斯所發生的爭執全是布拉曼特與拉斐爾嫉妒的結果：他們設法要壓倒我；實在，拉斐爾也是主動的人，因為他在藝術上所知道的，都是從我這裡學去的。」（一五四二年十月米氏給一個不可考的人的信）

78. 孔迪維因為他對於米開朗基羅的盲目的友誼，也猜疑著說：「布拉曼特被逼著去損害米開朗基羅，第一是因為嫉妒，第二是因為他怕米開朗基羅對他的判斷，他是知道他的過失的人。大家知道，布拉曼特極愛享樂，揮霍無度。不論他在教皇那邊的薪給是如何高，他總不夠花，於是他設法在工程方面舞弊，用劣等的材料築牆，於堅固方面是不夠的。這情形，大家可以在他所主持的聖彼得建築中鑒別出來……近來好些地方都在重修，因為已在下沉或將要下沉。」

了，而且為了他在作品方面所花的錢負了不少債務。[79]他悲苦地怨艾。教皇不再見他了；他為了工程的事情去求見時，尤利烏斯二世教他的馬弁把他逐出梵蒂岡宮。

目擊這幕情景的盧克奎主教，和馬弁說：

「你難道不認識他嗎？」

馬弁向米開朗基羅說：

「請原諒我，先生，但我奉命而行，不得不如此。」

米開朗基羅回去上書教皇：

「聖父，今天早上我由你聖下的意旨被逐出宮。我通知你自今日起，如果你有何役使，你可以叫人到羅馬以外的任何區處找我。」

他把信寄發了，喊著住在他家裡的一個石商和一個石匠，和他們說：

「去覓一個猶太人，把我家裡的一切全賣給他，以後再到翡冷翠來。」

於是他上馬出發。[80]教皇接到了信，派了五個騎兵去追他，晚上十一點鐘時在波吉邦西地方追上了，交給他一道命令：「接到此令，立刻回轉羅馬，否則將有嚴厲處分。」米開朗基羅回答，他可以回來，如果教皇履行他的諾言；否則，尤利烏斯二世永遠不必希望再看到他。[81]

79. 「當教皇轉變了念頭，而運貨船仍從卡拉雷地方把石塊運到時，我不得不自己來付錢。同時我從翡冷翠雇來的斫石匠們也到了羅馬；正當我在教皇支配給我的屋子中安排他們的住處與用具時，我的錢花完了，我處於極大的窘境中。……」（前引一五四二年十月的信）

80. 一五〇六年四月十七日。

81. 這一切敘述都是引上述的一五四二年十月一信原文。

他把一首十四行詩[82]寄給教皇：

「吾主，如果俗諺是對的，那真所謂『非不能也，是不欲也』。你相信了那些謊話與讒言，對於真理的敵人，你卻給他酬報。至於我，我是，我曾是你的忠實的老僕，我的皈依你好比光芒之於太陽，而我所費掉的時間並不使你感動！我愈勞苦，你愈不愛我。我曾希望靠了你的偉大而偉大，曾希望你的公正的度量與威嚴的寶劍將是我唯一的裁判人，而非聽從了謊騙的回聲。但上天把德行降到世上之後，老是把它作弄，彷彿德行只在一棵枯索的樹[83]上企待果實。」

尤利烏斯二世的侮慢，還不止是促成米開朗基羅逃亡的唯一原因。在一封給朱利阿諾・達・桑迦羅的信中，他露出布拉曼特要暗殺他的消息。[84]

米開朗基羅走了，布拉曼特成為唯一的主宰。他的敵手逃亡的翌日，他舉行聖彼得大寺的奠基禮。[85]他的深切的仇恨集中於米開朗基羅的作品上，他要安排得使米氏的事業永遠不能恢復。他令群眾把聖彼得廣場上的工廠，堆著建造尤利烏斯二世陵墓的石塊的區處，搶劫一空。[86]

可是，教皇為了他的雕塑家的反抗大為震怒，接連著下敕令到翡冷翠的諸侯那裡，因為米開朗基羅躲避在翡冷翠。諸侯教米開朗基羅去，和他說：「你和教皇搗蛋，即是法蘭西王也不敢那麼做。我們不願為了你而和他輕起爭端。因此你當回羅馬去；我們將給你必要的信札，說一切對於

---

82. 有人把這首十四行詩認為是一五一一年作的，但我仍以為放在這個時期較為適當。
83. 「枯索的樹」隱喻尤利烏斯二世系族的旗號上的圖案。
84. 「這還不是使我動身的唯一的原因；還有別的事情，為我不願講述的。此刻只需說我想如果我留在羅馬，這城將成為我的墳墓，而不是教皇的墳墓了。這是我突然離開的主因。」
85. 一五〇六年四月十八日。
86. 見一五四二年十月信。

你的無理將無異是對於我們的無理。」[87]

米開朗基羅固執著。他提出條件。他要尤利烏斯二世讓他建造他的陵寢，並且不在羅馬而在翡冷翠工作。當尤利烏斯二世出征佩魯賈與博洛尼亞的時候，[88]他的敕令愈來愈嚴厲了，米開朗基羅想起到土耳其，那邊的蘇丹曾托方濟各派教士轉請他去造一座佩拉地方的橋。[89]

終於他不得不讓步了。一五〇六年十一月杪，他委屈地往博洛尼亞去，那時尤利烏斯二世正攻陷了城，以征服者資格進入博洛尼亞城。

「一個早上，米開朗基羅到桑佩特羅尼奧寺去參與彌撒禮。教皇的馬弁瞥見他，給認識了，把他引到尤利烏斯二世前面，他正在斯埃伊澤宮內用餐。教皇發怒著和他說：『是你應當到羅馬去晉謁我們的，而你竟等我們到博洛尼亞來訪問你！』米開朗基羅跪下，高聲請求寬赦，說他的行動並非由於惡意而是因為被逐之後憤怒之故。教皇坐著，頭微俯著，臉上滿布著怒氣；一個翡冷翠諸侯府派來為米開朗基羅說情的主教上前說道：『務望聖下不要把他的蠢事放在心上。他為了愚昧而犯罪。所有的畫家除了藝術之外，在一切事情上都是一樣的。』教皇暴怒起來，大聲呼喝道：『你竟和他說即是我們也不敢和他說的侮辱的話。你才是愚昧的……滾開，見你的鬼吧！』他留著不走，教皇的侍役上前一陣拳頭把他攆走。於是，教皇的怒氣在主教身上發洩完了，令米開朗基羅近前去，寬赦了他。」[90]

87. 同前。
88. 一五〇六年八月終。
89. 孔迪維記載：一五〇四年，米開朗基羅已有到土耳其去的念頭。一五一九年，他和安德里諾普萊諸侯來往，他要他去替他作畫。我們知道李奧納多・達・文西也曾有過到土耳其去的意念。
90. 孔迪維記載。

不幸，為與尤利烏斯二世言和起見，還得依從他任性的脾氣；而這專橫的意志已重新轉變了方向。此刻他已不復提及陵墓問題，卻要在博洛尼亞建立一個自己的銅像了。米開朗基羅雖然竭力聲明「他一些也不懂得鑄銅的事」，也是無用。他必得學習起來，又是艱苦的工作。他住在一間很壞的屋子裡，他、兩個助手拉波與洛多維科和一個鑄銅匠貝爾納爾迪諾，四個人只有一張床。十五個月在種種煩惱中度過了。拉波與洛多維科偷盜他，他和他們鬧開了。

「拉波這壞蛋，」他寫信給他的父親說，「告訴大家說是他和洛多維科兩人做了全部的作品或至少是他們和我合作的。在我沒有把他們攆出門外之前，他們腦筋中不知道他們並非是主人；直到我把他們逐出時，他們才明白是為我雇用的。如畜生一般，我把他們趕走了。」[91]

拉波與洛多維科大為怨望。他們在翡冷翠散佈謠言，攻擊米開朗基羅，甚至到他父親那裡強索金錢，說是米開朗基羅偷他們的。

接著是那鑄銅匠顯得是一個無用的傢伙。

「我本信貝爾納爾迪諾師父會鑄銅的，即不用火也會鑄，我真是多麼信任他。」

一五〇七年六月，鑄銅的工作失敗了。銅像只鑄到腰帶部分。一切得重新開始。米開朗基羅到一五〇八年二月為止，一直在幹這件作品。他的健康為之損害了。

「我幾乎沒有用餐的時間，」他寫信給他的兄弟說，「……我在極不舒服、極痛苦的情景中生活：除了夜以繼日地工作之外，我什麼也不想。我曾經受過那樣的痛苦，現在又受著這樣的磨難，竟使我相信如果再要我做一個像，我的生命將不夠了：這是巨人的工作。」[92]

91. 一五〇七年二月八日給他父親的信。
92. 一五〇七年十一月十日給他兄弟的信。

這樣的勞作卻獲得了可悲的結果。一五〇八年二月在桑佩特羅尼奧寺前建立的尤利烏斯二世像，只有四年的壽命。一五一一年十二月，它被尤利烏斯二世的敵人本蒂沃利黨人毀滅了，殘餘的古銅被阿方斯・特・埃斯特收買去鑄大炮。

米開朗基羅回到羅馬。尤利烏斯二世命他做另一件同樣意想不到、同樣艱難的工程。對於這個全不懂得壁畫技術的畫家，教皇命他去作西斯廷教堂的天頂畫。人們可以說他簡直在發不可能的命令，而米開朗基羅居然會執行。

似乎又是布拉曼特，看見米開朗基羅回來重新得寵了，故把這件事情作難他，使他的榮名掃地。[93]即在這一五〇八年，米氏的敵手拉斐爾在梵蒂岡宮開始Stanza那組壁畫，獲得極大的成功，故米開朗基羅的使命尤其來得危險，因為他的敵人已經有了傑作擺在那裡和他挑戰。[94]他用盡方法辭謝這可怕的差使，他甚至提議請拉斐爾代替他：他說這不是他的藝術，他絕對不會成功的。但教皇是固執著，他不得不讓步。

布拉曼特為米開朗基羅在西斯廷教堂內造好了一個台架，並且從翡冷翠招來好幾個有壁畫經驗的畫家來幫他忙。但上面已經說過，米開朗基羅不能有任何助手。他開始便說布拉曼特的台架不能用，另外造了一個。至於從翡冷翠招來的畫家，他看見便頭痛，什麼理由也不說，把他們送

93. 這至少是孔迪維的意見。但我們應得注意在米開朗基羅沒有逃到博洛尼亞之前，要他作西斯廷壁畫的問題已經提起過了，那時節布拉曼特對於這計畫並未見得歡欣，因為他正設法要他離開羅馬。（一五〇六年五月皮耶特羅・洛塞利致米開朗基羅書）

94. 在一五〇八年四月至九月中間，拉斐爾畫成了所謂「諸侯廳」中的壁畫。其中有《雅典學派》、《聖體爭辯》等諸名作。

出門外。「一個早上，他把他們所畫的東西盡行毀掉；他自己關在教堂裡，他不願再開門讓他們進來，即在他自己家裡也躲著不令人見。當這場玩笑似乎持續到夠久時，他們沮喪萬分，決意回翡冷翠去了。」[95]

米開朗基羅只留著幾個工人在身旁；[96]但困難不獨沒有減殺他的膽量，反而使他把計畫擴大了，他決意在原定的天頂之外，更要畫四周的牆壁。

一五〇八年五月十日，巨大的工程開始了。暗淡的歲月，這整個生涯中最暗淡、最崇高的歲月！這是傳說上的米開朗基羅，西斯廷的英雄，他的偉大的面目應當永遠鏤刻在人類的記憶之中。

他大感痛苦。那時代的信札證明他的狂亂的失望，絕非他神明般的思想能夠解救的了：

「我的精神處在極度的苦惱中。一年以來，我從教皇那裡沒有拿到一文錢；我什麼也不向他要求，因為我的工作進行的程度似乎還不配要求酬報。工作遲緩之故，因為技術上發生困難，因為這不是我的內行。因此我的時間是枉費了的。神佑我！」[97]

他才畫完《洪水》一部，作品已開始發霉：人物的面貌辨認不清。他拒絕繼續下去。但教皇一些也不原諒。他不得不重新工作。

在他一切疲勞與煩惱之外，更加上他的家族的糾纏。全家都靠了他生活，濫用他的錢，拚命地壓榨他。他的父親不停地為了錢的事情煩悶，呻吟。他不得不費了許多時間去鼓勵他，當他自

95. 見瓦薩里記載。
96. 在米開朗基羅一五一〇年致父親書中，他曾提及他的助手什麼也不能做的話，「只要人家去服侍他……當然我不能管這些！我自己已感到幫助的人不夠！他使我受苦如一頭畜生」。
97. 一五〇九年正月二十七日致他的父親書。

己已是病苦不堪的時候。

「你不要煩躁吧，這並非是人生遭受侮弄的事情……只要我自己還有些東西，我決不令你短少什麼……即使你在世界上所有的東西全都喪失了，只要我存在，你必不致有何缺乏……我寧願自己貧窮而你活著，決不願具有全世界的金銀財富而你不在人世。……如你不能和其餘的人一樣在世界上爭得榮譽，你當以有你的麵包自足，不論貧與富，當和基督一起生活，如我在此地所做的那樣。因為我是不幸的，我可既不為生活發愁，亦不為榮譽——即為了世界——苦惱；然而我確在極大的痛苦與無窮的猜忌中度日。十五年以來，我不曾有過一天好日子，我竭力支撐你；而你從未識得，也從未相信。神寬恕你們眾人！我準備在未來，在我存在的時候，永遠同樣地做人，只要我能夠！」[98]

他的三個弟弟都依賴他。他們等他的錢，等他為他們覓一個地位。他們毫無顧忌地浪費他在翡冷翠所積聚的小資產，他們更到羅馬來依附他。

博納羅托與喬凡•西莫內要他替他們購買一份商業的資產，西吉斯蒙多要他買翡冷翠附近的田產。而他們決不感激他，似乎這是他欠他們的債。

米開朗基羅知道他們在剝削他，但他太驕傲了，不願拒絕他們而顯出自己的無能。那些壞蛋還不安分守己呢。他們行動乖張，在米開朗基羅不在家的時候虐待他們的父親。於是米開朗基羅暴跳起來。他把他的兄弟們當作頑童一般看待，鞭笞他們，必要時，他也許會把他們殺死。

98. 致他的父親書（一五〇九至一五一二年間）。

「喬凡・西莫內：[99]

常言道，與善人行善會使其更善，與惡人行善會使其更惡。幾年以來，我努力以好言好語和溫柔的行動使你改過自新，和父親與我們好好地過活，而你卻愈來愈壞了……我或能細細地和你說，但這不過是空言而已。現在不必多費口舌，只要你確切知道你在世界上什麼也沒有；因為是我為了上帝的緣故維持你的生活，因為我相信你是我的兄弟，和其餘的一樣。但我此刻斷定你不是我的兄弟，因為如果是的，那麼你不會威脅我的父親。你真可說是一頭畜生，我將如對待畜生一般對待你。須知一個人眼見他的父親被威脅或被虐待的時候，應當為了他而犧牲生命……這些事情做得夠了！……我告訴你，世界上沒有一件東西是你所有的。如果我再聽到關於你的什麼話，我將籍沒你的財產，把不是你所掙來的房屋、田地放火燒掉。你不是你自己理想中的人物。如果我到你面前來，我將給你看些東西使你會痛哭流涕，使你明白你靠了什麼才敢這麼逞威風……如果你願改過，你願尊敬你的父親，我將幫助你如對於別的兄弟一樣，而且不久之後，我可以替你盤下一家商店。但你如不這樣做，我將要清理你，使你明白你的本來面目，使你確確實實知道你在世上所有的東西……完了！言語有何欠缺的地方，我將由事實來補足。

米開朗基羅於羅馬

99. 喬凡・西莫內對他的父親橫施暴行。米開朗基羅寫信給他的父親說：「在你的信中我知道一切和西莫內的行為。十年以來，我不曾有過比這更壞的消息。……如果我能夠，即在收到信的那天，我將跨上馬，把一切都整頓好了。但我既然不能如此做，我便寫信給他。但如果他不改性，如果他拿掉家裡的一支牙籤，如果他做任何你所厭惡的事情，請你告訴我：我將向教皇請假，我將回來。」（一五〇九年春）

還有兩行。十二年以來，我為了全義大利過著悲慘的生活，我受著種種痛苦，我忍受種種恥辱，我的疲勞毀壞我的身體，我把生命經歷著無數的危險，只為要幫扶我的家庭。現在我才把我們的家業稍振，而你卻把我多少年來受著多少痛苦建立起來的事業在一小時中毀掉！……像基督一般！這不算什麼！因為我可以把你那樣的人——不論是幾千幾萬——分裂成塊塊，如果是必要的話。——因此，要乖些，不要把對你具有多少熱情的人逼得無路可走！」[100]

以後是輪到西吉斯蒙多了：

「我在這裡，過的是極度苦悶、極度疲勞的生活。任何朋友也沒有，而且我也不願有……極少時間我能舒舒服服地用餐。不要再和我說煩惱的事情了，因為我再不能忍受分毫煩惱了。」[101]

末了是第三個兄弟，博納羅托，在斯特羅齊的商店中服務的，問米開朗基羅要了大宗款項之後，盡情揮霍，而且以「用的比收到的更多」來自豪。

「我極欲知道你的忘恩負義，」米開朗基羅寫信給他道，「我要知道你的錢是從何而來的；我要知道，你在新聖瑪利亞銀行裡支用我的二百二十八金幣與我寄回家裡的另外好幾百金幣時，你是否明白在用我的錢，是否知道我歷盡千辛萬苦來支撐你們。我極欲知道你曾否想過這一切！——如果你還有相當的聰明來承認事實，你將絕不會說『我用了我自己的許多錢』，也絕不會再到此地來和我糾纏而一些也不回想起我以往對於你們的行為。你應當說：『米開朗基羅知道沒有寫信給我

100. 這封信的日期有人說是一五〇九年春，有人說是一五〇八年七月。注意，這時候喬凡．西莫內已是三十歲的人了，米開朗基羅只長他四歲。
101. 一五〇九年十月十七日致西吉斯蒙多書。

們，他是知道的；如果他現在沒有信來，他定是被什麼我們所不知道的事務耽擱著！我們且耐性吧。』當一匹馬在盡力前奔的時候，不該再去蹴牠，要牠跑得不可能的那麼快。然而你們從未認識我，而且現在也不認識我。神寬宥你們！是他賜我恩寵，曾使我能盡力幫助你們。但只有在我不復在世的時候，你們才會識得我。」[102]

這便是薄情與妒羨的環境，使米開朗基羅在剝削他的家庭和不息地中傷他的敵人中間掙扎苦鬥。而他，在這個時期內，完成了西斯廷的英雄的作品。可是他花了何等可悲的代價！差一些他要放棄一切而重新逃跑。他自信快死了。[103]他也許願意這樣。

教皇因為他工作遲緩和固執著不給他看到作品而發怒起來。他們傲慢的性格如兩朵陣雨時的烏雲一般時時衝撞。

「一天，」孔迪維述說，「尤利烏斯二世問他何時可以畫完，米開朗基羅依著他的習慣，答道：『當我能夠的時候。』教皇怒極了，把他的杖打他，口裡反覆地說：『當我能夠的時候！當我能夠的時候！』

「米開朗基羅跑回家裡準備行裝要離開羅馬了。尤利烏斯二世馬上派了一個人去，送給他五百金幣，竭力撫慰他，為教皇道歉。米開朗基羅接受了道歉。」

但翌日，他們又重演一番。一天，教皇終於憤怒地和他說：「你難道要我把你從台架上倒下地來嗎？」米開朗基羅只得退步。他把台架撤去了，揭出作品，那是一五一二年的諸聖節日。

那盛大而暗淡的禮節，這祭亡魂的儀式，與這件駭人作品的開幕禮，正十分適合。因為作品

102. 一五一三年七月三十日致博納羅托書。
103. 一五一二年八月信。

充滿著生殺一切的神的精靈，這挾著疾風雷雨般的氣勢橫掃天空的神，帶來了一切生命的力。[104]

二　力的崩裂

從這件巨人的作品中解放出來，米開朗基羅變得光榮了，支離破滅了。成年累月地仰著頭畫西斯廷的天頂，「他把他的目光弄壞了，以致好久之後，讀一封信或看一件東西時他必得把它們放在頭頂上才能看清楚」[105]。

他把自己的病態作為取笑的資料：

我的鬍子向著天，
我的頭顱彎向著肩，
胸部像頭梟。
畫筆上滴下的顏色，
在我臉上形成富麗的圖案。
腰縮向腹部的位置，
臀部變作秤星，維持我全身重量的均衡。

104. 關於米開朗基羅作品在另書解釋了，此處不贅。
105. 瓦薩里記載。

我再也看不清楚了，
走路也徒然摸索幾步。
我的皮肉，在前身拉長了，
在後背縮短了，
彷彿是一張敘利亞的弓。

我們不當為這開玩笑的口氣蒙蔽。米開朗基羅為了變得那樣醜而深感痛苦。像他那樣的人，比任何人都更愛慕肉體美的人，醜是一樁恥辱。[106]在他的一部分戀歌中，我們看出他的愧恧之情。[107]他的悲苦之所以尤其深刻，是因為他一生被愛情煎熬著，而似乎他從未獲得回報。於是他自己反省，在詩歌中發洩他的溫情與痛苦。

自童年起他就作詩，這是他熱烈的需求。他的素描、信札、散頁上面滿塗著他的反覆推敲的思想的痕跡。不幸，在一五一八年時，他把他的青年時代的詩稿焚去大半；有些在他生前便毀掉了。可是他留下的少數詩歌已足喚引起人們對於他的熱情的概念。[108]

106. 亨利・索德在他的《米開朗基羅與文藝復興的結束》（一九〇二，柏林）中提出這一點，把米氏的性格看得很準確。

107. 「……既然吾主把人死後的肉體交給靈魂去受永久的平和或苦難，我祈求他把我的肉體——雖然它是醜的，不論在天上地下——留在你的旁邊；因為一顆愛的心至少和一個美的臉龐有同等價值……」（詩集卷一百零九第十二首）「上天似乎正因為我在美麗的眼中變得這麼醜而發怒。」（詩集卷一百零九第九十三首）

108. 米開朗基羅全部詩集的第一次付印是在一六二三年，由他的侄孫在翡冷翠發刊的。這一部版本錯訛極多。一八六三年，切薩雷・瓜斯蒂在翡冷翠發刊第一部差不多是正確的版本。但唯一完全的科學的版本，當推卡爾・弗萊博士於一八九七年在柏林刊行的一部。本書所申引依據的，亦以此本為準。

最早的詩似乎是於一五〇四年左右在翡冷翠寫的：[109]

「我生活得多麼幸福，愛啊，只要我能勝利地抵拒你的瘋癲！而今是可憐！我涕淚沾襟，我感到了你的力……」[110]

一五〇四至一五一一年的，或即是寫給同一個女子的兩首情詩，含有多麼悲痛的表白：

「誰強迫我投向著你……噫！噫！噫！……緊緊相連著嗎？可是我仍是自由的！……」[111]

「我怎麼會不復屬於我自己呢？喔，神！喔，神！喔，神！……誰把我與我自己分離？……誰能比我更深入我自己？喔，神！喔，神！喔，神！……」[112]

一五〇七年十二月自博洛尼亞發的一封信的背後，寫著下列一首十四行詩，其中肉慾的表白，令人回想起波提切利的形象：

「鮮豔的花冠戴在她的金髮之上，它是何等幸福！誰能夠，和鮮花輕撫她的前額一般，第一個親吻她？終日緊束著她的胸部長袍真是幸運。金絲一般的細髮永不厭倦地掠著她的雙頰與蝤頸。金絲織成的帶子溫柔地壓著她的乳房，它的幸運更是可貴。腰帶似乎說：『我願永遠束著她……』啊！……那麼我的手臂又將怎樣呢！」[113]

在一首含有自白性質的親密的長詩中[114]——在此很難完全引述的——米開朗基羅在特別放縱的辭

109. 在同一頁紙上畫有人與馬的交戰圖。
110. 詩集卷二。
111. 詩集卷五。
112. 詩集卷六。
113. 詩集卷七。
114. 據弗萊氏意見，此詩是一五三一至一五三二年之作，但我認為是早年之作。

藻中訴說他的愛情的悲苦：

「一日不見你，我到處不得安寧。見了你時，彷彿是久饑的人逢到食物一般……當你向我微笑，或在街上對我行禮……我像火藥一般燃燒起來……你和我說話，我臉紅，我的聲音也失態，我的欲念突然熄滅了。……」[115]

接著是哀呼痛苦的聲音：

「啊！無窮的痛苦，當我想起我多麼愛戀的人絕不愛我時，我的心碎了！怎麼生活呢？……」[116]

下面幾行，是他寫在梅迪契家廟中的聖母像畫稿旁邊的：

「太陽的光芒耀射著世界，而我卻獨自在陰暗中煎熬。人皆歡樂，而我，倒在地下，浸在痛苦中，呻吟，號哭。」[117]

米開朗基羅的強有力的雕塑與繪畫中間，愛的表現是缺如的；在其中他只訴說他的最英雄的思想。似乎把他心的弱點混入作品中間是一樁羞恥。他只把它付託給詩歌。是在這方面應當尋覓藏在曠野的外表之下的溫柔與怯弱的心：

115. 詩集卷三十六。

116. 詩集卷十三。另一首著名的情詩，由作曲家巴爾托洛梅奧・特羅姆邦奇諾於一五一八年前譜成音樂的，亦是同時期之作：「我的寶貝，如果我不能求你的援助，如果我沒有了你，我如何能有生活的勇氣？呻吟著，哭泣著，歎息著。我可憐的心跟蹤著你，夫人，並且向你表顯我不久將要臨到的死和我所受的苦難。但離別永不能使我忘掉我對你的忠誠，我讓我的心和你在一起：我的心已不復是我的了。」（詩集卷十一）

117. 詩集卷二十二。

「我愛：我為何生了出來？」[118]

西斯廷工程告成了，尤利烏斯二世死了，[119] 米開朗基羅回到翡冷翠，回到他念念不忘的計畫上去：尤利烏斯二世的墳墓。

他簽訂了十七年中完工的契約。[120] 三年之中，他差不多完全致力於這件工作。[121]

在這個相當平靜的時期——悲哀而清明的成熟時期，西斯廷時代的狂熱鎮靜了，好似波濤洶湧的大海重歸平復一般，——米開朗基羅產生了最完美的作品，他的熱情與意志的均衡實現得最完全的作品：《摩西》與現藏羅浮宮的《奴隸》。[122]

可是這不過是一剎那而已，生命的狂潮幾乎立刻重復掀起：他重新墮入黑夜。

新任教皇利奧十世，竭力要把米開朗基羅從宣揚前任教皇的事業上轉換過來，為他自己的宗族歌頌勝利。

這對於他只是驕傲的問題，無所謂同情與好感；因為他的伊比鳩魯派的精神不會瞭解米開朗

---

118. 詩集卷一百零九第三十五首。試把這些愛情與痛苦幾乎是同義字的情詩，和肉感的、充滿著青春之氣的拉斐爾的十四行詩（寫在《聖體爭辯》圖稿反面的）做一比較。

119. 尤利烏斯二世死於一五一三年二月二十一日，正當西斯廷天頂畫落成後三個半月。

120. 契約訂於一五一三年三月六日。——這新計畫較原來的計畫更可驚，共計巨像三十二座。

121. 在這時期內，米開朗基羅似乎只接受一件工作——《米涅瓦基督》。

122. 《摩西》是在預定計劃內豎在尤利烏斯二世陵墓第一層上的六座巨像之一。直到一五四五年，米開朗基羅還在做這件作品。《奴隸》共有二座，米開朗基羅一五一三年之作，一五四六年時他贈予羅伯托・斯特羅齊，那是一個翡冷翠的共和黨人，那時正逃亡在法國，《奴隸》即由他轉贈給法蘭西王法蘭西斯一世，今存羅浮宮。

基羅的憂鬱的天才：他全部的恩寵都加諸拉斐爾一人身上。[123]但完成西斯廷的人物卻是義大利的光榮，利奧十世要役使他。

他向米開朗基羅提議建造翡冷翠的梅迪契家廟。米開朗基羅因為要和拉斐爾爭勝——拉斐爾利用他離開羅馬的時期把自己造成了藝術上的君王的地位[124]——不由自主地聽讓這新的鎖鏈鎖住自己了。實在，他要擔任這一件工作而不放棄以前的計畫是不可能的，他永遠在這矛盾中掙扎著。他努力令自己相信他可以同時進行尤利烏斯二世的陵墓與聖洛倫佐教堂——即梅迪契家廟。他打算把大部分工作交給一個助手去做，自己只塑幾個主要的像。但由著他的習慣，他慢慢地放棄這計畫，他不肯和別人分享榮譽。更甚於此的是，他還擔憂教皇會收回成命呢；他求利奧十世把他繫住在這新的鎖鏈上。[125]

當然他不能繼續尤利烏斯二世的紀念建築了。但最可悲的是連聖洛倫佐教堂也不能建立起來。拒絕和任何人合作猶以為未足，由著他的可怕的脾氣，要一切由他自己動手的願欲，他不留

123. 他對於米開朗基羅並非沒有溫情的表示，但米開朗基羅使他害怕。他覺得和他一起非常局促。皮翁博在寫給米氏的信中說：「當教皇講起你時，彷彿在講他的一個兄弟；他差不多眼裡滿含著淚水。他和我說你們是一起教養長大的（米氏幼年在梅迪契學校中的事情已見前文敘述），而他不承認認識你、愛你，但你要知道你使一切的人害怕，甚至教皇也如此。」（一五二〇年十月二十七日）在利奧十世的宮廷中，人們時常把米開朗基羅作為取笑的資料。他寫給拉斐爾的保護人別納大主教的一封信，措辭失當，使他的敵人們引為大樂。皮翁博和米氏說：「在宮中人家只在談論你的信，它使大家發笑。」（一五二〇年七月三日書）

124. 布拉曼特死於一五一四年。拉斐爾受命為重建聖彼得寺的總監。

125. 「我要把這個教堂的屋面，造成為全義大利的建築與雕塑取法的鏡子。教皇與大主教（尤利烏斯・特・梅迪契，即未來的教皇克雷芒七世）必須從速決定到底要不要我做，是或否。如果他們要我做，那麼應當簽訂一張合同……梅塞爾・多梅尼科，關於他們的主意，請你給我一個切實的答覆，這將是我的歡樂中最大的歡樂。」（一五一七年七月致多梅尼科・博寧塞尼書）一五一八年正月十九日，教皇與他簽了約，米開朗基羅應允在八年中交出作品。

在翡冷翠做他的工作，反而跑到卡拉雷地方去監督斫石工作。他遇著種種困難，梅迪契族人要用最近被翡冷翠收買的皮耶特拉桑塔石廠的出品。因為米開朗基羅主張用卡拉雷的白石，故他被教皇誣指為得賄。[126]

為要服從教皇的意志，米開朗基羅又受卡拉雷人的責難，他們和航海工人聯絡起來，以致他找不到一條船肯替他在日納與比薩中間運輸白石。[127]他逼得在遠亙的山中和荒確難行的平原上造起路來。當地的人又不肯拿出錢來幫助築路費。工人一些也不會工作，這石廠是新的，工人亦是新的。米開朗基羅呻吟著：

「我在要開掘山道把藝術帶到此地的時候，簡直在幹和令死者復活同樣為難的工作。」[128]

然而他掙扎著：

「我所應允的，我將冒著一切患難而實踐；我將做一番全義大利從未做過的事業，如果神助我。」

多少的力，多少的熱情，多少的天才枉費了！一五一八年九月杪，他在塞拉韋札地方，因為

126. 一五一八年二月二日，大主教尤利烏斯・特・梅迪契致書米開朗基羅，有云：「我們疑惑你莫非為了私人的利益袒護卡拉雷石廠而不願用皮耶特拉桑塔的白石……我們告訴你，不必任何解釋，聖下的旨意要完全採用皮耶特拉桑塔的石塊，任何其他的都不要……如果你不這麼做，將是故意違反聖下與我們的意願，我們將極有理由地對你表示嚴重的憤怒……因此，把這種固執從頭腦裡驅逐出去吧。」

127. 「我一直跑到日納地方去尋覓船隻……卡拉雷人買通了所有的船主人……我不得不往比薩去……」（見一五一八年四月二日米開朗基羅致烏爾比諾書）「我在比薩租的船永遠沒有來。我想人家又把我作弄了：這是我一切事情上的命運！喔，我離開卡拉雷的那一天、那一時刻真應詛咒啊！這是我的失敗的原因……」（一五一八年四月十八日書）

128. 一五一八年四月十八日書。——幾個月之後：「山坡十分峭險，而工人們都是蠢極的；得忍耐著！應得要克服高山，教育人民……」（一五一八年九月致斐里加耶書）

勞作過度、煩慮太甚而病了。他知道在這苦工生活中健康衰退了，夢想枯竭了。他日夜為了熱望終有一日可以開始工作而焦慮，又因為不能實現而悲痛。他受著他所不能令人滿意的工作壓榨。[129]

「我不耐煩得要死，因為我的厄運不能使我為所欲為……我痛苦得要死，我做了騙子般的勾當，雖然不是由於我自己的過失……」[130]

回到翡冷翠，在等待白石運到的時期中，他萬分自苦；但阿爾諾河乾涸著，滿載石塊的船隻不能進口。

終於石塊來了：這一次，他開始了嗎？——不，他回到石廠去。他固執著在沒有把所有的白石堆聚起來成一座山頭——如以前尤利烏斯二世的陵墓那次一般——之前他不動工。他把開始的日期一直捱延著，也許他怕開始。他不是在應允的時候太誇口了嗎？在這巨大的建築工程中，他不太冒險嗎？這絕非他的內行，他將到哪裡去學呢？此刻，他是進既不能，退亦不可了。

費了那麼多的心思，還不能保障運輸白石的安全。在運往翡冷翠的六支巨柱式的白石中，四支在路上裂斷了，一支即在翡冷翠當地。他受了他的工人們的欺騙。

末了，教皇與梅迪契大主教眼見多少寶貴的光陰白白費掉在石廠與泥濘的路上，感著不耐煩起來。一五二〇年三月十日，教皇一道敕諭把一五一八年命米開朗基羅建造聖洛倫佐教堂的契約取消了。米開朗基羅只在派來代替他的許多工人到達皮耶特拉桑塔地方的時候才知道消息。他深深地受了一個殘酷的打擊。

129. 指《米涅瓦基督》與尤利烏斯二世的陵墓。
130. 一五一八年十二月二十一日致阿真大主教書。——四個僅僅動工的巨像，預備安放在尤利烏斯二世墓上的《奴隸》似乎是這一期的作品。

「我不和大主教計算我在此費掉的三年光陰，」他說，「我不和他計算我為了這聖洛倫佐作品而破產。我不和他計算人家對我的侮辱——一下子委任我做、一下子又不要我做這件工作，我不懂為什麼緣故！我不和他計算我所損失的開支的一切……而現在，這件事情可以結束如下：教皇利奧把已經斫好石塊的山頭收回去，我手中是他給我的五百金幣，還有是人家還我的自由！」[131]

但米開朗基羅所應指摘的不是他的保護人們而是他自己，他很明白這個。最大的痛苦即是為此。他和自己爭鬥。自一五一五至一五二〇年中間，在他的力量的豐滿時期，洋溢著天才的頂點，他做了些什麼？——黯然無色的《米涅瓦基督》，——一件沒有米開朗基羅成分的米開朗基羅作品！——而且他還沒有把它完成。[132]

自一五一五至一五二〇年中間，在這偉大的文藝復興的最後幾年中，在一切災禍尚未摧毀義大利美麗的青春之時，拉斐爾畫了Loges室、火室以及各式各種的傑作，建造Madame別墅，主持聖彼得寺的建築事宜，領導著古物發掘的工作，籌備慶祝節會，建立紀念物，統治藝術界，創辦了一所極發達的學校；而後他在勝利的勳功偉業中逝世了。[133]

他的幻滅的悲苦，枉費時日的絕望，意志的破裂，在他後來的作品中完全反映著：如梅迪契

131. 一五二〇年書信。

132. 米開朗基羅把完成這座基督像的工作交付給他蠢笨的學生烏爾巴諾，他把它弄壞了。（見一五二一年九月六日皮翁博致米開朗基羅書）羅馬的雕塑家弗里齊胡亂把它修葺了。這一切憂患並沒阻止米開朗基羅在已往把他磨折不堪的工作上更加上新的工作。一五一九年十月二十日，他為翡冷翠學院簽具公函致利奧十世，要求把留在拉文納的但丁遺物運回翡冷翠，他自己提議「為神聖的詩人建造一個紀念像」。

133. 一五二〇年四月六日。

的墳墓，與尤利烏斯二世紀念碑上的新雕像[134]。

自由的米開朗基羅，終身只在從一個羈絆轉換到另一個羈絆，從一個主人換到另一個主人中消磨過去。大主教尤利烏斯・特・梅迪契，不久成為教皇克雷芒七世，自一五二〇至一五三四年間主宰著他。

人們對於克雷芒七世曾表示嚴厲的態度。當然，和所有的教皇一樣，他要把藝術和藝術家作為誇揚他的宗族的工具。但米開朗基羅不應該對他如何怨望。沒有一個教皇曾這樣愛他。沒有一個教皇曾對他的工作保有這麼持久的熱情。[135]沒有一個教皇曾比他更瞭解他的意志的薄弱，和他那樣時時鼓勵他振作，阻止他枉費精力。即在翡冷翠革命與米開朗基羅反叛之後，克雷芒對他的態度也並沒改變。[136]但要醫治侵蝕這顆偉大的心的煩躁、狂亂、悲觀，與致命般的哀愁，卻並非是他權力範圍以內的事。一個主人慈祥有何用處？他畢竟是主人啊！……

「我服侍教皇，」米開朗基羅說，「但這是不得已的。」[137]

少許的榮名和一二件美麗的作品又算得什麼？這和他所夢想的境界距離得那麼遠！而衰老來了。在他周圍，一切陰沉下來。文藝復興快要死滅了。羅馬將被野蠻民族來侵略蹂躪。一個悲哀的神的陰影慢慢地壓住了義大利的思想。米開朗基羅感到悲劇的時間的將臨，他被悲愴的苦痛悶

134. 指《勝利》。
135. 一五二六年，米開朗基羅必得每星期寫信給他。
136. 皮翁博在致米開朗基羅的信中寫道：「他崇拜你所做的一切，他把他所有的愛來愛你的作品。他講起你時那麼慈祥愷惻，一個父親也不會對他的兒子有如此的好感。」（一五三一年四月二十九日）「如果你願到羅馬來，你要做什麼便可做什麼，大公或王……你在這教皇治下有你的名分，你可以做主人，你可以隨心所欲。」（一五三一年十二月五日）
137. 見米開朗基羅致侄兒利奧那多書。（一五四八年）

塞著。

把米開朗基羅從他焦頭爛額的艱難中拯拔出來之後，克雷芒七世決意把他的天才導入另一條路上去，為他自己所可以就近監督的。他委託他主持梅迪契家廟與墳墓的建築。[138]他要他專心服務。他甚至勸他加入教派[139]，致送他一筆教會俸金。米開朗基羅拒絕了；但克雷芒七世仍是按月致送他薪給，比他所要求的多出三倍，又贈予他一所鄰近聖洛倫佐的屋子。

一切似乎很順利，教堂的工程也積極進行，忽然米開朗基羅放棄了他的住所，拒絕克雷芒致送他的月俸。[140]他又灰心了。尤利烏斯二世的承繼人對他放棄已經承應的作品這件事不肯原諒；他們恐嚇他要控告他，他們提出他的人格問題。訴訟的念頭把米開朗基羅嚇倒了；他的良心承認他的敵人們有理，責備他自己爽約：他覺得在尚未償還他所花去的尤利烏斯二世的錢之前，他決不能接受克雷芒七世的金錢。

「我不復工作了，我不再生活了。」他寫著。[141]他懇求教皇替他向尤利烏斯二世的承繼人們疏通，幫助他償還他們的錢：

「我將賣掉一切，我將盡我一切的力量來償還他們。」

---

138. 工程在一五二一年三月便開始了，但到尤利烏斯・特・梅迪契大主教登極為教皇時起才積極進行。這是一五二三年十一月十九日的事，從此是教皇克雷芒七世了。最初的計畫包含四座墳墓：「高貴」的洛倫佐的，他的兄弟朱利阿諾的，他的兒子的和他的孫子的。一五二四年，克雷芒七世又決定加入利奧十世的棺槨和他自己的。同時，米氏被任主持聖洛倫佐圖書館的建築事宜。

139. 這裡是指方濟各教派。（見一五二四年正月二日法圖奇以教皇名義給米開朗基羅書）

140. 一五二四年三月。

141. 一五二五年四月十九日米開朗基羅致教皇管事喬凡尼・斯皮納書。

或者，他求教皇允許他完全去幹尤利烏斯二世的紀念建築：

「我要解脫這義務的企望比之求生的企望更切。」

一想起如果克雷芒七世崩逝，而他要被他的敵人控告時，他簡直如一個孩子一般，他絕望地哭了：

「如果教皇讓我處在這個地位，我將不復能生存在這世界上……我不知我寫些什麼，我完全昏迷了……」[142]

克雷芒七世並不把這位藝術家的絕望如何認真，他堅持著不准他中止梅迪契家廟的工作。他的朋友們一些也不懂他這種煩慮，勸他不要鬧笑話拒絕俸給。有的認為他是不假思索地胡鬧，大大地警告他，囑咐他將來不要再如此使性。[143]有的寫信給他：

「人家告訴我，說你拒絕了你的俸給，放棄了你的住處，停止了工作；我覺得這純粹是瘋癲的行為。我的朋友，你不啻和你自己為敵……你不要去管尤利烏斯二世的陵墓，接受俸給吧；因為他們是以好心給你的。」[144]

米開朗基羅固執著。──教皇宮的司庫和他戲弄，把他的話作準了：他撤銷了他的俸給。可憐的人，失望了，幾個月之後，他不得不重新請求他所拒絕的錢。最初他很膽怯地，含著羞恥：

「我親愛的喬凡尼，既然筆桿較口舌更大膽，我把我近日來屢次要和你說而不敢說的話寫信給你了：我還能獲得月俸嗎？……如果我知道我絕不能再受到俸給，我也不會改變我的態度──我

142.一五二五年十月二十四日米氏致法圖奇書。
143.一五二四年三月二十二日法圖奇致米氏書。
144.一五二四年三月二十四日利奧那多・塞拉約致米氏書。

仍將盡力為教皇工作；但我將算清我的賬。」[145]

以後，為生活所迫，他再寫信：

「仔細考慮一番之後，我看到教皇多麼重視這件聖洛倫佐的作品。既然是聖下自己答應給我的月俸，為的要我加緊工作，那麼我不收受它無異是延宕工作了。因此，我的意見改變了。迄今為止我不請求這月俸，此刻為了一言難盡的理由我請求了。……你願不願從答應我的那天算起把這筆月俸給我？……何時我能拿到？請你告訴我。」[146]

人家要給他一頓教訓：只裝作不聽見。兩個月之後，他還什麼都沒拿到，他不得不再三申請。

他在煩惱中工作，他怨歎這些煩慮把他的想像力窒塞了：

「……煩惱使我受著極大的影響……人們不能用兩隻手做一件事，而頭腦想著另一件事，尤其是雕塑。人家說這是要刺激我；但我說這是壞刺激，會令人後退的。我一年多沒有收到月俸，我和窮困掙扎：我在我的憂患中是十分孤獨；而且我的憂患是那麼多，比藝術使我操心得更厲害！我無法獲得一個服侍我的人。」[147]

克雷芒七世有時為他的痛苦所感動了。他托人向他致意，表示他深切的同情。他擔保「在他生存的時候將永遠優待他」[148]。但梅迪契族人們的無可救治的輕佻性又來糾纏著米開朗基羅，他們非唯不把他的重負減輕一些，反又令他擔任其他的工作：其中有一個無聊的巨柱，頂上放一座鐘

145. 一五二四年米氏致教皇管事喬凡尼·斯皮納書。
146. 一五二五年八月二十九日米氏致斯皮納書。
147. 一五二五年十月二十四日米氏致法圖奇書。
148. 一五二五年十二月二十三日皮爾·保羅·瑪律齊以克雷芒七世名義致米氏書。

樓。[149]米開朗基羅為這件作品又費了若干時間的心思。——此外，他時時被他的工人、泥水匠、車夫們麻煩，因為他們受著一班八小時工作制的先驅的宣傳家的誘惑。[150]

同時，他日常生活的煩惱有增無減。他的父親年紀愈大，脾氣愈壞；一天，他從翡冷翠的家中逃走了，說是他的兒子把他趕走的。米開朗基羅寫了一封美麗動人的信給他：

「至愛的父親，昨天回家沒有看見你，我非常驚異；現在我知道你在怨我說我把你逐出的，我更驚異了。從我生來直到今日，我敢說從沒有做任何足以使你不快的事——無論大小——的用意；我所受的一切痛苦，我是為愛你而受的……我一向保護你。……沒有幾天之前，我還和你說，只要我活著，我將竭我全力為你效命；我此刻再和你說一次，再答應你一次。你這麼快地忘掉了這一切，真使我驚駭。三十年來，你知道我永遠對你很好，盡我所能，在思想上，在行動上。你怎麼能到處去說我趕走你呢？你不知道這是為我出了怎樣的名聲嗎？此刻，我煩惱得盡夠了，再也用不到增添；而這一切煩惱我是為你而受的！你報答我真好！……可是萬物都聽天由命吧：我願使我自己確信我從未使你蒙受恥辱與損害；而我現在求你寬恕，就好似我真的做了對你不起的事一般。原宥我吧，好似原宥一個素來過著放浪生活、做盡世上所有的惡事的兒子一樣。我再求你一次，求你寬恕我這悲慘的人兒，只不要給我這逐出你的名聲；因為我的名譽對於我的重要是你所意想不到的：無論如何，我終是你的兒子。」[151]

如此的熱愛，如此的卑順，只能使這老人的易怒性平息一刻。若干時以後，他說他的兒子偷

149. 一五二五年十月至十二月間書信。
150. 一五二六年六月十七日米氏致法圖奇書。
151. 此信有人認為是一五二一年左右的，有人認為是一五一六年左右的。

了他的錢。米開朗基羅被逼到極端了，寫信給他：

「我不復明白你要我怎樣。如果我活著使你討厭，你已找到了擺脫我的好方法，你不久可以拿到你認為我掌握著的財寶的鑰匙。而這個你將做得很對；因為在翡冷翠大家知道你是一個巨富，我永遠在偷你的錢，我應當被罰：你將大大地被人稱頌！……你要說我什麼就盡你說、盡你喊吧，但不要再寫信給我；因為你使我不能再工作下去。你逼得我向你索還二十五年來我所給你的一切。我不願如此說，但我終於被逼得不得不說！……仔細留神……一個人只死一次的，他再不能回來補救他所做的錯事。你是要等到死的前日才肯懺悔。神佑你！」[152]

這是他在家族方面所得的援助。

「忍耐啊！」他在給一個朋友的信中歎息著說，「只求神不要把並不使他不快的事情使我不快。」[153]

在這些悲哀苦難中，工作不進步。當一五二七年全義大利發生大政變的時候，梅迪契家廟中的塑像一個也沒有造好。[154]這樣，這個一五二〇至一五二七年間的新時代只在他前一時代的幻滅與疲勞上加上了新的幻滅與疲勞，對於米開朗基羅，十年以來，沒有完成一件作品、實現一樁計畫的歡樂。

152. 一五二三年六月書信。
153. 一五二六年六月十七日米氏致法圖奇書。
154. 同一封信內，說一座像已開始了，還有其他棺龕旁邊的四座象徵的人像與聖母像亦已動工。

三　絕望

對於一切事物和對於他自己的憎厭，把他捲入一五二七年在翡冷翠爆發的革命漩渦中。

米開朗基羅在政治方面的思想，素來亦是同樣的猶豫不決，他的一生、他的藝術老是受這種精神狀態的磨難。他永遠不能使他個人的情操和他所受的梅迪契的恩德相妥協。而且這個強項的天才在行動上一向是膽怯的，他不敢冒險和人世的權威者在政治的與宗教的立場上鬥爭。他的書信即顯出他老是為了自己與家族在擔憂，怕會干犯什麼，萬一他對於任何專制的行為說出了什麼冒昧的批評，[155]他立刻加以否認。他時時刻刻寫信給他的家族，囑咐他們留神，一遇警變馬上要逃：

「要像疫癘盛行的時代那樣，在最先逃的一群中逃……生命較財產更值價……安分守己，不要樹立敵人，除了上帝以外不要相信任何人，並且對於無論何人不要說好也不要說壞，因為事情的結局是不可知的；只顧經營你的事業……什麼事也不要參加。」[156]

他的弟兄和朋友都嘲笑他的不安，把他當作瘋子看待。[157]

「你不要嘲笑我，」米開朗基羅悲哀地答道，「一個人不應該嘲笑任何人。」[158]

155.一五一二年九月書信中說及他批評梅迪契的聯盟者、帝國軍隊劫掠普拉托事件。
156.一五一二年九月米氏致弟博納羅托書。
157.一五一五年九月米氏致弟博納羅托書：「我並非是一個瘋子，像你們所相信的那般……」
158.一五一二年九月十日米氏致弟博納羅托書。

實在，他永遠的心驚膽戰並無可笑之處。我們應該可憐他的病態的神經，它們老是使他成為恐怖的玩具；他雖然一直在和恐怖戰鬥，但他從不能征服它。危險臨到時，他的第一個動作是逃避，但經過一番磨難之後，他反而更要強制他的肉體與精神去忍受危險。況他比別人更有理由可以恐懼，因為他更聰明，而他的悲觀成分亦只使他對於義大利的厄運預料得更明白。——但要他那種天性怯弱的人去參與翡冷翠的革命運動，真需要一種絕望的激動，揭穿他的靈魂底蘊的狂亂才會可能呢。

這顆靈魂，雖然那麼富於反省、深自藏納，卻是充滿著熱烈的共和思想。這種境地，他在熱情激動或信託友人的時候，會在激烈的言辭中流露出來——特別是他以後和朋友盧伊吉·德爾·里喬、安東尼奧·佩特羅和多納托·賈諾蒂諸人的談話，為賈諾蒂在他的《關於但丁〈神曲〉對語》中所引述的。[159]朋友們覺得奇怪，為何但丁把布魯圖斯與卡修斯放在地獄中最後的一層，而把凱撒倒放在他們之上（意即受罪更重）。當友人問起米開朗基羅時，[160]他替刺殺暴君的武士辯護道：

「如果你們仔細去讀首段的詩篇，你們將看到但丁十分明白暴君的性質。他也知道暴君所犯的罪惡是神人共殛的罪惡。他把暴君們歸入『凌虐同胞』的這一類，罰入第七層地獄，沉入鼎沸的腥血之中。……既然但丁承認這點，那麼說他不承認凱撒是他母國的暴君而布魯圖斯與卡修斯是正當的誅戮自是不可能了；因為殺掉一個暴君不是殺了一個人而是殺了一頭人面的野獸。一切

159. 一五四五年間事。關於米開朗基羅的《布魯圖斯胸像》便是為多納托·賈諾蒂作的。一五三六年，在那部《關於但丁〈神曲〉對語》前數年，亞歷山大·特·梅迪契被洛倫齊諾刺死，洛倫齊諾被人當作布魯圖斯般加以稱頌。

160. 朋友們所討論的主題是要知道但丁在地獄中過多少日子：是從星期五晚到星期六晚呢，抑是星期四晚至星期日早晨？他們去請教米開朗基羅，他比任何人更瞭解但丁的作品。

暴君喪失了人所共有的同類之愛，他們已喪失了人性：故他們已非人類而是獸類了。他們的沒有同類之愛是昭然若揭的；否則，他們絕不致掠人所有以為己有，絕不致蹂躪人民而為暴君。……因此，誅戮一暴君的人不是亂臣賊子亦是明顯的事，既然他並不殺人，乃是殺了一頭野獸。由是，殺掉凱撒的布魯圖斯與卡修斯並不犯罪。第一，因為他們殺掉一個為一切羅馬人所欲依照法律而殺掉的人。第二，因為他們並不是殺了一個人，而是殺了一頭野獸。」[161]

因此，羅馬被西班牙王查理－昆特攻陷[162]與梅迪契宗室被逐[163]的消息傳到翡冷翠，激醒了當地人民的國家意識與共和觀念以至揭竿起義的時候，米開朗基羅便是翡冷翠革命黨的前鋒之一。即是那個平時叫他的家族避免政治如避免疫癘一般的人，興奮狂熱到什麼也不怕的程度。他便留在那革命與疫癘的中心區翡冷翠。他的兄弟博納羅托染疫而亡，死在他的臂抱中。[164]一五二八年十月，他參加守城會議。一五二九年五月十日，他被任為防守工程的督造者。四月六日他被任（任期一年）為翡冷翠衛戍總督。六月，他到比薩、阿雷佐、里窩那等處視察城堡。七、八兩月中，他被派到費拉雷地方去考察那著名的防禦，並和防禦工程專家、當地的大公討論一切。

米開朗基羅認為翡冷翠防禦工程中最重要的是聖米尼亞托山崗，他決定在上面建築炮壘。但——不知何故——他和翡冷翠長官卡波尼發生衝突，以致後者要使米開朗基羅離開翡冷翠。[165]米開

161. 米開朗基羅並辨明暴君與世襲君王或與立憲諸侯之不同：「在此我不是指那些握有數百年權威的諸侯或是為民眾的意志所擁戴的君王而言，他們的統治城邑，與民眾的精神完全和洽……」
162. 一五二七年五月六日。
163. 一五二七年五月十七日梅迪契宗室中的伊波利特與亞歷山大被逐。
164. 一五二八年七月二日。
165. 據米開朗基羅的秘密的訴白，那人是布西尼。

朗基羅疑惑卡波尼與梅迪契黨人有意要把他攆走使他不能守城，他便住在聖米尼亞托不動彈了。可是他的病態的猜疑更煽動了這被圍之城中的流言，而這一次的流言卻並非是沒有根據的。站在嫌疑地位的卡波尼被撤職了，由弗朗切斯科・卡爾杜奇繼任長官；同時又任命不穩的馬拉泰斯塔・巴厘翁為翡冷翠守軍統領（以後把翡冷翠城向教皇乞降的便是他）。米開朗基羅預感到災禍將臨，把他的惶慮告訴了執政官，「而長官卡爾杜奇非但不感謝他，反而辱罵了他一頓，責備他永遠猜疑、膽怯」。[166]馬拉泰斯塔呈請把米開朗基羅解職：具有這種性格的他，為要擺脫一個危險的敵人起見，是什麼都不顧慮的；而且他那時是翡冷翠的大元帥，在當地自是聲勢赫赫的了。米開朗基羅以為自己處在危險中了，他寫道：

「可是我早已準備毫不畏懼地等待戰爭的結局。但九月二十日星期二清晨，一個人到我炮壘裡來附著耳朵告訴我，說我如果要逃生，那麼我不能再留在翡冷翠。他和我一同到了我的家裡，和我一起用餐，他替我張羅馬匹，直到目送我出了翡冷翠城他才離開我。」[167]

瓦爾基更補充這一段故事說：「米開朗基羅在三件襯衣中縫了一萬二千金幣在內，而他逃出翡冷翠時並非沒有困難，他和里納多・科爾西尼和他的學生安東尼奧・米尼從防衛最鬆的正義門中逃出。」

數日後，米開朗基羅說：

「究竟是神在指使我抑是魔鬼在作弄我，我不明白。」

他慣有的恐怖畢竟是虛妄的。可是他在路過卡斯泰爾諾沃時，對前長官卡波尼說了一番驚心

166. 孔迪維又言：「實在，他應該接受這好意的忠告，因為當梅迪契重入翡冷翠時，他被處死了。」
167. 一五二九年九月二十五日米氏致巴蒂斯塔・德拉・帕拉書。

動魄的話，把他的遭遇和預測敘述得那麼駭人，以致這老人竟於數日之後驚悸致死。[168]可見他那時正處在如何可怕的境界。

九月二十三日，米開朗基羅到費拉雷地方。在狂亂中，他拒絕了當地大公的邀請，不願住到他的宮堡中去，他繼續逃。九月二十五日，他到威尼斯。當地的諸侯得悉之下，立刻派了兩個使者去見他，招待他；但又是慚愧又是曠野，他拒絕了，遠避在朱得卡。他還自以為躲避得不夠遠。他要逃亡到法國去。他到威尼斯的當天，就寫了一封急切的信，給為法王法蘭西斯一世在義大利代辦藝術品的朋友巴蒂斯塔：

「巴蒂斯塔，至親愛的朋友，我離開了翡冷翠要到法國去。到了威尼斯，我詢問路徑：人家說必得要經過德國的境界，這於我是危險而艱難的路。你還有意到法國去嗎？……請你告訴我，請你告訴我你要我在何處等你，我們可以同走……我請求你，收到此信後給我一個答覆，愈快愈好，因為我去法之念甚急，萬一你已無意去，那麼也請告知，以便我以任何代價單獨前往……」[169]

駐威尼斯法國大使拉札雷・特・巴爾夫急急寫信給法蘭西斯一世和蒙莫朗西元帥，促他們乘機把米開朗基羅邀到法國宮廷中去留住他。法王立刻向米開朗基羅致意，願致送他一筆年俸、一座房屋。但信札往還自然要費去若干時日，當法蘭西斯一世的覆信到時，米開朗基羅已回到翡冷翠去了。

瘋狂的熱度退盡了，在朱得卡靜寂的居留中，他僅有閒暇為他的恐怖暗自慚愧。他的逃亡，在翡冷翠喧傳一時。九月三十日，翡冷翠執政官下令：一切逃亡的人如於十月七日前不回來，將

168. 據塞格尼記載。
169. 一五二九年九月二十五日致巴蒂斯塔書。

處以叛逆罪。在固定的那天，一切逃亡者果被宣佈為叛逆，財產亦概行籍沒。然而米開朗基羅的名字還沒有列入那張表；執政官給他一個最後的期限，駐費拉雷的翡冷翠大使加萊奧多・朱尼通知翡冷翠共和邦，說米開朗基羅得悉命令的時候太晚了，如果人家能夠寬赦他，他準備回來。執政官答應原宥米開朗基羅；他又托斫石匠巴斯蒂阿諾・迪・弗朗切斯科把一張居留許可證帶到威尼斯交給米開朗基羅，同時轉交給他十封朋友的信，都是要求他回去的。[170]在這些信中，寬宏的巴蒂斯塔尤其表示出愛國的熱忱：

「你一切的朋友，不分派別地、毫無猶豫地、異口同聲地渴望你回來，為保留你的生命、你的母國、你的朋友、你的財產與你的榮譽，為享受這一個你曾熱烈地希望的新時代。」

他相信翡冷翠重新臨到了黃金時代，他滿以為光明前途得勝了。——實際上，這可憐人在梅迪契宗族重新上台之後，卻是反動勢力的第一批犧牲者中的一個。

他的一番說話把米開朗基羅的意念決定了。[171]幸他回來了，——很慢地；因為到盧克奎地方去迎接他的巴蒂斯塔等了他好久，以致開始絕望了。十一月二十日，米開朗基羅終於回到了翡冷翠。[172]二十三日，他的判罪狀由執政官撤銷了，但予以三年不得出席大會議的處分。[173]

從此，米開朗基羅勇敢地盡他的職守，直至終局。他重新去就聖米尼亞托的原職，在那裡敵人們已轟炸了一個月了。他把山崗重新築固，發明新的武器，把棉花與被褥覆蔽著鐘樓，這樣，

170. 一五二九年十月二十二日。
171. 他又致書米開朗基羅，敦促他回去。
172. 數日前，他的俸給被執政官下令取消了。
173. 據米氏致皮翁博書中言，他亦被判處繳納一千五百金幣的罰金充公。

那著名的建築物才得免於難。[174]人們所得到他在圍城中的最後的活動，是一五三〇年二月二十二日的消息，說他爬在大寺的圓頂上，窺測敵人的行動和視察穹隆的情狀。

可是預料的災禍畢竟臨到了。一五三〇年八月二日，馬拉泰斯塔・巴厘翁反叛了。十二日，翡冷翠投降了，城市交給了教皇的使者巴喬・瓦洛里。於是殺戮開始了。最初幾天，什麼也阻不了戰勝者的報復行為，米開朗基羅的最好的友人們——巴蒂斯塔——最先被殺。

據說，米開朗基羅藏在阿爾諾河對岸聖尼科洛教堂的鐘樓裡。他確有恐懼的理由：謠言說他曾欲毀掉梅迪契宮邸。

但克雷芒七世沒有喪失對於他的感情。據皮翁博說，教皇知道了米開朗基羅在圍城時的情形後，表示非常不快；但他只聳聳肩說：「米開朗基羅不該如此，我從沒傷害過他。」[175]當最初的怒氣消降的時候，克雷芒立刻寫信到翡冷翠，他命人尋訪米開朗基羅，並言如他仍願繼續為梅迪契墓工作，他將受到他應受的待遇。[176]

米開朗基羅從隱避中出來，重新為他所抗拒的人們的光榮而工作。可憐的人所做的事情還不止此呢：他為巴喬・瓦洛里那個為教皇做壞事的工具，和殺掉米氏的好友巴蒂斯塔那兇手，雕塑

174. 米氏在致法蘭西斯科・特・奧蘭達書中述道：「當教皇克雷芒與西班牙軍隊聯合圍攻翡冷翠時，這班敵軍被我安置在鐘樓上的機器擋住了長久。一夜，我在牆的外部覆蓋了羊毛袋。又一夜，我令人掘就陷坑，安埋火藥，以炸死嘉斯蒂人；我把他們的斷腿殘臂一直轟到半空……瞧啊！這是繪畫的用途！它用作戰爭的器械與工具，它用來使轟炸與手銃得有適當的形式，它用來建造橋樑製作雲梯，它尤其用來構成要塞、炮壘壕溝、陷坑與對抗的配置圖……」（見法蘭西斯科・特・奧蘭達著《論羅馬城中的繪畫》第三編，一五四九年）

175. 一五三一年四月二十九日皮翁博致米氏書。

176. 孔迪維記載——一五三〇年十二月十一日起，教皇把米開朗基羅的月俸恢復了。

《抽箭的阿波羅》。[177]不久，他更進一步，竟至否認那些流戍者曾經是他的朋友。[178]一個偉大的人物可哀的弱點，逼得他卑怯地在物質的暴力前面低首，為了要使他的藝術夢得以保全。他之所以把他的暮年整個地獻在為使徒彼得建造一座超人的紀念物上面實非無故：因他和彼得一樣，曾多少次聽到雞鳴而痛哭。

被逼著說謊，不得不去諂媚一個瓦洛里，頌讚洛倫佐和朱利阿諾，他的痛苦與羞愧同時迸發。他全身投入工作中，他把一切虛無的狂亂發洩在工作中。[179]他全非在雕塑梅迪契宗室像，而是在雕塑他的絕望的像。當人家和他提及他的洛倫佐與朱利阿諾的肖像並不肖似時，他美妙地答道：「千年後誰還能看出肖似不肖似？」一個，他雕作「行動」；另一個，雕作「思想」：台座上的許多像彷彿是兩座主像的註釋，——《日》與《夜》，《晨》與《暮》，——說出一切生之苦惱與憎厭。這些人類痛苦的不朽象徵在一五三一年完成了。[180]無上的譏諷啊！可沒有一個人懂得。喬凡尼·斯特羅齊看到這可驚的《夜》時，寫了下列一首詩：

「夜，為你所看到嫵媚地睡著的夜，卻是由一個天使在這塊岩石中雕成的；她睡著，故她生存著。如你不信，使她醒來吧，她將與你說話。」

177. 一五三〇年秋。此像現存翡冷翠國家美術館。

178. 一五四四年。

179. 即在他一生最慘澹的幾年中，米開朗基羅粗野的天性對於一向壓制著他的基督教的悲觀主義突起反抗，他製作大膽的異教色彩極濃厚的作品，如《鵝狎戲著的麗達》（一五二九至一五三〇年間），本是為費拉雷大公畫的，後來米氏贈給了他的學生安東尼奧·米尼，他把它攜到法國，據說是在一六四三年被諾瓦耶的敘布萊特嫌其放浪而毀掉的。稍後，米開朗基羅又為人繪《愛神撫摩著的維納斯》圖稿。尚有二幅極猥褻的素描，大概亦是同時代。

180. 《夜》大概是於一五三〇年秋雕塑，於一五三一年春完成的；《晨》完成於一五三一年九月；《日》與《暮》又稍後。

米開朗基羅答道：

「睡眠是甜蜜的。成為頑石更是幸福，只要世上還有罪惡與恥辱的時候。不見不聞，無知無覺，於我是最大的歡樂。因此，不要驚醒我，啊！講得輕些吧！」[181]

在另一首詩中他又說：「人們只能在天上睡眠，既然多少人的幸福只有一個人能體會到！」而屈服的翡冷翠來呼應他的呻吟了：

「在你聖潔的思想中不要惶惑。相信把我從你那裡剝奪了的人不會長久享受他的罪惡的，因為他中心惴惴，不能無懼。些須的歡樂，對於愛人們是一種豐滿的享樂，會把他們的欲念熄滅，不若苦難會因了希望而使欲願增長。」[182]

在此，我們應得想一想當羅馬被掠與翡冷翠陷落時的心靈狀態：理智的破產與崩潰。許多人的精神從此便墮入哀苦的深淵中，一蹶不振。

皮翁博變成一個享樂的懷疑主義者：

「我到了這個地步：宇宙可以崩裂，我可以不注意，我笑一切……我覺得已非羅馬被掠前的我，我不復能回復我的本來了。」[183]

---

181. 詩集卷一百零九第十六、十七兩首。——弗萊推定二詩是作於一五四五年。

182. 詩集卷一百零九第四十八首。米開朗基羅在此假想著翡冷翠的流亡者中間的對白。

183. 一五三一年二月二十四日皮翁博致米氏書，這是羅馬被掠後第一次寫給他的信：「神知道我真是多少快樂，當經過了多少災患、多少困苦和危險之後，強有力的主宰以他的惻隱之心，使我們仍得苟延殘喘；我一想起這，不禁要說這是一件靈跡了……此刻，我的同胞，既然出入於水火之中，經受到意想不到的事情，我們且來感謝神吧，而這虎口餘生至少也要竭力使它在寧靜中度過了吧。只要幸運是那麼可惡、那麼痛苦，我們便不應該依賴它。」那時他們的信札要受檢查，故他囑咐米開朗基羅假造一個簽名式。

米開朗基羅想自殺。

「如果可以自殺，那麼，對於一個滿懷信仰而過著奴隸般的悲慘生活的人，最應該給他這種權利了。」[184]

他的精神正在動亂。一五三一年六月他病了。克雷芒七世竭力撫慰他，可是徒然。他令他的秘書和皮翁博轉勸他不要勞作過度，勉力節制，不時出去散步，不要把自己壓制得如罪人一般。[185]

一五三一年秋，人們擔憂他的生命危險。他的一個友人寫信給瓦洛里道：「米開朗基羅衰弱瘦瘠了。我最近和布賈爾迪尼與安東尼奧・米尼談過，我們一致認為如果人家不認真看護他，他將活不了多久。他工作太過，吃得太少太壞，睡得更少。一年以來，他老是為頭痛與心病侵蝕著。」[186]

克雷芒七世認真地不安起來：一五三一年十一月二十一日，他下令禁止米開朗基羅在尤利烏斯二世陵墓與梅迪契墓之外更做其他的工作，否則將驅逐出教，他以為如此方能調養他的身體，「使他活得更長久，以發揚羅馬、他的宗族與他自己的光榮」。

他保護他，不使他受瓦洛里和一班乞求藝術品的富丐們的糾纏，因為他們老是要求米開朗基羅替他們做新的工作。他和他說：「人家向你要求一張畫時，你應當把你的筆繫在腳下，在地上畫四條痕跡，說：『畫完成了。』」[187]

當尤利烏斯二世的承繼人對於米開朗基羅實施恫嚇時，他又出面調解。[188]一五三二年，米開朗基

184. 詩集卷三十八。
185. 一五三一年六月二十日皮耶爾・保羅・瑪律齊致米氏書，一五三一年六月十六日皮翁博致米氏書。
186. 一五三一年九月二十九日喬凡尼・巴蒂斯塔・迪・保羅・米尼致瓦洛里書。
187. 一五三一年十一月二十六日貝韋努托・德拉・沃爾帕雅致米氏書。
188. 一五三二年三月十五日皮翁博致米氏有言：「如你沒有教皇為你做後盾，他們會如毒蛇一般跳起來噬你了。」

羅和他們簽了第四張關於尤利烏斯陵墓的契約：米開朗基羅承應重新做一個極小的陵墓，[189]於三年中完成，費用全歸他個人負擔，還須付出二千金幣以償還他以前收受尤利烏斯二世及其後人的錢。

皮翁博寫信給米開朗基羅說：「只要在作品中令人聞到你的一些氣息就夠。」[190]悲哀的條件，既然他所簽的約是證實他的大計畫的破產，而他還須出這一筆錢！可是年復一年，米開朗基羅在他每件絕望的作品中所證實的，確是他的生命的破產，整個「人生」的破產。

在尤利烏斯二世的陵墓計畫破產之後，梅迪契墓的計畫亦接著解體了，一五三四年九月二十五日，克雷芒七世駕崩。那時，米開朗基羅由於極大的幸運，竟不在翡冷翠城內。長久以來，他在翡冷翠度著惶慮不安的生活，因為亞歷山大・特・梅迪契大公恨他。不是因為他對於教皇的尊敬，他早已遣人殺害他了。[191]自從米開朗基羅拒絕為翡冷翠建造一座威臨全城的要塞之後，大公對他的怨恨更深了。——可是對於米開朗基羅這麼膽怯的人，這舉動確是一樁勇敢的舉動，表示他對於母國的偉大的熱愛；因為建造一座威臨全城的要塞這件事，是證實翡冷翠對於梅迪契的屈服啊！——自那時起，米開朗基羅已準備聽受大公方面的任何處置，而在克雷芒七世薨後，他的生命，亦只是靠偶然的福，那時他竟住在翡冷翠城外。[192]從此他不復再回到翡冷翠去了。他永遠和它訣別了。

189. 在此，只有以後立在溫科利的聖彼得寺前的六座像了，這六座像是開始了沒有完成（《摩西》、《勝利》、兩座《奴隸》和《博博利石窟》）。

190. 一五三二年四月六日皮翁博致米氏書。

191. 屢次，克雷芒七世不得不在他的侄子亞歷山大・特・梅迪契前回護米開朗基羅。皮翁博講給米氏聽，說「教皇和他侄兒的說話充滿了激烈的憤怒、可怖的狂亂，語氣是那麼嚴厲，難於引述」（一五三三年八月十六日）。

192. 孔迪維記載。

——梅迪契的家廟算是完了，它永沒完成。我們今日所謂的梅迪契墓，和米開朗基羅所幻想的，只有若干細微的關係而已。它僅僅遺下壁上裝飾的輪廓。不獨米開朗基羅沒有完成預算中的雕像和繪畫的半數；[193]且當他的學生們以後要重新覓得他的思想的痕跡而加以補充的時候，他連自己也不能說出它們當初的情況了：是這樣地放棄了他一切的計畫，他一切都遺忘了。[194]

一五三四年九月二十三日米開朗基羅重到羅馬，在那裡一直逗留到死。[195]

他離開羅馬已二十一年了。在這二十一年中，他做了尤利烏斯二世墓上的三座未完成的雕像，梅迪契墓上的七座未完成的雕像，洛倫佐教堂的未完成的穿堂，聖・瑪麗・德拉・米涅瓦寺的未完成的《基督》，為巴喬・瓦洛里作的未完成的《阿波羅》。他在他的藝術與故國中喪失了他的健康、他的精力和他的信心。

他失掉了他最愛的一個兄弟。[196]他失掉了他極孝的父親。[197]他寫了兩首紀念兩人的詩，和他其餘的一樣亦是未完之作，可是充滿了痛苦與死的憧憬的熱情：

---

193. 米開朗基羅部分地雕了七座像（洛倫佐・特・烏爾比諾與朱利阿諾・特・內莫爾的兩座墳墓、《聖母像》）。他預定的「江河四座像」沒有開始；而「高貴的」洛倫佐與他的兄弟朱利阿諾的墓像，他放棄給別人做了。——一五六三年三月十七日，瓦薩里問米開朗基羅，他當初想如何佈置壁畫。

194. 人們甚至不知道把已塑的像放在何處，而空的壁龕中又當放入何像。受科斯梅一世之命去完成這件米氏未完之作的瓦薩里與阿馬納蒂寫信問他，可是他竟想不起來了。一五五七年八月米開朗基羅寫道：「記憶與思想已跑在我的前面，在另一世界中等我去了。」

195. 一五四六年三月二十日，米開朗基羅享有羅馬士紳階級的名位。

196. 指一五二八年在大疫中死亡的博納羅托。

197. 一五三四年六月。

「……上天把你從我們的苦難中拯救出去了。可憐我吧，我這如死一般生存著的人！……你是死在死中，你變為神明了；你不復懼怕生存與欲願的變化：（我寫到此怎能不豔羨呢？……）運命與時間原只能賜予我們不可靠的歡樂與切實的憂患，但它們不敢跨入你們的國土。沒有一些雲翳會使你們的光明陰暗；以後的時間不再對你們有何強暴的行為了，『必須』與『偶然』不再役使你們了。黑夜不會熄滅你們的光華，白日不論它如何強烈也絕不會使光華增強……我親愛的父親，由於你的死，我學習了死……死，並不如人家所信的那般壞，因為這是人生的末日，亦是到另一世界去皈依神明的第一日，永恆的第一日。在那裡，我希望，我相信我能靠了神的恩寵而重新見到你，如果我的理智把我冰冷的心從塵土的糾葛中解放出來，如果像一切德行般，我的理智能在天上增長父子間的至高的愛的話。」[198]

人世間更無足以羈留他的東西了：藝術、雄心、溫情，任何種的希冀都不能使他依戀了。他六十歲，他的生命似乎已經完了。他孤獨著，他不復相信他的作品了；他對於「死」患著相思病，他熱望終於能逃避「生存與欲念的變化」、「時間的暴行」和「必須與偶然的專制」。

「可憐！可憐！我被已經消逝的我的日子欺罔了……我等待太久了……時間飛逝，而我老了。我不復能在死者身旁懺悔與反省了……我哭泣也徒然……沒有一件不幸可與失掉的時間相比的了……

「可憐！可憐！當我回顧我的已往時，我找不到一天是屬於我的！虛妄的希冀與欲念，——我此刻是認識了，——把我羈絆著，使我哭、愛、激動、歎息，（因為沒有一件致命的情感為我所不

198. 詩集卷五十八。

識得，）遠離了真理……

「可憐！可憐！我去，而不知去何處；我害怕……如我沒有錯誤的話，（啊！請神使我錯誤了吧！）我看到，主啊，我看到，認識善而竟作了惡的我，是犯了如何永恆的罪啊！而我只知希望……」[199]

199. 詩集卷四十九。

下編　捨棄

一　愛情

在這顆殘破的心中，當一切生機全被剝奪之後，一種新生命開始了，春天重又開了鮮豔的花朵，愛情的火焰燃燒得更鮮明。但這愛情幾乎全沒有自私與肉慾的成分。這是對於卡瓦列里的美貌的神秘的崇拜。這是對於維多利亞．科隆娜的虔敬的友誼——兩顆靈魂在神明的境域中的溝通。這是對於他的無父的侄兒們的慈愛和對於孤苦煢獨的人們的憐憫。

米開朗基羅對於卡瓦列里的愛情確是為一般普通的思想——不論是質直的或無恥的——所不能瞭解的。即在文藝復興末期的義大利，它亦引起種種難堪的傳說；諷刺家拉萊廷（L'Arétin 1492—1557）甚至把這件事做種種污辱的諷喻。[200]但是拉萊廷般的誹謗——這是永遠有的——絕不能加諸米開朗基羅。「那些人把他們自己污濁的心地來造成一個他們的米開朗基羅。」[201]

200. 米開朗基羅的侄孫於一六二三年第一次刊行米氏的詩集時，不敢把他致卡瓦列里的詩照原文刊入。他要令人相信這些詩是給一個女子的。即在近人的研究中，尚有人以為卡瓦列里是維多利亞．科隆娜的假名。

201. 一五四二年十月米開朗基羅書（收信人不詳）。

沒有一顆靈魂比米開朗基羅的更純潔。沒有一個人對於愛情的觀念有那麼虔敬。

孔迪維曾說：

「我時常聽見米開朗基羅談起愛情，在場的人都說他的言論全然是柏拉圖式的。為我，我不知道柏拉圖的主張；但在我和他那麼長久、那麼親密的交誼中，我在他口中只聽到最可尊敬的言語，可以抑滅青年人的強烈的慾火的言語。」

可是這柏拉圖式的理想並無文學意味也無冷酷的氣象：米開朗基羅對於一切美的事物，總是狂熱的、沉溺的，他之於柏拉圖式的愛的理想亦是如此。他自己知道這點，故他有一天在謝絕他的友人賈諾蒂的邀請時說：

「當我看見一個具有若干才能或思想的人，或一個為人所不為、言人所不言的人時，我不禁要熱戀他，我可以全身付託給他，以至我不再是屬於我的了。……你們大家都是那麼富有天稟，如果我接受你們的邀請，我將失掉我的自由；你們中每個人都將分割我的一部分。即是跳舞與彈琴的人，如果他們擅長他們的藝術，我亦可聽憑他們把我擺佈！你們的做伴，不特不能使我休息、振作、鎮靜，反將使我的靈魂隨風飄零；以至幾天之後，我可以不知道死在哪個世界上。」[202]

思想言語聲音的美既然如此誘惑他，肉體的美麗將更如何使他依戀呢！

「美貌的力量於我是怎樣的刺激啊！

世間更無同等的歡樂了！」[203]

對於這個美妙的外形的大創造家，——同時又是有信仰的人——一個美的軀體是神明般的，是

202. 見多納托·賈諾蒂著《對話錄》（一五四五年）。

203. 詩集卷一百四十一。

蒙著肉的外衣的神的顯示。好似摩西之於「熱烈的叢樹」一般，[204]他只顫抖著走近它。他所崇拜的對象於他真是一個偶像，如他自己所說的。他在他的足前匍匐膜拜；而一個偉人自願的屈服即是高貴的卡瓦列里也受不了，更何況美貌的偶像往往具有極庸俗的靈魂，如波焦呢！但米開朗基羅什麼也看不見……他真正什麼也看不見嗎？——他是什麼也不願看見，他要在他的心中把已經勾就輪廓的偶像雕塑完成。

他最早的理想的愛人，他最早的生動的美夢，是一五二二年時代的佩里尼。[205]一五三三年他又戀著波焦；一五四四年，戀著布拉奇。[206]因此，他對於卡瓦列里的友誼並非是專一的，但確是持久而達到狂熱的境界的。不獨這位朋友的美姿值得他那麼顛倒，即是他的德行的高尚也值得他如此尊重。

瓦薩里曾言：「他愛卡瓦列里甚於一切別的朋友。這是一個生在羅馬的中產者，年紀很輕，熱愛藝術。米開朗基羅為他做過一個肖像，——是米氏一生唯一的畫像；因為他痛恨描畫生人，除非這人是美麗無比的時候。」

204.《舊約》記摩西於熱烈的叢樹中見到神的顯靈。——譯注

205.佩里尼尤其被拉萊廷攻擊得厲害。弗萊曾發表他的若干封一五二二年時代的頗為溫柔的信：「……當我讀到你的信時，我覺得和你在一起：這是我唯一的願望啊！」他自稱為「你的如兒子一般的……」——米開朗基羅的一首抒寫離別與遺忘之苦的詩似乎是致獻給他的：「即在這裡，我的愛使我的心與生命為之歡欣。這裡，他的美眼應允助我，不久，目光卻移到別處去了。這裡，他和我關聯著；這裡他卻和我分離了。這裡，我無窮哀痛地哭，我看見他走了，不復顧我了。」

206.米開朗基羅認識卡瓦列里年餘之後才戀愛波焦；一五三三年十二月他寫給他狂亂的信與詩，而這壞小子波焦卻在覆信中問他討錢。至於布拉奇，他是盧伊吉・德爾・里喬的朋友，米開朗基羅認識了卡瓦列里十餘年後才認識他的。他是翡冷翠的一個流戍者的兒子，一五四四年時在羅馬夭折了。米開朗基羅為他寫了四十八首悼詩，可說是米開朗基羅詩集中最悲愴之作。

瓦爾基又說：「我在羅馬遇到卡瓦列里先生時，他不獨是具有無與倫比的美貌，而且舉止談吐亦是溫文爾雅，思想出眾，行動高尚，的確值得人家的愛慕，尤其是當人們認識他更透徹的時候。」[207]

米開朗基羅於一五三二年秋在羅馬遇見他。他寫給他的第一封信，充滿了熱情的訴白，卡瓦列里的覆信[208]亦是十分尊嚴：

「我收到你的來信，使我十分快慰，尤其因為它是出我意外的緣故。我說出我意外，因為我不相信值得像你這樣的人寫信給我。至於稱讚我的話，和你對於我的工作表示極為欽佩的話，我可回答你：我的為人與工作，絕不能令一個舉世無雙的天才如你一般的人——我說舉世無雙，因為我不信你之外更有第二個——對一個啟蒙時代的青年說出那樣的話。可是我亦不相信你對我說謊。我相信，是的，我確信你對於我的感情，確是像你那樣一個藝術的化身者，對於一切獻身藝術、愛藝術的人們所必然地感到的。我是這些人中的一個，而在愛藝術這一點上，我確是不讓任何人。我回報你的盛情，我應允你：我從未如愛你一般地愛過別人，我從沒有如希冀你的友誼一般希冀別人……我請你在我可以為你效勞的時候驅使我，我永遠為你馳驅。

你的忠誠的　托馬索·卡瓦列里」

卡瓦列里似乎永遠保持著這感動的但是謹慎的語氣。他直到米開朗基羅臨終的時候一直對他是忠誠的，他並且在場送終。米開朗基羅也永遠信任他；他是被認為唯一影響米開朗基羅的人，他亦利用了這信心與影響為米氏的幸福與偉大服役。是他使米開朗基羅決定完成聖彼得大寺穹隆

207. 見瓦爾基著《講課二篇》（一五四九年）。
208. 一五三三年一月一日卡瓦列里致米開朗基羅書。

的木雕模型；是他為我們保留下米開朗基羅為穹隆構造所裝的圖樣，是他努力把它實現；而且亦是他，在米開朗基羅死後，依著他亡友的意志監督工程的實施。

但米開朗基羅對他的友誼無異是愛情的瘋狂。他寫給他無數的激動的信。他是俯伏在泥塵裡向偶像申訴。[209]他稱他「一個有力的天才，……一件靈跡，……時代的光明」，他哀求他「不要輕蔑他，因為他不能和他相比，沒有人可和他對等」。他把他的現在與未來一齊贈給他，他更說：「這於我是一件無窮的痛苦：我不能把我的已往也贈予你以使我能服侍你更長久，因為未來是短促的，我太老了……」[210]「我相信沒有東西可以毀壞我們的友誼，雖然我出言僭越；因為我還在你之下。」[211]「……我可以忘記你的名字如忘記我藉以生存的食糧一般。是的，我比較更能忘記毫無樂趣地支持我肉體的食糧，而不能忘記支持我靈魂與肉體的你的名字，……它使我感到那樣甘美甜蜜，以至我在想起你的時間內，我不感到痛苦，也不畏懼死。」[212]「——我的靈魂完全處在我把它給予的人的手中……」[213]「如我必得要停止思念他，我信我立刻會死。」[214]

他贈給卡瓦列里最精美的禮物：

「可驚的素描，以紅黑鉛筆畫的頭像，他在教他學習素描的用意中繪成的。其次，他送給他

209. 卡瓦列里的第一封信，米開朗基羅在當天（即一五三三年一月一日）即答覆他。這封信一共留下三份草稿。在其中一份草稿的補白中，米開朗基羅寫著「在此的確可以用為一個人獻給另一個人的事物的名詞；但為了禮制，這封信裡可不能用」。——在此顯然是「愛情」這名詞了。
210. 一五三三年一月一日米氏致卡瓦列里書。
211. 一五三三年七月二十八日米氏致卡瓦列里書的草稿。
212. 一五三三年七月二十八日米氏致卡瓦列里書。
213. 米氏致巴爾特洛梅奧．安焦利尼書。
214. 米氏致皮翁博書。

一座《被宙斯的翅翼舉起的甘尼米》，一座《提提厄斯》和其他不少最完美的作品。」[215]

他也寄贈他十四行詩，有時是極美的，往往是暗晦的，其中的一部分，不久便在文學團體中有人背誦了，全個義大利都吟詠著。[216]人家說下麵一首是「十六世紀義大利最美的抒情詩」[217]：

「由你的慧眼，我看到為我的盲目不能看到的光明。你的足助我擔荷重負，為我疲瘘的足所不能支撐的。由你的精神，我感到往天上飛升。我的意志全包括在你的意志中。我的思想在你的心中形成，我的言語在你喘息中吐露。孤獨的時候，我如月亮一般，只有在太陽照射它時才能見到。」[218]

另外一首更著名的十四行詩，是頌讚完美的友誼的最美的歌詞：

「如果兩個愛人中間存在著貞潔的愛情、高超的虔敬、同等的命運，如果殘酷的命運打擊一個時也同時打擊別個，如果一種精神、一種意志統治著兩顆心，如果兩個肉體上的一顆靈魂成為永恆，把兩個以同一翅翼挾帶上天，如果愛神在一支箭上同時射中了兩個人的心，如果大家相愛，如果大家不自愛，如果兩人希冀他們的快樂與幸福得有同樣的終局，如果千萬的愛情不能及

215. 瓦薩里記載。
216. 瓦爾基把兩首公開了，以後他又在《講課二篇》中刊出——米開朗基羅並不把他的愛情保守秘密，他告訴巴爾特洛梅奧·安焦利尼、皮翁博。這樣的友誼一些也不令人驚奇。當布拉奇逝世時，里喬向著所有的朋友發出他的愛與絕望的呼聲：「喲！我的朋友多納托！我們的布拉奇死了。全個羅馬在哭他。米開朗基羅為我計畫他的紀念物。請你為我寫一篇祭文，寫一封安慰的信給我：我的悲苦使我失掉了理智。耐心啊！每小時內，整千的人死了。喔，神！命運怎樣地改換了它的面目啊！」（一五四四年正月致多納托·賈諾蒂書）
217. 謝拂賴爾言。
218. 詩集卷一百零九第十九首。

到他們的愛情的百分之一，那麼一個怨恨的動作會不會永遠割裂了他們的關聯？」[219]

這自己的遺忘，這把自己的全生命融入愛人的全生命的熱情，並不永遠清明寧靜的。憂鬱重又變成主宰，而被愛情控制著的靈魂，在呻吟著掙扎：

「我哭，我燃燒，我磨難自己，我的心痛苦死了……」[220]

他又和卡瓦列里說：「你把我生的歡樂帶走了。」[221]

對於這些過於熱烈的詩，「溫和的被愛的主」[222]卡瓦列里卻報以冷靜的安定的感情。[223]這種友誼的誇張使他暗中難堪。米開朗基羅求他寬恕：

「我親愛的主，你不要為我的愛情憤怒，這愛情完全是奉獻給你最好的德行的，因為一個人的精神應當愛慕別個人的精神。我所願欲的，我在你美麗的姿容上所獲得的，絕非常人所能瞭解的。誰要懂得它應當先認識死。」[224]

當然，這愛美的熱情只有誠實的分兒。可是這熱烈的惶亂[225]而貞潔的愛情的對象，全不露出癲狂與不安的情態。

在這些心力交瘁的年月之後，——絕望地努力要否定他的生命的虛無而重創出他渴求的愛，——幸而有一個女人的淡泊的感情來撫慰他，她瞭解這孤獨的迷失在世界上的老孩子，在這苦

---

219. 詩集卷四十四。
220. 詩集卷五十二。
221. 詩集卷一百零九第十八首。
222. 詩集卷一百。
223. 詩集卷一百零九第十八首。
224. 詩集卷五十。
225. 在一首十四行詩中，米開朗基羅要把他的皮蒙在他的愛人身上；他要成為他的鞋子，把他的腳載著去踏雪。

悶欲死的心魂中，她重新灌注入若干平和、信心、理智和淒涼的接受生與死的準備。

一五三三與一五三四年間，米開朗基羅對於卡瓦列里的友誼達到了頂點。[226]一五三五年，他開始認識維多利亞·科隆娜。

她生於一四九二年。她的父親叫作法布里齊奧·科隆納，是帕利阿諾地方的諸侯，塔利亞科佐親王。她的母親，阿涅斯·特·蒙泰費爾特羅，便是烏爾比諾親王的女兒。她的門第是義大利最高貴的門第之一，亦是受著文藝復興精神的熏沐最深切的一族。十七歲時，她嫁給佩斯卡拉侯爵、大將軍弗朗切斯科·特·阿瓦洛。她愛他，他卻不愛她。她是不美的。[227]人們在小型浮雕像上所看到的她的面貌是男性的，意志堅強的，嚴峻的：額角很高，鼻子很長、很直，上唇較短，下唇微向前突，嘴巴緊閉。認識她而為她作傳的菲洛尼科·阿利爾卡納塞奧雖然措辭婉約，但口氣中也露出她是醜陋的：「當她嫁給佩斯卡拉侯爵的時候，她正努力在發展她的思想。因為她沒有美貌，她修養文學，以獲得這不朽的美，不像會消逝的其他的美一樣。」

——她是對於靈智的事物抱有熱情的女子。在一首十四行詩中，她說「粗俗的感官，不能形成一種和諧以產生高貴心靈的純潔的愛，它們絕不能引起她的快樂與痛苦……鮮明的火焰，把我的心昇華到那麼崇高，以至卑下的思想會使它難堪」。——實在她在任何方面也不配受那豪放而縱欲的佩斯卡拉的愛的；然而，愛的盲目竟要她愛他，為他痛苦。

226. 尤其在一五三三年六月至十月，當米開朗基羅回到翡冷翠，與卡瓦列里離開的時節。
227. 人家把許多肖像假定為米開朗基羅替維多利亞作的，其實都沒有根據。

她的丈夫在他自己的家裡就欺騙她，鬧得全個那不勒斯都知道，她為此感到殘酷的痛苦。可是，當他在一五二五年死去時，她亦並不覺得安慰。她遁入宗教，賦詩自遣。她度著修道院生活，先在羅馬，繼在那不勒斯，[228]但她早先並沒完全脫離社會的意思：她的尋求孤獨只是要完全沉浸入她的愛的回憶中，為她在詩中歌詠的。

她和義大利的一切大作家薩多萊特、貝姆博、卡斯蒂廖內等都有來往，卡斯蒂廖內把他的著作《侍臣論》付託給她，阿里奧斯托在他的《瘋狂的奧蘭多》中稱頌她。一五三〇年，她的十四行詩流傳於整個義大利，在當時女作家中獲得一個唯一的光榮的地位。隱在伊斯基亞荒島上，她在和諧的海中不絕地歌唱她的蛻變的愛情。

但自一五三四年起，宗教把她完全征服了。基督舊教的改革問題，在避免教派分裂的範圍內加以澄清的運動把她鼓動了。我們不知她曾否在那不勒斯認識胡安・特・瓦爾德斯[229]；但她確被錫耶納的奧基諾[230]的宣道所激動，她是皮耶特羅・卡爾內塞基[231]、吉貝爾蒂、薩多萊特、雷吉納爾德・

---

228. 那時代她的精神上的導師是凡龍納地方的主教馬泰奧・吉貝爾蒂，他是有意改革宗教的第一人，他的秘書便是弗朗切斯科・貝爾尼。

229. Juan de Valdes是西班牙王查理—昆特的親信秘書的兒子，自一五三四年起住在那不勒斯，為宗教改革運動的領袖。許多有名的貴婦都聚集在他周圍。他死於一五四一年，據說在那不勒斯，他的信徒共有三千人之眾。

230. Bernardino Ochino，有名的宣道者，加波生教派的副司教，一五三九年成為瓦爾德斯的朋友，瓦氏受他的影響很多。雖然被人控告，他在那不勒斯、羅馬、威尼斯仍繼續他的大膽的宣道，群眾擁護他不使他受到教會的限制。一五四二年，他正要被人以路德派黨徒治罪時，自翡冷翠逃往費拉雷，又轉往日內瓦，在日內瓦他改入了新教。他是維多利亞・科隆娜的知友，在離去義大利時，他在一封親密的信裡把他的決心告訴了她。

231. 皮耶特羅・卡爾內塞基是克雷芒七世的秘書官，亦是瓦爾德斯的朋友與信徒，一五四六年，第一次被列入異教判罪人名單，一五六七年在羅馬被焚死。他和維多利亞・科隆娜來往甚密。

波萊和改革派中最偉大的嘎斯帕雷・孔塔里尼[232]主教們的朋友。這孔塔里尼主教曾想和新教徒們建立一種適當的妥協，曾經寫出這些強有力的句子：

「基督的法律是自由的法律……凡以一個人的意志為準繩的政府不能稱之為政府，因為它在原質上便傾向於惡而且受著無數情欲的播弄。不！一切主宰是理智的主宰。他的目的在以正當的途徑引領一切服從他的人到達他們正當的目的：幸福。教皇的權威也是一種理智的權威。一個教皇應該知道他的權威是施用於自由人的。他不應該依了他的意念而指揮，或禁止，或豁免，但應該只依了理智的規律、神明的命令、愛的原則而行事。」[233]

維多利亞，是聯合著全義大利最精純的意識的這一組理想主義中的一員。她和勒內・特・費拉雷與瑪格麗特・特・納瓦雷們通信。以後變成新教徒的皮耶爾・保羅・韋爾傑廖稱她為「一道真理的光」。——但當殘忍的卡拉法所主持的反改革運動開始時，她墮入可怕的懷疑中去了。[234]她是，如米開朗基羅一樣，一顆熱烈而又怯弱的靈魂；她需要信仰，她不能抗拒教會的權威。「她持齋、絕食、苦修，以致她筋骨之外只包裹著一層皮。」[235]她的朋友，波萊主教叫她抑制她的智慧的驕傲，因

232. 嘎斯帕雷・孔塔里尼是威尼斯的世家子，初任威尼斯、荷蘭、英國、西班牙及教皇等的大使。一五三五年，教皇保羅三世任為大主教。一五四一年被派出席北歐國際會議。他和新教徒們不洽，一方面又被舊教徒猜疑。失望歸來，一五四二年八月死於博洛尼亞。

233. 亨利・索德所述。

234. 卡拉法是基耶蒂的主教，於一五二四年創造希阿廷教派，一五二八年在威尼斯組織反宗教改革運動團體。他初時以大主教資格，繼而在一五五五年起以教皇資格嚴厲執行新教徒的判罪事宜。

235. 一五六六年，卡爾內塞基在異教徒裁判法庭供述語。

了神而忘掉她自己的存在：這樣她才稍稍重新覓得平和。[236]她用了犧牲的精神做這一切……然而她還不止犧牲她自己！她還犧牲和她一起的朋友，她犧牲奧基諾，把他的文字送到羅馬的裁判異教徒機關中去；如米開朗基羅一般，這偉大的心靈為恐懼所震破了。她把她良心的責備掩藏在一種絕望的神秘主義中：

「你看到我處在愚昧的混沌中，迷失在錯誤的陷陣裡，肉體永遠勞動著要尋覓休息，靈魂永遠騷亂著找求平和。神要我知道我是一個毫無價值的人，要我知道一切只在基督身上。」[237]

她要求死，如要求一種解放。——一五四七年二月二十五日她死了。

在她受著瓦爾德斯與奧基諾的神秘主義薰染最深的時代，她認識米開朗基羅。這女子，悲哀的、煩悶的，永遠需要有人做她的依傍，同時也永遠需要一個比她更弱、更不幸的人，使她可以在他身上發洩她心中洋溢著的母愛。她在米開朗基羅前面掩藏著她的惶亂。外表很寧靜、拘謹，她把自己所要求之於他人的平和，傳遞給米開朗基羅。

他們的友誼，始於一五三五年，到了一五三八年，漸趨親密，可完全建築在神的領域內。維多利亞四十六歲，他六十三歲。她住在羅馬聖西爾韋斯德羅修院中，在平喬山崗之下。米開朗基羅住在卡瓦洛崗附近。每逢星期日，他們在卡瓦洛崗的聖西爾韋斯德羅教堂中聚會。修士阿姆布

236. 雷吉納爾德・波萊自英國逃出，因為他與英王亨利八世衝突之故；一五三二年他經過威尼斯，成為孔塔里尼的契友，以後被教皇保羅三世任為大主教。為人和藹柔婉，他終於屈服在反改革運動之下，把孔塔里尼派的自由思想者重新引入舊教。自一五四一至一五四四年間，維多利亞・科隆娜完全聽從他的指導。一五五四年，他又重回英國，於一五五八年死。

237. 一五四三年十二月二十二日維多利亞・科隆娜致莫洛內主教書。

羅焦・卡泰里諾・波利蒂誦讀《聖保羅福音》，他們共同討論著。葡萄牙畫家法蘭西斯科・特・奧蘭達在他的四部繪畫隨錄中，曾把這些情景留下真切的回憶。在他的記載中，嚴肅而又溫柔的友誼描寫得非常動人。

法蘭西斯科第一次到聖西爾韋斯德羅教堂中去時，他看見佩斯卡拉侯爵夫人和幾個朋友在那裡諦聽誦讀聖書。米開朗基羅並不在場。當聖書讀畢之後，可愛的夫人微笑著向外國畫家說道：

「法蘭西斯科一定更愛聽米開朗基羅的談話。」

法蘭西斯科被這句話中傷了，答道：

「怎麼，夫人，你以為我只有繪畫方面的感覺嗎？」

「不要這樣多心，法蘭西斯科先生，」拉塔齊奧・托洛梅伊說，「侯爵夫人的意思正是深信畫家對於一切都感覺靈敏。我們義大利人多麼敬重繪畫！但她說這句話也許是要使你聽米開朗基羅談話時格外覺得快樂。」

法蘭西斯科道歉了。侯爵夫人和一個僕人說：

「到米開朗基羅那邊去，告訴他說我和托洛梅伊先生在宗教儀式完畢後留在這教堂裡，非常涼快；如果他願耗費若干時間，將使我們十分快慰……但，」她又說，因為她熟知米開朗基羅的野性，「不要和他說葡萄牙人法蘭西斯科也在這裡。」

在等待僕人回來的時候，他們談著用何種方法把米開朗基羅於他不知不覺中引上繪畫的談話；因為如果他發覺了他們的用意，他會立刻拒絕繼續談話。

「那時靜默了一會。有人叩門了。我們大家都恐怕大師不來，既然僕人回來得那麼快。但米開朗基羅那天正在往聖西爾韋斯德羅的路上來，一面和他的學生烏爾比諾在談哲學。我們的僕人在路上遇到了他把他引來了，這時候便是他站在門口。侯爵夫人站起來和他立談了長久，以後才請他坐在她和托洛梅伊之間。」

法蘭西斯科坐在他旁邊，但米開朗基羅一些也不注意他，——這使他大為不快。法蘭西斯科憤憤地說：

「真是，要不使人看見的最可靠的方法，便是直站在這個人的面前。」

米開朗基羅驚訝起來，望著他，立刻向他道歉，用著謙恭的態度：

「寬恕我，法蘭西斯科先生，我沒有注意到你，因為我一直望著侯爵夫人。」

「侯爵夫人稍稍停了一下，用一種美妙的藝術，開始和他談著種種事情；談話非常婉轉幽密，一些也不涉及繪畫。竟可說一個人圍攻一座防守嚴固的城，圍攻的時候頗為艱難，同時又是用了巧妙的藝術手腕。米開朗基羅似一個被圍的人，孔武有力，提防得很周密，到處設了守壘、吊橋、陷坑。但是侯爵夫人終於把他戰敗了。實在，沒有人能夠抵抗她。

「『那麼，』她說，『應得承認當我們用同樣的武器，即策略，去攻襲米開朗基羅時，我們永遠是失敗的。托洛梅伊先生，假若要他開不得口，而讓我們來說最後一句話，那麼，我們應當和他談訟案、教皇的敕令，或者……繪畫。』」

這巧妙的轉紐把談鋒轉到藝術的領土中去了。維多利亞用虔誠的態度去激動米開朗基羅，他居然自告奮勇地開始討論虔敬問題了。

「我不大敢向你做這麼大的要求，」侯爵夫人答道，「雖然我知道你在一切方面都聽從抑強扶弱的救主的教導……因此，認識你的人尊重米開朗基羅的為人更甚於他的作品，不比那班不認識你的人稱頌你的最弱的部分，即你雙手做出的作品。但我亦稱譽你屢次置身場外，避免我們的無聊的談話，你並不專畫那些向你請求的王公卿相達官貴人，而幾乎把你的一生全獻給一件偉大的作品。」

米開朗基羅對於這些恭維的話謙虛地遜謝，乘機表示他厭惡那些多言的人與有閑的人，——諸侯或教皇——自以為可把他們的地位壓倒一個藝術家，不知盡他的一生還不及完成他的功業。

接著，談話又轉到藝術的最崇高的題材方面去了，侯爵夫人以含有宗教嚴肅性的態度討論著。為她，和為米開朗基羅一樣，一件藝術品無異是信心的表現。

「好的畫，」米開朗基羅說，「迫近神而和神結合……它只是神的完美的抄本，神的畫筆的陰影，神的音樂，神的旋律……因此，一個畫家成為偉大與巧妙的大師還是不夠。我想他的生活應當是純潔的、神聖的，使神明的精神得以統治他的思想……」[238]

這樣，他們在聖西爾韋斯德羅教堂裡，在莊嚴寧靜的會話中消磨日子，有時候，朋友們更愛到花園裡去，如法蘭西斯科所描寫的：「坐在石凳上，旁邊是噴泉，上面是桂樹的蔭蔽，牆上都是碧綠的蔓藤。」在那裡他們憑眺羅馬，全城展開在他們的腳下。[239]

可惜這些美妙的談話並不能繼續長久。佩斯卡拉侯爵夫人所經受的宗教苦悶把這些談話突然止了。一五四一年，她離開羅馬，去幽閉在奧爾維耶托，繼而是維泰爾貝地方的修院中去。

「但她時常離開維泰爾貝回到羅馬來，只是為要訪問米開朗基羅。他為她的神明的心地所感

238.見《羅馬城繪畫錄》第一卷。
239.他們談話的那天，教皇保羅三世的侄子奧克塔韋・法爾內塞娶亞歷山大・特・梅迪契的寡婦為妻。那次有盛大的儀仗——十二駕古式車——在納沃內廣場上經過，全城的民眾都去觀光。米開朗基羅和幾個朋友躲在平和的聖西爾韋斯德羅教堂中。

動了，她使他的精神獲得安慰。他收到她的許多信，都充滿著一種聖潔的溫柔的愛情，完全像這樣一個高貴的心魂所能寫的。」[240]

「依了她的意念，他作了一個裸體的基督像，離開了十字架，如果沒有兩個天使扶掖會倒下地去的樣子。聖母坐在十字架下面哭泣著，張開著手臂，舉向著天。[241]——為了對於維多利亞的愛情，米開朗基羅也畫了一個十字架上的基督像，不是死的，但是活著，面向他的在天之父喊著『Eli！Eli』。肉體並不顯得癱瘓的樣子，它痙攣著在最後的痛苦中掙扎。」

現藏法國羅浮宮與英國不列顛博物館的兩張《復活》，也許亦是受著維多利亞影響的作品。——在羅浮宮的那張，力士式的基督奮激地推開墓穴的石板，他的雙腿還在泥土中，仰著首，舉著臂，他在熱情的激動中迫向著天，這情景令人回想起《奴隸》。回到神座旁邊去！離開這世界，這為他不屑一顧的惶亂的人群！終於，終於，擺脫了這無味的人生！……——不列顛博物館中的那張素描比較更寧靜，基督已經出了墳墓：他的堅實的軀幹在天空翱翔，手臂交叉著，頭往後仰著，眼睛緊閉如在出神，他如日光般上升到光明中去。

這樣地，維多利亞為米開朗基羅在藝術上重新打開信仰的門戶。更進一步，她鼓勵起米開朗

240. 孔迪維記載。——實在說來，這些並不是我們所保留著的維多利亞的信，那些信當然是高貴的，但稍帶冷淡。——應該要想到她的全部通信，我們只保留著五封：一封是從奧爾維耶托發出的，一封是從維泰爾貝發的，三封是從羅馬發的。（一五三九至一五四一年間）

241. 這幅畫是米開朗基羅以後所作的許多《哀悼基督》的第一幅像，也是感應這些作品的像：一五五〇至一五五五年間的翡冷翠的《基督下十字架》，一五六三年的《龍丹尼尼的哀悼基督》，一五五五至一五六〇年間的《帕萊斯特里納的哀悼基督》。

基羅的天才，為對於卡瓦列里的愛情所激醒的。[242]她不獨使米開朗基羅在他對於宗教的暗晦的感覺中獲得不少指示；她尤其給他一個榜樣，在詩歌中唱出宗教的熱情。維多利亞的《靈智的十四行詩》便是他們初期友誼中的作品。她一面寫，一面寄給她的朋友。

他在這些詩中感到一種安慰、一種溫柔、一種新生命。他給她唱和的一首十四行表示他對她的感激：

「幸福的精靈，以熱烈的愛情，把我垂死衰老的心保留著生命，而在你的財富與歡樂之中，在那麼多的高貴的靈魂中，只抬舉我一個，——以前你是那樣地顯現在我眼前，此刻你又這樣地顯現在我心底，為的要安慰我。……因此，受到了你慈悲的思念，你想起在憂患中掙扎的我，我為你寫這幾行來感謝你。如果說我給你的可憐的繪畫已足為你賜予我的美麗與生動的創造的答報，那將是僭越與羞恥了。」[243]

一五四四年夏，維多利亞重新回到羅馬，居住在聖安娜修院中，一直到死。米開朗基羅去看她。她熱情地想念他，她想使他的生活變得舒服些、有趣味些，她暗地裡送他若干小禮物。但這

242. 那時候，米開朗基羅開始想發刊他的詩選。他的朋友盧伊吉・德爾・里喬與多納托・賈諾蒂給他這念頭。至此為止，他一向不把他所寫的東西當作重要。一五四五年起，賈諾蒂為他的詩集付梓，米開朗基羅把他的詩加以選擇，他的朋友們替他重抄。但一五四六年里喬之死與一五四七年維多利亞之死使他又不關切這付印事，他似乎認為這是一種無聊的虛榮。因此，他的詩除了一小部分外，在他生時並沒印行。當代的大作曲家把他的十四行詩譜成音樂。米開朗基羅受著但丁的感應極深。他對於古拉丁詩人亦有深切的認識，但他的情操完全是柏拉圖式的理想主義，這是他的朋友們所公認的。

243. 一五五一年三月七日，米開朗基羅寫給法圖奇的信中有言：「十餘年前，她送給我一本羊皮小冊，其中包含著一百零三首十四行詩，她在維泰爾貝寄給我的四十首還不在內。我把它們一起裝訂成冊……我也保有她的許多信，為她自奧爾維耶托與維泰爾貝兩地寫給我的。」

猜疑的老人，「不願收受任何人的禮物」[244]，甚至他最愛的人們亦不能使他破例，他拒絕了她的饋贈。

她死了，他看著她死了。他說下面的幾句，足以表明他們貞潔的愛情保守拘謹到如何程度：

「我看著她死，而我沒有吻她的額與臉如我吻她的手一樣，言念及此，真是哀痛欲絕！」[245]

「維多利亞之死，」據孔迪維說，「使他癡呆了很久，他彷彿失去了一切知覺。」

「她為我實在是一件極大的財寶，」以後他悲哀地說，「死奪去了我的一個好友。」

他為她的死寫了兩首十四行詩。一首是完全感染柏拉圖式思想的，表示他的狂亂的理想主義，彷如一個給閃電照耀著的黑夜。米開朗基羅把維多利亞比作一個神明的雕塑家的錘子，從物質上斫煉出崇高的思想：

「我的粗笨的錘子，把堅硬的岩石有時斫成一個形象，有時斫成另一個形象，這是由手執握著、指揮著的，錘子從手那裡受到動作，它被一種不相干的力驅使著。但神明的錘子，卻是以它唯一的力量，在天國中創造它自己的美和別的一切的美。沒有一柄別的錘子能夠不用錘子而自行創造的，只有這一柄使其他的一切賦有生氣。因為錘子舉得高，故錘擊的力量愈強。所以，如果神明的錘手能夠助我，他定能引我的作品到達美滿的結果。迄今為止，在地上，只有她一個。」[246]

另一首十四行更溫柔，宣示愛情對於死的勝利：

「當那個曾使我屢屢愁歎的她離棄了世界，離棄了她自己，在我眼中消滅了的時候，『自然』

---

244. 瓦薩里記載。——有一時，他和他最好的一個朋友盧伊吉・德爾・里喬齟齬，因為他送了他禮物之故。米氏寫信給他說：「你的極端的好意，比你偷盜我更使我難堪。朋友之中應該要平等，如果一個給得多些、一個給得少些，那麼兩人便要爭執起來了。」

245. 孔迪維記載。

246. 詩集卷一百零一。

覺得羞恥，而一切見過她的人哭泣！——但死啊，你今日且慢得意，以為你把太陽熄滅了！因為愛情是戰勝了，愛情使她在地下、在天上、在聖者旁邊再生了。可惡的死以為把她德行的回聲掩蔽了，以為把她靈魂的美抑滅了。她的詩文的表示正是相反：它們把她照耀得更光明；死後，她竟征服了天國。」[247]

在這嚴肅而寧靜的友誼中，[248]米開朗基羅完成了他最後的繪畫與雕塑的大作：《最後之審判》，保利內教堂壁畫，與——尤利烏斯二世陵墓。

當米開朗基羅於一五三四年離開翡冷翠住在羅馬的時候，他想，因了克雷芒七世之死擺脫了一切工作，他終於能安安靜靜完成尤利烏斯二世的陵墓了，以後，他良心上的重負卸掉之後，可以安靜地終了他的殘生。但他才到羅馬，又給他的新主人把他牽繫住了。

「保羅三世召喚他，要他供奉他。……米開朗基羅拒絕了，說他不能這樣做；因為他以契約的關係，受著烏爾比諾大公的拘束，除非他把尤利烏斯二世的陵墓完成之後。於是教皇怒道：『三十年以來我懷有這個願望；而我現在成了教皇，反不能滿足我的願望嗎？我將撕掉那契約，無論

247.詩集卷一百。
248.米開朗基羅對於維多利亞・科隆娜的友誼並不是唯一的熱情。這友誼還不能滿足他的心靈。人家不大願意說出這一點，恐怕要把米開朗基羅理想化了。米開朗基羅真是多麼需要被理想化啊！——在一五三五與一五四六年間，正在米開朗基羅與維多利亞友誼密切的時候，他愛了一個「美麗的與殘忍的」女人——他稱之為「我的敵對的太太」——他熱烈地愛她，在她面前變得怯弱了，他幾乎為了她犧牲他的永恆的幸福。他為這場愛情所苦，她玩弄他。她和別的男子賣弄風情，刺激他的嫉妒。他終於恨她了。他祈求命運把她變得醜陋而為了他顛倒，使他不愛她，以致她也為之痛苦。

如何，我要你侍奉我。』」[249]

米開朗基羅又想逃亡了。

「他想隱遁到傑內附近的一所修院中去，那裡的阿萊里亞主教是他的朋友，也是尤利烏斯二世的朋友。他或能在那邊方便地做完他的作品。他亦想起避到烏爾比諾地方，那是一個安靜的居處，亦是尤利烏斯二世的故鄉；他想當地的人或能因懷念尤利烏斯之故而善視他。他已派了一個人去，到那裡買一所房子。」[250]

但，正當決定的時候，意志又沒有了；他顧慮他的行動的後果，他以永遠的幻夢，永遠破滅的幻夢來欺騙自己：他妥協了。他重新被人牽繫著，繼續擔負著繁重的工作，直到終局。

一五三五年九月一日，保羅三世的一道敕令，任命他為聖彼得的建築繪畫雕塑總監。自四月起，米開朗基羅已接受《最後之審判》的工作。[251]自一五三六年四月至一五四一年十一月止，即在維多利亞逗留羅馬的時期內，他完全經營著這件事業。即在這件工作的過程中，在一五三九年，老人從台架上墮下，腿部受了重傷，「又是痛楚又是憤怒，他不願給任何醫生診治」。[252]他瞧不起醫生，當他知道他的家族冒昧為他延醫的時候，他在信札中表示一種可笑的惶慮。

「幸而他墮下之後，他的朋友、翡冷翠的巴喬・隆蒂尼是一個極有頭腦的醫生，又是對於米開朗基羅十分忠誠的，他哀憐他，有一天去叩他的屋門，沒有人接應，他上樓，挨著房間去尋，

249. 瓦薩里記載。
250. 孔迪維記載。
251. 這幅巨大的壁畫把西斯廷教堂入口處的牆壁全部掩蔽了，在一五三三年時克雷芒七世已有這個思念。
252. 瓦薩里記載。

一直到了米開朗基羅睡著的那間。米氏看見他來，大為失望。但巴喬再也不願走了，直到把他醫癒之後才離開他。」[253]

像從前尤利烏斯二世一樣，保羅三世來看他作畫，參加意見。他的司禮長切塞納伴隨著他，教皇徵詢他對於作品的意見。據瓦薩里說，這是一個非常迂執的人，宣稱在這樣莊嚴的一個場所，表現那麼多的猥褻的裸體是大不敬；這是，他說，配裝飾浴室或旅店的繪畫。米開朗基羅憤慨之餘，待切塞納走後，憑了記憶把他的肖像畫在圖中；他把他放在地獄中，畫成判官米諾斯的形象，在惡魔群中給毒蛇纏住了腿。切塞納到教皇前面去訴說。保羅三世和他開玩笑地說：「如果米開朗基羅把你放在監獄中，我還可設法救你出來；但他把你放在地獄裡，那是我無能為力了，在地獄裡是毫無挽救的了。」

可是對於米開朗基羅的繪畫認為猥褻的不止切塞納一人。義大利正在提倡貞潔運動，且那時距韋羅內塞因為作了Cène chez Simon（《西門家的盛宴》）一畫而被人向異教法庭控告的時節也不遠了。[254]不少人士大聲疾呼說是有妨風化。叫囂最厲害的要算是拉萊廷了。這個淫書作家想給貞潔的米開朗基羅以一頓整飭端方的教訓。[255]他寫給他一封無恥的信。他責備他「表現使一個娼家也要害羞

253.瓦薩里記載。

254.一五七三年六月間事。——韋羅內塞老老實實把《最後之審判》作為先例，辯護道：「我承認這是不好的；但我仍堅執我已經說過的話，為我，依照我的大師們給我的榜樣是一件應盡的責任。」——「那麼你的大師們做過什麼？也許是同樣的東西吧？」——「米開朗基羅在羅馬，教皇御用的教堂內，把吾主基督、他的母親、聖約翰、聖彼得和天庭中的神明及一切人物都以裸體表現，看那聖母瑪麗亞，不是在任何宗教所沒有令人感應到的姿勢中嗎？……」

255.這是一種報復的行為。拉萊廷曾屢次向他要索藝術品，甚至他覥顏為米開朗基羅設計一張《最後之審判》的圖稿。米開朗基羅客客氣氣拒絕了這獻計，而對於他索要禮物的請求裝作不聞。因此，拉萊廷要顯一些本領給米開朗基羅看，讓他知道瞧不起他的代價。

的東西」，他又向異教法庭控告他大不敬的罪名。「因為，」他說，「破壞別人的信心較之自己的不信仰犯罪尤重。」他請求教皇毀滅這幅壁畫。他在控訴狀中說他是路德派的異教徒，末了更說他偷盜尤利烏斯二世的錢。[256]

這封信[257]把米開朗基羅靈魂中最深刻的部分——他的虔敬、他的友誼、他的愛惜榮譽的情操——都污辱了，對於這一封信，米開朗基羅讀的時候不禁報以輕蔑的微笑，可也不禁憤懣地痛哭，他置之不答。無疑地，他彷彿如想起某些敵人般地想：「不值得去打擊他們，因為對於他們的勝利是無足重輕的。」

——而當拉萊廷與切塞納兩人對於《最後之審判》的見解漸漸占得地位時，他也毫不設法答覆，也不設法阻止他們。他什麼也不說，當他的作品被視為「路德派的穢物」的時候。[258]他什麼也不說，當保羅四世要把他的壁畫除下的時候。[259]他什麼也不說，當達涅爾・特・沃爾泰雷受了教皇之命來把他的英雄們穿上褲子的時候。[260]——人家詢問他的意見。他怒氣全無地回答，譏諷與憐憫的情緒交混著：「告訴教皇，說這是一件小事情，容易整頓的。只要聖下也願意把世界整頓一下：整頓一幅畫是不必費多大心力的。」——他知道他是在怎樣一種熱烈的信仰中完成這件作品的，在和維多利亞・科隆娜的宗教談話的感應，在這顆潔白無瑕的靈魂的掩護下。要去向那些污濁的猜度與下

256. 信中並侵及無辜的蓋拉爾多・佩里尼與托馬索・卡瓦列里等（米氏好友，見前）。
257. 這封無恥的信，末了又加上一句含著恐嚇的話，意思還是要脅他送他禮物。
258. 一五四九年有一個翡冷翠人這麼說。
259. 一五九六年，克雷芒八世要把《最後之審判》塗掉。
260. 一五五九年事。——達涅爾・特・沃爾泰雷把他的修改工作稱作「穿褲子」。他是米開朗基羅的一個朋友。另一個朋友，雕塑家阿馬納蒂，批斥這些裸體表現為猥褻。因此，在這件事情上，米氏的信徒們也沒有擁護他。

流的心靈辯白他在裸體人物上所寄託的英雄思想，他會感到恥辱。

當西斯廷的壁畫完成時，米開朗基羅以為他終於能夠完成尤利烏斯二世的紀念物了。[261]但不知足的教皇還逼著七十歲的老人作保利內教堂的壁畫。[262]他還能動手做預定的尤利烏斯二世墓上的幾個雕像已是僥倖的事了。他和尤利烏斯二世的繼承人，簽訂第五張亦是最後一張的契約。根據了這張契約，他交付出已經完工的雕像，[263]出資雇用兩個雕塑家了結陵墓：這樣，他永遠卸掉了他的一切責任了。

他的苦難還沒有完呢，尤利烏斯二世的後人不斷地向他要求償還他們以前他收受的錢。教皇令人告訴他不要去想這些事情，專心幹保利內教堂的壁畫。他答道：

「但是我們是用腦子不是用手作畫的啊！不想到自身的人是不知榮辱的；所以只要我心上有何事故，我便做不出好東西……我一生被這陵墓聯繫著；我為了要在利奧十世與克雷芒七世之前爭得了結此事以致把我的青春葬送了；我的太認真的良心把我毀滅無餘。我的命運要我如此！我看到不少的人每年進款達二三千金幣之巨；而我，受盡了艱苦，終於是窮困。人家還當我是竊賊！……在人前——我不說在神前——我自以為是一個誠實之士；我從未欺騙過他人……我不是一個竊賊，我是一個翡冷翠的紳士，出身高貴……當我必得要在那些混蛋前面自衛時，我變

261.《最後之審判》的開幕禮於一五四一年十二月二十五日舉行。義大利、法國、德國、佛蘭德各處都有人來參加。

262.這些壁畫包括《聖保羅談話》、《聖彼得上十字架》等。米氏開始於一五四二年，在一五四四年與一五四六年上因兩場病症中止了若干時，到一五四九至一五五〇年間才勉強完成。瓦薩里說：「這是他一生所作的最後的繪畫，而且費了極大的精力；因為繪畫，尤其是壁畫，對於老人是不相宜的。」

263.最初是《摩西》與兩座《奴隸》；但後來米開朗基羅認為《奴隸》不再適合於這個減縮的建築，故又塑了《行動生活》與《冥想生活》以代替。

成瘋子了！……」[264]

為應付他的敵人起見，他把《行動生活》與《冥想生活》二像親手完工了。雖然契約上並不要他這麼做。

一五四五年正月，尤利烏斯二世的陵墓終於在溫科利的聖彼得寺落成了。原定的美妙的計畫在此存留了什麼？——《摩西》原定只是一座陪襯的像，在此卻成為中心的雕像。一個偉大計畫的速寫！

至少，這是完了。米開朗基羅從他一生的噩夢中解放了出來。

二　信心

維多利亞死後，他想回到翡冷翠，把「他的疲勞的筋骨睡在他的老父旁邊」。[265]當他一生侍奉了幾代的教皇之後，他要把他的殘年奉獻給神。也許他是受著女友的鼓勵，要完成他最後的意願。一五四七年一月一日，維多利亞·科隆娜逝世前一月，他奉到保羅三世的敕令，被任為聖彼得大寺的建築師兼總監。他接受這委任並非毫無困難，且亦不是教皇的堅持才使他決心承允在七十餘歲的高年去負擔他一生從未負擔過的重任。他認為這是神的使命，是他應盡的義務：

「許多人以為——而我亦相信——我是由神安放在這職位上的，」他寫道，「不論我是如何衰

264. 米氏一五四二年十月書（收信人不明）。
265. 一五五二年九月十九日米開朗基羅致瓦薩里書。

老，我不願放棄它；因為我是為了愛戴神而服務，我把一切希望都寄託在他身上。」[266]

對於這件神聖的事業，任何薪給他不願收受。

在這樁事情上，他又遇到了不少敵人：第一是桑迦羅一派[267]，如瓦薩里所說的，此外還有一切辦事員、供奉人、工程承造人，被他揭發出許多營私舞弊的劣跡，而桑迦羅對於這些卻假作癡聾不加聞問。「米開朗基羅，」瓦薩里說，「把聖彼得從賊與強盜的手中解放了出來。」

反對他的人都聯絡起來。首領是無恥的建築師南尼•迪•巴喬•比焦，為瓦薩里認為盜竊米開朗基羅而此刻又想排擠他的。人們散佈謊言，說米開朗基羅對於建築是全然不懂的，只是浪費金錢，弄壞前人的作品。聖彼得大寺的行政委員會也加入攻擊建築師，於一五五一年發起組織一個莊嚴的查辦委員會，即由教皇主席；監察人員與工人都來控告米開朗基羅，薩爾維亞蒂與切爾維尼[268]兩個主教又袒護著那些控訴者。米開朗基羅簡直不願申辯，他拒絕和他們辯論。——他和切爾維尼主教說：「我並沒有把我所要做的計畫通知你，或其他任何人的義務。你的事情是監察經費的支出。其他的事情與你無干。」[269]——他的不改性的驕傲從來不答應把他的計畫告訴任何人。他回答那些怨望的工人道：「你們的事情是泥水工、斫工、木工，做你們的事，執行我的命令。至於要知道

266. 一五五七年七月七日米氏致他的侄兒利奧那多書。

267. 這是安東尼奧・達・桑迦羅，一五三七年至一五四六年他死時為止，一直是聖彼得的總建築師。他一向是米開朗基羅的敵人，因為米氏對他不留餘地。為了教皇宮區內的城堡問題，他們兩人曾處於極反對的地位，終於米氏把桑迦羅的計畫取消了。後來在建造法爾內塞宮邸時，桑迦羅已造到二層樓，一五四九年米氏在補成時又把他原來的圖樣完全改過。

268. 切爾維尼主教即未來的教皇瑪律賽魯斯二世。

269. 據瓦薩里記載。

我思想些什麼，你們永不會知道，因為這是有損我的尊嚴的。」[270]

他這種辦法自然引起許多仇恨，而他如果沒有教皇們的維護，他將一刻也抵擋不住那些怨毒的攻擊。[271]因此，當尤利烏斯三世崩後，切爾維尼主教登極承繼皇位的時候，他差不多要離開羅馬了。[272]但新任教皇瑪律賽魯斯二世登位不久即崩，保羅四世承繼了他。最高的保護重新確定之後，米開朗基羅繼續奮鬥下去。他以為如果放棄了作品，他的名譽會破產，他的靈魂會墮落。他說：

「我是不由自主地被任做這件事情的。八年以來，在煩惱與疲勞中間，我徒然掙扎。此刻，建築工程已有相當的進展，可以開始造穹隆的時候，若我離開羅馬，定將使作品功虧一簣：這將是我的大恥辱，亦將是我靈魂的大罪孽。」[273]

他的敵人們絲毫不退讓；而這種鬥爭，有時竟是悲劇的。一五六三年，在聖彼得工程中，對於米開朗基羅最忠誠的一個助手，加埃塔被抓去下獄，誣告他竊盜；他的工程總管切薩雷又被人刺死了。米開朗基羅為報復起見，便任命加埃塔代替了切薩雷的職位。行政委員會把加埃塔趕

---

270. 據博塔里記載。

271. 一五五一年調查委員會末次會議中，米開朗基羅轉向著委員會主席尤利烏斯三世說：「聖父，你看，我掙得了什麼！如果我所受的煩惱無裨我的靈魂，我便白費了我的時間與痛苦。」——愛他的教皇，舉手放在他的肩上，說道：「靈魂與肉體你都掙得了。不要害怕！」（據瓦薩里記載）

272. 教皇保羅三世死於一五四九年十一月十日，和他一樣愛米開朗基羅的尤利烏斯三世在位的時間是一五五〇年二月八日至一五五五年三月二十三日。一五五五年五月九日，切爾維尼大主教被選為教皇，名號為瑪律賽魯斯二世。他登極只有幾天，一五五五年五月二十三日保羅四世承繼了他的皇位。

273. 一五五五年五月十一日米氏致他的侄兒利奧那多書。一五六〇年，受著他的朋友們的批評，他要求「人們答應卸掉他十七年來以教皇之命而且義務地擔任的重負」。——但他的辭職未被允准，教皇保羅四世下令重新授予他一切權宜。——那時他才決心答應卡瓦列里的要求，把穹隆的木型開始動工。至此為止，他一直把全部計畫隱瞞著，不令任何人知道。

走，任命了米開朗基羅的敵人南尼・迪・巴喬・比焦。米開朗基羅大怒，不到聖彼得視事了。於是人家散放流言，說他辭職了；而委員會迅又委任南尼去代替他，南尼亦居然立刻做起主人來。他想以種種方法使這八十八歲的病危的老人灰心。可是他不識得他的敵人。米開朗基羅立刻去見教皇，他威嚇說如果不替他主張公道他將離開羅馬。他堅持要做一個新的偵查，證明南尼的無能與謊言，把他驅逐。[274]這是一五六三年九月，他逝世前四個月的事情。——這樣，直到他一生的最後階段，他還須和嫉妒與怨恨爭鬥。

可是我們不必為他抱憾。他知道自衛。即在臨死的時光，他還能夠，如他往昔和他的兄弟所說的，獨個子「把這些獸類裂成齏粉」。

在聖彼得那件大作之外，還有別的建築工程佔據了他的暮年，如京都大寺[275]、聖瑪利亞・德利・安吉利教堂[276]、翡冷翠的聖洛倫佐教堂[277]、皮亞門，尤其是翡冷翠人的聖喬凡尼教堂，如其他作品一樣是流產的。

翡冷翠人曾請求他在羅馬建造一座本邦的教堂，即是科斯梅大公自己亦為此事寫了一封很恭維的信給他；而米開朗基羅受著愛鄉情操的激勵，也以青年般的熱情去從事這件工作。[278]他和他的同鄉們說：「如果他們把他的圖樣實現，那麼即是羅馬人、希臘人也將黯然無色了。」——據瓦薩

274. 米開朗基羅逝死後翌日，南尼馬上去請求科斯梅大公，要他任命他繼任米氏的職位。
275. 米開朗基羅沒有看見屋前盤梯的完成。京都大寺的建築在十七世紀時才完工。
276. 關於米開朗基羅的教堂，今日毫無遺跡可尋。它們在十八世紀都重建過了。
277. 人們把教堂用白石建造，而並非如米開朗基羅原定的用木材建造。
278. 一五五九至一五六〇年間。

里說，這是他以前沒有說過以後亦從未說過的言語，因為他是極謙虛的。翡冷翠人接受了圖樣，絲毫不加改動。米開朗基羅的一個友人，蒂貝廖・卡爾卡尼在他的指導之下，做了一個教堂的木型：——「這是一件稀世之珍的藝術品，人們從未見過同樣的教堂，無論在美、在富麗、在多變方面。人們開始建築，花了五千金幣。以後，錢沒有了，便那麼中止了，米開朗基羅感著極度強烈的悲痛。」[279]教堂永遠沒有造成，即是那木型也遺失了。

這是米開朗基羅在藝術方面的最後的失望。他垂死之時怎麼能有這種幻想，說剛剛開始的聖彼得寺會有一天實現，而他的作品中居然會有一件永垂千古？他自己，如果是可能的話，他就要把它們毀滅。他的最後一件雕塑，翡冷翠大寺的《基督下十字架》，表示他對於藝術已到了那麼無關心的地步。他之所以繼續雕塑，已不是為了藝術的信心，而是為了基督的信心，而是因為「他的力與精神不能不創造」。[280]但當他完成了他的作品時，他把它毀壞了。[281]「他將完全把它毀壞，假若他的僕人安東尼奧不請求賜給他的話。」[282]

這是米開朗基羅在垂死之年對於藝術的淡漠的表示。

自維多利亞死後，再沒有任何壯闊的熱情燭照他的生命了。愛情已經遠去：

279. 瓦薩里記載。

280. 一五五三年，他開始這件作品，他的一切作品中最動人的。因為它是最親切的：人們感到他在其中只談到他自己，他痛苦著，把自己整個地沉入痛苦之中。此外，似乎那個扶持基督的老人，臉容痛苦的老人，即是他自己的肖像。

281. 一五五五年事。

282. 蒂貝廖・卡爾卡尼從安東尼奧那裡轉買了去，又請求米開朗基羅把它加以修補。米開朗基羅答應了，但他沒有修好便死了。

「愛的火焰沒有遺留在我的心頭，最重的病（衰老）永遠壓倒最輕微的：我把靈魂的翅翼折斷了。」[283]

他喪失了他的兄弟和他的最好的朋友。盧伊吉・德爾・里喬死於一五四六年，皮翁博死於一五四七年，他的兄弟喬凡・西莫內死於一五四八年。他和他的最小的兄弟西吉斯蒙多一向沒有什麼來往，亦於一五五五年死了。他把他的家庭之愛和暴烈的情緒一齊發洩在他的侄子——孤兒——們身上，他的最愛的兄弟博納羅托的孩子們身上。他們是一男一女，男的即利奧那多，女的叫切卡。米開朗基羅把切卡送入修道院，供給她衣食及一切費用，他亦去看她；而當她出嫁時，[284]他給了她一部分財產作為奩資。[285]他親自關切利奧那多的教育，他的父親逝世時他只有九歲，冗長的通信，令人想起貝多芬與其侄兒的通信，表示他如何嚴肅地盡了他父輩的責任。[286]這也並非沒有時時發生的暴怒。利奧那多常常試煉他伯父的耐性，而這耐性是極易消耗的。青年的惡劣的字跡已足使米開朗基羅暴跳。他認為這是對他的失敬：

「收到你的信時，從沒有在開讀之前不使我憤怒的。我不知你在哪裡學得的書法！毫無恭敬的情操！……我相信你如果要寫信給世界上最大的一頭驢子，你必將寫得更小心些……我把你最近的來信丟在火裡了，因為我無法閱讀，所以我亦不能答覆你。我已和你說過而且再和你說一遍，每次我收到你的信在沒有能夠誦讀它之前，我總是要發怒的。將來你永遠不要寫信給我了。」

283. 詩集卷八十一（約於一五五〇年左右）。他暮年時代的幾首詩，似乎表現火焰並不如他自己所信般的完全熄滅，而他自稱的「燃過的老木」有時仍有火焰顯現。
284. 她於一五三八年嫁給米凱萊・迪・尼科洛・圭恰爾迪尼。
285. 是他在波左拉蒂科地方的產業。
286. 這通信始於一五四〇年。

如果你有什麼事情告訴我，你去找一個會寫字的人代你寫吧；因為我的腦力需要去思慮別的事情，不能耗費精力來猜詳你的塗鴉般的字跡。」[287]

天性是猜疑的，又加和兄弟們的糾葛使他更為多心，故他對於他的侄兒的阿諛與卑恭的情感並無什麼幻想：他覺得這種情感完全是小孩子的乖巧，因為他知道將來是他的遺產繼承人。米開朗基羅老實和他說了出來。有一次，米開朗基羅病危，將要死去的時候，他知道利奧那多到了羅馬，做了幾件不當做的事情。他怒極了，寫信給他：

「利奧那多！我病時，你跑到弗朗切斯科先生那裡去探聽我留下些什麼。你在翡冷翠所花的我的錢還不夠嗎？你不能向你的家族說謊，你也不能不肖似你的父親——他把我從翡冷翠家裡趕走！須知我已做好了一個遺囑，那遺囑上已沒有你的名分。去吧，和神一起去吧，不要再到我前面來，永遠不要再寫信給我！」[288]

這些憤怒並不使利奧那多有何感觸，因為在發怒的信後往常是繼以溫言善語的信和禮物。[289] 一年之後，他重新趕到羅馬，被贈予三千金幣的諾言吸引著。米開朗基羅為他這種急促的情態激怒了，寫信給他道：

「你那麼急匆匆地到羅馬來。我不知道，如果當我在憂患中，沒有麵包的時候，你會不會同

287. 見一五三六至一五四八年間的書信。
288. 一五四四年七月十一日信。
289. 一五四九年，米開朗基羅在病中第一個通知他的侄兒，說已把他寫入遺囑。——遺囑大體是這樣寫的：「我把我所有的一切，遺留給西吉斯蒙多和你；要使我的弟弟西吉斯蒙多和你，我的侄兒，享有均等的權利，兩個人中任何一個如不得另一個的同意，不得處分我的財產。」

樣迅速地趕到。……你說你來是為愛我，是你的責任。——是啊，這是蛀蟲之愛！[290]如果你真的愛我，你將寫信給我說：『米開朗基羅，留著三千金幣，你自己用吧。因為你已給了那麼多錢，很夠了。你的生命對於我們比財產更寶貴……』——但四十年來，你們靠著我活命，而我從沒有獲得你們一句好話……」[291]

利奧那多的婚姻又是一件嚴重的問題。它佔據了叔侄倆六年的時間。[292]利奧那多，溫良地，只覬著遺產；他接受一切勸告，讓他的叔父挑選、討論、拒絕一切可能的機會：他似乎毫不在意。反之，米開朗基羅卻十分關切，彷彿是他自己要結婚一樣。他把婚姻看作一件嚴重的事情，愛情倒是不關重要的條件，財產也不在計算之中：所認為重要的，是健康與清白。他發表他的嚴格的意見，毫無詩意的、極端的、肯定的：

「這是一件大事情：你要牢記在男人與女人中間必須有十歲的差別；注意你將選擇的女子不獨要溫良，而且要健康……人家和我談起好幾個：有的我覺得合意，有的不。假若你考慮之後，在這幾個中合意哪個，你當來信通知我，我再表示我的意見……你盡有選擇這一個或那一個的自由，只要她是出身高貴、家教很好，而且與其有奩產，寧可沒有為妙，——這是為使你們可以安靜地生活……[293]一位翡冷翠人告訴我，說有人和你提起吉諾裡家的女郎，你亦合意。我卻不願你娶一

290.原文是L'amore del tarlo！指他的侄兒只是覬覦遺產而愛他。

291.一五四六年二月六日書。他又附加著：「不錯，去年，因為我屢次責備你，你寄了一小桶特雷比亞諾酒給我。啊！這已使你破費得夠了！」

292.自一五四七年至一五五三年。

293.另外他又寫道：「你不必追求金錢，只要好的德行與好的聲名……你需要一個和你留在一起的妻子，為你可以支使的、不討厭的，不是每天去出席宴會的女人，因為在那裡人們可以誘惑她，使她墮落。」（一五四九年二月一日書）

個女子，因為假如有錢能備奩資，她的父親不會把她嫁給你的。我願選那種為了中意你的人（而非中意你的資產）而把女兒嫁給你的人……你所得唯一地考慮的只是肉體與精神的健康、血統與習氣的品質，此外，還須知道她的父母是何種人物，因為這極關重要。……去找一個在必要時不怕洗滌碗盞、管理家務的妻子。……至於美貌，既然你並非翡冷翠最美的男子，那麼你可不必著急，只要她不是殘廢的或醜得不堪的就好。……」[294]

搜尋了好久之後，似乎終於覓得了稀世之珍。但，到了最後一刻，又發現了足以借為解約理由的缺點：

「我得悉她是近視眼，我認為這不是什麼小毛病。因此我還什麼也沒有應允。既然你也毫未應允，那麼我勸你還是作為罷論，如果你所得的消息是確切的話。」[295]

利奧那多灰心了。他反而覺得他的叔叔堅持要他結婚為可怪了。

「這是真的，」米開朗基羅答道，「我願你結婚，我們的一家不應當就此中斷。我很知道即使我們的一族斷絕了，世界也不會受何影響，但每種動物都要綿延種族。因此我願你成家。」[296]

終於米開朗基羅自己也厭倦了。他開始覺得老是由他去關切利奧那多的婚姻，而他本人反似淡漠是可笑的事情。他宣稱他不復顧問了：

「六十年來，我關切著你們的事情；現在，我老了，我應得想著我自己的了。」

這時候，他得悉他的侄兒和卡珊多拉・麗多爾菲訂婚了。他很高興，他祝賀他，答應送給他

294\. 一五四七年至一五五二年間書信。
295\. 一五五一年十二月十九日書。
296\. 可是他又說：「但如果你自己覺得不十分健康，那麼還是克制自己，不要在世界上多造出其他的不幸者為妙。」

一千五百金幣。利奧那多結婚了。[297]米開朗基羅寫信去道賀新夫婦，許贈一條珠項鍊給卡珊多拉。可是歡樂也不能阻止他不通知他的侄兒，說「雖然他不大明白這些事情，但他覺得利奧那多似乎應在伴他的女人到他家裡去之前，把金錢問題準確地弄好了：因為在這些問題中時常潛伏著決裂的種子」。信末，他又附上這段不利的勸告：

「啊！……現在，努力生活吧，仔細想一想，因為寡婦的數目永遠超過鰥夫的數目。」[298]

兩個月之後，他寄給卡珊多拉的，不復是許諾的珠項鍊，而是兩隻戒指——一只是鑲有金剛鑽的，一只是鑲有紅寶玉的。卡珊多拉深深地謝了他，同時寄給他八件內衣。米開朗基羅寫信去說：

「它們真好，尤其是布料我非常愜意。但你們為此耗費金錢，使我很不快，因為我什麼也不缺少。為我深深致謝卡珊多拉，告訴她說我可以寄給她我在這裡可以找到的一切東西，不論是羅馬的出品或其他。這一次，我只寄了一件小東西；下一次，我寄一些更好的，使她高興的物件吧。」[299]

不久，孩子誕生了。第一個名字題作博納羅托，[300]這是依著米氏的意思；第二個名字題作米開朗基羅，[301]但這個生下不久便夭亡了。而那個老叔，於一五五六年邀請年輕夫婦到羅馬去，他一直參與著家庭中的歡樂與憂苦，但從不答應他的家族去顧問他的事情，也不許他們關切他的健康。

297. 一五五三年五月十六日。
298. 一五五三年五月二十日書。
299. 一五五三年八月五日書。
300. 生於一五五四年。
301. 生於一五五五年。

在他和家庭的關係之外，米開朗基羅亦不少著名的、高貴的朋友。[302]雖然他性情很粗野，但要把他認作一個如貝多芬般的粗獷的鄉人卻是完全錯誤的。他是義大利的一個貴族，學問淵博，閱世家。從他青年時在聖馬可花園中和洛倫佐・梅迪契等廝混在一起的時節起，他和義大利可以算作最高貴的諸侯、親王、主教[303]、文人[304]、藝術家[305]都有交往。他和詩人弗朗切斯科・貝爾尼在思想上

302. 我們應當把他的一生分作幾個時期。在這長久的一生中，我們看到他孤獨與荒漠的時期，但也有若干充滿著友誼的時期。一五一五年左右，在羅馬，有一群翡冷翠人，自由的、生氣蓬勃的人：多梅尼科・博寧塞尼、利奧那多・塞拉約、喬凡尼・斯佩蒂亞雷、巴爾托洛梅奧・韋拉札諾、喬凡尼・傑萊西、卡尼賈尼等。——這是他第一期的朋友。以後，在克雷芒七世治下，弗朗切斯科・貝爾尼與皮翁博一群有思想的人物。皮翁博是一個忠誠的但亦是危險的朋友，是他把一切關於米開朗基羅的流言報告給他聽，亦是他羅織成他對於拉斐爾派的仇恨。——更後，在維多利亞・科隆娜的時代，尤其是盧伊吉・德爾・里喬的一班人，他是翡冷翠的一個商人，在銀錢的事情上時常做他的顧問，是他最親密的一個朋友。在他那裡，米氏遇見多納托・賈諾蒂、音樂家阿爾卡德爾特與美麗的切基諾。他們都一樣愛好吟詠，愛好音樂，愛嘗異味。也是為了里喬因切基諾死後的悲傷，米氏寫了四十八首悼詩；而里喬收到每一首悼詩時，寄給米氏許多鯰魚、香菌、甜瓜、雉鳩……——在他死後（一五四六年），米開朗基羅差不多沒有朋友，只有信徒了：瓦薩里、孔迪維、達涅爾・特・沃爾泰雷、布隆齊諾、萊奧內・萊奧尼、貝韋努托・切利尼等。他感應他們一種熱烈的求知欲，他表示對他們的動人的情感。

305.304.303. 由於他在教皇宮內的職位和他的宗教思想的偉大，米氏和教會中的高級人物有特別的交誼。他亦認識當時有名的史家兼愛國主義者馬基雅弗利。

在藝術界中，他的朋友當然是最少了。但他暮年卻有不少信徒崇奉他，環繞著他。對於大半的藝術家他都沒有好感。他和達・文西、佩魯吉諾、弗朗奇亞、西尼奧雷利、拉斐爾、布拉曼特、桑迦羅們皆有深切的怨恨。一五一七年六月三十日雅各・桑索維諾寫信給他說：「你從沒有說過任何人的好話。」但一五二四年時，米氏卻為他盡了很大的力。他也為別人幫了不少忙。但他的天才太熱烈了，他不能在他的理想之外，更愛別一個理想；而且他亦太真誠了，他不能對於他全然不愛的東西假裝愛。但當一五四五年提香來羅馬訪問時，他卻十分客氣。——然而，雖然那時的藝術界非常令人豔羨，他寧願和文人與實際行動者交往。

齊名，[306]他和瓦爾基通信，和盧伊吉・德爾・里喬與多納托・賈諾蒂們唱和。人們搜羅他關於藝術的談話和深刻的見解，還有沒有人能和他相比的關於但丁的認識。

一個羅馬貴婦[307]於文字中說，在他願意的時候，他是「一個溫文爾雅、婉轉動人的君子，在歐洲罕見的人品」。在賈諾蒂與法蘭西斯科・特・奧蘭達的筆記中，可以看出他周到的禮貌與交際的習慣。在他若干致親王們的信中，[308]更可證明他很易做成一個純粹的宮臣。

社會從未逃避他，卻是他常常躲避社會，要度一種勝利的生活完全在他自己。他之於義大利，無異是整個民族天才的化身。在他生涯的終局，已是文藝復興期遺下的最後的巨星，他是文藝復興的代表，整個世紀的光榮都是屬於他的。

不獨是藝術家們認他是一個超自然的人。[309]即是王公大臣亦在他的威望之前低首。法蘭西斯一世與卡特琳納・特・梅迪契向他致敬。[310]科斯梅・特・梅迪契要任命他為貴族院議員；[311]而當他到羅馬的時候，又以貴族的禮款待他，請他坐在他旁邊，和他親密地談話。[312]科斯梅的兒子，弗朗切斯

306. 他們兩人唱和甚多，充滿著友誼與戲謔的詩，貝爾尼極稱頌米開朗基羅，稱之為「柏拉圖第二」。他和別的詩人們說：「靜著吧，你們這班和諧的工具！你們說的是文辭，唯有他是言之有物。」
307. 多娜・阿真蒂娜・馬拉斯皮娜，一五一六年間事。
308. 尤其是一五四六年四月二十六日他給法蘭西斯一世的那封信。
309. 孔迪維在他的《米開朗基羅傳》中，開始便說：「自從神賜我恩寵，不獨認我配拜見米開朗基羅，唯一的雕塑家與畫家，——這是我所不敢大膽希冀的，——而且許我恭聆他的談吐，領受他的真情與信心的時候起，為表示我對於這件恩德的感激起見，我試著把他生命中值得讚頌的材料收集起來，使別人對於這樣一個偉大的人物有所景仰，作為榜樣。
310. 一五四六年，法蘭西斯一世寫信給他；一五五九年，卡特琳納・特・梅迪契寫信給他。她信中說「和全世界的人一起知道他在這個世紀中比任何人都卓越」，所以要請他雕一個亨利二世騎在馬上的像，或至少作一幅素描。
311. 一五五二年間事，米開朗基羅置之不答，使科斯梅大公大為不悅。
312. 一五六〇年十一月間事。

科・特・梅迪契，帽子握在手中，「向這一個曠世的偉人表示無限的敬意」。[313]人家對於「他崇高的道德」和對他的天才一般尊敬。[314]他的老年所受的光榮和歌德與雨果相仿。但他是另一種人物。他既沒有歌德般成為婦孺皆知的渴望，亦沒有雨果般對於已成法統的尊重。他蔑視光榮，蔑視社會；他的侍奉教皇，只是「被迫的」。而且他還公然說即是教皇，在談話時，有時也使他厭惡，「雖然我們命令他，他不高興時也不大會去」[315]。

「當一個人這樣地由天性與教育變得憎恨禮儀、蔑視矯偽時，更無適合他的生活方式了。如果他不向你要求任何事物，不追求你的集團，為何要去追求他的呢？為何要把這些無聊的事情去和他的遠離世界的性格糾纏不清呢？不想滿足自己的天才而只求取悅於俗物的人，絕不是一個高卓之士。」[316]

因此他和社會只有必不可免的交接，或是靈智的關係。他不使人家參透他的親切生活，那些教皇、權貴、文人、藝術家，在他的生活中佔據極小的地位。但和他們之中的一小部分卻具有真實的好感，只是他的友誼難得持久。他愛他的朋友，對他們很寬宏；但他的強項、他的傲慢、他的猜忌，時常把他最忠誠的朋友變作最凶狠的仇敵。他有一天寫了這一封美麗而悲痛的信：

「可憐的負心人在天性上是這樣的：如果你在他患難中救助他，他說你給予他的他早已先行給予你了。假若你給他工作表示你對他的關心，他說你不得不委託他做這件工作，因為你自己不

313. 一五六一年十月。
314. 瓦薩里記載。
315. 見法蘭西斯科・特・奧蘭達著《繪畫語錄》。
316. 見法蘭西斯科・特・奧蘭達著《繪畫語錄》。

會做。他所受到的恩德，他說是施恩的人不得不如此。而如果他所受到的恩惠是那麼明顯為他無法否認時，他將一直等到那個施恩者做了一件顯然的錯事；那時，負心人找到了藉口可以說他壞話，而且把他一切感恩的義務卸掉了。——人家對我老是如此；可是沒有一個藝術家來要求我而我不給他若干好處的，並且出於我的真心。以後，他們把我古怪的脾氣或是癲狂作為藉口，說我是瘋了，是錯了；於是他們誣衊我，譭謗我。——這是一切善人所得的酬報。」[317]

在他自己家裡，他有相當忠誠的助手，但大半是庸碌的。人家猜疑他故意選擇庸碌的，為只要他們成為柔順的工具，而不是合作的藝術家，——這也是合理的。但據孔迪維說：「許多人說他不願教練他的助手們，這是不確的：相反，他正極願教導他們。不幸他的助手不是低能的便是無恒的，後者在經過了幾個月的訓練之後，往往夜郎自大，以為是大師了。」

無疑地，他所要求於助手們的第一種品性是絕對的服從。對於一班桀驁不馴的人，他是毫不顧惜的；對於那些謙恭忠實的信徒，他卻表示十二分的寬容與大量。懶惰的烏爾巴諾，「不願工作的」，[318]而且他的不願工作正有充分的理由；因為，當他工作的時候，往往是笨拙得把作品弄壞，以至無可挽救的地步，如米涅瓦寺的《基督》。在一場疾病中，曾受米開朗基羅的仁慈的照拂看護，他稱米開朗基羅為「親愛的如最好的父親」。[319]皮耶羅・迪・賈諾托被「他如愛兒子一般地愛」。西爾

317. 一五二四年正月二十六日致皮耶羅・貢蒂書。

318. 瓦薩里描寫米開朗基羅的助手：「皮耶特羅・烏爾巴諾・特・皮斯托耶是聰明的，但從不肯用功。安東尼奧・米尼很努力，但不聰明。阿斯卡尼奧・德拉・里帕・特蘭索尼也肯用功，但他從無成就。」

319. 米開朗基羅對他最輕微的痛楚也要擔心。有一次他看見他手指割破了，他監視他要他去做宗教的懺悔。

維奧·迪·喬凡尼·切帕雷洛從他那裡出去轉到安德列·多里亞那裡去服務時，悲哀地要求他重新收留他。

安東尼奧·米尼的動人的歷史，可算是米開朗基羅對待助手們寬容大度的一個例子。據瓦薩里說，米尼在他的學徒中是有堅強的意志但不大聰明的一個。他愛著翡冷翠一個窮寡婦的女兒。米開朗基羅依了他的家長之意要他離開翡冷翠。安東尼奧願到法國去。[320]米開朗基羅送了他大批的作品：「一切素描，一切稿圖，《鵝狎戲著的麗達》畫[321]」。他帶了這些財富，動身了。[322]

但打擊米開朗基羅的厄運對於他的卑微的朋友打擊得更厲害。他到巴黎去，想把《鵝狎戲著的麗達》畫送呈法王。法蘭西斯一世不在京中；安東尼奧把《鵝狎戲著的麗達》寄存在他的一個朋友，義大利人朱利阿諾·博納科爾西那裡，他回到里昂住下了。數月之後，他回到巴黎，《鵝狎戲著的麗達》不見了，博納科爾西把它賣給法蘭西斯一世，錢給他拿去了。安東尼奧又是氣憤又是惶急，經濟的來源斷絕了，流落在這巨大的首都中，於一五三三年終憂憤死了。

但在一切助手中，米開朗基羅最愛而且由了他的愛成為不朽的卻是弗朗切斯科·特·阿馬多雷，諢名烏爾比諾。他是從一五三〇年起入米開朗基羅的工作室服務的，在他指導之下，他做尤利烏斯二世的陵墓。米開朗基羅關心他的前程。

「他和他說：『如我死了，你怎麼辦？』

「烏爾比諾答道：『我將服侍另外一個。』

---

320. 一五二九年翡冷翠陷落之後，米開朗基羅曾想和安東尼奧·米尼同往法國去。
321. 《鵝狎戲著的麗達》畫是他在翡冷翠被圍時替費拉雷大公作的，但他沒有給他，因為費拉雷大公的大使對他失敬。
322. 一五三一年。

「『——喔，可憐蟲！』米開朗基羅說，『我要挽救你的災難。』

「於是他一下子給了他二千金幣：這種饋贈即是教皇與帝皇也沒有如此慷慨。」[323]

然而倒是烏爾比諾比他先死。[324]他死後翌日，米開朗基羅寫信給他的侄兒：

「烏爾比諾死了，昨日下午四時。他使我那麼悲傷，那麼惶亂，如果我和他同死了，倒反舒適。這是因為我深切地愛他之故，而他確也值得我愛：這是一個尊嚴的、光明的、忠實的人。他的死令我感到彷彿我已不復生存了，我也不能重新覓得我的寧靜。」

他的痛苦真是那麼深切，以至三個月之後在寫給瓦薩里信中還是非常難堪：

「焦爾焦先生，我親愛的朋友，我心緒惡劣不能作書，但為答覆你的來信，我胡亂寫幾句吧。你知道烏爾比諾是死了，這為我是殘酷的痛苦，可也是神賜給我的極大的恩寵。這是說，他活著的時候，他鼓勵我亦生存著；死了，他教我懂得死，並非不快地而是樂意地願死。他在我身旁二十六年，我永遠覺得他是可靠的、忠實的。我為他掙了些財產；而現在我想把他作為老年的依傍，他卻去了。除了在天國中重見他之外我更無別的希望，在那裡，神賜了他甘美的死的幸福，一定亦使他留在他身旁。對於他，比著死更苦惱的卻是留我生存在這騙人的世界上，在這無窮的煩惱中。我的最精純的部分和他一起去了，只留著無盡的災難。」[325]

在極度的悲痛中，他請他的侄兒到羅馬來看他。利奧那多與卡珊多拉擔憂著，來了，看見他非常衰弱。烏爾比諾托孤給他的責任使他鼓起新的精力，烏爾比諾兒子中的一個是他的義子，題

323. 瓦薩里記載。
324. 一五五五年十二月三日，在米開朗基羅最後一個兄弟西吉斯蒙多死後沒有幾天。
325. 一五五六年二月二十三日。

著他的名字。[326]

他還有別的奇特的朋友。因了強硬的天性對於社會的約束的反抗，他愛和一班頭腦簡單、不拘形式的人厮混。

——一個卡拉雷地方的斫石匠，托波利諾，「自以為是出眾的雕塑家，每次開往羅馬去的運石的船上，必寄有他做的幾個小小的人像，使米開朗基羅為之捧腹大笑的」。[327]——一個瓦爾達爾諾地方的畫家，梅尼蓋拉，不時到米開朗基羅那裡去要求他畫一個聖洛克像或聖安東尼像，隨後他著了顏色賣給鄉人。而米開朗基羅，為帝王們所難於獲得他的作品的，卻盡肯依著梅尼蓋拉指示，作那些素描。

——一個理髮匠，亦有繪畫的嗜好，米開朗基羅為他作了一幅聖法蘭西斯的圖稿。

——一個羅馬工人，為尤利烏斯二世的陵墓工作的，自以為在不知不覺中成為一個大雕塑家，因為柔順地依從了米開朗基羅的指導，他居然在白石中雕出一座美麗的巨像，把他自己也呆住了。

——一個滑稽的鏤金匠，皮洛托，外號拉斯卡。

——一個懶惰的奇怪的畫家因達科，「他愛談天的程度正和他厭惡作畫的程度相等」，他常說：「永遠工作，不尋娛樂，是不配做基督徒的。」[328]

---

326. 他寫信給烏爾比諾的寡婦，科爾內莉婭，充滿著熱情，答應她把小米開朗基羅收受去由他教養，「要向他表示甚至比對他的侄兒更親切的愛，把烏爾比諾要他學的一切都教授他」。（一五五七年三月二十八日書）——科爾內莉婭於一五五九年再嫁了，米開朗基羅永遠不原諒她。

327. 見瓦薩里記載。

328. 見瓦薩里記載。

——尤其是那個可笑而無邪的朱利阿諾・布賈爾蒂尼，米開朗基羅對他有特別的好感。

「朱利阿諾有一種天然的溫良之德，一種質樸的生活方式，無惡念亦無欲念，這使米開朗基羅非常愜意。他唯一的缺點即太愛他自己的作品。但米開朗基羅往往認為這足以使他幸福，因為米氏明白他自己不能完全有何滿足是極苦惱的……有一次，奧塔維亞諾・特・梅迪契要求朱利阿諾為他繪一幅米開朗基羅的肖像。

「朱氏著手工作了，他教米開朗基羅一句不響地坐了兩小時之後，他喊道：『米開朗基羅，來瞧，起來吧：面上的主要部分，我已抓住了。』米開朗基羅站起，一見肖像便笑問朱利阿諾道：『你在搗什麼鬼？你把我的一隻眼睛陷入太陽穴裡去了，瞧瞧仔細吧。』朱利阿諾聽了這幾句話，弄得莫名其妙了。他把肖像與人輪流看了好幾遍，大膽地答道：『我不覺得這樣；但你仍舊去坐著吧，如果是這樣，我將修改。』米開朗基羅知道他墮入何種情景，微笑著坐在朱利阿諾的對面，朱利阿諾對他、對著肖像再三地看，於是站起來說：『你的眼睛正如我所畫的那樣，是自然顯得如此。』『那麼，』米開朗基羅笑道，『這是自然的過失。繼續下去吧。』」[329]

這種寬容，為米開朗基羅對待別人所沒有的習慣，卻能施之於那些渺小的、微賤的人。這亦是他對於這些自信為大藝術家的可憐蟲的憐憫，也許那些瘋子們的情景引起他對於自己的瘋狂的回想。在此，的確有一種悲哀的滑稽的幽默。[330]

329.見瓦薩里記載。
330.如一切陰沉的心魂一般，米開朗基羅有時頗有滑稽的情趣：他寫過不少詼諧的詩，但他的滑稽總是嚴肅的、近於悲劇的，如對於他老年的速寫等等。（見詩集卷八十一）

三 孤獨

這樣，他只和那些卑微的朋友們生活著：他的助手和他的瘋癡的朋友，還有是更微賤的伴侶——他的家畜，他的母雞與他的貓。[331]

實在，他是孤獨的，而且他愈來愈孤獨了。「我永遠是孤獨的，」他於一五四八年寫信給他的侄兒說，「我不和任何人談話。」他不獨漸漸地和社會分離，且對於人類的利害、需求、快樂、思想也都淡漠了。

把他和當代的人群聯繫著的最後的熱情——共和思想——亦冷熄了。當他在一五四四與一五四六年兩次大病中受著他的朋友里喬在斯特羅齊家中看護的時候，他算是發洩了最後一道陣雨的閃光，米開朗基羅病癒時，請求亡命在里昂的羅伯托．斯特羅齊向法王要求履行他的諾言：他說假若法蘭西斯一世願恢復翡冷翠的自由，他將以自己的錢為他在翡冷翠諸府場上建造一座古銅的騎馬像。[332]一五四六年，為表示他感激斯特羅齊的東道之誼，他把兩座《奴隸》贈予了他，他又把它們轉獻給法蘭西斯一世。

但這只是一種政治熱的爆發——最後的爆發。在他一五四五年和賈諾蒂的談話中，好幾處他的

331. 一五五三年安焦利尼在他離家時寫信給他道：「公雞與母雞很高興；但那些貓因為不看見你而非常憂愁，雖然牠們並不缺少糧食。」

332. 一五四四年七月二十一日里喬致羅伯托．迪．菲利波．斯特羅齊書。

表白類乎托爾斯泰的鬥爭無用論與不抵抗主義的思想：

「敢殺掉某一個人是一種極大的僭妄，因為我們不能確知死是否能產生若干善，而生是否能阻止若干善。因此我不能容忍那些人，說如果不是從惡──即殺戮──開始絕不能有善的效果。時代變了，新的事故在產生，欲念亦轉換了，人類疲倦了……而末了，永遠會有出乎預料的事情。」同一個米開朗基羅，當初是激烈地攻擊專制君主的，此刻也反對那些理想著以一種行為去改變世界的革命家了。他很明白他曾經是革命家之一，他悲苦地責備的即是他自己。如哈姆萊特一樣，他此刻懷疑一切，懷疑他的思想、他的怨恨、他所信的一切。他向行動告別了。他寫道：

「一個人答覆人家說：『我不是一個政治家，我是一個誠實之士，一個以好意觀照一切的人。』他是說的真話。只要我在羅馬的工作能給我和政治同樣輕微的顧慮便好！」[333]

實際上，他不復怨恨了。他不能恨，因為已經太晚：

「不幸的我，為了等待太久而疲倦了；不幸的我，達到我的願望已是太晚了！而現在，你不知道嗎？一顆寬宏的、高傲的、善良的心，懂得寬恕，而向一切侮辱他的人以德報怨！」[334]

他住在Macel de' Corvi，在特拉揚古市場的高處。他在此有一座房子，一所小花園。他和一個男僕、一個女傭、許多家畜佔據著這住宅。[335]他和他的僕役們並不感到舒服。因為據瓦薩里說：「他

---

333. 一五四七年致他的侄兒利奧那多書。

334. 詩集卷一百零九第六十四首。在此，米氏假想一個詩人和一個翡冷翠的流戍者的談話──很可能是在一五三六年亞歷山大・特・梅迪契被洛倫齊諾刺死後寫的。

335. 在他的僕役之中，有過一個法國人叫作理查的。

們老是大意的、不潔的。」他時常更調僕役，悲苦地怨歎。[336]他和僕人們的糾葛，與貝多芬的差不多。一五六〇年他趕走了一個女傭之後喊道：「寧願她永沒來過此地！」

他的臥室幽暗如一座墳墓。[337]「蜘蛛在內做牠們種種工作，儘量紡織。」[338]在樓梯的中段，他畫著背負著一口棺材的《死》像。[339]

他和窮人一般生活，吃得極少，[340]「夜間不能成寐，他起來執著巨剪工作。他自己做了一頂紙帽，中間可以插上蠟燭，使他在工作時雙手可以完全自由，不必費心光亮的問題」。[341]

他愈老，愈變得孤獨。當羅馬一切睡著的時候，他隱避在夜晚的工作中：這於他已是一種必需。靜寂於他是一件好處，黑夜是一位朋友：

「噢，夜，噢，溫和的時間，雖然是黝黯，一切努力在此都能達到平和，稱頌你的人仍能見

---

336. 一五五〇年八月十六日，他寫信給利奧那多說：「我要一個善良的、清潔的女僕但很困難：她們全是髒的，不守婦道的，我的生活很窮困，但我雇用僕役的價錢出得很貴。」

337. 同前。

338. 詩集卷八十一。

339. 棺材上寫著下面一首詩：「我告訴你們，告訴給世界以靈魂、肉體與精神的你們：在這具黑暗的箱中你們可以抓握一切。」

340. 瓦薩里記載：「他吃得極少。年輕時，他只吃一些麵包和酒，為要把全部時間都放在工作上。老年，自從他作《最後之審判》那時起，他習慣喝一些酒，但只是在晚上，在一天的工作完了的時候，而且極有節制地。雖然他富有，他如窮人一般過活。從沒有（或極少）一個朋友和他同食，他亦不願收受別人的禮物，因為這樣他自以為永遠受了贈予人的恩德要報答。他的儉約的生活使他變得極為警醒，需要極少的睡眠。」

341. 瓦薩里留意到他不用蠟而用羊油蕊做燭臺，故送了他四十斤蠟。僕人拿去了，但米開朗基羅不肯收納。僕人說：「主人，我拿著手臂要斷下來了，我不願拿回去了。如果你不要，我將把它們一齊插在門前泥穴裡盡行燃起。」於是米開朗基羅說：「那麼放在這裡吧，因為我不願你在我門前做那傻事。」（瓦薩里記載）

到而且懂得，讚美你的人確有完美的判別力。你斬斷一切疲乏的思念，為潮潤的陰影與甘美的休息所深切地透入的；從塵世，你時常把我擁到天上，為我希冀去的地方。噢，死的影子，由了它，靈魂與心的敵害——災難——都被擋住了，悲傷的人的至高無上的救藥啊，你使我們病的肉體重新獲得健康，你揩乾我們的淚水，你卸掉我們的疲勞，你把好人洗掉他們的仇恨與厭惡。」[342]

有一夜，瓦薩里去訪問這獨個子在荒涼的屋裡，面對著他的悲愴的《哀悼基督》的老人：瓦薩里叩門，米開朗基羅站起身來，執著燭台去接應。瓦薩里要觀賞雕像，但米開朗基羅故意把蠟燭墮在地下熄滅了，使他無法看見。而當烏爾比諾去找另一支蠟燭時，他轉向瓦薩里說道：「我是如此衰老，死神常在拽我的褲腳，要我和它同去。一天，我的軀體會崩墜，如這支火炬一般，也像它一樣，我的生命的光明會熄滅。」

死的意念包圍著他，一天一天地更陰沉起來。他和瓦薩里說：

「沒有一個思念不在我的心中引起死的感觸。」[343]

死，於他似乎是生命中唯一的幸福：

「當我的過去在我眼前重現的時候——這是我時時刻刻遇到的，——喔，虛偽的世界，我才辨認出人類的謬妄與過錯。相信你的諂諛，相信你的虛幻的幸福的人，便是在替他的靈魂準備痛苦與悲哀。經驗過的人，很明白你時常許諾你所沒有、你永遠沒有的平和與福利。因此最不幸的人是在塵世羈留最久的人；生命愈短，愈容易回歸天國……」[344]

342. 詩集卷七十八。
343. 一五五五年六月二十二日書。
344. 詩集卷一百零九第三十二首。

「由長久的歲月才引起我生命的終點，喔，世界，我認識你的歡樂很晚了。你許諾你所沒有的平和，你許諾在誕生之前早已死滅的休息……我是由經驗知道的，以經驗來說話：死緊隨著生的人才是唯一為天國所優寵的幸運者。」[345]

他的侄兒利奧那多慶祝他的孩子的誕生，米開朗基羅嚴厲地責備他：

「這種鋪張使我不悅。當全世界在哭泣的時候是不應當嬉笑的。為了一個人的誕生而舉行慶祝是缺乏知覺的人的行為。應當保留你的歡樂，在一個充分地生活了的人死去的時候發洩。」[346]

翌年，他的侄兒的第二個孩子生下不久便夭殤了，他寫信去向他道賀。

大自然，為他的熱情與靈智的天才所一向輕忽的，在他晚年成為一個安慰者了。[347]一五五六年九月，當羅馬被西班牙阿爾貝大公的軍隊威脅時，他逃出京城，道經斯波萊泰，在那裡住了五星期。他在橡樹與橄欖樹林中，沉醉在秋日的高爽清朗的氣色中。十日杪他被召回羅馬，離開時表示非常抱憾。——他寫信給瓦薩里道：「大半的我已留在那裡，因為唯有在林中方能覓得真正的平和。」

回到羅馬，這八十二歲的老人作了一首歌詠田園、頌讚自然生活的美麗的詩，在其中他並指責城市的謊騙。這是他最後的詩，而它充滿了青春的朝氣。

345. 詩集卷一百零九第三十四首。

346. 一五五四年四月致瓦薩里書，上面寫道「一五五四年四月我不知何日」。

347. 雖然他在鄉間度過不少歲月，但他一向忽視自然。風景在他的作品中佔有極少的地位，它只有若干簡略的指示，如在西斯廷的壁畫中。在這方面，米氏和同時代的人——拉斐爾、提香、佩魯吉諾、弗朗奇亞、達•文西——完全異趣。他瞧不起佛蘭芒藝人的風景畫，那時正是非常時髦的。

但在自然中，如在藝術與愛情中一樣，他尋求的是神，他一天一天更迫近他。他永遠是有信仰的。雖然他絲毫不受教士、僧侶、男女信徒們的欺騙，且有時還挖苦他們，[348]但他似乎在信仰中從未有過懷疑。在他的父親與兄弟們患病或臨終時，他第一件思慮老是要他們受聖餐。[349]他對於祈禱的信心是無窮的，「他相信祈禱甚於一切藥石」，[350]他把他所遭受的一切幸運和他沒有臨到的一切災禍盡歸之於祈禱的功效。在孤獨中，他曾有神秘的崇拜的狂熱。「偶然」為我們保留著其中的一件事蹟：同時代的記載描寫他如西斯廷中的英雄般的熱狂的臉相，獨個子，深夜，在羅馬的他的花園中祈禱，痛苦的眼睛注視著佈滿星雲的天空。[351]

有人說他的信仰對於聖母與使徒的禮拜是淡漠的，這是不確的。他在最後二十年中全心對付著建造使徒聖彼得大寺的事情，而他的最後之作（因為他的死而沒有完成的），又是一座聖彼得像，要說他是一個新教徒不啻是開玩笑的說法了。我們也不能忘記他屢次要去朝山進香：一五四五年他想去朝拜科姆波斯泰雷的聖雅克，一五五六年他要朝拜洛雷泰。——但也得說和一切偉大

348. 一五四八年，利奧那多想加入洛雷泰的朝山隊伍，米開朗基羅阻止他，勸他還是把這筆錢做了施捨的好。「因為，把錢送給教士們，上帝知道他們怎麼使用！」（一五四八年四月七日）皮翁博在蒙托廖的聖彼得寺中要畫一個僧侶，米開朗基羅認為這個僧侶要把一切都弄壞了：「僧侶已經失掉了那麼廣大的世界，故他們失掉這麼一個小教堂亦不足為奇。」在米開朗基羅要為他的侄兒完姻時，一個女信徒去見他，對他宣道，勸他為利奧那多娶一個虔敬的女子。米氏在信中寫道：「我回答她，說她還是去織布或紡紗的好，不要在人前鼓弄簧舌，把聖潔的事情當作買賣做。」（一五四九年七月十九日）

349. 一五一六年十一月二十三日為了父親的病致博納羅托書，與一五四八年正月為了兄弟喬凡．西莫內之死致利奧那多書提及此事。

350. 一五四九年四月二十五日致利奧那多書。

351. 弗拉．貝內德托記載此事甚詳。

的基督徒一樣，他的生和死，永遠和基督徒一起。一五一二年他在致父親書中說「我和基督一同過著清貧的生活」；臨終時，他請求人們使他念及基督的苦難。自從他和維多利亞結交之後——尤其當她死後——這信仰愈為堅固強烈。從此，他把藝術幾乎完全奉獻於頌讚基督的熱情與光榮，[352]同時，他的詩也沉浸入一種神秘主義的情調中。他否認了藝術，投入十字架上殉道者的臂抱中去：

「我的生命，在波濤險惡的海上，由一葉殘破的小舟渡到了彼岸，在那裡大家都將對於虔敬的與冒瀆的作品下一個判斷。由是，我把藝術當作偶像，當作君主般的熱烈的幻想，今日我承認它含有多少錯誤，而我顯然看到一切的人都在為著他的苦難而欲求。愛情的思想，虛妄的快樂的思想，當我此刻已迫近兩者之死的時光，它們究竟是什麼呢？愛，我是肯定了，其他只是一種威脅。既非繪畫，亦非雕塑能撫慰我的靈魂。它已轉向著神明的愛，愛卻在十字架上張開著臂抱等待我們！」[353]

但在這顆老耄的心中，由信仰與痛苦所激發的最精純的花朵，尤其是神明般的惻隱之心。這個為仇敵稱為貪婪的人，[354]一生從沒停止過施惠於不幸的窮人，不論是認識的或不認識的。他不獨對

352.後期的雕塑，如《十字架》，如《殉難》，如《受難像》等都是。
353.詩集卷一百四十七。
354.這些流言是拉萊廷與班迪內利散佈的。這種謊話的來源有時因為米開朗基羅在金錢的事情上很認真的緣故。其實，他是非常隨便的；他並不記帳，他不知道他的全部財產究有若干，而他一大把一大把地把錢施捨。他的家族一直用著他的錢。他對於朋友們、僕役們往往贈送唯有帝王所能賜予般的珍貴的禮物。他的作品，大半是贈送的而非賣掉的；他為聖彼得的工作是完全盡義務的。再沒有人比他更嚴厲地指斥愛財的癖好了，他寫信給他的兄弟說：「貪財是一件大罪惡。」瓦薩里為米氏辯護，把他一生贈予朋友或信徒的作品一齊背出來，說「我不懂人們如何能把這個每件各值幾千金幣的作品隨意贈送的人當作一個貪婪的人」。

他的老僕與他父親的僕人，——對一個名叫莫娜・瑪格麗塔的老僕，為他在兄弟死後所收留，而她的死使他非常悲傷，「彷彿死掉了他自己的姊妹那樣」；[355]對一個為西斯廷教堂造台架的木匠，他幫助他的女兒嫁費[356]……——表露他的動人的真摯之情，而且他時時在佈施窮人，尤其是怕羞的窮人。他愛令他侄子與侄女參與他的施捨，使他們為之感動，他亦令他們代他去做，但不把他說出來：因為他要他的慈惠保守秘密。[357]「他愛實地去行善，而非貌為行善。」[358]由於一種極細膩的情感，他尤其念及貧苦的女郎：他設法暗中贈予她們少數的奩資，使她們能夠結婚或進入修院。他寫信給他的侄兒說：

「設法去認識一個有何急需的人，有女兒要出嫁或送入修院的。（我說的是那些沒有錢而無顏向人啟齒的人。）把我寄給你的錢給人，但要秘密地；而且你不要被人欺騙……」[359]

此外，他又寫：

「告訴我，你還認識有別的高貴的人而經濟拮据的嗎？尤其是家中有年長的女兒的人家。我很高興為他們盡力。為著我的靈魂得救。」[360]

355. 一五三三年致兄弟喬凡・西莫內信，一五四〇年十一月致利奧那多信。
356. 瓦薩里記載。
357. 一五四七年致利奧那多書：「我覺得你太不注意施捨了。」一五四七年八月：「你寫信來說給這個女人四個金幣，為了愛上帝的緣故，這使我很快樂。」一五四九年三月二十九日：「注意，你所給的人，應當是真有急需的人，且不要為了友誼而為了愛上帝之故。不要說出錢的來源。」
358. 孔迪維記載。
359. 一五四七年八月致利奧那多書。
360. 一五五〇年十二月二十日致利奧那多書。

尾聲

死

「多麼想望而來得多麼遲緩的死——」[361]

終於來了。

他的僧侶般的生活雖然支持了他堅實的身體，可沒有蠲免病魔的侵蝕。自一五四四與一五四六年的兩場惡性發熱後，他的健康從未恢復；膀胱結石[362]、痛風症[363]以及各種的疾苦把他磨蝕完了。

在他暮年的一首悲慘的滑稽詩中，他描寫他的殘廢的身體：

「我孤獨著悲慘地生活著，好似包裹在樹皮中的核心……我的聲音彷彿是幽閉在臭皮囊中的胡蜂……我的牙齒動搖了，有如樂器上的鍵盤……我的臉不啻是嚇退鳥類的醜面具……我的耳朵不息地嗡嗡作響：一隻耳朵中，蜘蛛在結網；另一隻中，蟋蟀終夜地叫個不停……我的感冒使我

361.「因為，對於不幸的人，死是懶惰的……」（詩集卷七十三第三十首）

362. 一五四九年三月，人家勸他飲維泰爾貝泉水，他覺得好些。——但在一五五九年七月他還感著結石的痛苦。

363. 一五五五年七月。

不能睡眠……予我光榮的藝術引我到這種結局。可憐的老朽，如果死不快快來救我，我將絕滅了……疲勞把我支離了，分解了，唯一的棲宿便是死……」[364]

一五五五年六月，他寫信給瓦薩里說道：

「親愛的焦爾焦先生，在我的字跡上你可以認出我已到了第二十四小時了……」[365]

一五六〇年春，瓦薩里去看他，見他極端疲弱。他幾乎不出門，晚上幾乎不睡覺，一切令人感到他不久人世。愈衰老，他愈溫柔，很易哭泣。

「我去看米開朗基羅，」瓦薩里寫道，「他不想到我會去，因此在見我時彷彿如一個父親找到了他失掉的兒子般地歡喜。他把手臂圍著我的頸項，再三地親吻我，快活得哭起來。」[366]可是他毫未喪失他清明的神志與精力。即在這次會晤中，他和瓦薩里長談，關於藝術問題，關於指點瓦薩里的工作，隨後他騎馬陪他到聖彼得。[367]

一五六一年八月，他患著感冒。他赤足工作了三小時，於是他突然倒地，全身拘攣著。他的僕人安東尼奧發現他昏暈了。卡瓦列里、班迪尼、卡爾卡尼立刻跑來。那時，米開朗基羅已經醒轉。幾天之後，他又開始乘馬出外，繼續作皮亞門的圖稿。

古怪的老人，無論如何也不答應別人照拂他。他的朋友們費盡心思才得悉他又患著一場感冒，只有大意的僕人們伴著他。

364. 詩集卷八十一。

365. 一五五五年六月二十二日致瓦薩里書。一五四九年他在寫給瓦爾基信中已說：「我不獨是老了，我已把自己計算在死人中間。」

366. 那時他是八十五歲。

367. 一五六〇年四月八日瓦薩里致科斯梅·特·梅迪契書。

他的繼承人利奧那多，從前為了到羅馬來受過他一頓嚴厲的訓責，此刻即是為他叔父的健康問題也不敢貿然奔來了。一五六三年七月，他托達涅爾・特・沃爾泰雷問米開朗基羅，願不願他來看他；而且，為了預料到米氏要猜疑他的來有何作用，故又附帶聲明，說他的商業頗有起色，他很富有，什麼也不需求。狡黠的老人令人回答他說，既然如此，他很高興，他將把他存留的少數款子分贈窮人。

一個月之後，利奧那多對於那種答覆感著不滿，重複托人告訴他，說他很擔心他的健康和他的僕役。這一次，米開朗基羅回了他一封怒氣勃勃的信，表示這八十八歲——離開他的死只有六個月——的老人還有那麼強項的生命力：

「由你的來信，我看出你聽信了那些不能偷盜我，亦不能將我隨意擺佈的壞蛋的謊言。這是些無賴之徒，而你居然傻得會相信他們。請他們走路吧。這些人只會給你煩惱，只知道嫉羨別人，而自己度著浪人般的生活。你信中說你為我的僕役擔憂；而我，我告訴你關於僕役，他們都很忠實地服侍我、尊敬我。至於你信中隱隱說起的偷盜問題，那麼我和你說，在我家裡的人都能使我放懷，我可完全信任他們。所以，你只需關切你自己；我在必要時是懂得自衛的，我不是一個孩子。善自珍攝吧！」[368]

關切遺產的人不止利奧那多一個呢。整個義大利是米開朗基羅的遺產繼承人，——尤其是托斯卡納大公與教皇，他們操心著不令關於聖洛倫佐與聖彼得的建築圖稿及素描有何遺失。一五六三年六月，聽從了瓦薩里的勸告，科斯梅大公責令他的駐羅馬大使阿韋拉爾多・塞里斯托裡秘密地

368. 一五六三年八月二十一日致利奧那多書。

稟奏教皇，為了米開朗基羅日漸衰老之故，要暗中監護他的起居與一切在他家裡出入的人。在突然逝世的情景中，應當立刻把他所有的財產登記入冊，素描、版稿、文件、金錢等等，並當監視著使人不致乘死後的紊亂中偷盜什麼東西。當然，這些是完全不令米開朗基羅本人知道的。[369]

這些預防並非是無益的。時間已經臨到。

米開朗基羅的最後一信是一五六三年十二月二十八日的那封信。一年以後，他差不多自己不動筆了；他讀出來，他只簽名；達涅爾・特・沃爾泰雷為他主持著信件往還的事情。

他老是工作。一五六四年二月十二日，他站了一整天，做《哀悼基督》。[370]十四日，他發熱。卡爾卡尼得悉了，立刻跑來，但在他家裡找不到他。雖然下雨，他到近郊散步去了。他回來時，卡爾卡尼說他在這種天氣中出外是不應該的。

「你要我怎樣？」米開朗基羅答道，「我病了，無論哪裡我不得休息。」

他的言語的不確切，他的目光，他的臉色，使卡爾卡尼大為不安。他馬上寫信給利奧那多說：「終局雖未必即在目前，但亦不遠了。」[371]

同日，米開朗基羅請達涅爾來留在他旁邊。達涅爾請了醫生來。二月十五日，他依著米開朗基羅的吩咐，寫信給利奧那多，說他可以來看他，「但要十分小心，因為道路不靖」。[372]達涅爾附加著下列數行：

369. 瓦薩里記載。
370. 這座像未曾完工。
371. 一五六四年二月十四日卡爾卡尼致利奧那多書。
372. 一五六四年三月十七日，達涅爾・特・沃爾泰雷致瓦薩里書。

「八點過一些，我離開他，那時他神志清明、頗為安靜，但被麻痹所苦。他為此感到不適，以至在今日下午三時至四時間他想乘馬出外，好似他每逢晴天必須履行的習慣。但天氣的寒冷與他頭腦及腿的疲弱把他阻止了：他回來坐在爐架旁邊的安樂椅中，這是他比臥床更歡喜的坐處。」

他身邊還有忠實的卡瓦列里。

直到他逝世的大前日，他才答應臥在床上，他在朋友與僕人環繞之中讀出他的遺囑，神志非常清楚。他把「他的靈魂贈予上帝，他的肉體遺給塵土」。他要求「至少死後要回到」他的親愛的翡冷翠。——接著，他

「從駭怕的暴風雨中轉入甘美平和的靜寂。」[373]

這是二月中的一個星期五，下午五時。[374]正是日落時分……「他生命的末日，和平的天國的首日！……」[375]

終於他休息了。他達到了他願望的目標：他從時間中超脫了。

「幸福的靈魂，對於他，時間不復流逝了！」[376]

373. 詩集卷一百五十二。

374. 一五六四年二月十八日，星期五。送終他的有卡瓦列里、達涅爾、萊奧尼、兩個醫生、僕人安東尼奧。利奧那多在三天之後才到羅馬。

375. 詩集卷一百零九第四十一首。

376. 詩集卷五十九。

這便是神聖的痛苦的生涯

羅曼・羅蘭

在這悲劇的歷史的終了，我感到為一項思慮所苦。我自問，在想給予一班痛苦的人以若干支撐他們的痛苦的同伴時，我會不會只把這些人的痛苦加給那些人。因此，我是否應當，如多少別人所做的那樣，只顯露英雄的英雄成分，而把他們的悲苦的深淵蒙上一層帷幕？

——然而不！這是真理啊！我並不許諾我的朋友們以謊騙換得的幸福，以一切代價去掙得的幸福。我許諾他們的是真理——不管它須以幸福去換來，是雕成永恆的靈魂的壯美的真理。它的氣息是苦澀的，可是純潔的：把我們貧血的心在其中熏沐一會吧。

偉大的心魂有如崇山峻嶺，風雨吹蕩它，雲翳包圍它，但人們在那裡呼吸時，比別處更自由、更有力。純潔的大氣可以洗滌心靈的穢濁；而當雲翳破散的時候，他威臨著人類了。是這樣地，這座崇高的山峰，矗立在文藝復興期的義大利，從遠處我們望見它的峻險的側影，在無垠的青天中消失。

我不說普通的人類都能在高峰上生存。但一年一度他們應上去頂禮。在那裡，他可以變換一下肺中的呼吸，與脈管中的血流。在那裡，他們將感到更迫近永恆。以後，他們再回到人生的廣原，心中充滿了日常戰鬥的勇氣。

SECTION 3

托爾斯泰傳

羅曼・羅蘭致譯者書（代序）

——論無抵抗主義

羅曼・羅蘭

三月三日賜書，收到甚遲。足下移譯拙著貝多芬、米開朗基羅、托爾斯泰三傳，並有意以漢譯付刊，聞之不勝欣慰。

當今之世，英雄主義之光威復熾，英雄崇拜亦復與之俱盛。唯此光威有時能釀巨災，故最要莫如將「英雄」二字下一確切之界說。

夫吾人所處之時代乃一切民眾遭受磨煉與戰鬥之時代也；為驕傲為榮譽而成為偉大，未足也；必當為公眾服務而成為偉大。最偉大之領袖必為一民族乃至全人類之忠僕。昔之孫逸仙、列寧，今之甘地，皆是也。至凡天才不表於行動而發為思想與藝術者，則貝多芬、托爾斯泰是已。吾人在藝術與行動上所應喚醒者，蓋亦此崇高之社會意義與深刻之人道觀念耳。

至「無抵抗主義」之問題，所涉太廣太繁，非短簡可盡。愚嘗於論甘地之文字中有所論列，散見於拙著《甘地傳》、《青年印度》及《甘地自傳》之法文版引言。

余將首先聲明，余實不喜此「無抵抗」之名，以其暗示屈服之觀念，絕不能表白英雄的與強烈的行動性，如甘地運動所已實現者。唯一適合之名詞，當為「非武力的拒絕」。

其次，吾人必須曉喻大眾；此種態度非有極痛苦之犧牲不為功；且為犧牲自己及其所親的整個的犧牲；蓋吾人對於國家或黨派施行強暴時之殘忍，絕不能做何幸想。吾人不能依恃彼等之憐憫，亦不能幸圖彼等攻擊一無抵抗之敵人時或有內疚。半世紀來，在革命與戰亂之中，人類早已養成一副鐵石心腸矣。即令「非武力的拒絕」或有戰勝之日，亦尚須數代人民之犧牲以換取之，此犧牲乃勝利之必須代價也。

由是可見，若非賴有強毅不拔之信心與宗教的性格（即超乎一切個人的與普通的利害觀念之性格），絕不能具有擔受此等犧牲之能力。對於人類，務當懷有信念，無此信念，則於此等功業，寧勿輕於嘗試！否則即不殞滅，亦將因恐懼而有中途背叛之日。度德量力，實為首要。

今請在政治運動之觀點上言，則使此等計畫得以成功者，果為何種情勢乎？此情勢自必首推印度。彼國人民之濡染無抵抗主義也既已數千年，今又得一甘地為其獨一無二之領袖；此其組織天才，平衡實利與信心之精神明澈，及其對國內大多數民眾之權威有以致之。彼所收穫者將為確切不易之經驗，不獨於印度為然，即於全世界亦皆如此。是經驗不啻為一心靈之英雄及其民族在強暴時代所築之最堅固之堤岸。萬一堤岸崩潰，則恐若干時內，強暴將掩有天下。而行動人物中之最智者亦只能竭力指揮強暴而莫之能禦矣。當斯時也，潔身自好之士唯有隱遁於深邃之思想境域中耳。

然亦唯有忍耐已耳！狂風暴雨之時代終有消逝之日……不論其是否使用武力，人類必向統一之途邁進！

一九三四年六月三十日於瑞士

原序

羅曼・羅蘭

這第十一版的印行適逢托爾斯泰百年誕辰的時節，因此，本書的內容稍有修改。其中增入自一九一〇年起刊佈的托氏通信。作者又加入整整的一章，述及托爾斯泰和亞洲各國——中國，日本，印度，信奉伊斯蘭教的國家——的思想家的關係，他和甘地的關係，尤為重要。我們又錄入托爾斯泰在逝死前一個月所寫的一信的全文，他在其中發表無抵抗鬥爭的整個計畫，為甘地在以後獲得一種強有力的作用的。

一九二八年八月

托爾斯泰傳

一　只有一個托爾斯泰

俄羅斯的偉大的心魂，百年前在大地上發著光焰的，對於我的一代，曾經是照耀我們青春時代的最精純的光彩。在十九世紀終了時陰霾重重的黃昏，它是一顆撫慰人間的巨星，它的目光足以吸引並慰撫我們青年的心魂。在法蘭西，多少人認為托爾斯泰不只是一個受人愛戴的藝術家，而是一個朋友，最好的朋友，在全部歐羅巴藝術中唯一的真正的友人。既然我亦是其中的一員，我願對於這神聖的回憶，表示我的感激與敬愛。

我懂得認識托爾斯泰的日子在我的精神上將永不會磨滅。這是一八八六年，在幽密中胚胎萌蘖了若干年之後，俄羅斯藝術的美妙的花朵突然於法蘭西土地上出現了。托爾斯泰與杜思妥也夫斯基的譯本在一切書店中同時發刊，而且是爭先恐後般的速度與狂熱。一八八五至一八八七年間，在巴黎印行了《戰爭與和平》、《安娜小史》、《童年與少年》、《波利庫什卡》、《伊萬・伊里奇之死》、高加索短篇小說和通俗短篇小說。在幾個月中、幾星期中，我們眼前發現了含有整個的偉大的人生的作品，反映著一個民族、一個簇新的世界的作品。

那時我初入高師。我和我的同伴們，在意見上是極不相同的。在我們的小團體中，有譏諷的與現實主義思想者——如哲學家喬治・杜馬，有熱烈的追懷義大利文藝復興的詩人——如蘇亞雷斯，有古典傳統的忠實信徒，有司湯達派與瓦格納派，有無神論者與神秘主義者，掀起多少辯論，發生多少齟齬；但在幾個月之中，愛慕托爾斯泰的情操使我們完全一致了。各人以各不相同的理由愛他：因為各人在其中找到自己；而對於我們全體又是人生的一個啟示，開向廣大的宇宙的一扇門。在我們周圍，在我們的家庭中，在我們的外省，從歐羅巴邊陲傳來的巨聲，喚起同樣的同情，有時是意想不到的。有一次，在我故鄉尼韋奈，我聽見一個素來不注意藝術、對於什麼也不關心的中產者，居然非常感動地談著《伊萬・伊里奇之死》。

我們的著名批評家曾有一種論見，說托爾斯泰思想中的精華都是汲取於我們的浪漫派作家：喬治・桑，維克多・雨果。不必說喬治・桑對於托爾斯泰的影響說之不倫，托爾斯泰是絕不能忍受喬治・桑的思想的，也不必否認盧梭與司湯達對於托爾斯泰的實在的影響，總之不把他的偉大與魅力認為是由於他的思想而加以懷疑，是不應當的。藝術所賴以活躍的思想圈子是最狹隘的。他的力強並不在於思想本身，而是在於他所給予思想的表情，在於個人的調子，在於藝術家的特徵，在於他的生命的氣息。

不論托爾斯泰的思想是否受過影響——這我們在以後可以看到——歐羅巴可從沒聽到像他那種聲音。除了這種說法之外，我們又怎麼能解釋聽到這心魂的音樂時所感到的懷疑的激動呢？而這聲音我們已期待得那麼長久，我們的需要已那麼急切。流行的風尚在我們的情操上並無什麼作用。我們之中，大半都像我一樣，只在讀過了托爾斯泰的作品之後才認識特・沃居埃著的《俄國小說論》，他的讚美比起我們的欽佩來已經遜色多了。因為特・沃居埃特別以文學家的態度批判。

但為我們，單是讚賞作品是不夠的：我們生活在作品中間，他的作品已成為我們的作品了。我們的，由於他熱烈的生命，由於他的心的青春。我們的，由於他苦笑的幻滅，由於他毫無憐惜的明察，由於他們與死的糾纏。我們的，由於他對於博愛與和平的夢想。我們的，由於他對於文明的謊騙，加以劇烈的攻擊。且也由於他的現實主義，由於他的神秘主義。由於他具有大自然的氣息，由於他對於無形的力的感覺，由於他對於無窮的眩惑。

這些作品之於今日，不啻《少年維特之煩惱》之於當時：是我們的力強、弱點、希望與恐怖的明鏡。我們毫未顧及要把這一切矛盾加以調和，把這顆反映著全宇宙的複雜心魂納入狹隘的宗教的與政治的範疇；我們不願效法人們，學著布林熱於托爾斯泰逝世之後，以各人的黨派觀念去批評他。彷彿我們的朋黨一旦竟能成為天才的度衡那樣！……托爾斯泰是否和我同一黨派，於我又有何干？在呼吸他們的氣息與沐浴他們的光華之時，我會顧忌到但丁與莎士比亞是屬於何黨何派的嗎？

我們絕對不像今日的批評家般說：「有兩個托爾斯泰，一是轉變以前的，一是轉變以後的；一是好的，一是不好的。」對於我們，只有一個托爾斯泰，我們愛他整個。因為我們本能地感到在這樣的心魂中，一切都有立場，一切都有關聯。

二　童年時代

我們往昔不加解釋而由本能來感到的，今日當由我們的理智來證實了。現在，當這長久的生命達到了終點，展露在大家眼前，沒有隱蔽，在思想的國土中成為光明的太陽之時，我們能夠這樣做了。

第一使我們驚異的，是這長久的生命自始至終沒有變更，雖然人家曾想運用藩籬把它隨處分隔，——雖然托爾斯泰自己因為富於熱情之故，往往在他相信、在他愛的時候，以為是他第一次相信、第一次愛，而認為這才是他的生命的開始。重新開始。同樣的轉變，同樣的爭鬥，曾在他心中發生過多少次！他的思想的統一性是無從討論的，——他的思想從來不統一的——但可注意到他種種不同的因素，在他思想上具有時而妥協、時而敵對的永續性。

在一個如托爾斯泰那樣的人的心靈與思想上，統一性是絕對不存在的，它只存在於他的熱情的鬥爭中，存在於他的藝術與他的生命的悲劇中。

藝術與生命是一致的。作品與生命從沒比托爾斯泰的聯絡得更密切了：他的作品差不多時常帶著自傳性；自二十五歲起，它使我們一步一步緊隨著他的冒險生涯的矛盾的經歷。

自二十歲前開始直到他逝世為止的他的日記[1]，和他供給比魯科夫的記錄[2]，更補充我們對於他的認識，使我們不獨能一天一天地明瞭他的意識的演化，而且能把他的天才所胚胎、他的心靈所藉以滋養的世界再現出來。

1. 除了若干時期曾經中斷過，——尤其有一次最長的，自一八六五至一八七八年止。
2. 他供給這些記錄因為比魯科夫為托爾斯泰作了不少傳記，如《生活與作品》、《回憶錄》、《回想錄》、《書信》、《日記選錄》、《傳記資料彙集》等；這些作品都曾經過托爾斯泰親自校閱，是關於托氏生涯與著作的最重要之作，亦是我參考最多的書。

豐富的遺產，雙重的世家（托爾斯泰與沃爾康斯基族），高貴的、古舊的，世裔一直可推到留里克，家譜上有承侍亞歷山大大帝的人物，有七年戰爭中的將軍，有拿破崙諸役中的英雄，有十二月黨人，有政治犯。家庭的回憶中，好幾個為托爾斯泰採作他的《戰爭與和平》中的最特殊的典型人物：如他的外祖父，老親王沃爾康斯基，葉卡捷琳娜二世時代的伏爾泰式的專制的貴族代表；他母親的堂兄弟，尼古拉・葛列格里維奇・沃爾康斯基親王，在奧斯特利茨一役中受傷而在戰場上救回來的；他的父親，有些像尼古拉・羅斯托夫的；他的母親，瑪麗亞公主，這溫婉的醜婦人，生著美麗的眼睛，醜的臉相，她的仁慈的光輝，照耀著《戰爭與和平》。

對於他的父母，他是不大熟知的。大家知道《童年時代》與《少年時代》中的可愛的敘述極少真實性。他的母親逝世時，他還未滿二歲。故他只在小尼古拉・伊爾捷涅耶夫含淚的訴述中稍能回想到可愛的臉龐，老是顯著光輝四射的微笑，使她的周圍充滿了歡樂……

「啊！如果我能在艱苦的時間窺見這微笑，我將不知悲愁為何物了……」[3]

但她的完滿的坦率，她的對於輿論的不顧忌，和她講述她自己造出來的故事的美妙的天才，一定是傳給他了。

他至少還能保有若干關於父親的回憶。這是一個和藹的、詼諧的人，眼睛顯得憂鬱，在他的食邑中度著獨立不羈、毫無野心的生活。托爾斯泰失怙的時候正是九歲。這死使他「第一次懂得悲苦的現實，心魂中充滿了絕望」[4]。——這是兒童和恐怖的幽靈的第一次相遇，他的一生，一部分是要戰敗它，一部分是在把它變形之後而讚揚它。……這種悲痛的痕跡，在《童年時代》的最後

3.《童年時代》第二章。
4.《童年時代》第二十七章。

幾章中有深刻的表露，在那裡，回憶已變成追寫他母親的死與下葬的敘述了。

在亞斯納亞・波利亞納[5]的古老的宅邸中，他們一共是五個孩子。列夫・尼古拉耶維奇即於一八二八年八月二十八日誕生於這所屋裡，直到八十二年之後逝世的時光才離開。五個孩子中最幼的一個是女的，名字叫瑪麗亞，後來做了女修士。（托爾斯泰在臨死時逃出了他自己的家，離別了家人，便是避到她那裡去。）四個兒子：謝爾蓋，自私的、可愛的一個，「他的真誠的程度為我從未見過的」；德米特里，熱情的，深藏的，在大學生時代熱烈奉行宗教，什麼也不顧，持齋減食，尋訪窮人，救濟殘廢，後來突然變成放浪不羈，和他的虔誠一樣暴烈，以後充滿著悔恨，在娼家為一個妓女脫了籍和她同居，二十九歲時患肺癆死了；[6]長子尼古拉是弟兄中最被鍾愛的一個，從他母親那裡承受了講述故事的幻想，[7]幽默的、膽怯的、細膩的性情，以後在高加索當軍官，養成了喝酒的習慣，充滿著基督徒的溫情，他亦把他所有的財產盡行分贈窮人。屠格涅夫說他「在人生中實行卑謙，不似他的兄弟列夫徒在理論上探討便自滿了」。

在那些孩兒周圍，有兩個具有仁慈心地的婦人：塔佳娜姑母[8]。托爾斯泰說：「她有兩項德行：鎮靜與愛。」她的一生只是愛。她永遠為他人捨身……

「她使我認識愛的精神上的快樂……」

另外一個是亞歷山卓姑母，她永遠服侍他人而避免為他人服侍，她不用僕役，唯一的嗜好是

5. 亞斯納亞・波利亞納意思是「柵欄」，是莫斯科南圖拉城十餘里外的一個小村，它所屬的省份是俄羅斯色彩最重的一個省份。
6. 托爾斯泰在《安娜小史》中描寫他，那個人物是列文的兄弟。
7. 他曾寫過一部《獵人日記》。
8. 實際上她已是一個遠戚。她曾愛過托爾斯泰的父親，他亦愛她；但如《戰爭與和平》中的索尼婭一般，她退讓了。

讀聖徒行傳，和朝山的人與無邪的人談話。好幾個無邪的男女在他們家中寄食。其中有一個朝山進香的老婦，會背誦讚美詩的，是托爾斯泰妹妹的寄母。另外一個叫作格里莎的，只知道祈禱與哭泣……

「噢，偉大的基督徒格里莎！你的信仰是那麼堅強，以至你感到和神迫近；你的愛是那麼熱烈，以至你的言語從口中流露出來，為你的理智無法駕馭。你頌讚神的莊嚴，而當你找不到言辭的時候，你淚流滿面著匍匐在地下！……」[9]

這一切卑微的心靈對於托爾斯泰的長成上的影響當然是昭然若揭的事。暮年的托爾斯泰似乎已在這些靈魂上萌蘖，試煉了。他們的祈禱與愛，在兒童的精神上散播了信仰的種子，到老年時便看到這種子的收穫。

除了無邪的格里莎之外，托爾斯泰在他的《童年時代》中，並沒提及助長他心魂的發展的這些卑微人物。但在另一方面，書中卻透露著這顆兒童的靈魂，「這顆精純的、慈愛的靈魂，如一道鮮明的光華，永遠懂得發現別人最優的品性」，和這種極端的溫柔！幸福的他，只想念著他所知道的不幸者，他哭泣，他願對他表現他的忠誠。他親吻一匹老馬，他請求原諒他使牠受苦。他在愛的時候便感到幸福，即是他不被人愛亦無妨。人們已經窺到他未來的天才的萌芽：使他痛哭身世的幻想；他的工作不息的頭腦，永遠努力要想著一般人所想的問題；他的早熟的觀察與回憶的官能；[10]他的銳利的目光，懂得在人家的臉容上，探尋他的苦惱與哀愁。他自言在五歲時，第一次感

9.《童年時代》第七章。

10. 在他一八七六年時代的自傳式筆記中，他說他還能記憶襁褓與嬰兒時洗澡的感覺。瑞士大詩人施皮特勒亦具有同樣的記憶力，對於他初入世界時的形象記得清晰，他曾為此寫了一整部的書。

到，「人生不是一種享樂，而是一樁十分沉重的工作」。[11]

幸而，他忘記了這種思念。這時節，他在通俗的故事、俄羅斯的 bylines 神話與傳說、《聖經》的史略中組織出他的幻夢來，尤其是《聖經》中約瑟的歷史——在他暮年時還把他當作藝術的模範——和《天方夜譚》，為他在祖母家裡每晚聽一個盲目的講故事人坐在窗口上講述的。

三 荒漠的青年時期

他在卡贊地方讀書。[12]成績平庸。人家說這兄弟三人：「謝爾蓋欲而能。德米特里欲而不能。列夫不欲亦不能。」[13]

他所經過的時期，真如他所說的「荒漠的青年時期」。荒涼的沙漠，給一陣陣狂熱的疾風掃蕩著。關於這個時期，《少年》，尤其是《青年》的敘述中，含有極豐富的親切的懺悔材料。他是孤獨的。他的頭腦處於永遠的狂熱境界中。在一年內，他重新覓得並試煉種種與他適當的學說。[14]斯多噶主義者，他從事於磨折他的肉體。伊比鳩魯主義者，他又縱欲無度。以後，他復相信輪迴之說。終於他墮入一種錯亂的虛無主義中：他似乎覺得如果他迅速地轉變，他將發現虛無即在他的

11. 《初期回憶》。
12. 長兄尼古拉，比列夫長五歲，他在一八四四年時已修了他的學業。
13. 一八四二年至一八四七年。
14. 他愛做關於形而上的談話，他說：「尤其因為這種談話是那麼抽象，那麼暗晦，令人相信他說的話確是所想的，其實是完全說了別種事情。」（《少年時代》第二十七章）

面前。他把自己分析，分析……

「我只想著一樣，我想我想著一樣……」[15]這永無休止的自己分析，這推理的機能，自然容易陷於空虛，而且對於他成為一種危險的習慣，「在生活中時常妨害他」，據他自己說，但同時卻是他的藝術的最珍貴的泉源。[16]

在這精神活動中，他失了一切信念：至少，他是這樣想。十六歲，他停止祈禱，不到教堂去了。[17]但信仰並未死滅，它只是潛匿著。

「可是我究竟相信某種東西。什麼？我不能說。我還相信神，或至少我沒有否認它。但何種神？我不知道。我也不否認基督和他的教義；但建立這教義的立場，我卻不能說。」[18]

有時，他沉迷於慈悲的幻夢中。他曾想賣掉他的坐車，把賣得的錢分給窮人，也想把他的十分之一的家財為他們犧牲，他自己可以不用僕役……「因為他們是和我一樣的人。」[19]在某次病中，他寫了一部《人生的規則》。[20]他在其中天真地指出人生的責任，「須研究一切，一切都要加以深刻的探討：法律，醫學，語言，農學，歷史，地理，數學，在音樂與繪畫中達到最高的頂點」……他「相信人類的使命在於他的自強不息地追求完美」。

然而不知不覺地，他為少年的熱情、強烈的性感與誇大的自尊心所驅使，以致這種追求完美

15.《少年時代》第十九章。
16.尤其在他的初期作品中，如《塞瓦斯托波爾雜記》。
17.這是他讀伏爾泰的作品極感樂趣的時期。（《懺悔錄》第一章）
18.《懺悔錄》第一章。
19.《青年時代》第三章。
20.一八四七年三月至四月間。

的信念喪失了無功利觀念的性質，變成了實用的與物質的了。[21]他的所以要求他的意志、肉體與精神達到完美，無非是因為要征服世界，獲得全人類的愛戴。[22]他要取悅於人。

這卻不是一件容易的事。他如猿子一般地醜陋：粗獷的臉，又是長又是笨重，短髮覆在前額；小小的眼睛深藏在陰沉的眼眶裡，矚視時非常嚴峻；寬大的鼻子，往前突出的大唇，寬闊的耳朵。[23]因為無法改變這醜相，在童時他已屢次感到絕望的痛苦，[24]他自命要實現成為「一個體面人」。[25]這種理想，為要做得像別個「體面人」一樣，引導他去賭博、借債、徹底地放蕩。[26]

一件東西永遠救了他：他的絕對的真誠。

「你知道我為何愛你甚於他人，」涅赫留多夫和他說，「你具有一種可驚的少有的品性：坦白。」

「是的，我老是說出我自己也要害羞的事情。」[27]

---

21. 涅赫留多夫在他的《少年時代》中說：「人所做的一切，完全是為了他的自尊心。」一八五三年，托爾斯泰在他的日記中寫道：「驕傲是我的大缺點。一種誇大的自尊心，毫無理智的；我的野心那麼強烈，如果我必得在光榮與德行（我愛好的）中選擇其一，我確信我將選擇前者。」

22. 「我願大家認識我，愛我。我願一聽到我的名字，大家便讚歎我、感謝我。」（《青年時代》第三章）

23. 根據一八四八年，他二十歲時的一幅肖像。

24. 「我自己想，像我這樣一個鼻子那麼寬、口唇那麼大、眼睛那麼小的人，世界上是沒有他的快樂的。」（《童年時代》第十七章）此外，他悲哀地說起「這副沒有表情的臉相，這些軟弱的、不定的、不高貴的線條，只令人想起那些鄉人，還有這雙太大的手與足」（《童年時代》第一章）。

25. 「我把人類分作三類：體面的人，唯一值得尊敬的；不體面的人，該受輕蔑與憎恨的；賤民，現在是沒有了。」（《青年時代》第三十一章）

26. 尤其當他逗留聖彼德堡的時代（一五四七至一五四八年）。

27. 《少年時代》第二十七章。

在他最放蕩的時候，他亦以犀利的明察的目光批判。「我完全如畜類一般地生活，」他在《日記》中寫道，「我是墮落了。」用著分析法，他仔仔細細記出他的錯誤的原因：

「一、猶疑不定或缺乏魄力；二、自欺；三、操切；四、無謂的羞慚；五、心緒惡劣；六、迷惘；七、模仿性；八、浮躁；九、不加考慮。」

即是這種獨立不羈的判斷，在大學生時代，他已應用於批評社會法統與知識的迷信。他瞧不起大學教育，不願做正當的歷史研究，為了思想的狂妄被學校處罰。這時代，他發現了盧梭，《懺悔錄》、《愛彌兒》。對於他，這是一個晴天霹靂。

「我向他頂禮。我把他的肖像懸在頸下如聖像一般。」[28]

他最初的幾篇哲學論文便是關於盧梭的詮釋（一八四六至一八四七）。

然而，對於大學和「體面人」都厭倦了，他重新回來住在他的田園中，在亞斯納亞・波利亞納故鄉（一八四七至一八五一）；他和民眾重新有了接觸，他藉口要幫助他們，成為他們的慈善家和教育家。他在這時期的經驗在他最初幾部作品中便有敘述，如《一個紳士的早晨》（一八五二），一篇優異的小說，其中的主人翁便是他最愛用的託名：涅赫留多夫親王。[29]

涅赫留多夫二十歲。他放棄了大學去為農民服務。一年以來他幹著為農民謀福利的工作；其

---

28. 和保爾・布瓦耶的談話，見一九〇一年八月二十八日巴黎《時報》。

29. 在《少年時代》與《青年時代》（一八五四年）中，在《支隊中的相遇》（一八五六）中，在《琉森》（一八五七年）中，在《復活》（一八九九年）中，都有涅赫留多夫這個人物。但當注意這個名字是代表各種不同的人物。托爾斯泰也並不使他保留著同樣的生理上的容貌，涅赫留多夫在《射擊手日記》的終了是自殺的。這是托爾斯泰的各種化身，有時是最好的，有時是最壞的。

次，去訪問一個鄉村，他遭受了似嘲似諷的淡漠、牢不可破的猜疑、因襲、渾噩、下流、無良等等。他一切的努力都是枉費。回去時他心灰意懶，他想起他一年以前的幻夢，想起他的寬宏的熱情，想起他當年的理想，「愛與善是幸福，亦是真理，世界上唯一可能的幸福與真理」。他覺得自己是戰敗了。他羞愧而且厭倦了。

「坐在鋼琴前面，他的手無意識地按著鍵盤。奏出一個和音，接著第二個、第三個……他開始彈奏。和音並不完全是正則的，往往它們平凡到庸俗的程度，絲毫表現不出音樂天才；但他在其中感到一種不能確定的、悲哀的樂趣。每當和音變化時，他的心跳動著，等待著新的音符來臨，他以幻想來補足一切缺陷。他聽到合唱，聽到樂隊……而他的主要樂趣便是由於幻想的被迫的活動，這些活動顯示給他最多變的關於過去與未來的形象與情景，無關聯的，但是十分明晰……」

他重複看到剛才和他談話的農人，下流的，猜疑的，說謊的，懶的，頑固的；但此刻他所看到的他們，只是他們好的地方而不是壞處了。他以愛的直覺透入他們的心；在此，他窺到他們對於壓迫他們的運命所取的忍耐與退讓的態度，他們對於一切徧枉的寬恕，他們對於家庭的熱情，和他們對於過去所以具有因襲的與虔敬的忠誠之原因。他喚引起他們勞作的日子，疲乏的，可是健全的……

「這真美，」他喃喃地說，「……我為何不成為他們中的一員呢？」[30]

整個的托爾斯泰已包藏在第一篇短篇小說[31]的主人翁中：在他的明確而持久的視覺中，他用一

30.《一個紳士的早晨》第二卷。

31.這篇小說與《童年時代》同時。

種毫無缺陷的現實主義來觀察人物；但他閉上眼睛時，他重又沉入他的幻夢，沉入他對於人類中的愛情中去了。

四　三個侵蝕他的魔鬼

但一八五〇年左右的托爾斯泰並沒如涅赫留多夫那般忍耐。亞斯納亞令他失望，他對於民眾亦如對於優秀階級一樣地厭倦了；他的職分使他覺得沉重，他不復能維持下去。此外，他的債權人緊逼著他。

一八五一年，他避往高加索，遁入軍隊中，在已經當了軍官的他的哥哥尼古拉那裡。

他一到群山環繞的清明的境域，他立刻恢復了，他重新覓得了上帝：

「昨夜，我差不多沒有睡覺……我向神祈禱。[32]我無法描寫在祈禱時所感到的情操的甘美。我先背誦慣例的禱文，以後我又祈禱了長久。我願欲什麼十分偉大的、十分美麗的東西……什麼？我不能說。我欲把我和『神』融和為一，我請求他原諒我的過失……可是不，我不請求這個，我感到，既然他賜予我這最幸福的時間，他必已原諒我了。我請求，而同時我覺得我無所請求，亦不能且不知請求。我感謝了他，不是用言語，亦不是在思想上……僅僅一小時之後，我又聽到罪惡的聲音。我在夢著光榮與女人的時候睡著了，這比我更強力。不打緊！我感謝神使我有這一刻看

32. 一八五一年六月十一日，在高加索斯塔里—尤爾特的營地。

到我的渺小與偉大的時間。我欲祈禱，但我不知祈禱；我欲徹悟，但我不敢。我完全奉獻給你的意志！」[33]

肉情並未戰敗（它從沒有被戰敗），情欲與神的爭鬥秘密地在心中進展。在《日記》中，托爾斯泰記述三個侵蝕他的魔鬼：

一、賭博欲——可能戰勝的。

二、肉欲——極難戰勝的。

三、虛榮欲——一切中最可怕的。

在他夢想著要獻給別人而犧牲自己的時候，肉欲或輕浮的思想同時佔據著他：某個高加索婦人的形象使他迷戀，或是「他的左面的鬍鬚比右面的豎得高時會使他悲哀」。[34]——「不妨！」神在這裡，他再也不離開他了。

即是鬥爭的騷亂也含有繁榮之機，一切的生命力都受著激勵了。

「我想我當初要到高加索旅行的輕佻的思念，實在是至高的主宰給我的感應。神靈的手指點著我，我不息地感謝他。我覺得在此我變得好了一些，而我確信我一切可能的遭遇對於我只會是福利，既然是神自己的意志要如此……」[35]

這是大地向春天唱它感謝神恩的歌。它佈滿了花朵。一切都好，一切都美。一八五二年，托爾斯泰的天才吐出它初期的花苞：《童年時代》、《一個紳士的早晨》、《侵略》、《少年時代》；他感

33.《日記》。
34.同前（一八五一年七月二日）。
35.一八五二年致他的塔佳娜姑母書。

謝使他繁榮的上帝。[36]

五　人生之愛戀

《我的童年的歷史》於一八五一年秋在蒂弗里斯地方開始，一八五二年七月二日在高加索皮亞季戈爾斯克地方完成。

這是很奇怪的：在使他陶醉的自然界中，在簇新的生活裡，在戰爭的驚心動魄的危險中，在一意要發現為他所從未認識的熱情的世界時，托爾斯泰居然會在這第一部作品中追尋他過去生活的回憶。但當他寫《童年時代》時，他正病著，軍隊中的服務中止了；在長期休養的閒暇中，又是孤獨又是痛苦，正有感傷的傾向，過去的回憶便在他溫柔的眼前展現了。[37]

最近幾年的頹廢生活，使他感到筋疲力盡般的緊張之後，去重溫「無邪的、詩意的、快樂的、美妙的時期」的幼年生活，追尋「溫良的、善感的、富於情愛的童心」，於他自另有一番甜蜜的滋味。而且充滿了青春的熱情，懷著無窮盡的計畫，他的循環式的詩情與幻想，難得採用一個

36. 一幅一八五一年時代的肖像，已表現出他在心魂上醞釀成熟的轉變。頭舉起著，臉色稍微變得清朗了些，眼眶沒有以前那麼陰沉，目光仍保有他的嚴厲的凝注，微張的口，剛在生長的鬍鬚，顯得沒有神采，永遠含著驕傲的與輕蔑的氣概，但青年的蓬勃之氣似乎佔有更多的成分。

37. 他那時代寫給塔佳娜姑母的信是充滿了熱淚。他確如他所說的「Liova-riova」（善哭的列夫）（一八五二年正月六日書）。

孤獨的題材，他的長篇小說，實在不過是他從不能實現的巨大的歷史的一小系罷了；[38]這時節，托爾斯泰把他的《童年時代》只當作《一生四部曲》的首章，它原應將他的高加索生活也包括在內，以由自然而獲得神的啟示一節為終結的。

以後，托爾斯泰對於這部助他成名的著作《童年時代》，表示十分嚴酷的態度。

──「這是糟透了，」他和比魯科夫說，「這部書缺少文學的誠實！……其中簡直沒有什麼可取。」

但只有他一個人抱有這種見解。本書的原稿，不寫作者的名字，寄給俄羅斯的有名的大雜誌《現代人》，立刻被發表了（一八五二年九月六日），而且獲得普遍的成功，為歐羅巴全部的讀者所一致確認的。然而，雖然其中含有魅人的詩意、細膩的筆致、精微的情感，我們很可懂得以後它會使托爾斯泰憎厭。

它使他憎厭的理由正是使別人愛好的理由。我們的確應當說：除了若干地方人物的記載與極少數的篇幅中含有宗教情操與感情的現實意味[39]足以動人之外，托爾斯泰的個性在此表露得極少。書中籠罩著一種溫柔的感傷情調，為以後的托爾斯泰所表示反感，而在別的小說中所摒除的。這感傷情調，我們是熟識的，我們熟識這些幽默和熱淚；它們是從狄更斯那裡來的。在他八十一年的最愛的讀物中，托爾斯泰在《日記》中說過是「狄更斯的《大衛・科波菲爾》巨大的影響」。他在高加索時還在重新流覽這部小說。

38.《一個紳士的早晨》是《一個俄國產業者小說》計畫中的斷片。《高加索人》是一部關於高加索的大小說之一部分。偉大的《戰爭與和平》在作者的思想中是一部時代史詩的開端，《十二月黨人》應當是小說的中心。

39. 朝山者格里莎或母親的死。

他自己所說的還有兩種影響：斯特恩[40]與特普費爾。「我那時，」他說，「受著他們的感應。」[41]誰會想到《日內瓦短篇》竟是《戰爭與和平》的作者的第一個模型呢？可是一經知道，便不難在《童年時代》中找到它們熱情而狡猾的純樸移植在一個更為貴族的天性中的痕跡。

因此，托爾斯泰在初期，對於群眾已是一個曾經相識的面目。但他的個性不久便開始肯定了。不及《童年時代》那麼純粹、那麼完美的《少年時代》（一八五三），指示出一種更特殊的心理，對於自然的強烈的情操，一顆為狄更斯與特普費爾所沒有的苦悶的心魂。《一個紳士的早晨》（一八五二年十月）中，[42]托爾斯泰的性格，觀察的大膽的真誠，對於愛的信心，都顯得明白地形成了。這短篇小說中，他所描繪的若干農人的出色的肖像已是《民間故事》中最美的描寫的發端。例如他的《養蜂老人》[43]在此已可窺見它的輪廓：在樺樹下的矮小的老人，張開著手，眼睛望著上面，光禿的頭在太陽中發光，成群的蜜蜂在他周圍飛舞，不刺他而在他頭頂上環成一座冠冕……

但這時期的代表作卻是直接灌注著他當時的情感之作，如《高加索紀事》。其中第一篇《侵略》（完成於一八五二年十二月二十四日），其中壯麗的景色，尤足動人：在一條河流旁邊，在萬山叢中的日出；以強烈生動的筆致寫出陰影與聲音的夜景；而晚上，當積雪的山峰在紫色的霧氛中消失的時候，士兵的美麗的歌聲在透明的空氣中飄蕩。《戰爭與和平》中的好幾個典型人物在此已

40. 十八世紀英國作家。
41. 在致比魯科夫的信中。
42. 《一個紳士的早晨》在一八五五年至一八五六年間才完成。
43. 《兩個老人》（一八八五年）。

在嘗試著生活了：如赫洛波夫大尉，那個真正的英雄，他的打仗，絕非為了他個人的高興，而因為這是他的責任。他是「那些樸實的、鎮靜的、令人歡喜用眼睛直望著他的俄羅斯人物」中之一員。笨拙的，有些可笑的，從不理會他的周圍的一切，在戰事中，當大家都改變時，他一個人卻不改變；「他，完全如人家一直所見的那樣：同樣鎮靜的動作，同樣平穩的聲調，在天真而陰鬱的臉上亦是同樣質樸的表情」。在他旁邊，一個中尉，扮演著萊蒙托夫的主人翁，他的本性是善良的，卻裝作似乎粗野蠻橫。還有那可憐的少尉，在第一仗上高興得了不得，可愛又可笑的，準備抱著每個人的頸項親吻的小傢伙，愚蠢地死於非命，如彼佳・羅斯托夫。在這些景色中，顯露出托爾斯泰的面目，冷靜地觀察著而不參與他的同伴們的思想；他已經發出非難戰爭的呼聲：

「在這如此美麗的世界上，在這廣大無垠、星辰密佈的天空之下，人們難道不能安適地生活嗎？在此他們怎能保留著惡毒、仇恨和毀滅同類的情操？人類心中一切惡的成分，一經和自然接觸便應消滅，因為自然是美與善的最直接的表現。」[44]

在這時期觀察所得的別的高加索紀事，到了一八五四至一八五五年間才寫成，例如《伐木》[45]，一種準確的寫實手法，稍嫌冷峻，但充滿了關於俄羅斯軍人心理的奇特的記載——這是預示未來的記錄；一八五六年又寫成《在別動隊中和一個莫斯科的熟人的相遇》[46]，描寫一個失意的上流人物，變成一個放浪的下級軍官，儒怯，酗酒，說謊，他甚至不能如他所輕視的士兵一般，具有被殺的意念，他們中最渺小的也要勝過他百倍。

44.《侵略》（全集卷三）。
45.全集卷三。
46.全集卷四。

在這一切作品之上，矗立著這第一期山脈的最高峰，托爾斯泰最美的抒情小說之一，是他青春的歌曲，亦是高加索的頌詩：《哥薩克》[47]。白雪連綿的群山，在光亮的天空映射著它們巍峨的線條，它們的詩意充滿了全書。在天才的開展上，這部小說是獨一無二之作，正如托爾斯泰所說的：「青春的強有力的神威，永遠不能復得的天才的飛躍。」春泉的狂流！愛情的洋溢！

「我愛，我那麼愛！……勇士們！善人們！他反覆地說，他要哭泣。為什麼？誰是勇士？他愛誰？他不大知道。」[48]

這種心靈的陶醉，無限制地流溢著。書中的主人翁奧列寧和托爾斯泰一樣，到高加索來尋求奇險的生活；他迷戀了一個高加索少女，沉浸入種種矛盾的希望中。有時他想「幸福，是為別人生活，犧牲自己」，有時他想「犧牲自己只是一種愚蠢」，於是他簡直和高加索的一個老人葉羅什卡同樣地想：「一切都是值得的。神造出一切都是為了人類的歡樂。沒有一件是犯罪。和一個美麗的女子玩不是一樁罪惡而是靈魂得救。」

可是又何用思想呢？只要生存便是。生存是整個的善，整個的幸福，至強的、萬有的生命：「生」即是神。一種狂熱的自然主義煽惑而且吞噬他的靈魂。迷失在森林中，「周圍盡是野生的草木、無數的蟲鳥、結隊的蚊蚋、黝黯的綠翳、溫暖而芬芳的空氣，在草葉下面到處潛流著濁水」，離開敵人的陷阱極近的地方，奧列寧「突然感到無名的幸福，依了他童時的習慣，他畫著十字，感謝著什麼人」。如一個印度的托缽僧一般，他滿足地說，他獨自迷失在吸引著他的人生的漩渦中，到處潛伏著的無數看不見的生物窺伺著他的死，成千成萬的蟲類在他周圍嗡嗡地互相喊著：

47. 雖然這些作品在一八六〇年時才完成（發刊的時期是一八六三年），但這部著作中的大部分卻在此時寫成的。

48. 《高加索人》（全集卷三）。

——「這裡來，這裡來，同伴們！瞧那我們可以刺一下的人！」

「顯然他在此不復是一個俄國士紳，莫斯科的社會中人，某人某人的朋友或親戚，而只是一個生物，如蚊蚋，如雉鳥，如麋鹿，如在他周圍生存著徘徊著一切生物一樣。

——他將如它們一般生活，一般死亡。『青草在我上面生長。……』」

而他的心是歡悅的。

在青春的這一個時間，托爾斯泰生活在對於力、對於人生之愛戀的狂熱中。他抓扼自然而和自然融化，是對著自然他發洩他的悲愁、他的歡樂和他的愛情。[49]但這種羅曼蒂克的陶醉，從不能淆亂他的清晰的目光。更無別的足以和這首熱烈的詩相比，更無別的能有本書中若干篇幅的強有力的描寫，和真切的典型人物的刻畫。自然與人間的對峙，是本書的中心思想，亦是托爾斯泰一生最愛用的主題之一，他的信條之一，而這種對峙已使他找到《克勒策奏鳴曲》[50]的若干嚴酷的語調，以指責人間的喜劇。但對於一切他所愛的人，他亦同樣地真實；自然界的生物，美麗的高加索女子和他朋友們都受著他明辨的目光燭照，他們的自私、貪婪、狡獪惡習，一一描畫無遺。

高加索，尤其使托爾斯泰喚引起他自己生命中所蓄藏的深刻的宗教性。人們對於這真理精神的初次昭示往往不加相當的闡發。他自己亦是以保守秘密為條件才告訴他青春時代的心腹，他的年輕的亞歷山卓・安德列耶芙娜姑母。在一八五九年五月三日的一封信中，他向她「發表

49. 奧列寧說：「也許在愛高加索女郎時，我在她身上愛及自然……在愛她時，我感到自己和自然分離不開。」他時常把他所愛的人與自然做比較。「她和自然一樣是平等的，鎮靜的，沉默的。」此外，他又把遠山的景致與「這端麗的女子」相比。

50. 奧列寧在致他的俄羅斯友人們的信中便有此等情調。

他的信仰」：

「兒時，」他說，「我不加思想，只以熱情與感傷而信仰。十四歲時，我開始思慮著人生問題；而因為宗教不能和我的理論調和，我把毀滅宗教當作一件值得讚美的事……於我一切是明白的、論理的，一部一部分析得很好的，而宗教，卻並沒安插它的地位……以後，到了一個時期，人生於我已毫無秘密，但在那時起，人生亦開始喪失了它的意義。那時候——這是在高加索——我是孤獨的，苦惱的。我竭盡我所有的精神力量，如一個人一生只能這樣地做一次的那樣。……這是殉道與幸福的時期。從來（不論在此時之前或後）我沒有在思想上達到那樣崇高的地位，我不曾有如這兩年中的深刻的觀察，而那時我所找到的一切便成為我的信念……在這兩年的持久的靈智工作中，我發現一條簡單的、古老的，但為我是現在才知道而一般人尚未知道的真理；我發現人類有一點不朽性，有一種愛情，為要永久幸福起見，人應當為了別人而生活。這些發現使我非常驚訝，因為它和基督教相似；於是我不復向前探尋而到《聖經》中去求索了。但我找不到什麼東西。我既找不到神，亦找不到救主，更找不到聖典，什麼都沒有……但我竭盡我靈魂的力量尋找，我哭泣，我痛苦，我只是欲求真理……這樣，我和我的宗教成為孤獨了。」

在信末，他又說：

「明白瞭解我啊！……我認為，沒有宗教，人是既不能善，亦不能幸福；我願佔有它較佔有世界上任何東西都更牢固；我覺得沒有它我的心會枯萎……但我不信仰。為我，是人生創造了宗教，而非宗教創造人生……我此時感到心中那麼枯索，需要一種宗教。神將助我。這將會實現……自然對於我是一個引路人，它能導引我們皈依宗教，每人有他不同而不認識的道路；這條路，只有在每人的深刻處才能找它……」

六 真理

一八五三年十一月，俄羅斯向土耳其宣戰。托爾斯泰初時在羅馬尼亞軍隊中服務，以後又轉入克里米亞軍隊，一八五四年十一月七日，他到塞瓦斯托波爾。他胸中燃燒著熱情與愛國心。他勇於盡責，常常處於危險之境，尤其在一八五五年四月至五月間，他三天中輪到一天在第四稜堡的炮台中服務。

成年累月地生活於一種無窮盡的緊張與戰慄中，和死正對著，他的宗教的神秘主義又復活了。他和神交談著。一八五五年四月，他在《日記》中記有一段禱文，感謝神在危險中保護他並請求他繼續予以默佑，「以便達到我尚未認識的，生命的永恆的與光榮的目的……」他的這個生命的目的，並非是藝術，而已是宗教。一八五五年三月五日，他寫道：

「我已歸結到一個偉大的思想，在實現這思想上，我感到可以把我整個的生涯奉獻給它。這思想，是創立一種新宗教，基督的宗教，但其教義與神秘意味是經過澄清的……用極明白的意識來行動，以便把宗教來結合人類。」[51]

這將是他暮年時的問題。

可是，為了要忘掉眼前的情景起見，他重新開始寫作。在槍林彈雨之下，他怎麼能有必不可

51.《日記》。

少的精神上的自由來寫他的回憶錄的第三部《青年時代》?那部書是極混沌的：它的紊亂，及其抽象分析的枯索，如司湯達式的層層推進的解剖，大抵是本書誕生時的環境造成的。[52]但一個青年的頭腦中所展演的模糊的幻夢與思想，他竟有鎮靜深刻的探索，亦未始不令人驚歎。作品顯得對於自己非常坦率。而在春日的城市寫景，懺悔的故事，為了已經遺忘的罪惡而奔往修道院去的敘述中，又有多少清新的詩意！一種熱烈的泛神論調，使他書中若干部分含有一種抒情的美，其語調令人回想起《高加索紀事》。例如這幅夏夜的寫景：

「新月發出它沉靜的光芒。池塘在閃耀。老樺樹的茂密的枝葉，一面在月光下顯出銀白色，另一面，它的黑影掩蔽著棘叢與大路。鶺鴒在塘後鳴噪。兩棵老樹互相輕觸的聲息，不可聞辨。蚊蠅嗡嗡，一隻蘋果墮在枯萎的落葉上，青蛙一直跳上階石，綠色的背在月下發光……月漸漸上升懸在天空，普照宇宙；池塘的光彩顯得更明亮，陰影變得更黝黑，光亦愈透明……而我，微賤的蟲蛆，已經沾染著一切人間的熱情，但因了愛情的巨力，這時候，自然、月和我，似乎完全融成一片。」[53]

但當前的現實，在他心中較之過去的夢景更有力量；它迫使他注意。《青年時代》因此沒有完成；而這位伯爵列夫・托爾斯泰中隊副大尉，在稜堡的障蔽下，在隆隆的炮聲中，在他的同伴間，觀察著生人與垂死者，在他的不可磨滅的《塞瓦斯托波爾紀事》中寫出他們的和他自己的

52. 在同時代完成的《伐木》一著中，亦有此等方式。例如：「愛有三種：一、美學的愛；二、忠誠的愛；三、活躍的愛；等等。」(《青年時代》)——或如：「兵有三種：一、服從的；二、橫暴的；三、偽善的。他們更可分為：A．冷靜的服從者；B．逢迎的服從者；C．酗酒的服從者；等等。」(見《伐木》)

53. 《青年時代》(全集卷二)第三十二章。

悽愴。

這三部紀事——《一八五四年十二月之塞瓦斯托波爾》、《一八五五年五月之塞瓦斯托波爾》、《一八五五年八月之塞瓦斯托波爾》——往常是被人籠統地加以同一地來批判的。但它們實在是十分歧異的。尤其是第二部，在情操上，在藝術上，與其他二部不同。第一、第三兩部被愛國主義統治著，第二部則含有確切不移的真理。

據說俄后讀了第一部紀事[54]之後，不禁為之下淚，以至俄皇在驚訝歎賞之中下令把原著譯成法文，並令把作者移調，離開危險區域。這是我們很能瞭解的。在此只有鼓吹愛國與戰爭的成分。托爾斯泰入伍不久，他的熱情沒有動搖，他沉溺在英雄主義中。他在衛護塞瓦斯托波爾的人中還未看出野心與自負心，還未窺見任何卑鄙的情操。對於他，這是崇高的史詩，其中的英雄「堪與希臘的媲美」。此外，在這些紀事中，毫無經過想像方面的努力的痕跡，毫無客觀表現的試煉。作者只是在城中閒步，他以清明的目光觀看，但他講述的方式，卻太拘謹：「你看……你進入……你注意……」這是巨帙的新聞記錄加入對於自然的美麗的印象作為穿插。

第二幕情景是全然不同的：《一八五五年五月之塞瓦斯托波爾》。篇首，我們即讀到：

「千萬的人類自尊心在這裡互相衝撞，或在死亡中寂滅……」

後面又說：

「……因為人是那麼多，故虛榮亦是那麼多……虛榮，虛榮，到處是虛榮，即是在墓門前面！這是我們這世紀的特殊病……為何荷馬與莎士比亞時之輩談著愛、光榮與痛苦，而我們這世

54. 寄給《現代人》雜誌，立刻被發表了。

紀的文學只是虛榮者和趨崇時尚之徒的無窮盡的故事呢？」

紀事不復是作者的簡單敘述，而是直接使人類與情欲角逐，暴露英雄主義的背面。托爾斯泰犀利的目光在他同伴們的心底探索；在他們心中如在他自己心中一樣，他看到驕傲、恐懼、死在臨頭尚在不斷地演變的世間的喜劇。尤其是恐懼被他確切認明了，被他揭除了面幕，赤裸裸地發露了。這無窮的危懼，這畏死的情操，被他毫無顧忌、毫無憐惜地剖解了，他的真誠竟至可怕的地步。[55]在塞瓦斯托波爾，托爾斯泰的一切的感傷情調盡行喪失了，他輕蔑地指為「這種浮泛的、女性的、只知流淚的同情」。他的分析天才，在他少年時期已經覺醒，有時竟含有病態，[56]但這項天才，從沒有比描寫普拉斯胡辛之死達到更尖銳、更富幻想的強烈程度。當炸彈墮下而尚未爆烈的一秒鐘內，不幸者的靈魂內所經過的情景，有整整兩頁的描寫，——另外一頁是描寫當炸彈爆烈之後，「都受著轟擊馬上死了」，這一剎那間的胸中的思念。[57]

彷如演劇時休息期間的樂隊一般，戰場的景色中展開了鮮明的大自然，陰雲遠去，豁然開朗，而在成千成萬的人呻吟轉側的莊嚴的沙場上，發出白日的交響曲，於是基督徒托爾斯泰，忘記了他第一部敘述中的愛國情調，詛咒那違叛神道的戰爭：

「而這些人，這些基督徒，——在世上宣揚偉大的愛與犧牲的律令的人，看到了他們所做的

55. 許多年以後，托爾斯泰重複提及這時代的恐懼。他和他的朋友捷涅羅莫述及他有一夜睡在壕溝掘成的臥室中恐怖到極點的情景。

56. 稍後，德魯日寧友誼地叮囑他當心這危險：「你傾向於一種極度縝密的分析精神，它可以變成一個大缺點。有時，你竟會說出：『某人的足踝指出他有往印度旅行的欲願……』你應當抑制這傾向，但不要無緣無故地把它完全阻塞了。」（一八五六年書）

57. 全集卷四，第八二至八五頁。

事，在賜予每個人的心魂以畏死的本能與愛善愛美的情操的神前，竟不跪下懺悔！他們竟不流著歡樂與幸福的眼淚而互相擁抱，如同胞一般！」

在結束這一短篇時，——其中的慘痛的語調，為他任何別的作品所尚未表現過的，——托爾斯泰懷疑起來。也許他不應該說話的？

「一種可怕的懷疑把我壓抑著。也許不應當說這一切。我所說的，或即是惡毒的真理之一，無意識地潛伏在每個人的心魂中，而不應當明言以致它成為有害，如不當攪動酒糟以免弄壞了酒一樣。哪裡是應當避免去表白的罪惡？哪裡是應當模仿的、美的表白？誰是惡人，誰是英雄？一切都是善的，一切亦都是惡的……」

但他高傲地鎮定了：

「我這短篇小說中的英雄，為我全個心魂所愛的，為我努力表現他全部的美的，他不論在過去、現在或將來，永遠是美的，這即是真理本身。」

讀了這幾頁，[58]《現代人》雜誌的主編涅克拉索夫寫信給托爾斯泰說：

「這正是今日俄國社會所需要的：真理，真理，真理自果戈理死後俄國文學上所留存極少的……你在我們的藝術中所提出的真理對於我們完全是新的東西。我只怕一件：我怕時間，人生的懦怯，環繞我們的一切昏瞶癡聾會把你收拾了，如收拾我們中大半的人一樣，——換言之，我怕它們會消滅你的精力。」[59]

可是不用怕這些。時間會消磨常人的精力，對於托爾斯泰，卻更加增他的精力。但即在那

58. 這幾頁是被檢查處禁止刊載的。
59. 一八五五年九月二日書。

時，嚴重的困難，塞瓦斯托波爾的失陷，使他在痛苦的虔敬的情操中悔恨他的過於嚴正的坦白。他在第三部敘述——《一八五五年八月之塞瓦斯托波爾》——中，講著兩個以賭博而爭吵的軍官時，他突然中止了敘述，說：

「但在這幅景象之前趕快把幕放下吧。明日，也許今天，這些人們將快樂地去就義。在每個人的靈魂中，潛伏著高貴的火焰，有一天會使他成為一個英雄。」

這種顧慮固然沒有絲毫減弱故事的寫實色彩，但人物的選擇已可相當地表現作者的同情了。馬拉科夫的英雄的事蹟和它的悲壯的失陷，便象徵在兩個動人的高傲的人物中：這是弟兄倆，哥哥名叫科澤爾特佐夫大佐，和托爾斯泰頗有相似之處；[60]另外一個是沃洛佳旗手，膽怯的、熱情的、狂亂的獨白，種種的幻夢，溫柔的眼淚，無緣無故會淌出來的眼淚，怯弱的眼淚，初入稜堡時的恐怖，（可憐的小人兒還怕黑暗，睡眠時把頭藏在帽子裡，）為了孤獨和別人對他的冷淡而感到苦悶，以後，當時間來到，他卻在危險中感到快樂。這一個是屬於一組富有詩意的面貌的少年群的，（如《戰爭與和平》中的彼佳和《侵略》中的少尉，）心中充滿了愛，他們高興地笑著去打仗，突然莫名其妙地在死神前折喪了。弟兄倆同日——守城的最後一天——受創死了。那篇小說便以怒吼著愛國主義的呼聲的句子結束了：

「軍隊離開了城。每個士兵，望著失守的塞瓦斯托波爾，心中懷著一種不可辨別的悲苦，歎

60.「他的自尊心和他的生命融合在一起了，他看不見還有別的路可以選擇：不是富有自尊心，便是把自己毀滅……他愛在他舉以和自己相比的人中成為具有自尊心的人物。」

著氣把拳頭向敵人遙指著。」[61]

七 自然的學校

從這地獄中出來，——在一年中他觸到了情欲、虛榮與人類痛苦的底蘊——一八五五年十一月，托爾斯泰周旋於聖彼德堡的文人中間，他對於他們感著一種憎惡與輕蔑。他們的一切於他都顯得是卑劣的、謊騙的。從遠處看，這些人似乎是在藝術的光威中的人物——即如屠格涅夫，他所佩服而最近把他的《伐木》題贈給他的，——近看卻使他悲苦地失望了。一八五六年時代的一幅肖像，正是他處於這個團體中時的留影：屠格涅夫，岡察洛夫，奧斯特洛夫斯基，格里戈羅維奇，德魯日寧。在別人那種一任自然的態度旁邊，他的禁欲的、嚴峻的神情，骨骼嶙露的頭，深凹的面頰，僵直地交叉著的手臂，顯得非常觸目。穿著軍服，立在這些文學家後面，正如蘇亞雷斯所寫說：「他不似參與這集團，更像是看守這些人物。竟可說他準備著把他們押送到監獄中去的樣子。」[62]

可是大家都恭維這初來的年輕的同道，他是擁有雙重的光榮：作家兼塞瓦斯托波爾的英雄。

61. 一八八九年，托爾斯泰為葉爾喬夫的《一個炮隊軍官的塞瓦斯托波爾回憶錄》作序時重新在思想上追懷到這些情景。一切帶有英雄色彩的往事都消失了。他只想起七日七夜的恐怖，——雙重的恐怖，怕死又是怕羞——可怕的精神苦痛。一切守城的功勳，為他是「曾經做過炮銃上的皮肉」。

62. 蘇亞雷斯著《托爾斯泰》（一八九九年出版）。

屠格涅夫，在讀著塞瓦斯托波爾的各幕時哭著喊 **Hourra** 的，此時親密地向他伸著手，但兩人不能諒解。他們固然具有同樣清晰的目光，他們在視覺中卻灌注入兩個敵對的靈魂色彩：一個是幽默的，顫動的，多情的，幻滅的，迷戀美的；另一個是強項的，驕傲的，為著道德思想而苦悶的，孕育著一個尚在隱蔽之中的神道的。

托爾斯泰所尤其不能原諒這些文學家的，是他們自信為一種優秀階級，自命為人類的首領。還有在對於他們的反感中，他彷彿如一個貴族、一個軍官對於放浪的中產階級與文人那般驕傲。[63]還有一項亦是他的天性的特徵，──他自己亦承認，──便是「本能地反對大家所承認的一切判斷」。[64]對於人群表示猜疑，對於人類理性含藏著幽密的輕蔑，這種性情使他到處發覺自己與他人的欺罔及謊騙。

「他永遠不相信別人的真誠。一切道德的躍動於他顯得是虛偽的。他對於一個為他覺得沒有說出實話的人，慣用他非常深入的目光逼視著他……」[65]

「他怎樣地聽著！他用深陷在眼眶裡的灰色的眼睛怎樣地直視著他的對手！他的口唇抿緊著，用著何等的譏諷的神氣！」[66]

屠格涅夫說，他從沒有感得比他這副尖銳的目光，加上二三個會令人暴跳起來的惡毒的詞

63. 在某次談話中，屠格涅夫埋怨「托爾斯泰對於貴族出身的無聊的驕傲與自大」。
64. 「我的一種性格，不論是好是壞，但為我永遠具有的，是我不由自主地老是反對外界的帶有傳染性的影響：我對於一般的潮流感著厭惡。」（致比魯科夫書）
65. 屠格涅夫語。
66. 格里戈羅維奇語。

句，更難堪的了。[67]

托爾斯泰與屠格涅夫第一次會見時即發生了劇烈的衝突。[68]遠離之後，他們都鎮靜下來努力要互相表示公道。但時間只使托爾斯泰和他的文學團體分隔得更遠。他不能寬恕這些藝術家一方面過著墮落的生活，一方面又宣揚什麼道德。

「我相信差不多所有的人，都是不道德的、惡的、沒有品性的，比我在軍隊流浪生活中所遇到的人要低下得多。而他們竟對自己很肯定，快活，好似完全健全的人一樣。他們使我憎厭。」[69]

他和他們分離了。但他在若干時期內還保存著如他們一樣的對於藝術的功利觀念。[70]他的驕傲在其中獲得了滿足。這是一種酬報豐富的宗教，它能為你掙得「女人，金錢，榮譽……」

「我曾是這個宗教中的要人之一。我享有舒服而極有利益的地位……」

為要完全獻身給它，他辭去了軍隊中的職務（一八五六年十一月）。

但像他那種性格的人不能長久閉上眼睛的。他相信，願相信進步。他覺得「這個名詞有些意義」。到外國旅行了一次——一八五七年正月二十九日起至七月三十日止，法國，瑞士，德國——

67. 於也納・迦爾希納著《關於屠格涅夫的回憶》（一八八三年）。參看比魯科夫著《托爾斯泰——生活與作品》。

68. 一八六一年，兩人發生最劇烈的衝突，以致終身不和。屠格涅夫表示他的泛愛人間的思想，談著他的女兒所幹的慈善事業。可是對於托爾斯泰，再沒有比世俗的浮華的慈悲使他更憤怒的了。「我想，」他說，「一個穿裝得很考究的女郎，在膝上拿著些齷齪的破衣服，不啻是扮演缺少真誠性的喜劇。」爭辯於以發生。屠格涅夫大怒，威嚇托爾斯泰要批他的頰。托爾斯泰勒令當時便用手槍決鬥以賠償名譽。屠格涅夫就後悔他的魯莽，寫信向他道歉。但托爾斯泰決不原諒。卻在二十年之後，在一八七八年，還是托爾斯泰懺悔著他過去的一切。在神前捐棄他的驕傲，請求屠格涅夫寬恕他。

69. 《懺悔錄》，全集卷十九。

70. 「在我們和瘋人院間，」他說，「絕無分別。即在那時，我已模糊地猜度過，但和一切瘋人一樣，我把每個人都認為是瘋子，除了我。」（同前）

這個信念亦為之動搖了。[71]一八五七年四月六日，在巴黎看到執行死刑的一幕，指示出他「對於進步的迷信亦是空虛的……」

「當我看到頭從人身上分離了滾到籃中去的時候，在我生命的全力上，我懂得現有的維持公共治安的理論，沒有一條足以證明這種行為的合理。如果全世界的人，依據著若干理論，認為這是必需的，我，我總認為這是不應該的，因為可以決定善或惡的，不是一般人所說的和所做的，而是我的心。」[72]

一八五七年七月七日，在盧塞恩看見寓居施魏策爾霍夫的英國富翁不願對一個流浪的歌者施捨，這幕情景使他在《涅赫留多夫親王日記》[73]上寫出他對於一切自由主義者的幻想，和那些「在善與惡的領域中唱著幻想的高調的人」的輕蔑。

「為他們，文明是善，野蠻是惡；自由是善，奴隸是惡。這些幻想的認識卻毀滅了本能的、原始的最好的需要。而誰將和我確言何謂自由，何謂奴隸，何謂文明，何謂野蠻？哪裡善與惡才不互存並立呢？我們只有一個可靠的指引者，便是鼓勵我們互相親近的普在的神靈。」

回到俄羅斯，到他的本鄉亞斯納亞，他重新留意農人運動。[74]這並非是他對於民眾已沒有什麼幻

71. 參看這時期，他給他年輕的亞歷山卓・托爾斯泰婭姑母的信，那麼可愛，充滿著青年的蓬勃之氣。
72. 《懺悔錄》。
73. 《涅赫留多夫親王日記》（寫於盧塞恩地方），全集卷五。
74. 從瑞士直接回到俄羅斯時，他發現「在俄國的生活是一樁永久的痛苦！……」「在藝術、詩歌與友誼的世界內有一個托庇之所是好的。在此，沒有一個人感到惶亂……我孤獨著，風在吹嘯；外面天氣嚴寒，一切都是髒的，我可憐地奏著貝多芬的一曲『行板』，用我凍僵的手指，我感動地流淚；或者我讀著《伊利亞特》，或者我幻想著男人、女人，我和他們一起生活；我在紙上亂塗，或如現在這樣，我想著親愛的人……」（致亞歷山卓・托爾斯泰婭女伯爵書，一八五七年八月十八日）

想。他寫道：

「民眾的宣道者徒然那麼說，民眾或許確是一班好人的集團；然而他們，只在庸俗、可鄙的方面，互相團結，只表示出人類天性中的弱點與殘忍。」[75]

因此他所要啟示的對象並非是群眾，而是每人的個人意識，而是民眾的每個兒童的意識。因為這裡才是光明之所在。他創辦學校，可不知道教授什麼。為學習起見，自一八六〇年七月三日至一八六一年四月二十三日第二次旅行歐洲。[76]

他研究各種不同的教育論。不必說他把這些學說一齊摒斥了。在馬賽的兩次逗留使他明白真正的民眾教育是在學校以外完成的——學校於他顯得可笑的——如報紙、博物院、圖書館、街道、生活，一切為他稱為「無意識的」或「自然的」學校。強迫的學校是他認為不祥的、愚蠢的；故當他回到亞斯納亞・波利亞納時，他要創立而試驗的即是自然的學校。[77]

自由是他的原則。他不答應一班特殊階級，「享有特權的自由社會」，把他的學問和錯誤，強使他所全不瞭解的民眾學習。他沒有這種權利。這種強迫教育的方法，在大學裡，從來不能產生「人類所需要的人，而產生了墮落社會所需要的人：官吏，官吏式的教授，官吏式的文學家，還有若干毫無目的地從舊環境中驅逐出來的人——少年時代已經驕傲慣了，此刻在社會上亦找不到他的地位，只能變成病態的、驕縱的自由主義者」。[78]應當由民眾來說出他們的需要！如果他們不在乎

75.《涅赫留多夫親王日記》。

76. 這次旅行中他結識了奧爾巴赫（在德國德累斯頓），他是第一個感應他去做民眾教育的人；在基辛根結識福祿培爾；在倫敦結識赫爾岑，在比京結識蒲魯東，似乎給他許多感應。

77. 尤其在一八六一至一八六二年間。

78.《教育與修養》。參看《托爾斯泰——生活與作品》卷二。

「一班知識份子強令他們學習的讀與寫的藝術」，他們也自有他們的理由：他有較此更迫切更合理的精神的需要。試著去瞭解他們，幫助他們滿足這些需求！

這是一個革命主義者的保守家的理論，托爾斯泰試著要在亞斯納亞做一番實驗，他在那裡不像是他的學生們的老師，更似他們的同學。[79]

同時，他努力在農業墾殖中引入更為人間的精神。一八六一年被任為克拉皮夫納區域的地方仲裁人，他在田主與政府濫施威權之下成為民眾保護人。

但不應當相信這社會活動已使他滿足而佔據了他整個的身心。他繼續受著種種敵對的情欲支配。雖然他竭力接近民眾，他仍愛，永遠愛社交，他有這種需求。

有時，享樂的欲望侵擾他；有時，一種好動的性情刺激他。他不惜冒了生命之險去獵熊。他以大宗的金錢去賭博。甚至他會受他瞧不起的聖彼德堡文壇的影響。從這些歧途中出來，他為了厭惡，陷於精神狂亂。

這時期的作品便不幸地具有藝術上與精神上的猶疑不定的痕跡。《兩個輕騎兵》（一八五六年）[80]傾向於典雅、誇大、浮華的表現，在托爾斯泰的全體作品中不相稱的。

一八五七年在法國第戎寫的《阿爾貝》[81]是疲弱的、古怪的，缺少他所慣有的深刻與確切。《記數人日記》（一八五六年）[82]更動人，更早熟，似乎表白托爾斯泰對於自己的憎惡。他的化身，涅赫留

79. 托爾斯泰於《亞斯納亞・波利亞納》雜誌中發表他的理論（一八六二年），全集卷十三。
80. 全集卷四。
81. 全集卷五。
82. 同前。

多夫親王，在一個下流的區處自殺了：

「他有一切——財富，聲望，思想，高超的感應；他沒有犯過什麼罪，但他做了更糟的事情——他毒害了他的心，他的青春；他迷失了，可並非為了什麼劇烈的情欲，只是為了缺乏意志。」

死已臨頭也不能使他改變：

「同樣奇特的矛盾，同樣的猶豫，同樣的思想上的輕佻……」

死……這時代，它開始纏繞著托爾斯泰的心魂。

在《三個死者》（一八五八至一八五九）[83]中，已可預見《伊萬・伊里奇之死》一書中對於死的陰沉的分析，死者的孤獨，對於生人的怨恨，他的絕望的問句：「為什麼？」《三個死者》——富孀，癆病的老御者，斫斷的樺樹——確有他們的偉大；肖像刻畫得頗為逼真，形象也相當動人，雖然這作品的結構很鬆懈，而樺樹之死亦缺少加增托爾斯泰寫景的美點的確切的詩意。在大體上，我們不知他究竟是致力於為藝術的藝術抑是具有道德用意的藝術。

托爾斯泰自己亦不知道。一八五九年二月十四日，在莫斯科的俄羅斯文學鑒賞人協會的招待席上，他的演辭是主張為藝術而藝術；[84]倒是該會會長霍米亞科夫，在向「這個純藝術的文學的代表」致敬之後，提出社會的與道德的藝術和他抗辯。[85]

83. 全集卷六。
84. 演辭的題目是：《論文學中藝術成分優於一切暫時的思潮》。
85. 他提出托爾斯泰自己的作品《三個死者》作為抗辯的根據。

一年之後，一八六〇年九月十九日，他親愛的哥哥，尼古拉，在耶爾地方患肺病死了，[86]這噩耗使托爾斯泰大為震驚，以致「搖動了他在善與一切方面的信念」，使他唾棄藝術：

「真理是殘酷的……無疑的，只要存在著要知道真理而說出真理的欲願，人們便努力要知道而說出。這是我道德概念中所留存的唯一的東西。這是我將實行的唯一的事物，可不是用你的藝術。藝術，是謊言，而我不能愛美麗的謊言。」[87]

然而，不到六個月之後，他在《波利庫什卡》[88]一書當中重複回到「美麗的謊言」，這或竟是，除了他對於金錢和金錢的萬惡能力的詛咒外，道德用意最少的作品，純粹為著藝術而寫的作品；且亦是一部傑作，我們所能責備它的，只有它過於富麗的觀察，足以寫一部長篇小說的太豐盛的材料，和詼諧的開端與太嚴肅的轉紐間的過於強烈、微嫌殘酷的對照。[89]

86. 托爾斯泰的另一個兄弟德米特里已於一八五六年患肺病而死了，一八五六、一八六二、一八七一諸年，托爾斯泰自以為亦染著了。他是，如他於一八五二年十月二十八日所寫的，「氣質強而體質弱」的人，他老是患著牙痛、喉痛、眼痛、骨節痛。一八五二年在高加索時，他「至少每星期二天必須留在室內」。一八五四年，疾病使他在從錫利斯特拉到塞瓦斯托波爾的途中耽擱了幾次。一八五六年，他在故鄉患肺病甚重。一八六二年，為了恐怕肺癆之故，他赴薩馬拉地方療養。自一八七〇年後，他幾乎每年要去一次。他和費特的通信中充滿了這些關於疾病的事情。這種健康時時受損的情景，令人懂得他對於死的憧憬。以後，他講起他的病，好似他的最好的友人一般：「當一個人病時，似乎在一個平坦的山坡上往下走，在某處，障著一層極輕微的布幕：在幕的一面是生，那一面是死。在精神的價值上，病的狀態比健全的狀態是優越得多了，不要和我談起那些沒患過病的人們！他們是可怕的，尤其是女子！一個身體強壯的女子，這是一頭真正曠野的獸類！」（與布瓦耶的談話，見一九〇一年八月二十七日巴黎《時報》）

87. 一八六〇年十月十七日致費特書。

88. 一八六一年寫於比京布魯塞爾。

89. 同時代的另一篇短篇小說，一篇簡單的遊記，名字叫作《雪的苦悶》（一八五六年），描寫他個人的回憶，具有一種極美的詩的印象，簡直是音樂般的。其中的背景，一部分又為托爾斯泰移用在《主與僕》（一八九五年）一書中。

八 夫妻間的幸福

這個過渡時期內，托爾斯泰的天才在摸索，在懷疑自己，似乎在不耐煩起來，「沒有強烈的情欲，沒有主宰一切的意志」，如《記數人日記》中的涅赫留多夫親王一般，可是在這時期中產生了他迄今為止從未有過的精純的作品：《夫婦間的幸福》（一八五九年）。[90]這是愛情的奇蹟。

許多年來，他已經和別爾斯一家友善。他輪流地愛過她們母女四個。[91]後來他終於確切地愛上了第二個女郎。但他不敢承認。索菲婭・安德列耶芙娜・別爾斯還是一個孩子：她只十七歲。他已經三十餘歲，自以為是一個老人，已沒有權利把他衰憊的、汙損的生活和一個無邪少女的生活結合了。他隱忍了三年。[92]

以後，他在《安娜小史》中講述他怎樣對索菲婭宣露他的愛情和她怎樣回答他的經過，——兩個人用一塊鉛粉，在一張桌子上描畫他們所不敢說的言辭的第一個字母。如《安娜小史》中的列文一般，他的極端的坦白，使他把《日記》給予他的未婚妻流覽，使她完全明瞭他過去一切可羞的事；亦和《安娜小史》中的基蒂一樣，索菲婭為之感到一種極端的痛苦。一八六二年九月二十

90. 全集卷五。
91. 童時，在一個嫉妒的爭執中，他把他的遊戲的伴侶——未來的別爾斯夫人，那時只有九歲，從陽臺上推下，以致她在長久的時期內成為跛足。
92. 參看《夫婦間的幸福》中謝爾蓋的傾訴：「假定一位先生A，一個相當地生活過了的老人，一個女子B，年輕的，既不認識男子亦不認識人生。由於種種家庭的環境，他如愛女兒一般地愛她，想不能用另一種方式去愛她……」

三日，他們結婚了。

但以前的三年中，在寫《夫婦間的幸福》時，這婚姻在詩人思想上已經完成了。[93]

在這三年內，他在生活中早已體驗到：

愛情尚在不知不覺間的那些不可磨滅的日子，愛情已經發露了的那些醉人的日子，期待中的神聖幽密的情語吐露的那時間，為了「一去不回的幸福」而流淚的時間，還有新婚時的得意，愛情的自私，「無盡的、無故的歡樂」；接著是厭倦，模模糊糊的不快，單調生活的煩悶，兩顆結合著的靈魂慢慢地分解了，遠離了，更有對於少婦含有危險性的世俗的迷醉，──如賣弄風情，嫉妒，無可挽救的誤會──於是愛情掩幕了，喪失了；終於，心的秋天來了，溫柔的、淒涼的景況，重現的愛情的面目變得蒼白無色，衰老了，因了流淚，皺痕，各種經歷的回憶，互相損傷的追悔，虛度的歲月而更淒惻動人；──以後便是晚間的寧靜與清明，從愛情轉到友誼，從熱情的傳奇生活轉到慈祥的母愛的這個莊嚴的階段……應當臨到的一切，一切，托爾斯泰都已預先夢想到，體味到。

而且為要把這一切生活得更透徹起見，他便在愛人身上實驗。第一次──也許是托爾斯泰作品中唯一的一次，──小說的故事在一個婦人心中展演，而且由她口述。何等的微妙！籠罩著貞潔之網的心靈的美……這一次，托爾斯泰的分析放棄了他微嫌強烈的光彩，它不復熱烈地固執著要暴露真理。內心生活的秘密不是傾吐出來而唯令人窺測得到。

托爾斯泰的藝術與心變得柔和了。形式與思想獲得和諧的均衡：《夫婦間的幸福》具有一部拉

93. 在這部作品中，也許他還加入若干回憶。一八五六年他在亞斯納亞寫過一部愛情小說沒有完成，其中描寫一個和他十分不同的少女，十分輕佻與浮華的，為他終於放棄了的，雖然他們互相真誠地愛戀。

辛式作品的完美。

婚姻，為托爾斯泰已深切地預感到它的甜蜜與騷亂的，確是他的救星。他是疲乏了，病了。厭棄自己，厭棄自己的努力。在最初諸作獲得盛大的成功之後，繼以批評界的沉默與群眾的淡漠。[94]高傲地，他表示頗為得意。

「我的聲名喪失了不少的普遍性，這普遍性原使我不快。現在，我放心了，我知道我有話要說，而我有大聲地說的力量。至於群眾，隨便他們怎樣想吧！」[95]

但這只是他的自豪而已：他自己也不能把握他的藝術。無疑地，他能主宰他的文學工具，但他不知用以做什麼。像他在談及《波利庫什卡》時所說的：「這是一個會執筆的人抓著一個題目隨便饒舌。」[96]

他的社會事業流產了，一八六二年，他辭去了地方仲裁人的職務。同年，警務當局到亞斯納亞・波利亞納大肆搜索，把學校封閉了。那時托爾斯泰正不在家，因為疲勞過度，他擔心著肺病。

「仲裁事件的糾紛為我是那麼難堪，學校的工作又是那麼空泛，為了願教育他人而要把我應該教授而為我不懂得的愚昧掩藏起來，所引起的懷疑，於我是那麼痛苦，以致我病倒了。如果我不知道還有人生的另一方面可以使我得救的話——這人生的另一方面便是家庭生活，也許我早已陷於十五年後所陷入的絕望了。」[97]

94. 自一八五七至一八六一年。
95. 一八五七年十月《日記》。
96. 一八六三年致費特書（《托爾斯泰——生活與作品》）。
97. 《懺悔錄》。

九 俄羅斯的心

最初，他儘量享受這家庭生活，他所用的熱情恰似他在一切事情上所用的一般。[98]托爾斯泰伯爵夫人在他的藝術上發生非常可貴的影響，富有文學天才，[99]她是如她自己所說的，「一個真正的作家夫人」，對於丈夫的作品那麼關心。

她和他一同工作，把他口述的筆錄下來，謄清他的草稿。[100]她努力保衛他，不使他受著他宗教魔鬼的磨難，這可怕的精靈已經不時在唆使他置藝術於死地。她亦努力把他的社會烏托邦關上了門。[101]她溫養著他的創造天才，她且更進一步：她的女性心靈使這天才獲得新的富源。除了《童年時代》與《少年時代》中若干美麗的形象之外，托爾斯泰初期作品中幾乎沒有女人的地位，即或有之，亦只站在次要的後景。在索菲婭的愛情感應之下寫成的《夫婦間的幸福》中，女人顯現了。在以後的作品中，少女與婦人的典型增多了。具有豐富熱烈的生活，甚至超過男子的。

我們可以相信，托爾斯泰伯爵夫人，不獨被她的丈夫採作《戰爭與和平》中娜塔莎與《安娜小

98.「家庭的幸福把我整個地陶融了。」（一八六三年正月五日）「我多麼幸福，幸福！我那樣愛她！」（一八六三年二月八日）——見《托爾斯泰——生活與作品》。

99. 她曾寫過幾篇短篇小說。

100. 據說她替托爾斯泰把《戰爭與和平》重謄過七次。

101. 結婚之後，托爾斯泰立刻停止了他的教育學工作，學校、雜誌全部停了。

史》中基蒂的模型，而且由於她的心腹的傾訴和她特殊的視覺，她亦成為他的可貴的幽密的合作者。[102]《安娜小史》中有若干篇幅，似乎完全出於一個女子的手筆。[103]

由於這段婚姻的恩澤，在十年或十五年中，托爾斯泰居然體味到久已沒有的和平與安全。[104]於是，在愛情的蔭庇之下，他能在閒暇中夢想而且實現了他的思想的傑作，威臨著十九世紀全部小說界的巨著：《戰爭與和平》和《安娜小史》（一八七三至一八七七）。

《戰爭與和平》是我們的時代最大的史詩，是近代的《伊利亞特》。整個世界的無數的人物與熱情在其中躍動。

在波濤洶湧的人間，矗立著一顆最崇高的靈魂，寧靜地鼓動著並震懾著狂風暴雨。在對著這部作品冥想的時候，我屢次想起荷馬與歌德，雖然精神與時代都不同，這樣我的確發現在他工作

102. 他的妹子塔佳娜，聰明的，具有藝術天才，托爾斯泰極讚賞她的思想與音樂天稟；在本書的女性人物中，托爾斯泰亦把她作為模型。托爾斯泰說過：「我把塔尼婭（塔佳娜）和索尼婭（即托爾斯泰伯爵夫人）混合起來便成了娜塔莎。」（據比魯科夫所述）

103. 例如多莉在鄉間別墅中的佈置，多莉與她的孩子們，許多化妝上的精細的描寫；不必說女性心靈的若干秘密，如果沒有一個女子指點，一個天才的男子漢絕不能參透。

104. 這是托爾斯泰的天才獲得解放的重要標識。他的日記，自一八六五年十一月一日專心寫作《戰爭與和平》的時代起停止了十三年。藝術的自私使良心的獨白緘默了。這個創作的時代亦是生理上極強壯的時代。托爾斯泰發狂一般地愛狩獵。「在行獵時，我遺忘一切。」（一八六四年書信）——某一次乘馬出獵時，他把手臂撞折了（一八六四年九月），即在這次病癒時，他讀出《戰爭與和平》的最初幾頁令夫人為他寫下。——「從昏暈中醒轉，我自己說：我是一個藝術家。是的，只是一個孤獨的藝術家。」（一八六五年正月二十三日致費特書）這時期寫給費特的一切信札，都充滿著創造的歡樂，他說：「迄今為止我所發刊的，我認為只是一種試筆。」（見致費特書）

的時代托爾斯泰的思想得力於荷馬與歌德。[105]而且，在他規定種種不同的文學品類的一八六五年的記錄中，他把《奧德賽》、《伊利亞特》、《一八〇五年》等都歸入一類。[106]他思想的自然的動作，使他從關於個人命運的小說，引入描寫軍隊與民眾，描寫千萬生靈的意志交融著的巨大的人群的小說。他在塞瓦斯托波爾圍城時所得的悲壯的經驗，使他懂得俄羅斯的國魂和它古老的生命。巨大的《戰爭與和平》，在他計畫中，原不過是一組史詩般的大壁畫——自彼得大帝到十二月黨人時代的俄羅斯史跡——中的一幅中心的畫。[107]

105. 托爾斯泰指出在他二十至三十五歲間對他有影響的作品：「歌德《赫爾曼和多蘿特》……頗為重大的影響。」「荷馬《伊利亞特》與《奧德賽》（俄譯本）……頗為重大的影響。」一八六三年，他在《日記》中寫道：「我讀歌德的著作，好幾種思想在我心靈中產生了。」一八六五年春，托爾斯泰重讀歌德，他稱《浮士德》為「思想的詩，任何別的藝術所不能表白的詩。」以後，他為了他的神（意即他思想上的理想——譯注）把歌德如莎士比亞一般犧牲了。但他對於荷馬的欽仰仍未稍減。一八五七年八月，他以同樣的熱情讀著《伊利亞特》與《聖經》。在他最後著作之一中，在攻擊莎士比亞（一九〇三）時，他把荷馬來作為真誠、中庸與真藝術的榜樣。

107.106. 《戰爭與和平》的最初兩部發刊於一八六五至一八六六年間，那時題名《一八〇五年》。這部巨著托爾斯泰於一八六三年先從《十二月黨人》開始，他寫了三個片段（見全集卷六）。但他看到他的作品的基礎不夠穩固；往前追溯過去，他到了拿破崙戰爭的時代，於是他寫了《戰爭與和平》。原著於一八六五年起在《俄羅斯通報》雜誌上發表，第六冊完成於一八六九年秋。那時托爾斯泰又追溯歷史的上流，他想寫一部關於彼得大帝的小說，以後又想寫另一部十八世紀皇后當政時代及其幸臣的作品。他在一八七〇至一八七三年間為這部作品工作，搜羅了不少材料，開始了好幾幕寫景；但他的寫實主義的顧慮使他終於放棄了，他意識到他永遠不能把這遙遠的時間以相當真實的手法使其再現。更後，一八七六年正月，他又想寫一部關於尼古拉一世時代的小說。接著，一八七七年，他熱烈地繼續他的《十二月黨人》，從當時身經事變的人那裡採集了若干材料，自己又親自去探訪事變發生的所在地。一八七八年他寫信給他的姑母說：「這部作品於我是那麼重要！重要的程度為你所意想不到，和信仰之於你同樣重要。我的意思是要說比你的信仰更重要。」但當他漸漸深入時，他反冷淡起來：他的思想已不在此了。一八七九年四月十七日他在致費特書中已經說：「十二月黨人？上帝知道他們在哪裡！……」在他生命的這一個時期內，宗教狂亂已經開始：他快要把他從前的偶像盡行銷毀了。

為真切地感到這件作品的力量起見，應當注意它潛在的統一性。[108] 大半的法國讀者不免短視，只看見無數的枝節，為之眼花繚亂。他們在這人生的森林中迷失了。應當使自己超臨一切，目光矚視著了無障蔽的天際和叢林原野的範圍；這樣我們才能窺見作品的荷馬式的精神，永恆的法則的靜寂，命運的氣息的強有力的節奏。統率一切枝節的全體的情操，和統制作品的藝人的天才，如創世紀中的上帝威臨著茫無邊際的海洋一般。

最初是一片靜止的海洋。俄羅斯社會在戰爭前夜所享有的和平。首先的一百頁，以極準確的手法與卓越的譏諷口吻，映現出浮華的心魂的虛無幻滅之境。到了第一百頁，這些活死人中最壞的一個，瓦西里親王才發出一聲生人的叫喊：

「我們犯罪，我們欺騙，而是為了什麼？我年紀已過五十，我的朋友……死了，一切都完了……死，多麼可怕！」

在這些暗淡的、欺妄的、有閑的、會墮落與犯罪的靈魂中，也顯露著若干具有比較純潔的天性的人：──在真誠的人中，例如天真朴訥的皮埃爾‧別祖霍夫，具有獨立不羈的性格與俄羅斯情操的瑪麗亞‧德米特里耶芙娜，飽含著青春之氣的羅斯托夫；──在善良與退忍的靈魂中，例如瑪麗亞公主；──還有若干並不善良但很高傲且被這不健全的生活所磨難的人，如安德列親王。

可是波濤開始翻騰了，第一是「行動」。俄羅斯軍隊在奧國。無可倖免的宿命支配著戰爭，而宿命也更不能比在這發洩著一切獸性的場合中更能主宰一切了。真正的領袖並不設法要指揮調度，而是如庫圖佐夫或巴格拉季昂般，「凡是在實際上只是環境促成的效果，由部下的意志所

108.《戰爭與和平》的第一部法譯本是於一八七八年在聖彼德堡開始的。但第一部的法文版卻於一八八五年在阿謝特書店發刊，一共是三冊。最近又有全部六本的譯文問世。

獲得的成績，或竟是偶然的現象，他們必得要令人相信他們自己的意志是完全和那些力量和諧一致的」。

這是聽憑命運擺佈的好處！純粹行動的幸福，正則健全的情狀。惶亂的精神重複覓得了它們的均衡。安德列親王得以呼吸了，開始有了真正的生活……至於在他的本土和這生命的氣息與神聖的風波遠離著的地方，正當兩個最優越的心魂，皮埃爾與瑪麗亞公主受著時流的薰染，沉溺於愛河中時，安德列在奧斯特利茨受傷了，行動對於他突然失掉了陶醉性，一下子得到了無限清明的啟示。仰身躺著，「他只看見在他的頭上，極高遠的地方，一片無垠的青天，幾片灰色的薄雲無力地飄浮著」。

「何等地寧靜！何等地平和！」他對著自己說，「和我狂亂的奔馳相差多遠！這美麗的天我怎麼早就沒有看見？終於窺見了，我何等地幸福！是的，一切是空虛，一切是欺罔，除了它……它之外，什麼也沒有，……如此，頌讚上帝吧！」

然而，生活恢復了，波浪重新低落。灰心的、煩悶的人們，深自沮喪，在都市的頹廢的誘惑的空氣中他們在黑夜中彷徨。有時，在濁世的毒氛中，融泄著大自然的醉人的氣息，春天，愛情，盲目的力量，使魅人的娜塔莎去接近安德列親王，而她不久以後，卻投入第一個追逐她的男子懷中。塵世已經糟蹋了多少的詩意、溫情、心地純潔！而「威臨著惡濁的塵土的無垠的天」依然不變！但是人們卻看不見它。即是安德列也忘記了奧斯特利茨的光明。為他，天只是「陰鬱沉重的穹隆」，籠罩著虛無。

對於這些枯萎貧弱的心魂，極需要戰爭的騷亂重新來刺激他們。國家受著威脅了。一八一二年九月七日，鮑羅金諾村失陷。這莊嚴偉大的日子啊。仇恨都消滅了。道洛霍夫親抱他的敵人皮埃爾。受傷的安德列，為了他生平最憎恨的人，病車中的鄰人，阿納托里・庫拉金遭受患難而痛哭，充滿著溫情與憐憫。由於熱烈的為國犧牲和對於神明的律令的屈服，一切心靈都聯合了。

「嚴肅地，鄭重地，接受這不可避免的戰爭……最艱難的磨煉莫過於把人的自由在神明的律令前低首屈服了。在服從神的意志上才顯出心的質樸。」

大將軍庫圖佐夫便是俄國民族心魂和它服從運命的代表：

「這個老人，在熱情方面，只有經驗，──這是熱情的結果──他沒有用以組合事物搜尋結論的智慧，對於事故，他只用哲學的目光觀照，他什麼也不發明，什麼也不幹；但他諦聽著，能夠回憶一切，知道在適當的時間運用他的記憶，不埋沒其中有用的成分，可亦不容忍其中一切有害的成分。在他的士兵的臉上，他會窺到這無可捉摸的，可稱為戰勝的意志，與未來的勝利的力。他承認比他的意志更強有力的東西，便是在他眼前展現的事物的必然的動向；他看到這些事物，緊隨著它們，他亦知道蠲除他的個人意見。」

最後他還有俄羅斯的心。俄國民族的又是鎮靜又是悲壯的宿命觀念，在那可憐的鄉人普拉東身上亦人格化了，他是質樸的、虔誠的、克制的，即在痛苦與死的時候也含著他那種慈和的微笑。經過了種種磨煉，國家多難，憂患遍嘗，書中的兩個英雄，皮埃爾與安德列，由於使他們看到活現的神的愛情與信仰，終於達到了精神的解脫和神秘的歡樂。

托爾斯泰並不就此終止。敘述一八二〇年時代的本書結尾，只是從拿破崙時代遞嬗到十二月黨人這個時代的過渡。他令人感到生命的賡續與更始。全非在騷亂中開端與結束，托爾斯泰如他開始時一樣，停留在一波未平一波繼起的階段中。我們已可看到將臨的英雄，與又在生人中復活過來的死者，和他們的衝突。[109]

以上我試把這部小說分析出一個重要綱目，因為難得有人肯費這番功夫。但是書中包羅著成百的英雄，每個都有個性，都是描繪得如是真切，令人不能遺忘，兵士，農夫，貴族，俄國人，奧國人，法國人……但這些人物的可驚的生命力，我們如何能描寫！在此絲毫沒有臨時構造之跡。對於這一批在歐羅巴文學中獨一無偶的肖像，托爾斯泰曾作過無數的雛形，如他所說的，「以千萬的計畫組織成功的」，在圖書館中搜尋，應用他自己的家譜與史料、他以前的隨筆、他個人的回憶。[110]這種縝密的準備確定了作品的堅實性，可也並不因之而喪失它的自然性。托爾斯泰寫作時的熱情與歡樂亦令人為之真切地感到。而《戰爭與和平》的最大魅力，尤其在於它年輕的心。托爾斯泰更無別的作品較本書更富於童心的了，每顆童心都如泉水一般明淨，如莫札特的旋律般婉轉動人，例如年輕的尼古拉．羅斯托夫、索尼婭和可憐的小彼佳。

最秀美的當推娜塔莎。可愛的小女子神怪不測，嬌態可掬，有易於愛戀的心，我們看她長

109. 娶娜塔莎的皮埃爾．別祖霍夫，將來是十二月黨人。他組織了一個秘密團體，監護公眾福利。娜塔莎熱烈地參與這個計畫。傑尼索夫毫不懂得和平的革命，他只準備著武裝暴動。尼古拉．羅斯托夫仍保持著他士兵的盲目的坦白態度。他在奧斯特利茨一役之後說過：「我們只有一件事情可做：盡我們的責任，上場殺敵，永遠不要思想。」此刻他反對皮埃爾了，說：「第一是我的宣誓！如果人家令我攻擊你，我會那樣做。」他的妻子，瑪麗亞公主贊同他的意見。安德列親王的兒子，小尼古拉．保爾康斯基，只有十五歲，嬌弱的，病態的，可愛的，金色的頭髮，大大的眼睛，熱情地諦聽他們的論辯；他全部的愛是為皮埃爾與娜塔莎；他不歡喜尼古拉與瑪麗亞；他崇拜他的父親，為他所不十分回想清楚的，他企望要肖似他，要長大，完成什麼大事業……什麼？他還不知……「雖然他們那麼說，我一定會做到……是的，我將做到。他自己便會贊同我。」——作品即以這個孩子的幻夢終結。——如果《十二月黨人》在那時寫下去，這年輕的尼古拉．保爾康斯基定將是其中的一個英雄。

110. 我說過《戰爭與和平》中的羅斯托夫與保爾康斯基兩個大族，在許多情節上和托爾斯泰的父系母系兩族極為相似。在《高加索紀事》與《塞瓦斯托波爾紀事》中，我們亦已見到《戰爭與和平》中不少的士兵與軍官的雛形。

大，明瞭她的一生，對她抱著對於姊妹般的貞潔的溫情——誰不曾認識她呢？美妙的春夜，娜塔莎在月光中，憑欄幻夢，熱情地說話，隔著一層樓，安德列傾聽著她……初舞的情緒，戀愛，愛的期待，無窮的欲念與美夢，黑夜，在映著神怪火光的積雪林中滑冰。大自然的迷人的溫柔吸引著你。劇院之夜，奇特的藝術世界，理智陶醉了；心的狂亂，沉浸在愛情中的肉體的狂亂；洗濯靈魂的痛苦，監護著垂死的愛人的神聖的憐憫……我們在喚引起這些可憐的回憶時，不禁要發生和在提及一個最愛的女友時同樣的情緒。啊！這樣的一種創造和現代的小說與戲劇相比時，便顯出後者的女性人物的弱點來了！前者把生命都抓住了，而且轉變的時候，那麼富於彈性，那麼流暢，似乎我們看到它在顫動嬗變。面貌很醜而德行極美的瑪麗亞公主亦是一幅同樣完美的繪畫；在看到深藏著一切心的秘密突然暴露時，這膽怯呆滯的女子臉紅起來，如一切和她相類的女子一樣。

在大體上，如我以前說過的，本書中女子的性格高出男子的性格多多，尤其是高出於托爾斯泰托寄他自己的思想的兩個英雄：軟弱的皮埃爾・別祖霍夫與熱烈而枯索的安德列・保爾康斯基。這是缺乏中心的靈魂，它們不是在演進，而是永遠躊躇；它們在兩端中間來回，從來不前進。無疑地，人們將說這正是俄國人的心靈。可是我注意到俄國人亦有同樣的批評。是為了這個緣故，屠格涅夫責備托爾斯泰的心理老是停滯的。「沒有真正的發展，永遠地遲疑，只是情操的顫動。」[111]托爾斯泰自己亦承認他有時為了偉大的史畫而稍稍犧牲了個人的性格。[112]

的確，《戰爭與和平》一書的光榮，便在於整個歷史時代的復活，民族移殖與國家爭戰的追

111. 一八六八年二月二日書。（據比魯科夫申引）
112. 他說：「特別是第一編中的安德列親王。」

懷。它的真正的英雄，是各個不同的民族；而在他們後面，如在荷馬的英雄背後一樣，有神明在指引他們。這些神明是不可見的力：「是指揮著大眾的無窮的渺小」，是「無窮」的氣息。在這些巨人的爭鬥中，——一種隱伏著的運命支配著盲目的國家，——含有一種神秘的偉大。在《伊利亞特》之外，我們更想到印度的史詩。[113]

《安娜小史》與《戰爭與和平》是這個成熟時期的登峰造極之作。[114]這是一部更完美的作品，支配作品的思想具有更純熟的藝術手腕、更豐富的經驗，心靈於它已毫無秘密可言，但其中缺少《戰爭與和平》中的青春的火焰、熱情的朝氣，——偉大的氣勢。托爾斯泰已沒有同樣的歡樂來創造了。新婚時的暫時的平靜消逝了。托爾斯泰伯爵夫人努力在他周圍建立起來的愛情與藝術周圈中，重新有精神煩悶滲入。

婚後一年，托爾斯泰寫下《戰爭與和平》的最初幾章；安德列向皮埃爾傾訴他關於婚姻問題的心腹語，表示一個男子覺得他所愛的女人不過是一個漠不相關的外人，是無心的仇敵，是他的精神發展的無意識的阻撓者時所感到的幻滅。一八六五年時代的書信，已預示他不久又要感染宗教的煩悶。這還只是些短期的威脅，為生活之幸福所很快地平復了的。但當一八六九年托爾斯泰完成《戰爭與和平》時，卻發生了更嚴重的震撼——

113. 可惜其中的詩意有時受了書中充滿著的哲學的嘮叨——尤其在最後幾部中——的影響，為之減色不少。托爾斯泰原意要發表他的歷史的定命論。不幸他不斷地回到這議論而且反覆再三地說。福樓拜在讀最初二冊時，「大為歎賞」，認為是「崇高精妙」的，滿著「莎士比亞式的成分」，到了第三冊卻厭倦到把書丟了，說：「他可憐地往下墮落。他重複不厭，他盡著做哲學的談話。我們看到這位先生，是作者，是俄國人；而迄今為止，我們只看到『自然』與『人類』。」（一八八〇年正月福樓拜致屠格涅夫書）

114. 《安娜小史》的第一部法譯本於一八八六年由阿謝特書店發刊，共二冊。在法譯全集中，增為四冊。

幾天之內，他離開了家人，到某處去參觀。一夜，他已經睡了；早上兩點鐘剛打過：「我已極度疲倦，我睡得很熟，覺得還好。突然，我感到一種悲苦，為我從未經受過的那麼可怕。我將詳細告訴你：[115]這實在是駭人。我從床上跳下，令人套馬。正在人家為我套馬時，我又睡著了，當人家把我喊醒時，我已完全恢復。昨天，同樣的情景又發生了，遠還沒有前次那麼厲害……」[116]

托爾斯泰伯爵夫人辛辛苦苦以愛情建造成的幻想之宮崩圮了。《戰爭與和平》[117]的完成使藝術家的精神上有了一個空隙，在這空隙時間，藝術家重又被教育學、哲學的研究抓住了：他要寫一部平民用的啟蒙讀本；[118]他埋首工作了四年，對於這部書，他甚至比《戰爭與和平》更為得意，他寫成了一部（一八七二年），又寫第二部（一八七五年）。接著，他狂熱地研究希臘文，一天到晚地研習，把一切別的工作都放下了，他發現了「精微美妙的色諾芬」[119]與荷馬，真正的荷馬而非翻譯家轉述出來的荷馬，不復是那些茹科夫斯基與福斯[120]輩的庸俗萎靡的歌聲，而是另一個旁若無人盡情歌唱的妖魔之妙音了。[121]

「不識希臘文，不能有學問！……我確信在人類語言中真正是美的，只有是單純的美，這是

115.致其夫人書。

116.這可怕的一夜的回憶，在一個《瘋人日記》（一八八三）中亦有述及。

117.一八六九年夏，當他寫完《戰爭與和平》的時候，他發現了叔本華，他立時醉心於他的學說：「叔本華是人類中最有天才的人。」（一八六九年八月三十日致費特書）

118.這部啟蒙讀本共有七百至八百頁，分為四編，除了教學法外，更含有許多短篇讀物。這些短篇以後形成「四部讀本」。第一部法譯本出版於一九二八年，譯者為夏爾・薩洛蒙。

119.一七八三至一八五二，俄國詩人。

120.一七三一至一八二六，德國批評家兼翻譯家。

121.他說在翻譯者與荷馬中間的差別，「有如沸水之於冷泉水，後者雖然令你牙齒發痛，有時且帶著沙粒，但它受到陽光的灑射，更純潔更新鮮」（一八七〇年十二月致費特書）。

我素所不知的。」[122]

這是一種瘋狂，他自己亦承認。他重又經營著學校的事情，那麼狂熱，以致病倒了。一八七一年他到薩馬拉地方巴奇基爾斯那裡療養。那時，除了希臘文，他對什麼都不滿。一八七二年，在訟案完了後，他當真地談起要把他在俄羅斯所有的財產盡行出售後住到英國去。托爾斯泰伯爵夫人不禁為之悲歎：「如果你永遠埋頭於希臘文中，你將不會有痊癒之日。是它使你感著這些悲苦而忘掉目前的生活。人們稱希臘文為死文字實在是不虛的：它令人陷入精神死滅的狀態中。」[123]

放棄了不少略具雛形的計畫之後，終於在一八七三年三月十九日，使伯爵夫人喜出望外地，托爾斯泰開始寫《安娜小史》。[124]正在他為這部小書工作的時候，他的生活受著家庭中許多喪事的影響變得陰沉暗淡，[125]他的妻子亦病了。「家庭中沒有完滿的幸福……」[126]

作品上便稍稍留著這慘澹的經驗與幻滅的熱情的痕跡。[127]除了在講起列文訂婚的幾章的美麗的文字外，本書中所講起的愛情，已遠沒有《戰爭與和平》中若干篇幅的年輕的詩意了，這些篇幅是足以和一切時代的美妙的抒情詩媲美的。反之，這裡的愛情含有一種暴烈的、肉感的、專橫的性格。統制這部小說的定命論，不復是如《戰爭與和平》中的一種神（克里希納），不復是一個運命

---

122. 見未曾發表的書信。
123. 托爾斯泰伯爵夫人的文件。
124. 《安娜小史》完成於一八七七年。
125. 三個孩子夭殤（一八七三年十一月十八日，一八七五年二月，一八七五年十一月終）。塔佳娜姑母，他的義母（一八七四年六月二十日），彼拉格婭姑母（一八七五年十二月二十二日）相繼去世。
126. 一八七六年三月一日致費特書。
127. 「女人是男子的事業的障礙石。愛一個女人同時又要做些好的事業是極難的，要不永遠受著阻礙的唯一的方法便是結婚。」（《安娜小史》第一冊——阿謝特法譯本）

的支配者，而是戀愛的瘋狂，「整個的維納斯」在舞會的美妙的景色中，當安娜與沃倫斯基不知不覺中互相熱愛的時候，是這愛神在這無邪的、美麗的、富有思想的、穿著黑衣的安娜身上，加上「一種幾乎是惡魔般的誘惑力」[128]。

當沃倫斯基宣露愛情的時候，亦是這愛神使安娜臉上發出一種光輝，——「不是歡樂的光輝。而是在黑夜中爆發的火災的駭人的光輝」[129]。亦是這愛神使這光明磊落、理性很強的少女，在血管中，流溢著肉欲的力，而且愛情逗留在她的心頭，直到把這顆心磨煉到破碎的時候才離開它。

接近安娜的人，沒有一個不感到這潛伏著的魔鬼的吸力與威脅。基蒂第一個驚惶地發現它。當沃倫斯基去看安娜時，他的歡樂的感覺中也雜有神秘的恐懼。列文，在她面前，失掉了他全部的意志。安娜自己亦知道她已不能自主。

當故事漸漸演化的時候，無可震懾的情欲把這高傲人物的道德的壁壘盡行毀掉了。她所有的最優越的部分，她的真誠而勇敢的靈魂瓦解了，墮落了：她已沒有勇氣犧牲世俗的虛榮；她的生命除了取悅她的愛人之外更無別的目標，她膽怯地、羞愧地不使自己懷孕；她受著嫉妒的煎熬，完全把她征服了的性欲的力量，迫使她在舉動中、聲音中、眼睛中處處作偽；她墮入那種只要使無論何種男子都要為之回首一瞥的女人群中。她用嗎啡來麻醉自己，直到不可容忍的苦惱和為了自己精神的墮落而悲苦的情操迫使她投身於火車輪下。「而那鬍鬚蓬亂的鄉人」，——她和沃倫斯基時時在夢中遇見的幻象，——「站在火車的足踏板上俯視鐵道」；據那含有預言性的夢境所示，「她俯身伏在一張口袋上，把什麼東西隱藏在內，這是她往日的生命、痛苦、欺妄和煩惱……」

128.《安娜小史》法譯本第一冊。
129.同前。

「我保留著報復之權。」[130]上帝說……

這是被愛情所煎熬、被神的律令所壓迫的靈魂的悲劇，——為托爾斯泰一鼓作氣以極深刻的筆觸描寫的一幅畫。在這悲劇周圍，托爾斯泰如在《戰爭與和平》中一樣，安插下好幾個別的人物的小說。但這些平行的歷史可惜銜接得太迅驟、太造作，沒有達到《戰爭與和平》中交響曲般的統一性。人們也覺得其中若干完全寫實的場面，——如聖彼德堡的貴族階級與他們有閑的談話，——有時是枉費的。還有，比《戰爭與和平》更顯明地，托爾斯泰把他的人格與他的哲學思想和人生的景色交錯在一起。但作品並不因此而減少它的富麗。和《戰爭與和平》中同樣眾多的人物，同樣可驚地準確。我覺得男子的肖像更為優越。托爾斯泰描繪的斯捷潘，那可愛的自私主義者，沒有一個人見了他能不回答他的好意的微笑。還有卡列寧，高級官員的典型，漂亮而平庸的政治家，永遠借著譏諷以隱藏自己的情操：尊嚴與怯弱的混合品；虛偽世界的奇特的產物，這個虛偽世界，雖然他聰明慷慨，終於無法擺脫。而且他的不信任自己的心也是不錯的，因為當他任令自己的情操擺佈時，他便要墮入一種神秘的虛無境界。

但這部小說的主要意義，除了安娜的悲劇和一八六〇年時代的俄國社會——沙龍，軍官俱樂部，舞會，戲院，賽馬——的種種色相之外，尤其含有自傳的性格。較之托爾斯泰所創造的許多其他的人物，列文更加是他的化身。托爾斯泰不獨賦予他自己的又是保守又是民主的思想，和鄉間貴族輕蔑知識階級的反自由主義；[131]而且他把自己的生命亦賦予了他。列文與基蒂的愛情和他們初婚後的數年，是他自己的回憶的變相，——即列文的兄弟之死亦是托爾斯泰的兄弟德米特里之死的

130. 書首的箴言。
131. 在本書的結尾中，還有明白攻擊戰爭、國家主義、泛斯拉夫族主義的思想。

痛苦的表現。最後一編，在小說上是全部無用的，但使我們看出他那時候衷心惶亂的原因。《戰爭與和平》的結尾，固然是轉入另一部擬議中的作品的藝術上的過渡，《安娜小史》的結尾卻是兩年以後在《懺悔錄》中宣露的精神革命的過渡。

在本書中，已屢次以一種諷刺的或劇烈的形式批評當時的俄國社會，這社會是為他在將來的著作中所不住地攻擊的。攻擊謊言，攻擊一切謊言和對於道德的謊言和對於罪惡的謊言同樣看待，指斥自由論調，抨擊世俗的虛浮的慈悲、沙龍中的宗教和博愛主義！向整個社會宣戰，因為它魅惑一切真實的情操，滅殺心靈的活力！在社會的陳腐的法統之上，死突然放射了一道光明。在垂危的安娜前面，矯偽的卡列寧也感動了。

這沒有生命、一切都是造作的心魂，居然亦透入一道愛的光明而具有基督徒的寬恕。一霎時，丈夫，妻子，情人，三個都改變了。一切變得質樸正直。但當安娜漸次回復時，三人都覺得「在一種內在地支配他們的幾乎是聖潔的力量之外，更有另一種力量，粗獷的，極強的，不由他們自主地支配著他們的生命，使他們不復再能享受平和」。而他們預先就知道他們在這場戰鬥中是無能的，「他們將被迫作惡，為社會所認為必需的」。[132]

列文所以如化身的托爾斯泰般在書的結尾中亦變得昇華者，是因為死亦使他感動了之故。他素來是「不能信仰的，他亦不能徹底懷疑」。[133]自從他看見他的兄弟死後，他為了自己的愚昧覺得害怕。他的婚姻在一時期內曾抑住這些悲痛的情緒。但自從他的第一個孩子生下之後，它們重複顯現了。他時而祈禱，時而否定一切。他徒然流覽哲學書籍。在狂亂的時光，他甚至害怕自己要自

132.「對於社會，罪惡是合理的。犧牲愛，卻是不健全。」（《安娜小史》法譯本第二冊）
133.出處同前。

殺。體力的工作使他鎮靜了：在此，毫無懷疑，一切都是顯明的。列文和農人們談話，其中一個和他談著那些「不是為了自己而是為了上帝生存的人」。這對於他不啻是一個啟示。他發現理智與心的敵對性。理智教人為了生存必得要殘忍地奮鬥，愛護他人是全不合理的：

「理智是什麼也沒有教我，我知道的一切都是由心啟示給我的。」[134]

從此，平靜重新來臨。卑微的鄉人——對於他，心是唯一的指導者——這個名詞把他重新領到上帝面前……

什麼上帝？他不想知道。這時候的列文，如將來長久時期內的托爾斯泰一般，在教會前面是很謙恭的，對於教義亦毫無反抗的心。

「即是在天空的幻象與星球的外表的運動中，也有一項真理。」[135]

十　信仰是一種行為

列文瞞著基蒂的這些悲痛與自殺的憧憬，亦即是托爾斯泰同時瞞著他的妻子的。但他還未達到他賦予書中主人翁的那般平靜。實在說來，平靜是無從傳遞給他人的。我們感到他只願望平靜卻並未實現，故列文不久又將墮入懷疑。

托爾斯泰很明白這一層。他幾乎沒有完成本書的精力與勇氣。《安娜小史》在沒有完成之前，

134.《安娜小史》法譯本第二冊。
135.同前。

已使他厭倦了。[136]他不復能工作了。他停留在那裡，不能動彈，沒有意志，厭棄自己，對著自己害怕。於是，在他生命的空隙中，發出一陣深淵中的狂風，即是死的眩惑。托爾斯泰逃出了這深淵以後，曾述及這些可怕的歲月。[137]

「那時我還沒有五十歲，」他說，[138]「我愛，我亦被愛，我有好的孩子、大的土地、光榮、健康、體質的與精神的力強；我能如一個農人一般刈草；我連續工作十小時不覺疲倦。突然，我的生命停止了。我能呼吸，吃，喝，睡眠；但這並非生活。我已沒有願欲了。我知道我無所願欲。我連認識真理都不希望了。所謂真理是：人生是不合理的。

「我那時到了深淵前面，我顯然看到在我之前除了死以外什麼也沒有。我，身體強健而幸福的人，我感到再不能生活下去。一種無可抑制的力驅使我要擺脫生命。……我不說我那時要自殺。要把我推到生命以外去的力量比我更強；這是和我以前對於生命的憧憬有些相似，不過是相反的罷了。我不得不和我自己施用策略，使我不致讓步得太快。我這幸福的人，竟要把繩子藏起以防止我在室內的幾個衣櫥之間自縊。我也不復挾著槍去打獵了，恐怕會使我起意。[139]

136.「現在我重複被那部可厭而庸俗的《安娜小史》所羈絆住了，我唯一的希望便是能早早擺脫它，愈快愈好……」（一八七五年八月二十六日致費特書）「我應得要完成使我厭倦的小說……」（一八七六年致費特書）

137.見《懺悔錄》（一八七九年）。全集卷十九。

138.在此我把《懺悔錄》中一部分做概括的引述，只保留著托爾斯泰的語氣。

139.《安娜小史》中有這樣的一段：「列文，被愛著，很幸福，做了一家之主，他親手把一切武器藏起來，彷彿他恐怕要受著自殺的誘惑一般。」這種精神狀態並非是托爾斯泰及其書中人物所特有的。托爾斯泰看到歐羅巴，尤其是俄羅斯的小康階級的自殺之多不勝訝異。他在這時代的作品中時常提及此事。我們可說在一八八〇年左右，歐洲盛行著精神萎靡症，感染的人不下數千。那時代正是青年的人，如我一般，都能記憶此種情況；故托爾斯泰對此人類的危機的表白實有歷史的價值。他寫了一個時代的悲劇。

「我覺得我的生命好似什麼人和我戲弄的一場惡作劇。四十年的工作，痛苦，進步，使我看到的卻是一無所有！什麼都沒有。將來，我只留下一副腐蝕的骸骨與無數的蟲蛆……只在沉醉於人生的時候一個人才能生活；但醉意一經消滅，便只看見一切是欺詐，虛妄的欺詐……家庭與藝術已不能使我滿足。家庭，這是些和我一樣的可憐蟲。藝術是人生的一面鏡子。當人生變得無意義時，鏡子的遊戲也不會令人覺得好玩了。最壞的，是我還不能退忍。我彷佛是一個迷失在森林中的人，極端憤恨著，因為是迷失了，到處亂跑不能自止，雖然他明白多跑一分鐘，便更加迷失得厲害……」

他的歸宿畢竟在於民眾身上。托爾斯泰對於他們老是具有「一種奇特的，純粹是生理的感情」[140]，他在社會上所得的重重的幻滅的經驗從沒有動搖他的信念。在最後幾年中，他和列文一樣對於民眾接近得多了。[141]

他開始想著，他那些自殺、自己麻醉的學者、富翁，和他差不多過著同樣絕望的生活的有閑階級的狹小集團之外，還有成千成萬的生靈。他自問為何這些千萬的生靈能避免這絕望，為何他們不自殺。他發覺他們的生活，不是靠了理智，而是──毫不顧慮理智──靠了信仰。這不知有理智的信仰究竟是什麼呢？

「信仰是生命的力量。人沒有信仰，不能生活。宗教思想在最初的人類思想中已經醞釀成熟

140.《懺悔錄》。

141.這時代的他的肖像證明他的通俗性。克拉姆斯科伊的一幅畫像（一八七三年）表現托爾斯泰穿著工衣，俯著頭，如德國的基督像。在另外一幅一八八一年的肖像中，他的神氣宛如一個星期日穿扮齊整的工頭：頭髮剪短了，鬍鬚與鬢毛十分凌亂；面龐在下部顯得比上面寬闊；眉毛蹙緊，目光無神，鼻孔如犬，耳朵極大。

了。信仰所給予人生之謎的答覆含有人類的最深刻的智慧。」

那麼，認識了宗教書籍中所列舉的這些智的公式便已足夠了嗎？——不，信仰不是一種學問，信仰是一種行為；它只在被實踐的時候，才有意義。一班「思想圓到」之士與富人把宗教只當作一種「享樂人生的安慰」，這使托爾斯泰頗為憎厭，使他決意和一班質樸的人混在一起，只有他們能使生命和信仰完全一致。

他懂得：「勞動民眾的人生即是人生本體，而這種人生的意義方是真理。」

但怎樣使自己成為民眾而能享有他的信心呢？一個人只知道別人有理亦是徒然的事；要使我們成為和他們一樣，不是仗我們自己就可辦到的。我們徒然祈求上帝，徒然張著渴望的臂抱傾向著他。上帝躲避我們，哪裡抓住他呢？

一天，神的恩寵獲得了。

「早春時的一天，我獨自在林中，我聽著林中的聲音。我想著我最近三年來的惶惑，神的追求。從快樂跳到絕望的無窮盡的突變……突然，我看到我只在信仰神的時候我才生活著。只要思念到神，生命的歡樂的波浪便在我內心湧現了。在我周圍，一切都生動了，一切獲得一種意義。但等到我不信神時，生命突然中斷了。我的內心發出一聲呼喊：

「那麼，我還尋找什麼呢？便是『他』，這沒有了便不能生活的『他』！認識神和生活，是一件事情。神便是生……

「從此，這光明不復離開我了。」[142]

142.《懺悔錄》。

他已得救了。神已在他面前顯現。[143]

但他不是一個印度的神秘主義者，不能以冥想入定為滿足；因為他的亞洲人的幻夢中又雜有西方人的重視理智與要求行動的性格，故他必得要把所得到的顯示，表現誠實地奉行的信仰，從這神明的生活中覓得日常生活的規律。毫無成見地，為了願真誠地相信他的家族們所虔奉的信仰，他研究他所參與的羅馬正教的教義。[144]且為更加迫近這教義起見，他在三年中參與一切宗教儀式，懺悔，聖餐，一切使他不快的事情，他不敢遽下判斷，只自己發明種種解釋去瞭解他覺得暗晦或不可思議的事。為了信仰他和他所愛的人，不論是生人或死者，完全一致，老是希望到了一個相當的時間，「愛會替他打開真理的大門」。

但他的努力只是徒然：他的理智與心互相抗爭起來。有些舉動，如洗禮與聖餐，於他顯得是無恥的。當人家強使他重複地說聖體是真的基督的肉和血時，「他仿如心中受了刀割」。在他和教會之間築起一堵不可超越的牆壁的，並非是教義，而是實行問題。尤其是各個教會中間的互相仇

143. 實在說來，這已非第一次。《高加索紀事》中的青年志願兵，《塞瓦斯托波爾》的軍官，《戰爭與和平》中的安德列親王與皮埃爾，都有過同樣的幻覺。但托爾斯泰是那麼熱情，每次他發現神，他必以為是第一次而以前只是黑夜與虛無。在他的過去，他只看見陰影與羞恥。我們由於他的《日記》，比他自己更認識他的心靈的變化史。我們知道他的心即在迷失惶惑時亦是含有深刻的宗教性的。而且，他亦承認，在《教義神學批判》的序文中，他寫道：「神！神！我在不應當尋找的地方尋找真理。我知道我是在彷徨。我明知我的性欲是不好的，我卻諂媚它；但我永不會忘記你！我永遠感到你，即在我迷失的時候。」——一八七八至一八七九年間的狂亂只是一場比別次更劇烈的精神病，也許是因為連年所受的人口亡故的刺激與年齡增高的影響。這一次病變的唯一的特徵，即神的顯現並未在冥思出神的境界過去之後消散，托爾斯泰受著經驗的教訓，急急地「前進，只要他抓著光明的時候」，並在他的信心中歸納出整個的人生觀。並非他從來不曾做過此種試驗，（我們記得他在大學生時代已有「人生的規律」這概念了）而是在五十歲的年紀，熱情去誘惑他走入歧途的機會較少。

144. 關於這一段紀事的《懺悔錄》，署有下列的小標題：《教義神學批判及基督教主義檢討導言》。

恨[145]和不論是絕對的或默許的殺人權，——由此產生戰爭與死刑這兩項。

於是，托爾斯泰決絕了。他的思想被壓抑了三年之久，故他的決絕尤為劇烈。他什麼也不顧忌了。他輕蔑這為他在隔昨尚在篤信奉行的宗教。在他的《教義神學批判》（一八七九至一八八一）中，他不獨把神學當作「無理的，且是有意識的、有作用的謊言」[146]。在他的《四福音書一致論》（一八八一至一八八三）中，他便把福音書與神學對抗。終於，他在福音書中建立了他的信仰（《我的信仰的基礎》（一八八三））。

這信仰便在下列幾句話中：

「我相信基督的主義。我相信當一切人都實現了幸福的時候，塵世才能有幸福存在。」

信心的基礎是摩西在山上的宣道，托爾斯泰把這些教訓歸納成五戒：

一、不發怒。

二、不犯奸。

三、不發誓。

四、不以怨報怨。

五、不為人敵。

這是教義的消極部分，其積極部分只包括在一條告誡中：

145.「我，是把真理放在發情的單位中的我，覺得宗教把它所要產生的自己毀滅為可怪。」（見《懺悔錄》）

146.「我確信教會的訓條，理論上是一種有害的謊言，實用上是許多粗俗與妖魔的迷信，在這種情形之下，基督教主義的意義完全消滅了。」（致神聖宗教會議答覆，一九〇一年四月四日至十七日）參看《教會與國家》（一八八三年）。——托爾斯泰責備教會的最大的罪惡，是它和世間暫時的權力的聯絡。這是「強盜和謊騙者的聯絡」。

愛神和愛你的鄰人如愛你自己。

基督說過，誰對於這些戒命有何輕微的違背，將在天國中佔據最小的地位。

托爾斯泰天真地補充道：

「不論這顯得多麼可異，我在一千八百年之後，發現這些規律如一件新穎的事蹟。」

那麼，托爾斯泰信不信基督是一個神？——全然不信。他把他當作何等人呢？當作是聖賢中最高的一個，釋迦牟尼，婆羅門，老子，孔子，瑣羅亞斯德，以賽亞——一切指示人以真正的幸福與達到幸福的必由之道的人。[147]

托爾斯泰是這些偉大的宗教創造人——這些印度、中國、希伯萊的半神與先知者的信徒。他竭力為他們辯護。攻擊他所稱為「偽善者」與「法學教官Scribes」的一流，攻擊已成的教會，攻擊傲慢的科學的代表者。[148]這並非說他欲借心靈的顯示以推翻理智。自從他脫離了《懺悔錄》上所說的煩悶時期之後，他尤其是理智的信奉者，可說是一個理智的神秘主義者。

「最初是Verbe（三位一體中的第二位），」他和聖約翰一樣的說法，「Verbe，意即『理智』。」

他的《生命論》一書（一八八七），在題詞中曾引用巴斯卡的名句：

「人只是一支蘆葦，自然中最弱的東西，但這是一支有思想的蘆葦……我們全部的尊嚴包含

147. 他年事愈高，愈相信人類史上自有宗教的統一性，愈相信基督和其他的聖賢——自釋迦牟尼至康得——的平行性。他寫道：「耶穌的主義，對於我只是上古最美的宗教思想，如埃及、猶太、印度、中國等各種思潮的一流。耶穌的兩大原則：對於神的敬愛，即絕對的完滿；對於同類的博愛，即一視同仁，毫無分別；這兩項原則都曾為世界上古代的聖賢釋迦牟尼、老子、孔子、蘇格拉底、柏拉圖、愛比克泰德、馬可·奧勒利烏斯，近代賢哲盧梭、巴斯卡、康得、愛默生等所共同宣揚的。」

148. 托爾斯泰辯稱他並不攻擊真正的科學，因為它是虛心而認識界限的。

在思想中……因此我們得好好地思想：這即是道德的要義。」[149]

全書只是對於理智的頌詩。

「理智」固然不是科學的理智、狹隘的理智，「把部分當作全體，把肉的生活當作全部生活的」，而是統制著人的生命的最高律令，「有理性的生物，即人，所必然要依據了它生活的律令」。

「這是和統制著動物的生長與繁殖，草木的萌芽與滋榮，星辰與大地的運行的律令類似的律令。只在奉行這條律令，為了善而把我們的獸性服從理智的規條的行為中，才存有我們的生命……理智不能被確定，而我們也不必加以確定，因為不獨我們都認識它，而且我們只認識它……人所知道的一切，是由理智——而非由信仰——而知道的……只在理智有了表白的時候生命方才開始。唯一真實的生命是理智的生命。」[150]

那麼，有形的生命，我們個人的生命，又是什麼？「它不是我們的生命，」托爾斯泰說，「因為它不是由我們自主的。」

「我們肉體的活動是在我們之外完成的……把生命當作個人的這種觀念在今日的人類中已經消滅了。對於我們這時代一切賦有理智的人，個人的善行之不可能，已成為確切不移的真理。」[151]

還有許多前提，毋容我在此討論，但表現托爾斯泰對於理智懷有多少的熱情。實在，這是一種熱情，和主宰著他前半生的熱情同樣地盲目與嫉忌。一朵火焰熄了，另一朵火焰燃起。或可說

149.托爾斯泰在精神狂亂的時候，常常讀巴斯卡的《思想錄》。他在致費特書中曾經提及。

150.在一八九四年十一月二十六日致某男爵書中，托爾斯泰亦言：「人所直接受之於神的，只有認識自己和接觸世界的一種工具。這工具，便是理智，理智是從神來的。它不獨是人類崇高的品性，且是認識真理的唯一的工具。」

151.見《托爾斯泰傳》。

永遠是同一朵火焰，只是它變換了養料而已。

而使「個人的」熱情和這「主智的」熱情更形肖似的，是因為這些熱情都不能以愛為滿足，它們要活動，要實現。

「不應當說而應當做。」基督說過。

理智的活動現象是什麼？──愛。

「愛是人類唯一的有理性的活動，愛是最合理、最光明的精神境界。它所需的，便是什麼也不掩蔽理智的光芒，因為唯有理智的光芒方能助長愛。……愛是真實的善、至高的善，能解決人生一切的矛盾，不獨使死的恐怖會消滅，且能鼓舞人為別人犧牲：因為除了把生命給予所愛者之外，無所謂別的愛了；只有它是自己犧牲時，愛才配稱為愛。因此，只有當人懂得要獲得個人的幸福之不可能時，真正的愛方能實現。那時候，他的生命的精髓才能為真正的愛的高貴的接枝，而這接枝為了生長起見，才向這粗野的本幹，即肉的本體，去吸取元氣……」[152]

這樣，托爾斯泰並不如一條水流枯竭的河迷失在沙土裡那般地達到信仰。他是把強有力的生命的力量集中起來灌注在信仰中間。──這我們在以後會看到。

這熱烈的信心，把愛與理智密切地結合了，它在托爾斯泰致開除他教籍的神聖宗教會議複書中找到了完滿的表白：[153]

「我相信神，神於我是靈，是愛，是一切的要素。我相信他在我心中存在，有如我在他心中存在一樣。我相信神的意志從沒有比在基督的教義中表現得更明白了；但我們不能把基督當作神

152.見《托爾斯泰傳》。
153.這宗教思想必然是由好幾個問題演化出來的，尤其是由於那涉及未來生活的概念。

而向他祈禱，這將冒犯最大的褻瀆罪。我相信一個人的真正的幸福在於完成神的意志，我相信神的意志是要一切人愛他的同類，永遠為了他們服務，如神要一切人類為了他而活動一般；這便是，據福音書所說，一切的律令和預言的要旨。我相信生命的意義，對於我們中每個人，只是助長人生的愛，我相信在這人生中，發展我們的愛的力量，不啻是一種與日俱增的幸福，而在另一個世界裡，又是更完滿的福樂；我相信這愛的生長，比任何其他的力量，更能助人在塵世建立起天國，換言之，是以一種含有協和、真理、博愛的新的系統來代替一種含有分離、謊騙與強暴的生活組織。我相信為在愛情中獲得進步起見，我們只有一種方法：祈禱。不是在廟堂中的公共祈禱，為基督所堅決擯絕的。而是如基督以身作則般的祈禱，孤獨的祈禱，使我們對於生命的意義具有更堅實的意識……我相信生命是永恆的，我相信人是依了他的行為而獲得酬報，現世與來世，現在與將來，都是如此。我對於這一切相信得如是堅決，以至在我這行將就木的年紀，我必得要以很大的努力才能阻止我私心祝望肉體的死滅——換言之，即祝望新生命的誕生。」[154]

十一　我們應當做什麼？

他想已經到了彼岸，獲得了一個為他煩惱的心魂所能安息的蔭庇。

其實，他只是處於一種新的活動的始端。

154. 見一九〇一年五月一日巴黎《時報》所發表的關於托爾斯泰的論文。

在莫斯科過了一冬，（他對於家庭的義務迫使他隨著他的家族）[155]一八八二年正月他參加調查人口的工作，使他得有真切地看到大都市的慘狀的機會。他所得的印象真是非常淒慘。第一次接觸到這文明隱藏著的瘡痍的那天晚上，他向一個朋友講述他的所見時，「他叫喊，號哭，揮動著拳頭」。

「人們不能這樣地過活！」他號啕著說，「這絕不能存在！這絕不能存在！……」[156]幾個月之久，他又墮入悲痛的絕望中。一八八二年三月三日，伯爵夫人寫信給他說：

「從前你說：『因為缺少信心，我願自縊。』現在，你有了信心，為何你仍苦惱？」

因為他不能有偽君子般的信心，那種自得自滿的信心。因為他沒有神秘思想家的自利主義，只顧自己的超升而不顧別人，[157]因為他懷有博愛，因為他此刻再不能忘記他所看到的慘狀，而在他熱烈的心的仁慈中他們的痛苦與墮落似乎是應由他負責的，他們是這個文明的犧牲品，而他便參與著這個犧牲了千萬生靈以造成的優秀階級，享有這個魔鬼階級的特權。接受這種以罪惡換來的福利，無異是共謀犯。在沒有自首之前，他的良心不得安息了。

《我們應當做什麼？》（一八八四至一八八六）[158]便是這第二次錯亂病的表白，這次的病比第一次

155. 見前書。

156. 「迄今為止，我一向在都市之外過生活……」（《我們應當做什麼？》）

157. 對於那些「為自己而不為別人的苦行者」，托爾斯泰屢次表示反感。他把他們與驕傲而愚昧的革命家放在同一類型內，「他們自命要施善於人，可還不知道他們自己需要什麼……」托爾斯泰說：「我以同樣的愛情愛這兩種人，但我亦以同樣的憎恨恨他們的主義。唯一的主義是激發一種有恆的活動，支配一種適應心魂企望的生活，而努力籌思實現他人的幸福。基督的主義便是這樣的，它既無宗教的安息情調，亦無那班革命家般徒唱高調不知真正的幸福為何物的情境。」

158. 全集卷二十六。

的更為悲劇化，故它的後果亦更重大。在人類的苦海中，實在的、並非一班有閑的人在煩惱中造作出來的苦海中，托爾斯泰個人的宗教苦悶究竟算得什麼呢？要不看見這種慘狀是不可能的。看到之後而不設法以任何代價去消除它亦是不可能的。——可是，啊！消除它是可能的嗎？

一幅奇妙的肖像，我見了不能不感動的，說出托爾斯泰在這時代所感的痛苦。[159]他是正面坐著，交叉著手臂，穿著農夫的衣服；他的神氣頗為頹喪。他的頭髮還是黑的，他的鬍鬚已經花白。他的長鬚與鬢毛已經全白了。雙重的皺痕在美麗寬廣的額角上畫成和諧的線條。這巨大的犬鼻，這副直望著你的又坦白又犀利又悲哀的眼睛，多少溫和善良啊！它們看得你那麼透徹。它們不啻在為你怨歎，為你可惜。眼眶下畫著深刻的線條的面孔，留著痛苦的痕跡。他曾哭泣過。但他很強，準備戰鬥。

他有他英雄式的邏輯：

「我時常聽到下面這種議論，覺得非常錯異：『是的，在理論上的確不錯，但在實際上又將如何？』彷彿理論只是會話上必需的美麗的詞句，可絕不是要把它適合實際的！……至於我，只要我懂得了我所思索的事情，我再不能不依了我所瞭解的情形而做。」[160]

他開始以照相一般準確的手法，把莫斯科的慘狀照他在參觀窮人區域與夜間棲留所裡所見的情形描寫下來。[161]他確信，這不復是如他最初所信的那樣，可以用金錢來拯救這些不幸者的，因為他們多少受著都市的毒害。於是，他勇敢地尋求災禍的由來。一層進一層，漸漸地發現了連鎖似的

159. 一八八五年時代的照相，見全集版《我們應當做什麼？》中插圖。
160. 見《我們應當做什麼？》
161. 這第一部（前面的十五章）完全被俄國檢查委員會刪去。

負責者。最初是富人，與富人們該詛咒的奢侈的享受，使人眩惑，以致墮落。[162]繼之是普遍的不勞而獲的生活欲。——其次是國家，為強項的人剝削其他部分的人類所造成的殘忍的總體。——教會更從旁助紂為虐。科學與藝術又是共謀犯……這一切罪惡的武器，怎樣能把它們打倒呢？第一要使自己不再成為造成罪惡的共犯。不參加剝削人類的工作。放棄金錢與田產，不為國家服務。[163]但這還不夠，更應當「不說謊」，不懼怕真理。應當「懺悔」，排斥與教育同時種根的驕傲。末了，應當「用自己的手勞作」。「以你額上流著的汗來換取你的麵包」這是第一條最主要的戒條。[164]托爾斯泰為預先答覆特殊階級的嘲笑起見，說肉體的勞作絕不會摧殘靈智的力量，反而助它發展，適應本性的正常的需要。健康只會因之更加增進，藝術也因之進步。而且，它更能促進人類的團結。

在他以後的作品中，托爾斯泰又把這些保持精神健康的方法加以補充。他殫精竭慮地籌思如

162.「造成悲慘的主因是財富逐漸積聚在不生產的人手中，集中於大都會裡。富人們群集在都市中以便享樂與自衛。窮人們到城裡來仰他們的鼻息，拾他們的唾餘以苟延生命。奇怪的是這些窮人中竟有許多是工人，並不去做易於掙錢的事情，如經商、壟斷、行乞、舞弊，甚至搶劫。」

163.「罪惡的主因是產業。產業只是一項享受別人的工作的方法。」托爾斯泰又言：產業不是屬於我們而是屬於他人的東西。「男人把他的妻、子、奴僕、物，稱為他的產業；但現實證明他的錯誤，他應當放棄，否則唯有自己痛苦而令人受苦。」托爾斯泰已預感到俄國的革命，他說：「三四年來，路人在謾罵我們，斥我們為懶蟲。被壓迫民眾的憤恨與輕蔑天天在增長。」（見《我們應當做什麼？》）

164.農民革命者邦達列夫曾願這條律令成為全世界的律令。因此，托爾斯泰是受了他和另一個農人蘇塔耶夫的影響：「我一生，在道德上受了兩個俄國思想家的影響，他們使我的思想更為充實，為我解釋了我自己的宇宙觀：這兩個人是農民蘇塔耶夫與邦達列夫。」（見前書）在本書中，托爾斯泰描寫蘇塔耶夫的相貌，記有與他的談話錄。

何救治心魂，如何培養元氣，同時又須排除麻醉意識的畸形的享樂和滅絕良知的殘酷的享樂。[165]他以身作則。一八八四年，他犧牲了他最根深蒂固的嗜好：行獵。[166]他實行持齋以鍛煉意志；宛如一個運動家自己定下嚴厲的規條，迫使自己奮鬥與戰勝。

《我們應當做什麼？》這是托爾斯泰離開了宗教默想的相當的平和，而捲入社會漩渦後所取的艱難的途徑的第一程。這時候便開始了這二十載的苦鬥，孤獨的亞斯納亞老人在一切黨派之外，（並指責他們）與文明的罪惡與謊言對抗著。

十二　夫妻間的難堪

在他周圍，托爾斯泰的精神革命並沒博得多少同情，它使他的家庭非常難堪。

好久以來，托爾斯泰伯爵夫人不安地觀察著她無法克服的病症的進展。自一八七四年起，她已因為她的丈夫為了學校白費了多少精神與時間，覺得十分懊惱。

「這啟蒙讀本，這初級算術，這文法，我對之極端輕視，我不能假裝對之發生興趣。」

165. 一八九五年發行的《煙草與酒精》，又名《畸形的享樂》，俄羅斯原文中又注著：《為何人們會麻醉》。《殘忍的享樂》，印行於一八九五年，中分：肉食者，戰爭，行獵。

166. 托爾斯泰克制他這件嗜好是費了不少苦心，因為行獵是他最心愛的一種消遣，這且是他的父親遺傳給他的。他不是感傷的人，他亦不見得對於獸類有何憐憫。他的眼睛簡直不大注視這些畜類的——有時是那麼富於表情的——眼睛。除了馬，他具有一切貴族的癖好。實際上，他具有殘忍的本能。他曾講起他一棍打死了狼時，他感到有一種特殊的快感。他的後悔的情操，發現得很晚。

但當教育學研究之後繼以宗教研究的時候，情形便不同了。伯爵夫人對於托爾斯泰篤信宗教後的初期的訴述覺得非常可厭，以至托爾斯泰在提及上帝這名詞時不得不請求寬恕：

「當我說出上帝這名詞時，你不要生氣，如你有時會因之生氣那樣；我不能避免，因為他是我思想的基礎。」[167]

無疑地，伯爵夫人是被感動了。她努力想隱藏她的煩躁的心情，但她不瞭解，她只是不安地注意著她的丈夫：

「他的眼睛非常奇特，老是固定著。他幾乎不開口了。他似乎不是這個世界上的人。」[168]

她想他是病了：

「據列夫自己說，他永遠在工作。可憐！他只寫著若干庸俗不足道的宗教論辯。他閱覽書籍，他冥想不已，以致使自己頭痛，而這一切不過是為要表明教會與福音書主義的不一致。這個問題在全俄羅斯至多不過有十餘人會對之發生興趣而已。但這是無法可想的。我只希望一點：這一切快快地過去，如一場疾病一般。」[169]

疾病並不減輕。夫婦間的局勢愈來愈變得難堪了。他們相愛，他們有相互的敬意；但他們不能互相瞭解。他們勉力，做相互的讓步，但這相互的讓步慣會變成相互的痛苦。托爾斯泰勉強跟隨著他的家族到莫斯科。他在《日記》中寫道：

「生平最困苦的一月。僑居於莫斯科。大家都安置好了。可是他們什麼時候開始生活呢？這

167. 一八七八年夏。
168. 一八七八年十一月十八日。
169. 一八七九年十一月。

一切，並非為生活，而是因為別人都是這樣做！可憐的人！……」[170]

同時，伯爵夫人寫道：

「莫斯科。我們來此，到明日已屆一月了。最初兩星期，我每天哭泣，因為列夫不獨是憂鬱，而且十分頹喪。他睡不熟，飲食不進，有時甚至哭泣，我曾想我將發瘋。」[171]

他們不得不分離若干時。他們為了互相感染的痛苦而互相道歉。他們是永遠相愛著！……他寫信給她道：

「你說：『我愛你，你卻不需要我愛你。』不，這是我唯一的需要啊……你的愛情比世界上一切都更使我幸福。」[172]

但當他們一朝相遇的時候，齟齬又更進一層。伯爵夫人不能贊成托爾斯泰這種宗教熱，以至使他和一個猶太教士學習希伯萊文。

「更無別的東西使他發生興趣。他為了這些蠢事而浪費他的精力。我不能隱藏我的不快。」[173]

她寫信給他道：

「看到以這樣的靈智的力量去用在鋸木、煮湯、縫靴的工作上，我只感到憂鬱。」

而她更以好似一個母親看著她的半瘋癲的孩子玩耍般的動情與嘲弄的微笑，加上這幾句話：

「可是我想到俄國的這句成語而安靜了：儘管孩子怎樣玩吧，只要他不哭。」[174]

170. 一八八一年十月五日。
171. 一八八一年十月十四日。
172. 一八八二年三月。
173. 一八八二年。
174. 一八八四年十月二十三日。

但這封信並沒寄出，因為她預想到她的丈夫讀到這幾行的時候，他的善良而天真的眼睛會因了這嘲弄的語氣而發愁。她重新拆開她的信，在愛的狂熱中寫道：

「突然，你在我面前顯現了，顯現得那麼明晰，以至我對你懷著多少溫情！你具有那麼乖、那麼善、那麼天真、那麼有恆的性格，而這一切更被那廣博的同情的光彩與那副直透入人類心魂的目光燭照著……這一切是你所獨具的。」

這樣，兩個人互相愛憐，互相磨難，以後又為了不能自禁地互相給予的痛苦而懊喪煩惱。無法解決的局面，延宕了三十年之久，直到後來，這垂死的李爾王在精神迷亂的當兒突然逃往西伯利亞的時候才算終了。

人們尚未十分注意到《我們應當做什麼？》的末了有一段對於婦女的熱烈的宣言。——托爾斯泰對於現代的女權主義毫無好感。[175]但對於他所稱為「良母的女子」，對於一班認識人生真意義的女子，他卻表示虔誠的崇拜。他稱頌她們的痛苦與歡樂，懷孕與母性，可怕的苦痛，毫無休息的歲月，和不期待任何人報酬的無形的勞苦的工作；他亦稱頌，在痛苦完了，盡了自然律的使命的時候，她們心魂上所洋溢著的完滿的幸福。他描繪出一個勇敢的妻子的肖像，是對於丈夫成為一個助手而非阻礙的女子。她知道，「唯有沒有酬報的為別人的幽密的犧牲才是人類的天職」。

「這樣的一個女子不獨不鼓勵她的丈夫去做虛偽欺妄的工作，享受別人的工作成績；而且她以深惡痛絕的態度排斥這種活動，以防止她的兒女們受到誘惑。她將督促她的伴侶去擔負真正的工作，需要精力不畏危險的工作……她知道孩子們，未來的一代，將令人類看到最聖潔的範型，

175.「只有在男子們不依照真正的工作律令的社會裡，才能產生這種所謂女權運動。沒有一個正當工人的妻子會要求參與礦中或田間的工作。實際上，她們只要求參與富人階級的幻想工作。」

而她的生命亦只是整個地奉獻給這神聖的事業的。她將在她的孩子與丈夫的心靈中開發他們的犧牲精神……統制著男子，為他們的安慰者的當是此等女子。……啊，良母的女子！人類的運命繫在你們手掌之間！」[176]

這是一個在乞援、在希冀的聲音的呼喚……難道沒有人聽見嗎？……

幾年之後，希望的最後一道微光也熄滅了：

「你也許不信，但你不能想像我是多麼孤獨，真正的我是被我周圍的一切人士蔑視到如何程度。」[177]

最愛他的人，既如此不認識他精神改革的偉大性，我們自亦不能期待別人對他有何瞭解與尊敬了。屠格涅夫，是托爾斯泰為了基督徒式的謙卑精神——並非為了他對他的情操有何改變——而欲與之重歸舊好的，[178]曾幽默地說：「我為托爾斯泰可惜，但法國人說得好，各人各有撲滅虱蚤的方式。」[179]

幾年之後，在垂死的時候，屠格涅夫寫給托爾斯泰那封有名的信，在其中他請求他的「朋友，俄羅斯的大作家」，「重新回到文學方面去」。[180]

全歐洲的藝術家都與垂死的屠格涅夫表示同樣的關切，贊同他的請求。特．沃居埃在一八

---

176. 這是《我們應當做什麼？》的最後幾行。時代是一八八六年二月十四日。

177. 致友人書。

178. 言歸舊好的事情是在一八七八年。托爾斯泰致書屠格涅夫請其原諒。屠格涅夫於一八七八年八月到亞斯納亞．波利亞納訪他。一八八一年七月，托爾斯泰回拜他。大家對於他舉動的改變、他的溫和、他的謙虛都感著驚訝。他彷彿再生了。

179. 致卜龍斯基書。（見比魯科夫引述）

180. 一八八三年六月二十八日在布吉瓦爾地方所發的信。

八六年所寫的《托爾斯泰研究》一書末了，他借著托爾斯泰穿農人衣服的肖像，向他做婉轉的諷勸：

「傑作的巨匠，你的工具不在這裡！……我們的工具是筆，我們的園地是人類的心魂，它是亦應該受人照拂與撫育的。譬如莫斯科的第一個印刷工人，當被迫著去犁田的時候，他必將喊道：『我與散播麥種的事是無干的，我的職務只是在世界上散播靈智的種子。』」

這彷彿是認為托爾斯泰曾想放棄他散播精神食糧的使命！……在《我的信仰的寄託》的終了，[181]他寫道：

「我相信我的生命、我的理智、我的光明，只是為燭照人類而稟有的。我相信我對於真理的認識，是用以達到這目標的才能，這才能是一種火，但它只有在燃燒的時候才是火。我相信我的生命的唯一的意義是生活在我內心的光明中，把它在人類面前擎得高高的，使他們能夠看到。」[182]

但這光明，這「只有在燃燒的時候才是火」的火，使大半的藝術家為之不安。其中最聰明的也預料到他們的藝術將有被這火焰最先焚毀的危險。他們為了相信全部藝術受到威脅而惶亂，而托爾斯泰，如普洛斯帕羅[183]一樣，把他創造幻象的魔棒永遠折毀了。

但這些都是錯誤的見解；我將表明托爾斯泰非但沒有毀滅藝術，反而把藝術中一向靜止的力

---

181. 俄文原版第十二章。

182. 我們注意到在他責備托爾斯泰的文中，特．沃居埃不知不覺間也採用了托爾斯泰的語氣，他說：「不論是有理無理，也許是為了責罰，我們才從上天受到這必須而美妙的缺點：思想……擯棄這十字架是一種褻瀆的反叛。」（見《俄國小說論》，一八八六年）——可是托爾斯泰在一八八三年時寫信給他的姑母說：「各人都應當負起他的十字架……我的，是思想的工作，壞的，驕傲的，充滿著誘惑。」

183. 莎士比亞《暴風雨》中的人物。——譯注

量激動起來，而他的宗教信仰也沒有滅絕他的藝術天才，反而把它革新了。

十三 宗教藝術

奇怪的是人們講起托爾斯泰關於科學與藝術的思想時，往常竟不注意他表露這些思想最重要的著作：《我們應當做什麼？》（一八八四至一八八六）。在此，托爾斯泰第一次攻擊科學與藝術，以後的戰鬥中更無一次是與這初次衝突時的猛烈相比擬的。我們奇怪最近在法國對科學與知識階級的虛榮心加以攻擊之時，竟沒有人想起重新流覽這些文字。它們包含著對於下列種種人物的最劇烈的抨擊：「科學的宦官」「藝術的僭越者」，那些思想階級，自從打倒了或效忠了古昔的統治階級（教會、國家、軍隊）之後，居然佔據了他們的地位，不願或不能為人類盡些微的力，藉口說人家崇拜他們並盲目地為他們效勞，如主義一般宣揚著一種無恥的信仰，說什麼為科學的科學、為藝術的藝術，——這是一種謊騙的面具，藉以遮掩他們個人的自私主義與他們的空虛。

「不要以為，」托爾斯泰又說，「我否定藝術與科學。我非但不否定它們，而是以它們的名義我要驅逐那些出賣殿堂的人。」

「科學與藝術和麵包與水同樣重要，甚至更重要……真的科學是對於天職的認識，因此是對於人類真正福利的認識。真的藝術是認識天職的表白，是認識全人類真福利的表白。」

他頌讚的人，是「自有人類以來，在豎琴或古琴上，在言語或形象上，表現他們對著欺罔的奮鬥，表現他們在奮鬥中所受的痛苦，表現他們的希望善獲得勝利，表現他們為了惡的勝利而絕望和為了企待未來的熱情」。

於是，他描畫出一個真正藝術家的形象，他的詞句中充滿著痛苦的與神秘的熱情：

「科學與藝術的活動只有在不僭越任何權利而只認識義務的時候才有善果。因為犧牲是這種活動的元素，故才能夠為人類稱頌。那些以精神的勞作為他人服務的人，永遠為了要完成這事業而受苦：因為唯有在痛苦與煩悶中方能產生精神的境界。犧牲與痛苦，便是思想家與藝術家的運命：因為他的目的是大眾的福利。

「人是不幸的，他們受苦，他們死亡，我們沒有時間去閒逛與作樂。思想家或藝術家從不會，如一般人素所相信的那樣，留在奧林匹克山的高處，他永遠處於惶惑與激動中。他應當決定並說出何者能給予人類的福利，何者能拯萬民於水火；他不決定，他不說出，明天也許太晚了，他自己也將死亡了……並非是在一所造成藝術家與博學者的機關中教養出來的人（且實在說來，在那裡，人們只能造成科學與藝術的破壞者），亦非獲得一紙文憑或享有俸給的人會成為一個思想家或藝術家。這是一個自願不思索、不表白他的靈魂的蘊藉，但究竟不能不表白的人，因為他是被兩種無形的力量所驅使著：這是他的內在的需要與他對於人類的愛情。絕沒有心寬體胖、自得自滿的藝術家。」[184]

這美妙的一頁，在托爾斯泰的天才上不啻展開了悲劇的面目，它是在莫斯科慘狀所給予他的痛苦的直接印象之下，和在認科學與藝術是造成現代一切社會的不平等與偽善的共同犯這信念中寫成的。——這種信念他從此永遠保持著。但他和世界的悲慘初次接觸後的印象慢慢地減弱了，

184. 見《我們應當做什麼？》第三七八至三七九頁。

創痕也漸次平復了。[185]在他以後的著作中，我們一些也找不到像這部書中的痛苦的呻吟與報復式的憤怒。無論何處也找不到這個以自己的鮮血來創造的藝術家的宣道，這種犧牲與痛苦的激動，說這是「思想家的宿命」，這種對於歌德式的藝術至上主義的痛惡。在以後批評藝術的著作中，他是以文學的觀點，而沒有那麼濃厚的神秘色彩來討論了。在此，藝術問題是和這人類的悲慘的背景分離了。這慘狀一向是使托爾斯泰想起了便要狂亂，如他看了夜間棲留所的那天晚上回到家裡便絕望地哭泣叫喊一般。

這不是說他的帶有教育意味的作品有時會變得冷酷的。冷酷，於他是不可能的。直到他逝世為止，他永遠是寫給費特信中的人物：

「如果人們不愛他的人群，即是最卑微的，也應當痛罵他們，痛罵到使上天也為之臉紅耳赤，或嘲笑他們，使他們肚子也為之氣破。」[186]

在他關於藝術的著作中，他便實踐他的主張。否定的部分——謾罵與譏諷——是那麼激烈，以致藝術家們只看到他的謾罵與譏諷。他也過分猛烈地攻擊他們的迷信與敏感，以致他們把他認作不獨是他們的藝術之敵，而且是一切藝術之敵。但托爾斯泰的批評，是永遠緊接著建設的。他從來不為破壞而破壞，而是為建設而破壞。且在他謙虛的性格中，他從不自命建立什麼新的東西；他只是防衛藝術，防衛它不使一班假的藝術家去利用它，損害它的榮譽。一八八七年，在他那著名的《藝術論》問世以前十年，他寫信給我道：

185. 他甚至要辯明痛苦——不獨是個人的而且是別人的痛苦。「因為撫慰別人的創痛才是理性生活的要素。對於一個勞動者，他的工作的對象怎麼會變為痛苦的對象？這彷彿如農夫說一塊沒有耕種的田於他是一樁痛苦一般。」

186. 據一八六〇年二月二十三日通訊。——托爾斯泰所以不喜屠格涅夫的哀怨病態的藝術者以此。

「真的科學與真的藝術曾經存在，且將永遠存在。這是不能且亦不用爭議的。今日一切的罪惡是由於一班自命為文明人——他們旁邊還有學者與藝術家——實際上都是如僧侶一樣的特權階級之故。這個階級卻具有一切階級的缺點。它把社會上的原則降低著來遷就它本身的組織。在我們的世界上所稱為科學與藝術的只是一場大騙局，一種大迷信，為我們脫出了教會的古舊迷信後會墮入的新迷信。要認清我們所應趲奔的道路，必得從頭開始，——必得把使我覺得溫暖但遮掩我的視線的風帽推開。

「誘惑力是很大的。或是我們生下來便會受著誘惑的，或者我們一級一級爬上階梯；於是我們處於享有特權的人群中，處於文明，或如德國人所說的文化的僧侶群中了。我們應當，好似對於婆羅門教或基督教教士一樣，應當有極大的真誠與對於真理的熱愛，才能把保障我們的特權的原則重新加以審核。但一個嚴正的人，在提出人生問題時，絕不能猶豫。為具有明察秋毫的目光起見，他應當擺脫他的迷信，雖然這迷信於他的地位是有利的。這是必不可少的條件……沒有迷信。使自己處在一個兒童般的境地中，或如笛卡爾一樣地尊重理智……」[187]

這權利階級所享受的現代藝術的迷信，這「大騙局」，被托爾斯泰在他的《藝術論》中揭發了。[188]用嚴厲的詞句，他揭發它的可笑、貧弱、虛偽、根本的墮落。他排斥已成的一切。他對於這種破壞工作，感到如兒童毀滅玩具一般的喜悅。這批評全部充滿著調笑的氣氛，但也含有許多偏狂的見解，這是戰爭。托爾斯泰使用種種武器隨意亂擊，並不稍加注意他所抨擊的對象的真面目。

187. 這封信的日期是一八八七年十月四日，曾於一九〇二年發表於巴黎《半月刊》上。
188. 《藝術論》（依原文直譯是《何謂藝術？》），今據國內已有譯名。——譯注）於一八九七至一八九八年間印行，但托爾斯泰籌思此書已有十五年之久。

往往，有如在一切戰爭中所發生的那樣，他攻擊他其實應該加以衛護的人物，如：易卜生或貝多芬。這是因為他過於激動了，在動作之前沒有相當的時間去思索，也因為他的熱情使他對於他的理由的弱點完全盲目，且也——我們應當說——因為他的藝術修養不充分之故。

在他關於文學方面的流覽之外，他還能認識什麼現代藝術？他看到些什麼繪畫，他能聽到些什麼歐羅巴音樂，這位鄉紳，四分之三的生活都消磨在莫斯科近郊的鄉村中，自一八六〇年後沒有來過歐洲；——且除了唯一使他感到興趣的學校之外，他還看到些什麼？——關於繪畫，他完全摭拾些道聽塗說的話，毫無秩序的引述，他所認為頹廢的，有皮維斯、馬奈、莫內、勃克林、施圖克、克林格，他為了他們所表現的善良的情操而佩服的，有佈雷東、賴爾米特，但他蔑視米開朗基羅，且在描寫心靈的畫家中，亦從未提及倫勃朗。——關於音樂，他比較更能感覺，[189]但亦並不認識：他只留在他童年的印象中，只知道在一八四〇年時代已經成了古典派的作家，此後的作家他一些不知道了（除了柴可夫斯基，他的音樂使他哭泣）；他把勃拉姆斯與理查•施特勞斯同樣加以排斥，他竟教訓貝多芬，[190]而在批判瓦格納時，只聽到一次《西格弗里德》便自以為認識了他全部，且他去聽《西格弗里德》，還是在上演開始後進場而在第二幕中間已經退出的。[191]——關於文學的知識，當然較為豐富。但不知由於何種奇特的錯誤，他竟避免去批判他認識最真切的俄國作家，

189. 關於這點，我將在論及《克勒策奏鳴曲》時再行提及。

190. 他的偏執自一八八六年更加厲害了。在《我們應當做什麼？》一書中，他還不敢得罪貝多芬，也不敢得罪莎士比亞。他反而責備當代的藝術家敢指摘他們。「伽利略、莎士比亞、貝多芬的活動和雨果、瓦格納們的絕無相似之處。正如聖徒們不承認與教皇有何共通性一般。」（見上述書）

191. 那時他還想在第一幕未定前就走掉。「為我，問題是解決了，我更無疑惑。對於一個能想像出這些情景的作家沒有什麼可以期待。我們可以預言他所寫的東西永遠是壞的。」

而居然去向外國詩人宣道，他們的思想和他的原來相差極遠，他們的作品也只被他藐視地隨手翻過一遍！[192]

他的武斷更隨了年齡而增長。他甚至寫了一整部的書以證明莎士比亞「不是一個藝術家」。

「他可以成為任何角色，但他不是一個藝術家。」[193]

這種肯定真堪佩服！托爾斯泰不懷疑。他不肯討論。他握有真理。他會和你說：

「第九交響曲是一件分離人群的作品。」[194]

或：

「除了巴赫的著名的小提琴調與蕭邦的E調夜曲，及在海頓、莫札特、舒伯特、貝多芬、蕭邦等的作品中選出的十幾件作品，——且也不過這些作品中的一部分——之外，其他的一切都應該排斥與蔑視，如對付分離人群的藝術一般。」

或：

「我將證明莎士比亞簡直不能稱為一個第四流的作家。且在描寫人性的一點上，他是完全無能的。」

不論世界上其他的人類都不贊同他的意見，可不能阻止他，正是相反！

「我的見解，」他高傲地寫道，「是和歐洲一切對於莎士比亞的見解不同的。」

---

192. 大家知道，他為要在法國現代詩人作品中做一選擇起見，曾發明這可驚的原則：「在每一部書中，抄錄在第二十八頁上的詩。」

193. 《莎士比亞論》（一九〇三）——寫作這部書的動機是由於埃內斯特．格羅斯比的一篇關於《莎士比亞與勞工階級》的論文所引起的。

194. 原文是：「第九交響曲不能聯合一切人，只能聯合一小部分，為它把他們和其餘的人分離著的。」

在他對於謊言的糾纏中，他到處感覺到有謊言。有一種愈是普遍地流行的思念，他愈要加以攻擊。他不相信，他猜疑，如他說起莎士比亞的光榮的時候，說：「這是人類永遠會感受的一種傳染病式的影響。中世紀的十字軍，相信妖術，追求方士煉丹之術都是的。人類只有在擺脫之後才能看到他們感染影響時的瘋狂。因了報紙的發達，這些傳染病更為猖獗。」──他還把「德雷福斯事件」作為這種傳染病的最近的例子。他，[195]這一切不公平的仇敵，一切被壓迫者的防衛者，他講起這大事件時竟帶著一種輕蔑的淡漠之情。這個明顯的例子，可以證明，他矯枉過正的態度把他對於謊言的痛恨與指斥「精神傳染病」的本能，一直推到何等極端的地步。他自己亦知道，可無法克制。人類道德的背面，不可思議的盲目，使這個洞察心魂的明眼人，這個熱情的喚引者，把《李爾王》當作「拙劣的作品」。把高傲的考狄利亞[196]當作「毫無個性的人物」。[197]

但也得承認他很明白地看到莎士比亞的若干缺點，為我們不能真誠地說出的。例如，詩句的

195.「這是一件常有的事情，從未引起任何人注意的，我不說普世的人，但即是法國軍界也從未加以注意。」以後他又說：「大概要數年之後，人們才會從迷惘中醒悟，懂得他們全然不知德雷福斯究竟是有罪無罪，而每個人都有比這德雷福斯事件更重大、更直接的事情須加注意。」（《莎士比亞論》）

196.李爾王的女兒，一個模範的孝女。──譯注

197.「《李爾王》是一齣極壞、極潦草的戲劇，它只令人厭惡。」──《奧賽羅》比較博得托爾斯泰的好感，無疑是因為它和他那時代關於婚姻和嫉妒的見解相合之故。「它固然是莎士比亞最不惡劣的作品，但亦只是一組誇大的言語的聯合罷了。」哈姆萊特這人物毫無性格可言：「這是作者的一架留聲器，它機械地縷述作者的思想。」至於《暴風雨》、《辛白林》、《特羅伊羅斯與克瑞西達》等，他只是為了它們的「拙劣」而提及。他認為莎士比亞的唯一的自然的人物，是福斯塔夫，「正因為在此，莎士比亞的冷酷與譏諷的言語和劇中人的虛榮、矯偽、墮落的性格相合之故」。可是托爾斯泰並不永遠這麼思想。在一八六〇至一八七〇年間，他很高興讀莎士比亞的劇作，尤其在他想編一部關於彼得一世的史劇的時代。在一八六九年筆記中，我們可以看出他即把哈姆萊特作為他的模範與指導。他在提及他剛好完成的工作《戰爭與和平》之後，他說：「哈姆萊特與我將來的工作，這是小說家的詩意用於描繪性格。」

雕琢，籠統地應用於一切人物的熱情的傾訴，英雄主義，單純質樸。我完全懂得，托爾斯泰在一切作家中是最少文學家氣質的人，故他對於文人中最有天才的人的藝術，自然沒有多少好感。但他為何要耗費時間去講人家所不能懂得的事物？而且批判對於你完全不相干的世界又有什麼價值？

如果我們要在這些批判中去探尋那些外國文學的門徑，那麼這些批判是毫無價值的。如果我們要在其中探尋托爾斯泰的藝術寶鑰，那麼，它的價值是無可估計的。我們不能向一個創造的天才要求大公無私的批評。當瓦格納、托爾斯泰在談起貝多芬與莎士比亞時，他們所談的並非是貝多芬與莎士比亞，而是他們自身；他們在發表自己的理想。他們簡直不試著騙我們。批判莎士比亞時，托爾斯泰並不使自己成為「客觀」。他正責備莎士比亞的客觀的藝術。《戰爭與和平》的作者，無人格性的藝術的大師，對於那些德國批評家，在歌德之後發現了莎士比亞，發現了「藝術應當是客觀的，即是應當在一切道德價值之外去表現故事，——這是否定以宗教為目的的藝術」這種理論的人，似乎還輕蔑得不夠。

因此托爾斯泰是站在信仰的高峰宣佈他的藝術批判，在他的批評中，不必尋覓任何個人的成見。他並不把自己作為一種模範，他對於自己的作品和對於別人的作品同樣毫無憐惜。[198] 那麼，他願望什麼，他所提議的宗教理想對於藝術又有什麼價值？

這理想是美妙的。「宗教藝術」這名詞，在含義的廣博上容易令人誤會。其實，托爾斯泰並沒限制藝術，而是把藝術擴大了。藝術，他說，到處皆是。

198. 他把他的幻想之作亦列入「壞的藝術」中。（見《藝術論》）——他在批斥現代藝術時，也不把他自己所作的戲劇作為例外，他批評道：「缺少未來戲劇所應作為基礎的宗教觀念。」

「藝術滲透我們全部的生活，我們所稱為藝術的：戲劇，音樂會，書籍，展覽會，只是極微小的部分而已。我們的生活充滿了各色各種的藝術表白，自兒童的遊戲直至宗教儀式。藝術與言語是人類進步的兩大機能。一是溝通心靈的，一是交換思想的。如果其中有一個誤入歧途，社會便要發生病態。今日的藝術即已走入了歧途。」

自文藝復興以來，我們再不能談起基督教諸國的一種藝術。各階級是互相分離了。富人，享有特權者，僭越了藝術的專利權；他們依了自己的歡喜，立下藝術的水準。在遠離窮人的時候，藝術變得貧弱了。

「不靠工作而生活的人所感到的種種情操，較之工作的人所感到的情操要狹隘得多。現代社會的情操可以概括為三：驕傲，肉感，生活的困倦。這三種情操及其分支，差不多造成了富人階級的全部藝術題材。」

它使世界腐化，使民眾頹廢。助長淫欲，它成為實現人類福利的最大障礙。而且它也沒有真正的美，不自然，不真誠，——是一種造作的、肉的藝術。

在這些美學者的謊言與富人的消遣品前面，我們來建立起活的、人間的，聯合人類、聯合階級、團結國家的藝術。過去便有光榮的榜樣。

「我們所認為最崇高的藝術：永遠為大多數的人類懂得並愛好的，創世紀的史詩，福音書的寓言，傳說，童話，民間歌謠。」

最偉大的藝術是傳達時代的宗教意識的作品。在此不要以為是一種教會的主義。「每個社會有一種對於人生的宗教觀：這是整個社會都嚮往的一種幸福的理想。」大家都有一種情操，不論感覺得明顯些或暗晦些；若干前鋒的人便明白確切地表現出來。

「永遠有一種宗教意識。這是河床。」[199]

我們這時代的宗教意識，是對於由人類友愛造成的幸福的企望。只有為了這種結合而工作的才是真正的藝術。最崇高的藝術，是以愛的力量來直接完成這事業的藝術。但以憤激與輕蔑的手段攻擊一切反博愛原則的事物，也是一種參加這事業的藝術。例如，狄更斯的小說，杜思妥也夫斯基的作品，雨果的《悲慘世界》，米勒的繪畫。即是不達到這高峰的，一切以同情與真理來表現日常生活的藝術亦能促進人類的團結，例如《唐吉訶德》與莫里哀的戲劇。

當然，這最後一種藝術往往因為它過於瑣碎的寫實主義與題材的貧弱而犯有錯誤，「如果我們把它和古代的模範，如《約瑟行述》來相比的時候」。過於真切的枝節會妨害作品，使它不能成為普遍的。

「現代作品常為寫實主義所累，我們更應當指斥這藝術上狹隘的情調。」

這樣，托爾斯泰毫無猶豫地批判他自己的天才的要素。對於他，把他自己整個地為了未來而犧牲，使他自己什麼也不再存留，也是毫無關係的。

「未來的藝術定不會承繼現在的藝術，它將建築於別的基礎之上。它將不復是一個階級的所有物。藝術不是一種技藝，它是真實情操的表白。可是，藝術家唯有不孤獨，唯有度著人類自然生活的時候，才能感到真實的情操。故凡受到人生的庇護的人，在創造上，是處於最壞的環境中。」

在將來，「將是一切有天職的人成為藝術家的」。「由於初級學校中便有音樂與繪畫的課程和

199. 或更確切地說：「這是河流的方向。」

文法同時教授兒童」，使大家都有達到藝術活動的機會。而且，藝術更不用複雜的技巧，如現在這樣，它將走上簡潔、單純、明白的路，這是古典的、健全的、荷馬的藝術的要素。[200]在這線條明淨的藝術中表現這普遍的情操，將是何等的美妙！為了千萬的人類去寫一篇童話或一曲歌，畫一幅像，比較寫一部小說或交響曲重要而且難得多。[201]這是一片廣大的、幾乎還是未經開發的園地。由於這些作品，人類將懂得友愛的、團結的幸福。

「藝術應當剷除強暴，而且唯有它才能做到。它的使命是要使天國，即愛，來統治一切。」[202]我們之中誰又不贊同這些慷慨的言辭呢？且誰又不看到，含有多少理想與稚氣的托爾斯泰的觀念，是生動的與豐富的！

是的，我們的藝術，全部只是一個階級的表白，在這一個國家與別一個國家的界域上，又分化為若干敵對的領土。在歐洲沒有一個藝術家的心魂能實現各種黨派、各個種族的團結。在我們的時代，最普遍的，即是托爾斯泰的心魂。在他的心靈上，我們相愛了，一切階級一切民族中的人都聯合一致了。他，如我們一樣，體味過了這偉大的愛，再不能以歐洲狹小團體的藝術所給予我們的人類偉大心魂的殘餘為滿足了。

---

200. 一八七三年，托爾斯泰寫道：「你可以任意思想，但你作品中每個字，必須為一個把書籍從印刷所運出的推車夫也能懂得。在一種完全明白與質樸的文字中絕不會寫出壞的東西。」

201. 托爾斯泰自己做出例子。他的「讀本四種」為全俄羅斯所有的小學校——不論是教內或教外的——採用。他的《通俗短篇》成為無數民眾的讀物。斯捷潘・阿尼金於一九一〇年十二月七日在日內瓦大學演講《紀念托爾斯泰》詞中有言：「在下層民眾中，托爾斯泰的名字和『書籍』的概念聯在一起了。」我們可以聽到一個俄國鄉人在圖書館中向管理員說：「給我一個好書，一本托爾斯泰式的！」（他的意思是要一部厚厚的書。）

202. 這人類間友愛的聯合，對於托爾斯泰還不是人類活動的終極；他的不知足的心魂使他懷著超過愛的一種渺茫的理想，他說：「也許有一天科學將發現一種更高的藝術理想，由藝術來加以實現。」

十四 黑暗的力量

最美的理論只有在作品中表現出來時才有價值。對於托爾斯泰，理論與創作永遠是相連的，有如信仰與行動一般。正當他構成他的藝術批評時，他同時拿出他所希求的新藝術的模型。這模型包括兩種藝術形式，一是崇高的，一是通俗的，在最富人間性的意義上，都是「宗教的」，——一是努力以愛情來團結人類，一是對愛情的仇敵宣戰。他寫成了下列幾部傑作：《伊萬・伊里奇之死》（一八八四至一八八六）、《民間故事與童話》（一八八一至一八八六）、《黑暗的力量》（一八八六）、《克勒策奏鳴曲》（一八八九）和《主與僕》（一八九五）。[203]這一個藝術時期仿如一座有兩個塔尖的大寺，一個象徵永恆的愛，一個象徵世間的仇恨；在這個時間的終極與最高峰誕生了《復活》（一八九九）。

這一切作品，在新的藝術性格上，都和以前的大不相同。托爾斯泰不特對於藝術的目的，且對於藝術的形式也改變了見解。在《我們應當做什麼？》或《莎士比亞論》中，我們讀到他所說的趣味與表現的原則覺得奇怪。它們大半都和他以前的大作抵觸的。「清楚，質樸，含蓄」，我們在《我們應當做什麼？》中讀到這些標語。他蔑視一切物質的效果，批斥細磨細琢的寫實主義。——在《莎士比亞論》中，他又發表關於完美與節度的純古典派的理想。「沒有節度觀念，沒有真正

203. 同時代還有一部描寫一匹馬的美麗的小說，實際上是在他訂婚至婚後最初幾年的幸福的光陰中寫的。

的藝術家。」——而在他的新作品中，[204]即使這老人不能把他自己，把他的分析天才與天生的曠野完全抹殺，（在若干方面，這些天稟反而更明顯）但線條變得更明顯、更強烈，心魂蓄藏著更多的曲折，內心變化更為集中，宛如一頭被囚的動物集中力量準備飛騰一般，更為普遍的感情從一種固有色彩的寫實主義與短時間的枝節中解脫出來，末了，他的言語也更富形象、更有韻味，令人感到大地的氣息：總之他的藝術是深深地改變了。

他對於民眾的愛情，好久以來已使他體味通俗言語之美。童時他受過行乞說書者所講的故事的薰陶。成人而變了名作家之後，他在和鄉人的談話中感到一種藝術的樂趣。

「這些人，」以後他和保爾•布瓦耶說，「是創造的名手。當我從前和他們，或和這些背了糧袋在我們田野中亂跑的流浪者談話時，我曾把為我是第一次聽到的言辭，為我們現代文學語言所遺忘，但老是為若干古老的俄國鄉間所鑄造出來的言辭，詳細記錄下來……是啊，言語的天才存在於這等人身上……」[205]

他對於這種語言的感覺更為敏銳，尤其因為他的思想沒有被文學窒息。[206]遠離著城市，混在鄉人中間過生活，久而久之，他思想的方式漸漸變得如農人一般。他和他們一樣，具有冗長的辯證法，理解力進行極緩，有時混雜著令人不快的激動，老是重複說盡人皆知的事情，而且用了同樣的語句。

204.《克勒策奏鳴曲》、《黑暗的力量》。

205.見一九〇一年八月二十九日巴黎《時報》。

206.他的友人德魯日寧於一八五六年時對他說：「在文學的風格上，你是極不雕琢的，有時如一個革新者，有時如一個大詩人，有時好似一個軍官寫給他的同伴的信。你用了愛情所寫的是美妙無比。只要你稍為變得淡漠，你的作風立刻模糊了，甚至可怕。」

但這些卻是民間語言的缺陷而非長處。只是年深月久之後，他才領會到其中隱藏著的天才，如生動的形象、狂放的詩情、傳說式的智慧。自《戰爭與和平》那時代始，他已在受著它的影響。一八七二年三月，他寫信給斯特拉科夫說：

「我改變了我的語言與文體。民眾的語言具有表現詩人所能說的一切的聲音。它是詩歌上最好的調節器。即使人們要說什麼過分或誇大的話，這種語言也不能容受。不像我們的文學語言般沒有骨幹，可以隨心所欲地受人支配，完全是舞文弄墨的事情。」[207]

他不獨在風格上採取民眾語言的模型，他的許多感應亦是受它之賜。一八七七年，一個流浪的說書者到亞斯納亞・波利亞納來，托爾斯泰把他所講的故事記錄了好幾樁。如幾年之後托爾斯泰所發表的最美的《民間故事與童話》中《人靠了什麼生活？》與《三老人》兩篇即是淵源於此。[208]

近代藝術中獨一無二之作。比藝術更崇高的作品：在讀它的時候，誰還想起文學這東西？福音書的精神，同胞一般的人類的貞潔的愛，更雜著民間智慧的微笑般的歡悅，單純、質樸、明淨、無可磨滅的心的慈悲和有時那麼自然地照耀著作品的超自然的光彩！在一道金光中它籠罩著一個中心人物愛里賽老人，[209]或是鞋匠馬丁——那個從與地一樣平的天窗中看見行人的腳和上帝裝作窮人去訪問他的人。[210]這些故事，除了福音書中的寓言之外，更雜有東方傳說的香味，如他童時起便

---

207. 見《生活與作品》。——一八七九年夏天，托爾斯泰與農人交往甚密，斯特拉科夫告訴我們，除了宗教之外，「他對於言語極感興趣。他開始明白地感到平民言語的美，每天，他發現新字，每天，他更蔑視文言的言語」。
208. 在他讀書札記中（一八六〇至一八七〇），托爾斯泰記著：「Bylines故事……極大的印象。」
209. 見《二老人》（一八八五）。
210. 見《愛與上帝永遠一致》（一八八五）。

愛好的《天方夜譚》中的。[211]有時是一道神怪的光芒閃耀著，使故事具有駭人的偉大。有如《農奴巴霍姆》[212]，拚命收買土地，收買在一天中所走到的全部土地。而他在走到的時候死了。

「在山崗上，斯塔爾希納坐在地下，看他奔跑。巴霍姆倒下了。

——『啊！勇敢的人，壯士，你獲得了許多土地。』

斯塔爾希納站起，把一把鏟擲給巴霍姆的僕人！

——『哦，把他瘞埋吧。』

僕人一個子，為巴霍姆掘了一個墓穴，恰如他從頭到腳的長度，——他把他瘞了。」

這些故事，在詩的氣氛中，幾都含有福音書中的道德教訓，關於退讓與寬恕的：

「不要報復得罪你的人。」[213]

「不要抵抗損害你的人。」[214]

「報復是屬於我的。」上帝說。[215]

無論何處，結論永遠是愛。願建立一種為一切人類的藝術的托爾斯泰一下子獲得了普遍性。在全世界，他的作品獲得永無終止的成功：因為它從藝術的一切朽腐的原子中昇華出來，在此只有永恆。

《黑暗的力量》一書，並不建築於心的嚴肅的、單純的基礎上，它絕無這種口實：這是另外

211.見《人靠了什麼生活？》（一八八一）、《三老人》（一八八四）、《義子》（一八八六）。
212.這篇故事又名《一個人需要許多土地嗎？》（一八八六）。
213.見《熊熊之火不復熄》（一八八五）。
214.見《大蠟燭》（一八八五）、《蠢貨伊萬的故事》。
215.見《義子》（這些短篇故事刊於全集第十九卷）。

的一方面。一面是神明的博愛之夢，一面是殘酷的現實。在讀這部戲劇時，我們可以看到托爾斯泰是否果能把民眾理想化而揭穿真理！

托爾斯泰在他大半的戲劇試作中是那麼笨拙，在此卻達到了指揮如意的境界。[216]性格與行動佈置得頗為自然：剛愎自用的尼基塔，阿尼西婭的狂亂與縱欲的熱情，老馬特廖娜的無恥的純樸養成她兒子的姦情，老阿基姆的聖潔——不啻是一個外似可笑而內是神明的人。接著是尼基塔的潰滅，並不兇惡的弱者，雖然自己努力要懸崖勒馬，但終於被他的母與妻誘入墮落與犯罪之途。

「農奴是不值錢的。但她們這些野獸！什麼都不怕……你們，其他的姊妹們，你們是幾千幾萬的俄國人，而你們竟如土龍一樣盲目，你們什麼都不知道，什麼都不知道！……農奴他至少還能在酒店裡，或者在牢獄裡——誰知道？——軍營裡學習什麼東西，可是野獸……什麼？她什麼也不看見，不聽得。她如何生長，便如何死去。完了……她們如一群盲目的小犬，東奔西竄，只把頭往垃圾堆裡亂撞。她們只知道她們愚蠢的歌曲：『嗚——嗚！嗚——嗚！』什麼！……嗚——嗚？她們不知道。」[217]

以後是謀害新生嬰兒的可怕的一場。尼基塔不願殺。但阿尼西婭，為了他而謀害了她的丈夫的女人，她的神經一直為了這件罪案而拗執著、痛苦著，她變得如野獸一般，發瘋了，威嚇著要告發他。她喊道：

---

216. 他對於戲劇發生興趣已是相當遲晚的事。這是一八六九至一八七〇年間冬天的發現。依著他素來的脾氣，他立刻有了戲劇狂。「這個冬天，我完全用於研究戲劇，好似那些直到五十歲才突然發現一向忽略的題材的人們，在其中看到許多新事物……我讀了莎士比亞，歌德，普希金，果戈理，莫里哀……我願讀索福克勒斯與歐里庇得斯……我臥病甚久，那時候，戲劇中的人物在我心中一一映現……」（見一八七〇年二月十七日至二十一日致費特書）

217. 見第四幕。

「至少，我不復是孤獨的了。他也將是一個殺人犯。讓他知道什麼叫作兇犯！」

尼基塔在兩塊木板中把孩子壓死。在他犯罪的中間，他嚇呆了，逃，他威嚇著要殺阿尼西婭與他的母親，他號啕，他哀求：

「我的小母親，我不能再支持下去了！」

他以為聽見了被壓死的孩子的叫喊。

「我逃到哪裡去？」

這是莎士比亞式的場面。沒有上一場那樣的曠野，但更慘痛的，是小女孩與老僕的對話。他們在夜裡聽到，猜到在外面展演的慘案。

末了是自願的懲罰。尼基塔，由他的父親阿基姆陪著，赤著足，走入一個正在舉行結婚禮的人群中。他跪著，他向全體請求寬恕，他自己供認他的罪狀。老人阿基姆用痛苦的目光注視著他，鼓勵他：

「上帝！噢！他在這裡，上帝！」

這部劇作所以具有一種特殊的藝術韻味者，更因為它採用鄉人的語言。

「我搜遍我的筆記夾以寫成《黑暗的力量》。」這是托爾斯泰和保爾・布瓦耶所說的話。

這些突兀的形象，完全是從俄國民眾的諷刺與抒情的靈魂中湧現出來的，自有一種強烈鮮明的色彩，使一切文學的形象都為之黯然無色。[218] 我們感到作者在藝術家身分上，以記錄這些表白與思想為樂，可笑之處也沒有逃過他的手法；而在熱情的使徒身分上，卻在為了靈魂的黑暗而痛惜。

218. 一八八七年正月，托爾斯泰致書捷涅羅莫有言：「我生活得很好，且很快樂。這一向我為了我的劇本《黑暗的力量》而工作。它已完工了。」

在觀察著民眾，從高處放一道光彩透破他們的黑夜的時候，托爾斯泰對於資產與中產階級的更黑暗的長夜，又寫了兩部悲壯的小說。我們可以感到，在這時代，戲劇的形式統制著他的藝術思想。《伊萬‧伊里奇之死》與《克勒策奏鳴曲》兩部小說都是緊湊的、集中的內心悲劇；在《克勒策奏鳴曲》中，又是悲劇的主人翁自己講述的。

《伊萬‧伊里奇之死》（一八八四至一八八六）是激動法國民眾最劇烈的俄國作品之一。本書之首，我曾說過我親自見到法國外省的中產者，平日最不關心藝術的人，對於這部作品也受著極大的感動。這是因為這部作品是以駭人的寫實手腕，描寫這些中等人物中的一個典型，盡職的公務員，沒有宗教，沒有理想，差不多也沒有思想，埋沒在他的職務中，在他的機械生活中，直到臨死的時光方才凜然發覺自己虛度了一世。伊萬‧伊里奇是一八八〇年時代的歐洲中產階級的代表，他們讀著左拉的作品，聽著薩拉‧伯恩哈特的演唱，毫無信仰，甚至也不是非宗教者：因為他們既不願費心去信仰，也不願費心去不信仰，——他們從來不想這些。

由於對人世，尤其對婚姻的暴烈的攻擊與挖苦，《伊萬‧伊里奇之死》是一組新作品的開始，它是《克勒策奏鳴曲》與《復活》的更為深刻與慘痛的描寫的預告。它描寫這種人生（這種人生何止千萬）的可憐的空虛、無聊的野心、狹隘的自滿，——「至多是每天晚上和他的妻子面對面坐著，」——職業方面的煩惱，想像著真正的幸福，玩玩「非斯脫」紙牌。而這種可笑的人生為了一個更可笑的原因而喪失，當伊萬‧伊里奇有一天要在客廳的窗上懸掛一條窗簾而從扶梯上滑跌下來之後。人生的虛偽；疾病的虛偽；只顧自己的強健的醫生的虛偽；為了疾病感到厭惡的家庭的虛偽；妻子的虛偽，她只籌畫著丈夫死後她將如何生活。一切都是虛偽，只有富有同情的僕人，對於垂死的人並不隱瞞他的病狀而友愛地看護著他。伊萬‧伊里奇「對自己感覺無窮地痛惜」，為了自己的孤獨與人類的自私而痛哭；他受著極殘酷的痛苦，直到他發覺他過去的生活只是一場騙局的那天，但這騙局，他還可補救。立刻，一切都變得清明了，——這是在他逝世的一小時之前。他不復想到他自己，他想著他的家族，他矜憐他們；他應當死，使他們擺脫他。

——痛苦，你在哪裡？——啊，在這裡……那麼，你頑強執拗下去吧。——死，它在哪裡？——他已找不到它了。沒有死，只有光明。——「完了。」有人說。——他聽到這些話，把它們重複地說。——「死不復存在了。」他自言自語說。

在《克勒策奏鳴曲》中，簡直沒有這種光明的顯露。[219]這是一部攻擊社會的獰惡可怖的作品，有如一頭受創的野獸，要向他的傷害者報復。我們不要忘記，這是殺了人，為嫉妒的毒素侵蝕著的兇橫的人類的懺悔錄。托爾斯泰在他的人物後面隱避了。無疑地，我們在對於一般的偽善的攻擊中可以找到他的思想，他的語氣，他所深惡痛恨的是：女子教育，戀愛，婚姻——「這日常的賣淫」；社會，科學，醫生——這些「罪惡的播種者」等等的虛偽。但書中的主人翁驅使作者採用粗獷的表辭、強烈的肉感的描繪——畫出一個淫逸的人的全部狂熱，——而且因為反動之故，更表示極端的禁欲與對於情欲的又恨又懼，並如受著肉欲煎熬的中世紀僧侶般詛咒人生。寫完了，托爾斯泰自己也為之驚愕：

「我絕對沒有料到，」他在《克勒策奏鳴曲》的跋文中說，「一種嚴密的論理會把我在寫作這部小說的時候，引我到我現在所到達的地步。我自己的結論最初使我非常驚駭，我願不相信我的結論，但我不能……我不得不接受。」

219. 這部作品的第一種法譯本刊行於一九一二年。

他在兇犯波斯德尼舍夫口中說出攻擊愛情與婚姻的激烈的言論：

「一個人用肉感的眼光注視女人——尤其是他自己的妻子時，他已經對她犯了姦情。」

「當情欲絕滅的時候，人類將沒有存在的理由，他已完成自然的律令；生靈的團結將可實現。」

他更依據了聖馬太派的福音書論調，說：「基督教的理想不是婚姻，無所謂基督教的婚姻，在基督教的觀點上，婚姻不是一種進步，而是一種墮落，愛情與愛情前前後後所經歷的程序是人類真正的理想的阻礙」。[220]

但在波斯德尼切舍口中沒有流露出這些議論之前，這些思想從沒有在托爾斯泰腦中顯得這樣明白確切。好似偉大的創造家一樣，作品推進作家；藝術家走在思想家之前。可是藝術並未在其中有何損失。在效果的力量上，在熱情的集中上，在視覺的鮮明與曠野上，在形式的豐滿與成熟上，沒有一部托爾斯泰的作品可和《克勒策奏鳴曲》相比。

現在我得解釋它的題目了。——實在說，它是不切的。這令人誤會作品的內容。音樂在此只有一種副作用。取消了奏鳴曲，什麼也不會改變。托爾斯泰把他念念不忘的兩個問題混在一起——他認為音樂與戀愛都具有使人墮落的力量——這是錯誤的。關於音樂的魔力，須由另一部專書討論；托爾斯泰在此所給予它的地位，不足證實他所判斷的危險。在涉及本問題時，我不得不有幾句贅言：因為我不相信有人完全瞭解托爾斯泰對音樂的態度。

要說他不愛音樂是絕對不可能的。一個人只怕他所愛的事物。我們當能記憶音樂的回憶在

220. 注意：托爾斯泰從未天真地相信獨身與貞潔的理想對於現在的人類是可以實現的。但依他的意思，一種理想在定義上是不能實現的，但它是喚引人類的英雄的力量的一種教訓。

《童年時代》中，尤其在《夫婦的幸福》中所占的地位。本書中所描寫的愛情的周圈，自春至秋，完全是在貝多芬的《Quasi una fantasia 奏鳴曲》[221]的各個階段中展演的。我們也能記憶涅赫留多夫[222]與小彼佳[223]在臨終的前夜在內心聽到的美妙的交響曲。[224]托爾斯泰所學的音樂或許並不高妙，但音樂確把他感動至於下淚；[225]且在他一生的某幾個時代，他曾縱情於音樂。一八五八年，他在莫斯科組織一個音樂會，即是以後莫斯科音樂院的前身。他的內倩別爾斯在《關於托爾斯泰的回憶》中寫道：

「他酷好音樂。他能奏鋼琴，極愛古典派大師。他往往在工作之前彈一會琴。[226]很可能他要在音樂中尋求靈感。他老是為他最小的妹妹伴奏，因為他歡喜她的歌喉。我留意到他被音樂所引動的感覺，臉色微微顯得蒼白，而且有一種難於辨出的怪相，似乎是表現他的恐怖。」

這的確是和這震撼他心靈深處的無名的力接觸後的恐怖！在這音樂的世界中，似乎他的意志、理性、一切人生的現實都溶解了。我們只要讀《戰爭與和平》中描寫尼古拉・羅斯托夫賭輸了錢，絕望著回家的那段。他聽見他的妹妹娜塔莎在歌唱。他忘記了一切：

他不耐煩地等待著應該連續下去的一個音，一剎那間世界上只有那段三拍子的節奏：Oh！Mio crudele affetto！

221. 即俗稱月光曲。
222. 在《一個紳士的早晨》的終端。
223. 見《戰爭與和平》。在此我且不說那《阿爾貝》（一八五七），講一個天才音樂家的故事；那短篇且是極弱的作品。
224. 參看《青年時代》中述及他學鋼琴的一段。——「鋼琴於我是一種以感傷情調來迷醉小姐們的工具。」
225. 一八七六至一八七七年事。
226. 他從未中止對於音樂的愛好。他年老時的朋友，一個是音樂家戈登魏澤，於一九一〇年時在亞斯納亞避暑。在托爾斯泰最後一次病中，他幾乎每天來為他弄音樂。

——「我們的生活真是多麼無聊，」他想，「災禍，金錢，恨，榮譽，這一切都是空的……瞧，這才是真實的！……娜塔莎，我的小鴿！我們且看她能否唱出B音……她已唱出了，謝上帝！」他，不知不覺地唱起來了，為增強這B音起見，他唱和著她的三度音程。

——「喔！吾主，這真是多麼美！是我給予她的嗎？何等地幸福！」他想。而這三度音程的顫動，把他所有的精純與善性一齊喚醒了。在這超人的感覺旁邊，他賭輸的錢與他允諾的言語又算得什麼！……瘋狂啊！一個人可以殺人、盜竊，而仍不失為幸福。

事實上，尼古拉既不殺人，也不偷盜，音樂於他亦只是暫時的激動；但娜塔莎已經到了完全迷失的頂點。這是在歌劇院某次夜會之後，「在這奇怪的、狂亂的藝術世界中，遠離著現實，一切善與惡，誘惑與理性混合在一起的世界中」，她聽到阿納托里・庫拉金的傾訴而答應他把她帶走的。

托爾斯泰年紀愈大，愈害怕音樂。[227]一八六〇年時在德累斯頓見過他而對他有影響的人，奧爾巴赫，一定更加增他對於音樂的防範。「他講起音樂彷彿是一種頹廢的享樂。據他的見解，音樂是傾向於墮落的渦流。」[228]

卡米耶・貝萊格問：在那麼多的令人頹廢的音樂家中，為何要選擇一個最純粹、最貞潔的貝多芬？[229]——因為他是最強的緣故。托爾斯泰曾經愛他，他永遠愛他。他的最遼遠的童年回憶是和

227. 一八六一年四月二十一日書。
228. 見卡米耶・貝萊格著《托爾斯泰與音樂》（一九一一年正月四日《高盧人》日報）。
229. 在此不獨是指貝多芬後期的作品。即是他認為是「藝術的」若干早期的作品，托爾斯泰也指摘「它們的造作的形式」。——在一封給柴可夫斯基的信中他亦以莫札特與海頓和「貝多芬、舒曼、柏遼茲等的計較效果的造作的形式」對比。

《悲愴奏鳴曲》有關聯的。在《復活》的終局，當涅赫留多夫聽見奏著《C小調交響曲》的「行板」時，他禁不住流下淚來。「他哀憐自己，」——可是，在《藝術論》中，托爾斯泰論及「聾子貝多芬的病態的作品」時，表現何等激烈的怨恨。一八七六年時，他已經努力要「摧毀貝多芬，使人懷疑他的天才」，使柴可夫斯基大為不平，而他對於托爾斯泰的佩服之心也為之冷卻了。《克勒策奏鳴曲》更使我們徹底看到這種熱狂的不公平。托爾斯泰所責備貝多芬的是什麼呢？他的力強。他如歌德一樣，聽著《C小調交響曲》，受著它的震撼，憤怒地對著這權威的大師表示反對。[230]

「這音樂，」托爾斯泰說，「把我立刻轉移到和寫作這音樂的人同樣的精神境界內……音樂應該是國家的事業，如在中國一樣。我們不能任令無論何人具有這魔術般的可怕的機能。……這些東西，(《克勒策奏鳴曲》中的第一個急板，)只能在若干重要的場合中許它奏演……」

但在這種反動之後，我們看到他為貝多芬的大力所屈服，而且他亦承認這力量是令人興起高尚與純潔之情！在聽這曲子時，波斯德尼舍夫墮入一種不可確定的無從分析的境地內，這種境地的意識使他快樂；嫉妒匿跡了。女人也同樣地被感化了。她在演奏的時候，「有一種壯嚴的表情」，接著浮現出「微弱的、動人憐愛的、幸福的笑容，當她演奏完了時」……在這一切之中，有何腐敗墮落之處——只有精神被拘囚了，受著聲音的無名的力量的支配。精神簡直可以被它毀滅，如果它願意。

這是真的。但托爾斯泰忘記一點：聽音樂或奏音樂的人，大半都是缺少生命或生命極庸俗的。音樂對於一班沒有感覺的人是不會變得危險的。一班感覺麻木的群眾，絕不會受著歌劇院中

230. 據保爾・布瓦耶所述：「托爾斯泰請人為他奏蕭邦。在《第四敘事曲》之終，他的眼睛中飽和了淚水。」——「啊！畜生！」他喊道。他突然站起身來，走了。（一九〇二年十一月二日巴黎《時報》所載）

所表現的《莎樂美》的病態的情感所鼓動。必得要生活富麗的人，如托爾斯泰般，方有為了這種情緒而受苦的可能。——實際是，雖然他對於貝多芬是那麼不公平，托爾斯泰比今日大半崇拜貝多芬的人更深切地感到貝多芬的音樂。至少他是熟識充滿在「老聾子」作品中的這些狂亂的熱情，這種曠野的強暴，為今日的演奏家與樂隊所茫然不解的。貝多芬對於他的恨意比著對於別人的愛戴或許更為滿意呢。

十五　深入人靈魂的目光

《復活》與《克勒策》相隔十年，十年之中，日益專心於道德宣傳。[231]《復活》與這渴慕永恆的生命所期望著的終極也是相隔十年。《復活》可說是托爾斯泰藝術上的一種遺囑，它威臨著他的暮年，仿如《戰爭與和平》威臨著他的成熟時期。這是最後的一峰或者是最高的一峰，——如果不是

231.《主與僕》（一八九五）是《復活》以前的暗淡的作品，與放射著慈祥的神光的《復活》中間的過渡之作。但我們覺得它更接近《伊萬・伊里奇之死》與《民間故事》。本書大部分是敘述一個沒有善心的主人與一個百事忍耐的僕役中間的故事，手法是非常寫實的：他們兩人在雪夜的西伯利亞草原中迷失了。主人，最初想放棄了他的同伴而逃走，又重新回來，發現他凍僵了，他全身覆著他，溫暖他；這是本能地動作的，他自己亦不知為了什麼，但他眼睛裡充滿著淚水：似乎他變成了他所救的人，尼基塔，他的生命也不在他自身而在尼基塔了——「尼基塔生；因此我還是生存的，我。」——他，瓦西里，他差不多忘掉了他是誰。他想：「瓦西里不知道他應當做什麼……而我，我此刻卻知道了！……」他聽到他所企待的聲音，那個剛才命令他睡在尼基塔身上的人的聲音。他快樂地喊：「主，我來了！」他感到他是自由了，什麼也羈留不了他了……他死了。

最威嚴的，——不可見的峰巔在霧氛中消失了。[232]托爾斯泰正是七十歲。他注視著世界，他的生活，他的過去的錯誤，他的信仰，他的聖潔的憤怒。他從高處注視一切。這是如在以前的作品中同樣的思想，同樣對於虛偽的戰爭，但藝術家的精神，如在《戰爭與和平》中一樣，統制著作品；在《克勒策奏鳴曲》與《伊萬‧伊里奇》的騷動的精神與陰沉的譏諷之中，他又混入一種宗教式的靜謐，這是在他內心反映著的世界中超脫出來的，我們可以說有時竟是基督徒式的歌德。

我們在最後一時期內的作品中所注意到的藝術性格，在此重複遇到，尤其是敘事的集中，在一部長篇小說中較之在短篇故事中更為明顯。作品是一致的，在這一點上和《戰爭與和平》與《安娜小史》完全不同。幾乎沒有小故事的穿插。唯一的動作，在全部作品中十分緊湊地進展，而且各種枝節都搜羅淨盡。如在《奏鳴曲》中一樣，同樣淋漓盡致的人物描繪。愈來愈明徹、愈堅實並且毫無顧忌的寫實，使他在人性中看到獸性，——「人類的可怕的頑強的獸性，而當這獸性沒有發現，掩藏在所謂詩意的外表下面時更加可怕。」[233]

這些沙龍中的談話，只是以滿足肉體的需要為目的：「在撥動口腔與舌頭的筋肉時，可以幫助消化。」犀利的視覺，對於任何人都不稍假借，即是美麗的科爾夏金女郎也不能免，「肱骨的前突，大拇指甲的寬闊」，她裸裼袒裎的情態使涅赫留多夫感到「羞恥與厭惡，厭惡與羞恥」，書中的女主人，瑪斯洛娃也不能被視為例外，她的淪落的徵象絲毫不加隱匿，她的早衰，她的猥褻卑下的談吐，她的誘人的微笑，她的酒氣熏人的氣味，她的滿是火焰的紅紅的臉。枝節的描寫有如自然派作家的曠野：女人踞坐在垃圾箱上講話。詩意的想像與青春的氣韻完全消失了，只有初戀

232. 托爾斯泰預定要寫第四部，實際是沒有寫。
233. 據法譯本第三七九頁。

的回憶，還能在我們心中引起強烈的顫動，又如那復活節前的星期六晚上，白霧濃厚到「屋外五步之處，只看見一個黑塊，其中隱現著一星燈火」，午夜中的雞鳴，冰凍的河在剝裂作響，好似玻璃杯在破碎。一個青年在玻璃窗中偷窺一個看不見他的少女，坐在桌子旁邊，在黝黯的燈光之下，這是卡秋莎在沉思，微笑，幻夢。

作者的抒情成分占著極少的地位。他的藝術面目變得更獨立，更擺脫他自己的個人生活。托爾斯泰曾努力要革新他的觀察領域。他在此所研究的犯罪與革命的領域，於他一向是不認識的；[234]他只賴著自願的同情透入這些世界中去；他甚至承認在沒有仔細觀察他們之前，革命者是為他所極端厭惡的。尤其令人驚佩的是他的真切的觀察，不啻是一面光明無瑕的鏡子。典型的人物多麼豐富，枝節的描寫多麼確切！卑劣與德行，一切都以不寬不猛的態度、鎮靜的智慧與博愛的憐憫去觀察。……婦女們在牢獄裡，可哀的景象！她們毫無互相矜憐之意；但藝術家是一個溫良的上帝：他在每個女人心中看到隱在卑賤以內的苦痛，在無恥的面具下看到涕泗縱橫的臉。純潔的、慘白的微光，在瑪斯洛娃的下賤的心魂中漸漸地透露出來，終於變成一朵犧牲的火焰鮮明地照耀著它，這微光的動人的美，有如照在倫勃朗微賤的畫面上的幾道陽光。

毫無嚴厲的態度，即是對於劊子手們也不。「請寬恕他們，吾主，他們不知道他們所做的事情」……最糟的是，他們明白自己所做的事，並且為之痛悔，但他們無法禁阻自己不做。書中特別表出一種無可支撐的宿命的情調，這宿命壓迫著受苦的人與使人受苦的人——例如這典獄官，充滿著天然的慈善，對於這獄吏生活，和對於他的羸弱失神的女兒一天到晚在鋼琴上學習李斯特的

234. 相反，他曾混入他在《戰爭與和平》、《安娜小史》、《高加索人》、《塞瓦斯托波爾》中所描繪的各種社會：貴族沙龍，軍隊，街頭生活。他只要回憶一下便是。

《匈牙利狂想曲》，同樣地厭惡；這西伯利亞城的聰明善良的統治官，在所欲行的善與不得不作的惡之間發生了無可解決的爭鬥，於是，三十五年以來，他拚命喝酒，可是即在酒醉的時候，仍不失他的自主力，仍不失他的莊重；更有這些人物對於家庭滿懷著溫情，但他們的職業逼使他們對於別人毫無心肝。

在各種人物的性格中，缺乏客觀真實性的，唯有主人翁涅赫留多夫的，其故由於托爾斯泰把自己的思想完全寄託在他身上。這已經是《戰爭與和平》與《安娜小史》中最著名的人物，如安德列親王、皮埃爾、列文等的缺點，——或可說是危險。但他們的缺點比較地不嚴重：因為那些人物，在地位與年齡上，與托爾斯泰的精神狀態更為接近。不像在此，作者在主人翁三十五歲的身體中，納入一個格格不入的七十老翁的靈魂。我不說涅赫留多夫的精神錯亂缺少真實性，也並非說這精神病不能發生得如此突兀。[235]但在托爾斯泰所表現的那人物的性情稟賦上，在他過去的生活上，絕無預示或解釋這精神病發生的原因；而當它一朝觸發之後，便什麼也阻擋不住了。

無疑地，對於涅赫留多夫的不道德的混合與犧牲思想的交錯，自憐自歎與以後在現實前面感到的驚懼憎厭，托爾斯泰曾深切地加以標明。但他的決心絕不屈服。只是以前那些雖然劇烈究屬一時的精神錯亂，和這一次的實在毫無關聯。什麼也阻不住這優柔寡斷的人了。這位親王家裡頗富有，自己也受人尊重，對於社會的輿論頗知顧慮，正在娶一位愛他而他亦並不討厭的女子，突然決意放棄一切，財富、朋友、地位，而去娶一個娼妓，為的是要補贖他的舊愆：他的狂亂支持了幾個月之久，無論受到何種磨煉，甚至聽到他所要娶為妻子的人繼續她的放浪生活，也不能使

235. 托爾斯泰也許想起他的弟弟德米特里，他也是娶了一個瑪斯洛娃般的女人。但德米特里的暴烈而失掉平衡的性格是和涅赫留多夫的氣質不同的。

他氣餒。[236]——在此有一種聖潔，為杜思妥也夫斯基的心理分析能在暗晦的意識深處，能在他的主人翁的機構中，發露出它的來源的。但涅赫留多夫絕無杜思妥也夫斯基式人物的氣質。他是普通人物的典型，庸碌而健全的，這是托爾斯泰所慣於選擇的人物。實際上，我們明白感到，一個十分現實主義的人[237]和屬於另一個人的精神錯亂並立著；而這另一個人，即是托爾斯泰老翁。

本書末了，在嚴格寫實的第三部分中更雜有不必要的福音書般的結論：在此又予人以雙重元素對立著的印象——因為這個人信仰的行為顯然不是這主人翁的生活的論理的結果。且托爾斯泰把他的宗教攙入他的寫實主義亦非初次；但在以前的作品中，兩種元素混合得較為完滿。在此，它們同時存在，並不混合；而因為托爾斯泰的信心更離開實證，他的寫實主義卻逐漸鮮明而尖銳，故它們的對照愈顯得強烈。這是年紀的——而非衰弱的——關係，故在連續的關節上缺少婉轉自如。宗教的結論絕非作品在結構上自然的結果。我確信在托爾斯泰的心靈深處，雖然他自己那麼肯定，但他的藝術家的真理與他的信仰者的真理絕沒有完滿地調和。

然而即使《復活》沒有他早年作品的和諧與豐滿，即使我個人更愛《戰爭與和平》，它仍不失為歌頌人類同情的最美的詩，——最真實的詩。也許，我在本書中比在他別的任何作品中更清楚地看到托爾斯泰的清明目光，淡灰色的，深沉的，「深入人的靈魂的目光」[238]，它在每顆靈魂中都看到神的存在。

---

236. 當涅赫留多夫知道了瑪斯洛娃仍和一個男護士在一起，他更堅決地要「犧牲他的自由以補贖這個女人的罪惡」。
237. 托爾斯泰描繪人物的手法從沒如此有力、如此穩健，可參看涅赫留多夫在第一次出席法院以前的各幕。
238. 一八八四年托爾斯泰伯爵夫人信中語。

十六　自由主義的野心

托爾斯泰永遠不委棄藝術。一個大藝術家，即是他願欲，也不能捨棄他自己藉以存在的理由。為了宗教的緣由，他可以不發表；但他不能不寫作。

托爾斯泰從未中輟他的藝術創作。在亞斯納亞・波利亞納地方，在最後幾年中見到他的保爾・布瓦耶說他埋首於宣道或筆戰的工作與純屬幻想的事業；他把這幾種工作作為調劑。當他完成了什麼關於社會的論著，什麼《告統治者書》或《告被統治者書》時，他便再來寫一部他想像了好久的美麗的故事，——如他的《哈吉・穆拉特》那部軍隊的史詩，歌詠高加索戰爭與山民的抵抗的作品，便是在這種情形下產生的。[239]

藝術不失為他的樂趣，他的寬弛。但他以為把藝術作為點綴未免是虛榮了。[240]他曾編了一部《每日必讀文選》（一九〇四至一九〇五）[241]，其中收集了許多作家對於人生與真理的思想，——可說是一部真正的關於世界觀的文選，從東方的聖書起到現代的藝術家無不包羅淨盡，——但除了這本書以

239. 見一九〇二年十一月二日巴黎《時報》。

240. 見一九〇三年正月二十六日，他致書姑母，亞歷山卓・托爾斯泰婭女伯爵，有言：「請不要責備我在行將就木之年還在做那無聊的事情！這些無聊的事情填塞我空閒的時間，而且使我裝滿了嚴肅的思想的頭腦可以獲得休息。」

241. 這部文選，托爾斯泰視為他的主要作品之一：「《每日必讀文選》，是我作品中很經意的東西，我非常重視它……」（一九〇九年八月九日致揚・斯季卡書）

外，他在一九〇〇年起所寫的作品幾乎全部是沒有印行的手寫稿。[242]反之，他大膽地、熱情地發表他關於社會論戰的含有攻擊性的與神秘的文字。在一九〇〇年至一九一〇年間，他的最堅強的精力都消耗在社會問題的論戰中，俄羅斯經歷著空前的恐慌，帝國的基礎顯得動搖了，到了快要分崩離析的地步。日俄戰爭，戰敗以後的損失，革命的騷亂，海陸軍隊的叛變，屠殺，農村的暴動，似乎是「世紀末」的徵兆，——好似托爾斯泰的一部著作的題目所示的那般。這大恐慌，在一九〇四與一九〇五年間達到了頂點。

那時期，托爾斯泰印行了一組引起迴響的作品：《戰爭與革命》、[243]《大罪惡》、《世紀末》。[244]在這最後的十年間，他佔據著唯一的地位，不獨在俄羅斯，而且在全世界，唯有他，不加入任何黨派，不染任何國家色彩，脫離了把他開除教籍的教會。[245]他的理智的邏輯，他的信仰的堅決，逼得他「在離開別人或離開真理的二途中擇一而行」。他想起俄國的一句諺語：「一個老人說謊，無異一個富人竊盜。」於是他和別人分離了，為的要說出真理。真理，他完全說給大家聽了。這撲滅謊言的老

---

242. 這些作品到托爾斯泰死後才陸續印行。那張目錄是很長的，我們可舉其中重要的幾部如：《庫茲米奇老人的遺著——日記》、《謝爾蓋老人》、《哈吉・穆拉特》、《魔鬼》、《活屍》（十二場劇）、《偽票》、《瘋人日記》、《黑暗中的光明》（五幕劇）、《一切品性的來源》（通俗小劇），若干美麗的短篇《舞會之後》、《夢中所見》、《霍登卡》等等。參看本書末托爾斯泰遺著書目。但主要作品還是托爾斯泰的《日記》。它包羅他一生中四十年的時間，從高加索參戰時起直到他逝世時止；它是一個偉人所能寫的最赤裸裸的懺悔錄。

243. 本書的俄文名是《唯一的必需品》。

244. 大部分在他生前都被檢查委員會刪節不少，或竟完全禁止發行。直到大革命為止，在俄國流行的他的作品是以手抄本的形式藏在讀者的大衣袋裡的。即在今日，當一切都印行了的時候，蘇聯共產黨的檢查並不較帝國時代的檢查為寬大。

245. 他的被除教籍，是一九〇一年二月二十二日的事。起因是《復活》中有一章講起彌撒祭的事情。這一章，在法譯本中可惜被譯者刪掉了。

人繼續勇敢地抨擊一切宗教的與社會的迷信，一切偶像。他不獨對於古代的虐政、教會的橫暴與皇室權貴為然；在這大家向他們擲石的時候，他對於他們的憤怒也許反而稍稍平靜了。人家已經認識他們，他們便不會如何可怕！而且，他們做他的職務並不欺騙人。托爾斯泰致俄皇尼古拉二世書，[246]在毫無對於帝皇應有的恭順之中，卻充滿著對於人的溫情，他稱俄皇為「親愛的兄弟」，他請他「原諒他，如果他在無意中使他不快」，他的署名是「祝你有真正的幸福的你的兄弟」。

但托爾斯泰所最不能原諒的，所最刻毒地抨擊的，是新的謊言，因為舊的謊言已經暴露了真面目。他痛恨的並非是奴隸主義，而是自由的幻象。但在新偶像的崇拜者中間，我們不知托爾斯泰更恨哪一種人：社會主義者或「自由黨人」。

他對於自由黨人的反感已經是年深月久的事。當他在塞瓦斯托波爾一役中當軍官和處在聖彼德堡的文人團體中的時候，他已具有這反感。這曾經是他和屠格涅夫不和的主要原因之一。這驕傲的貴族，世家出身的人物，不能忍受這些知識份子和他們的幻夢，說是不論出於自願與否，依了他們的理想，可使國家獲得真正的幸福。俄羅斯人的本色很濃，且是淵源舊族，[247]他對於自由黨的新理論，這些從西方傳來的立憲思想，素來抱著輕蔑的態度，而他的兩次歐洲旅行也只加強了他的信念。在第一次旅行回來時，他寫道：

「要避免自由主義的野心。」[248]

246. 關於土地國有問題，參看《大罪惡》（一九〇五年印行）。

247. 勒魯瓦·博利厄說他是「純粹的莫斯科土著，斯拉夫血統的偉大的俄國人，芬蘭的混血種，在體格上，他是更近於平民而較遠於貴族」（見一九一〇年十二月十五日法國《兩球雜誌》）。

248. 一八五七年。

第二次旅行回來，他認為「特權社會」絕無權利可用它的方式去教育它所不認識的民眾……[249] 在《安娜小史》中，他對於自由黨人的蔑視，表現得淋漓盡致。列文拒絕加入內地的民眾教育與舉辦新政的事業。外省紳士的選舉大會表出種種欺罔的組織，使一個地方從舊的保守的行政中脫換到新的自由的行政。什麼也沒有變，只是多了一樁謊騙，這謊騙既不能加以原諒也不值得為之而耗費幾個世紀。

「我們也許真是沒有什麼價值，」舊制度的代表者說，「但我們的存在已不下千餘年了。」而自由黨人濫用「民眾，民眾的意志……」這些詞句，益增托爾斯泰的憤懣。唉！他們知道些關於民眾的什麼事情？民眾是什麼？

尤其在自由主義獲得相當的成功，將促成第一次國會的召集的時候，托爾斯泰對於立憲思想表示劇烈的反對。

「晚近以來，基督教義的變形促成了一種新的欺詐的誕生，它使我們的民眾更陷於奴僕的狀態。用了一種繁複的議會選舉制度，使我們的民眾想像在直接選出他們的代表時，他們已參與了政權，而在服從他們的代表時，他們無異服從自己的意志，他們是自由的。這是一種欺罔。民眾不能表白他們的意志，即是以普選的方法也是不可能：第一，因為在一個有數百萬人口的國家中，集團意志是不存在的；第二，即是有這種意志的存在，大多數的選舉票也不會是這種意志的表白。不必說被選舉人的立法與行政不是為了公眾的福利而是為了維護自己的政權，——也不必說民眾的墮落往往是由於選舉的壓迫與違法，——這謊言尤其可以致人死命，因為服從這種制度的人

249. 一八六二年。

會墮入一種沾沾自滿的奴隸狀態……這些自由人不啻那些囚犯，因為可以選舉執掌獄中警政的獄吏而自以為享受了自由……專制國家的人民可以完全自由，即是在暴政苛斂之時。但立憲國家的人民永遠是奴隸，因為他承認對他施行的強暴是合法的……瞧，人們竟欲驅使俄國人民和其他的歐洲民眾同樣入於奴隸狀態！」[250]

在對於自由主義的離棄中，輕蔑統制著一切。對於社會主義，如果托爾斯泰不是禁止自己去憎恨一切，那他定會加以痛恨。他加倍地蔑視社會主義，因為它集兩種謊言於一身：自由與科學。它的根據不是某種經濟學，而它的絕對的定律握著世界進步的機捩的嗎？

托爾斯泰對於科學是非常嚴厲的。對這現代的迷信，「這些無用的問題，種族起源論，七色研究，鐳錠原質的探討，數目的理論，化石動物，與其他一切無益的論辯，為今日的人們和中世紀人對於聖母懷胎與物體雙重性同樣重視的」，托爾斯泰寫著連篇累牘的文字，充滿著尖利的諷刺。——他嘲弄「這些科學的奴僕，和教會的奴僕一般，自信並令人信他們是人類的教主，相信他

250. 見《世界之末日》（一九〇五年）。托爾斯泰在致美國某日報的電報中有言：「各個省議會的活動，其目的在於限制專制政府的威權，建立一個代議政府。不論他們成功與否，它必然的結果，將使社會真正的改進益為遲緩。政治的騷動，令人感到以外表的方法所做的改進工作是可怕的，把真正的進步反而停止了，這是我們可以根據一切立憲國家而斷定的，如法國、英國、美國。」在答覆一位請他加入平民教育推進委員會的婦人的信中，托爾斯泰對於自由黨人尚有其他的指摘：他們永遠做著欺詐的勾當；他們因了害怕而為獨裁政制的共謀犯，他們的參政使政府獲得道德上的權威，使他們習於妥協，被政府作為工具。亞歷山大二世曾言一切自由黨人是為了名譽而賣身，如果不是為了金錢。亞歷山大三世曾經毫無危險地銷毀他的父親的自由主義的事業。自由主義者互相耳語說這使他們不快，但他們仍舊參與司法，為國家服務，為輿論效力；在輿論方面，他們對於一切可以隱喻的事物做種種隱喻，但對於禁止談論的事情便謹守緘默，他們在報紙上發表人們命令他們發表的文字。在尼古拉二世治下，他們亦是如此。「當這青年的君主一無所知，什麼也不懂，無恥而冒昧地回答人民代表時，自由主義者會不會抗議？絕對不……從種種方面，人們向這年輕的帝皇表示卑鄙無恥的諂媚與恭維。」

們的顛撲不破性，但他們中間永遠不能一致，分成許多小派，和教會一樣，這些派別變成鄙俗不知道德的主因，且更使痛苦的人類不能早日解除痛苦，因為他們摒棄了唯一能團結人類的成分：宗教意識」。[251]

當他看到這新的熱狂的危險的武器落在一班自命為促使人類再生的人手中時，他不安更甚，而憤怒之情亦更加劇了。他採用強暴手段時，他無異是一個革命的藝術家。然而革命的知識份子與理論家是他痛恨的：這是害人的迂儒，驕傲而枯索的靈魂，不愛人類而只愛自己的思想的人。[252]

思想，且還是卑下的思想。

「社會主義的目的是要滿足人類最低級的需求：他的物質的舒適。而即是這目的，還不能以它所擬的方法達到。」[253]

實際上，它是沒有愛的。它只痛恨壓迫者，並「豔羡富人們的安定而甜蜜的生活，它們有如簇擁在穢物周圍的蒼蠅」。[254]當社會主義獲得勝利時，世界的面目將變得異樣地可怕。歐羅巴的遊民將以加倍的力量猛撲在弱小民眾身上，他們將他們變成奴隸，使歐羅巴以前的無產者能夠舒適地、悠閒地享樂，如羅馬帝國時代的人一樣。[255]

251. 見《戰爭與革命》。
252. 這類人物的典型，在《復活》中有諾沃德沃羅夫，那個革命煽動者，極度的虛榮與自私窒塞了他的智慧。絕無想像，毫無懷疑。在他後面，跟隨著一個由工人轉變成的革命家瑪律克爾，他的要革命是為了受人壓迫，心存報復，他崇拜科學，但他根本不知何謂科學，他盲目地反對教會。在《又是三個死者》或《神與人》中，還有若干新革命青年的典型。
253. 一九〇四年終，致日本人阿部畏三書。參看《亞洲對托爾斯泰的迴響》。
254. 見捷涅羅莫著《托爾斯泰名言錄》（社會主義章）。
255. 同前。

幸而，社會主義的最精華的力量，在煙霧中在演說中耗費了，如饒勒斯那般：

「多麼可驚的雄辯家！在他的演辭中什麼都有，——而什麼也沒有……社會主義有些像俄國的正教，你儘管追究它，你以為抓住它了，而它突然轉過來和你說：『然而不！我並非是如你所信的，我是別一樣東西。』它把你玩於手掌之間……耐心啊！讓時間來磨煉吧。社會主義的理論將如婦人的時裝一般，會很快地從客廳裡撤到下室中去的。」[256]

然而托爾斯泰這樣地向自由黨人與社會主義者宣戰，究非為獨裁政治張目；相反，這是為在隊伍中消除了一切搗亂的與危險的分子之後，他的戰鬥方能在新舊兩世界間竭盡偉大的氣勢。因為他亦是相信革命的。但他的革命較之一般革命家的另有一種理解，這是如中世紀神秘的信徒一般的，企待聖靈來統治未來：

「我相信在這確定的時候，大革命開始了，它在基督教的世界內已經醞釀了二千年，——這革命將代替已經殘破的基督教義和從真正的基督教義衍出的統治制度，這革命將是人類的平等與真正的自由的基礎，——平等與自由原是一切賦有理智的生靈所希冀的。」[257]

這預言家選擇哪一個時間來宣告幸福與愛的新時代呢？是俄羅斯最陰沉的時間，破滅與恥辱時間。啊！具有創造力的信心的美妙的機能啊！在它周圍，一切都是光明，甚至黑夜也是。托爾斯泰在死滅中窺見再生的先機，在戰禍中，在俄國軍隊的瓦解中，在可怕的無政府狀態與流血的階級鬥爭中。他的美夢的邏輯使他在日本的勝利中獲得這奇特的結論，說是俄羅斯應當棄絕一切戰爭：因為非基督徒的民眾，在戰爭中往往較「曾經經歷奴僕階級的」基督徒民眾占優。——這是

256. 托爾斯泰與保爾·布瓦耶談話。（見一九〇二年十二月四日巴黎《時報》）

257. 見《世界之末日》。

不是教他的民族退讓？——不，這是至高的驕傲。俄羅斯應當放棄一切戰爭，因為他應當完成「大革命」。

瞧，這亞斯納亞•波利亞納的宣道者，反對暴力的老人，於不知不覺中預言著共產主義革命了！[258]

「一九〇五年的革命，將把人類從強暴的壓迫中解放出來的革命，應當在俄國開始。——它開始了。」

為什麼俄羅斯要扮演這特選民族的角色？因為新的革命首先要補救「大罪惡」：少數富人的獨佔土地，數百萬人民的奴隸生活，最殘忍的奴隸生活。[259]且因為沒有一個民族對於這種徧枉的情況有俄羅斯民族所感的那般親切明白。[260]

---

258. 一八六五年始，托爾斯泰已有關於社會大混亂的預告的言語：「產業便是竊盜，這真理，只要世界上有人類存在，將比英國憲法更為真確……俄國在歷史上的使命是要使世界具有土地社會公有的概念。俄國的革命只能以此原則為根據。它將不是反對帝王，反對專制政治，而是反對土地私有。」

259. 「最殘忍的奴隸制度是令人沒有土地。因為一個主人的奴隸是做一個人的奴隸，但沒有土地權的人卻是眾人的奴隸。」（見《世界之末日》第七章）

260. 那時代，俄羅斯的確處於一種特殊的環境中。即令托爾斯泰把俄國的特殊情形認為是歐洲全部的情形是一種錯誤的行為，我們可不能驚異他對於就近所見的痛苦具有特別的敏感——在《大罪惡》中，有一段他和鄉人的談話，描寫那些人缺乏麵包，因為他們沒有土地，而他們心中都在期望能重新獲得土地。俄羅斯的農民在全部人口中佔有百分之八十的比例。托爾斯泰說在大地主制度之下，致千萬的人都鬧著饑荒。當人們和他談起補救這些慘狀問題、言論自由問題、政教分離問題，甚至八小時工作制等等時，他便嘲笑他們：「一切裝作在到處探尋拯救大眾疾苦的方法的人們令人想起舞臺的情況，當全部觀眾看見一個演員隱藏著的時候，配角的演員也同樣清楚地看到的同伴，卻裝作完全不看見，而努力想轉移大家的注意。」除了把土地還給耕種的人以外更無別的挽救方法。為解決這土地問題起見，托爾斯泰贊成亨利•喬治的主張，實行徵收地價稅，而廢除一切雜稅。這是托氏的經濟的聖經，他永遠提及它，甚至在他的作品中，有時採用喬治整句的文字。

但尤其是因為俄羅斯民族是一切民族中最感染真正的基督教義的民族，而那時爆發的革命應當以基督的名義，實現團結與博愛的律令。但這愛的律令絕不能完成，如果它不是依據了無抵抗那條律令。[261]而無抵抗一向是俄羅斯民族的主要性格。

「俄羅斯民族對於當局，老是和歐洲別的國家抱著不同的態度。他從來不和當局爭鬥，也從來不參與政柄，因此他亦不能為政治玷污。他認為參政是應當避免的一樁罪惡。一個古代的傳說，相傳俄國人祈求瓦蘭人來統治他們。大多數的俄國人素來寧願忍受強暴的行為而不加報復。他們永遠是屈服的……」

自願的屈服與奴顏婢膝的服從是決然不同的。[262]

「真正的基督徒能夠屈服，而且他只能無抵抗地屈服於強暴，但他不能夠服從，即不能承認強暴的合法。」[263]

當托爾斯泰寫這幾行的時候，他正因為目睹著一個民族的無抵抗主義的最悲壯的榜樣而激動著，——這是一九〇五年一月二十二日聖彼德堡的流血的示威運動，一群手無寸鐵的民眾，由教士加蓬領導著，任人槍決，沒有一聲仇恨的呼喊，沒有一個自衛的姿勢。

長久以來，俄國的老信徒，為人們稱作「皈依者」的，不顧一切壓迫，頑強地對於國家堅持著

261.在一九〇〇年他致友人書中，他怨人家誤會他的無抵抗主義。他說：人家把「勿以怨報怨」和「勿抵抗加在你身上的惡」相混。後者的意思是對於身受的惡處以無關心的態度……「實在是：抵抗罪惡是基督教義的唯一的目的，而不抵抗罪惡是對於罪惡最有力量的鬥爭。」關於這一點，人們很可以把它和甘地的主義相比——這亦是為了愛、為了犧牲而抵抗！這亦是心魂的勇武剛毅，和淡漠的無關心是完全相反的。只是甘地更增強了英雄的力量罷了。

262.「無抵抗主義是最重要的原則。徒有互助而不知無抵抗是永遠沒有結果的。」（見《世界之末日》）

263.見《世界之末日》。

他們的和平抵抗，並不承認政府威權為合法。[264]

在日俄戰爭這場禍變以後，這種思想更迅速地傳佈到鄉間的民眾中去。拒絕軍役的事情一天一天地增多；他們愈是受到殘忍的壓迫，反抗的心情愈是增強。

此外，各行省，各民族，並不認識托爾斯泰的，也對於國家實行絕對的和平抵抗：一八九八年開始的高加索的杜霍博爾人，一九○五年左右的古里的格魯吉亞人。托爾斯泰對於這些運動的影響遠沒有這些運動對於他的影響重大；而他的作品的意義，正和革命黨的作家（如高爾基）所說的[265]相反，確是俄羅斯舊民族的呼聲。

他對於冒著生命的危險去實行他所宣傳的主張的那班人，抱著很謙虛、很嚴肅的態度。[266]對於杜霍博爾人、格魯吉亞人，與對於逃避軍役的人一樣，他全沒有教訓的神氣。

「凡不能忍受任何試煉的人什麼也不能教導忍受試煉的人。」[267]

---

264. 托爾斯泰曾描繪了兩個「盲從者」的典型：一個在《復活》的終端，另一個在《又是三個死者》中間。

265. 在托爾斯泰指摘各省議會的騷動以後，高爾基表示大不滿意，寫道：「這個人變成他的思想的奴隸了。長久以來，他已離開了俄羅斯的實生活而不聽見民眾的呼聲了。他所處的地位已超臨俄羅斯太遠。」

266. 對於他，不受到官廳的虐待是一種劇烈的痛苦。他渴望殉道，但政府很乖，不肯使他滿足。「在我周圍，人們凌虐我的朋友，卻不及於我，雖然我是唯一可算作有害的人。顯然是因為我還不值得加以凌虐，我真為此覺得羞恥。」（一八九四年六月一日致捷涅羅莫書）「我處在自由的境地中真是難堪。」（一八九二年五月十六日致捷涅羅莫書）為何他做了那些事情還是那麼太平無事？只有上帝知道！他侮辱皇帝，他攻擊國家，斥為「這可惡的偶像，人們為了它犧牲了生命，自由和理智」（見《世界之末日》，參看《戰爭與革命》中他節述的俄國史）。這是魔鬼展覽會：「瘋狂的魔王伊萬，酒鬼彼得一世，愚昧的廚役葉卡捷琳娜一世，淫亂的伊莉莎白，墮落的保爾，弒親的亞歷山大一世（可是他是唯一博得托爾斯泰的幽密的好感的君主，）」，「殘忍而愚昧的尼古拉一世，不聰明的亞歷山大二世，惡的亞歷山大三世，傻子、獷野而昏昧的尼古拉二世……」

267. 一九○五年一月十九日致逃兵貢恰連科書。

他向「一切為他的言論與文字所能導向痛苦的人」請求寬恕。[268]他從來不鼓勵一個人拒絕軍役。這是由各人自己決定的。如果他和一個正在猶豫的人有何交涉時，「他老是勸他接受軍役，不要反抗，只要在道德上於他不是不可能的話」。因為，如果一個人猶豫，這是因為他還未成熟；「多一個軍人究竟比多一個偽善者或變節者要好一些，這偽善與變節是做力不勝任的事的人們所容易陷入的境界」[269]。

他懷疑那逃避軍役的貢恰連科的決心。他怕這青年受了自尊心與虛榮心的驅使，而不是「為了愛慕上帝之故」[270]。

對於杜霍博爾人，他寫信給他們，教他們不要為了驕傲、為了人類的自尊心而堅持他們的抵抗，但是要「如果可能的話，把他們的孱弱的妻兒從痛苦中拯救出來。沒有人會因此而責備他們」。他們只「應當在基督的精神降臨在他們心中的時候堅持，因為這樣，他們才會因了痛苦而感到幸福」[271]。

在普通情形中，他總請求一切受著虐待的人，「無論如何不要斷絕了他們和虐待他們的人中間的感情」[272]。即是對於最殘忍的古代的希律王，也要愛他，好似他在致一個友人書中所寫的那般：

「你說：『人們不能愛希律王。』──我不懂，但我感到，你也感到，我們應當愛希律王。我知

268. 一八九七年致杜霍博爾人書。
269. 一九〇〇年致友人書。
270. 一九〇五年二月十二日致貢恰連科書。
271. 一八九七年致杜霍博爾人書。
272. 一九〇五年一月十九日致貢恰連科書。

道你也知道，如果我不愛他，我會受苦，我將沒有生命。」[273]

神明的純潔，愛的熱烈，終於連福音書上的「愛你的鄰人如你自己一般」那句名言也不能使他滿足了，因為這還是自私的變相！[274]

有些人認為這愛情是太廣泛了，把人類自私的情緒擺脫得那麼乾淨之後，愛不將變成空洞嗎？可是，還有誰比托爾斯泰更厭惡「抽象的愛」？

「今日最大的罪過，是人類的抽象的愛，對於一個離得很遠的人的愛……愛我們所不認識的、所永遠遇不到的人，是多麼容易的事！我們用不到犧牲什麼。而同時我們已很自滿！良心已經受到揶揄。——不。應當要愛你的近鄰，——愛和你一起生活而障礙你的人。」[275]

大部分研究托爾斯泰的著作都說他的哲學與他的信仰並非是獨創的：這是對的，這些思想的美是太永久了，絕不能顯得如一時代流行的風氣那般……也有人說他的哲學與信仰是烏托邦式的。這亦不錯：它們是烏托邦式的，如福音書一般。一個預言家是一個理想者，他的永恆的生活，在塵世即已開始。既然他在我們前面出現了，既然我們看到這預言家中的最後一個，在藝術家中唯一的額上戴有金光的人，我覺得這個事實比世界上多一個宗教、多一派哲學更為特殊、更為重要。要是有人看不見這偉大的心魂的奇蹟，看不見這瘡痍滿目的世界中的無邊的博愛，真可說是盲人了！

---

273. 一九〇五年十一月致友人書。托爾斯泰的關於國家問題的最重要的著作是《基督教精神與愛國主義》（一八九四年）、《愛國主義與政府》（一九〇〇年）、《軍人雜記冊》（一九〇二年）、《日俄戰爭》（一九〇四年）、《向逃避軍役的人們致敬》（一九〇九年）。

274. 他以為原文有誤，「十戒」中的第二條應當是「愛你的同胞如他一樣」，即如上帝一樣。（見和捷涅羅莫談話）

275. 出處同前。

十七 出走

他的面貌有了確定了的特點，由於這特點，他的面貌永遠銘刻於人類記憶中：寬廣的額上畫著雙重的皺痕，濃厚的雪白的眉毛，美麗的長鬚，令人想起第戎城中的摩西像。蒼老的臉容變得溫和了，它留著疾病、憂苦與無邊的慈愛的痕跡。從他二十歲時的粗暴曠野，塞瓦斯托波爾從軍時的呆板嚴肅起，他有了多少的變化！但清明的眼神仍保有它銳利逼人的光芒，表示無限的坦白，自己什麼也不掩藏，什麼也不能對他有何隱蔽。

在他逝世前九年，在致神聖宗教會議的答覆（一九〇一年四月十七日）中，托爾斯泰說過：「我的信心使我生活在和平與歡樂之中，使我能在和平與歡樂之中走向生命的終局。」述到他這兩句時，我不禁想起古代的諺語：「我們在一個人未死之前絕不能稱他為幸福的人。」那時候，他所引以自豪的和平與歡樂，對他是否能永遠忠實？

一九〇五年「大革命」的希望消散了。在已經撥開雲霧的黑暗中，期待著的光明沒有來到。革命的興奮過去之後，接著是精力的耗竭。從前種種苛政暴行絲毫沒有改變，只有人民陷於更悲慘的水深火熱中。一九〇六年時，托爾斯泰對於俄國斯拉夫民族所負的歷史的使命已經起了懷疑，他的堅強的信心遠遠地在搜尋別的足以負起這使命的民族。他想起「偉大的睿智的中國人」。他相信「西方的民族所無可挽救地喪失的自由，將由東方民族去重行覓得」。他相信，中國領導著亞洲，將從「道」的修養上完成人類的轉變大業。[276]

但這是消失得很快的希望：老子與孔子的中國如日本一樣，否定了它過去的智慧，為的要模仿歐洲。[277]被凌虐的杜霍博爾人移民到加拿大去了；在那裡，他們立刻佔有了土地，使托爾斯泰大為不滿。[278]格魯吉亞人，剛才脫離了國家的羈絆，便開始襲擊和他們意見不同的人；而俄國的軍隊，被召喚著去把一切都鎮壓平了。即是那些猶太人，——「他們的國家即是聖經，是人的理想中最美的國家，」——亦不能不沾染著這虛偽的國家主義，「為現代歐羅巴主義的皮毛之皮毛，為它的畸形的產物」。

托爾斯泰很悲哀，可不失望。他信奉上帝，他相信未來：[279]

「這將是完滿之至了，如果人們能夠在一霎間設法長成一個森林。不幸，這是不可能的，應當要等待種子發芽，長成，生出綠葉，最後才由樹幹長成一棵樹。」[280]

但要長成一個森林必須要許多樹，而托爾斯泰只有一個人。光榮的，但是孤獨的。全世界到處都有人寫信給他：信奉伊斯蘭教的國家，中國，日本，人們翻譯他的《復活》，到處流傳著他關

276. 一九〇六年十月致一個中國人書。

277. 在他一九〇六年的信中，托爾斯泰已經表示這種恐懼。

278. 「既然要容忍私有產業制度，那麼，以前的拒絕軍役與警役是無謂的舉動了，因為私有產業制全賴軍警制予以維持的，盡了軍役、警役而沾著私有產業制之惠的人，比較拒絕軍役、警役而享受私有產業制的人還較勝一籌。」（一八九九年致旅居加拿大的杜霍博爾人書）

279. 以後的事實證明他是不差的，上帝對於他的恩惠完全報答了。在他逝世前數月，在非洲的極端，甘地的救世的聲音傳到了。（參看本書《亞洲對托爾斯泰的迴響》）

280. 一九〇五年《告政治家書》。

於「授田於民」的主義。[281]美國的記者來訪問他，法國人來徵詢他對於藝術或對於政教分離的意見。[282]但他的信徒不到三百，他自己亦知道。且他也不籌思去獲得信徒。他拒絕朋友們組織「托爾斯泰派」的企圖。

「不應該互相迎合，而應當全體去皈依上帝……你說：團結了，將更易為力……——什麼？——為工作，刈割，是的。但是接近上帝，人們卻只有孤獨才能達到……我眼中的世界，仿如一座巨大的廟堂，光明從高處射到正中。為互相聯合起見，大家都應當走向光明。那裡，我們全體，從各方面來，我們和並未期待的許多人相遇：歡樂便在於此。」[283]

在穹隆中射下的光明之下，他們究竟有多少人聚集在一處呢？——沒有關係，只要和上帝在一起有一個也夠了。

「唯有在燃燒的物質方能燃著別的物質，同樣，唯有一個人真正的信仰與真正的生活方能感染他人而宣揚真理。」[284]

這也許是的。但這孤獨的信仰究竟能為托爾斯泰的幸福保證到如何程度？——在他最後幾年中，他真和歌德苦心孤詣所達到的清明寧靜，相差得多少遠？可說他是逃避清明寧靜，他對於它滿懷反感。

「能夠對自己不滿是應當感謝上帝的。希望永遠能如此！生命和它的理想的不調和正是生的

281. 在《大罪惡》的篇末，我們可以找到《告被統治者書》。
282. 一九〇六年十一月七日致保爾・薩巴捷爾書。
283. 一八九二年六月與一九〇一年十一月致一個朋友書。
284. 《戰爭與革命》。

標識，是從小到偉大、從惡到善的向上的動作。而這不調和是成為善的必要條件。當一個人平安而自滿的時候，便是一種惡了。」[285]

而他幻想著這小說的題材，這小說證明列文或皮埃爾的煩悶在心中還未熄滅：

「我時常想像著一個在革命團體中教養長大的人，最初是革命黨，繼而平民主義者、社會主義者、正教徒、阿多山上的僧侶，以後又成為無神論者，家庭中的好父親，終於變成高加索的杜霍博爾人。他什麼都嘗試，樣樣都放棄，人們嘲笑他，他什麼也沒有做，在一座收留所中默默無聞地死了。在死的時候，他想他糟蹋了他的人生。可是，這是一個聖者啊。」[286]

那麼，他，信心那麼豐滿的他，心中還有懷疑嗎？——誰知道？對於一個到老身體與精神依然壯健的人，生命是絕不能停留在某一點思想上的。生命還須前進。

「動，便是生。」[287]

在他生命的最後幾年中，他多少事情都改變了。他對於革命黨人的意見轉變了沒有呢？誰又能說他對於無抵抗主義的信心絲毫沒有動搖？——在《復活》中，涅赫留多夫和政治犯們的交往證明他對於俄國革命黨的意見已經變易了。

至此為止，他所一向反對他們的，是他們的殘忍、罪惡的隱蔽、行兇、自滿、虛榮。但當他更迫近地看他們時，當他看到當局如何對待他們時，他懂得他們是不得不如此的。

他佩服他們對於義務具有高卓的觀念，整個的犧牲都包括在這觀念中了。

285. 致一個友人書。
286. 也許這裡是在涉及《一個杜霍博爾人的故事》。
287. 「想像一切人類完全懂得真理而集合在一起住在島上。這是不是生活？」（一九〇一年三月致一個友人書）

但自一九〇〇年起，革命的潮流開始傳佈擴大了，從知識份子出發，它侵入民眾階級，它暗中震撼著整千整萬的不幸者。他們軍隊中的前鋒，在亞斯納亞・波利亞納托爾斯泰住所窗下列隊而過。《法蘭西水星》雜誌所發表的三短篇[288]，為托爾斯泰暮年最後的作品的一部分，令人窺見這種情景在他精神上引起多少痛苦、多少悽惶。在圖拉田野，走過一隊隊質樸虔敬的巡禮者的時間，如今在哪裡。此刻是無數的饑荒者在彷徨流浪。他們每天都有得來。托爾斯泰和他們談過話，發現他們胸中的憤恨為之駭然；他們不復如從前般把富人當為「以施捨作為修煉靈魂的人，而是視為強盜，喝著勞動民眾的鮮血的暴徒」。其中不少是受過教育的，破產了，鋌而走險地出此一途。

「將來在現代文明上做下如匈奴與汪達爾族在古代文明上所做的事的野蠻人，並非在沙漠與森林中而是在都會近旁的村落中與大路上養成的了。」

亨利・喬治曾經這樣說過。托爾斯泰更加以補充，說：

「汪達爾人在俄羅斯已經準備好了，在那麼富於宗教情緒的我們的民族中，他們將格外顯得可怕，因為我們不知道限度，如在歐洲已經大為發達的輿論與法度等等。」

托爾斯泰時常收到這些反叛者的書信，抗議他的無抵抗主義，說對於一切政府與富人向民眾所施的暴行只能報以「復仇！復仇！復仇！」之聲。——托爾斯泰還指摘他們不是嗎？我們不知道。但當他在幾天之後，看見在他的村莊中，在對著無情的役吏哀哀啼哭的窮人家中，牛羊釜鍋被掠去的時候，他亦不禁對著那些冷酷的官吏喊起復仇的口號來了，「那些劊子手，那些官僚與助手，只知道販酒取利，教人屠殺，判罰流刑、下獄、苦役或絞死，——這些傢伙，一致認為在窮人

288. 一九一〇年十二月一日。

家抓去的牛羊布匹，更宜於用來蒸餾毒害民眾的酒精、製造殺人的軍火、建造監獄，而尤其是和他們的助手們分贓花用」。

這真是悲苦的事：當一個人整整的一生都在期待愛的世界來臨，而在這些可怕的景象之前又不得不閉著眼睛，滿懷只是惶惑。——這將更為慘痛，當一個人具有托爾斯泰般真切的意識，而要承認自己的生活還不曾和他的主張一致。

在此，我們觸及他最後幾年——當說他的最後三十年吧？——的最苦痛的一點，而這一點，我們只應當以虔誠的手輕輕地加以撫摩：因為這痛苦，托爾斯泰曾努力想保守秘密，而且這痛苦不只屬於死者，而亦屬於其他的生者，他所愛的、愛他的人們了。

他始終不能把他的信心感染給他最親愛的人，他的夫人，他的兒女。我們已見到這忠實的伴侶，勇敢地分擔他的生活與他的藝術工作，對於他的放棄藝術信仰而去換一個為她不瞭解的道德信仰，感有深切的苦痛。托爾斯泰看到自己不被他最好的女友懂得，痛苦亦不下於她。

「我全個心魂都感到，」他寫信給捷涅羅莫說，「感到下列幾句話的真切：丈夫與妻子不是兩個分離著的生物，而是結合為一的；我熱願把我能有時藉以超脫人生之苦惱的宗教意識，傳遞一部分給我的妻子。我希望這意識能夠，當然不是由我，而是由上帝傳遞給她，雖然這意識是女人們所不大能達到的。」[289]

這個志願似乎沒有被接納。托爾斯泰伯爵夫人愛「和她結合為一的」偉大的心魂的仁慈，愛他心地的純潔，愛他坦白的英雄氣；她窺見「他走在群眾之前，指示人類應取的途徑」[290]；當神聖宗教

289. 一八九二年五月十六日。托爾斯泰那時看見他的夫人為了一個男孩的死亡而痛苦著，他不知如何安慰她。
290. 一八八三年一月書。

會議開除他的教籍時，她勇敢地為他辯護，聲稱她將分任她的丈夫所能遭逢的危險。但她對於她不相信的事情不能佯為相信；而托爾斯泰亦是那麼真誠，不願強令她佯為信從——因為他恨虛偽的信仰與愛，更甚於完全的不信仰與不愛。[291] 因此，他怎麼能強迫不相信的她改變她的生活，犧牲她和她的兒女們的財產呢？

和他的兒女們，齟齬似乎更深。勒魯瓦・博利厄氏曾在亞斯納亞・波利亞納見過托爾斯泰，說「在食桌上，當父親說話時，兒子們竟不大遮掩他們的煩惱與不信任」[292]。他的信仰只稍稍感染了他的三位女兒，其中一個，他最愛的瑪麗亞，那時已經死了。[293] 他在家人中間，精神上是完全孤獨的。懂得他的「僅有他的幼女和他的醫生」[294]。

他為了這思想上的距離而苦惱，他為了不得不敷衍的世俗的交際而苦惱，世界上到處有人來訪問他，那些美國人，那些趨尚時髦的輕浮之士使他非常厭倦；他亦為了他的家庭生活所強迫他享受的「奢侈」而苦惱。其實亦是最低限度的奢侈，如果我們相信在他家裡見過他的人的敘述的話，嚴肅冷峻的傢俱，他的小臥室內放著一張鐵床，四壁禿露無一物！但這種舒適已使他難堪：這是他永遠的苦惱。在《法蘭西水星》的第二短篇中，他悲苦地把周圍的慘狀和他自己家中的享用做對比。

一九〇三年時，他已寫道：「我的活動，不論對於若干人士顯得是如何有益，已經喪失了它大

291.「我從來不責備人沒有宗教。最壞的是當人們說謊時，佯作信奉宗教。」此外又言：「如果上帝假作愛我們，這是比恨我們更糟。」
292.見一九一〇年十二月十五日巴黎《兩球雜誌》。
293.保爾・比魯科夫最近在德譯本中發表一部托爾斯泰與他的女兒瑪麗亞的通信。
294.見一九一〇年十二月十五日巴黎《兩球雜誌》。

半的重要性，因為我的生活不能和我所宣傳的主張完全一致。」[295]

他真是如何地不能實現這一致！他既不能強迫他的家族棄絕人世，也不能和他們與他們的生活分離，——使他得以擺脫他的敵人們的攻擊，說他是偽善，說他言行不一致！

他曾有過思念。長久以來，他已下了決心。人們已覓得並發表了他於一八九七年六月八日寫給他的妻子的信。[296] 應當在此全部轉錄出來。再沒有比這封信更能抉發他的熱愛與苦痛的心魂的了：

「長久以來，親愛的索菲婭，我為了我的生活與我的信仰的不一致而痛苦。我不能迫使你改變你的生活與習慣。迄今為止，我也不能離開你，因為我想我離開之後，我將失掉我能給予你的還很年輕的孩子們的小小的影響，而我將使你們大家非常難過。但我不能繼續如過去的十六年般地生活，[297] 有時是對你們抗爭使你們不快，有時我自己陷於我所習慣的周圍的誘惑與影響中間不能振作。我此刻決心要實行我已想了好久的計畫：走……如印度人一般，到了六十歲的時候到森林中去隱居，如一切信教的老人一般，願將他的殘年奉獻給上帝，而非奉獻給玩笑、說幽默話、胡鬧、打網球，我亦是，在這七十歲左右的時節，我在全個心魂的力量上願靜穆、孤獨，即非完滿的一致，至少亦不要有在我一生與良心之間爭鬥的不一致。如果我公開地走，一定會引起你們的祈求、辯論，我將退讓，或者就在我應當實行我的決心的時候就沒有實行。因此我請你們寬恕我，如果我的行動使你們難過。尤其是你，索菲婭，讓我走吧，不要尋找我，不要恨我，不要

295.296. 一九〇三年十二月十日致一個友人書。

見一九一〇年十二月二十七日《費加羅》日報，這封信，在他死後，由他們的女婿奧博連斯基親王交給托爾斯泰伯爵夫人。這是數年之前，托氏把這封信付託給女婿的。這封信之外更附有另一封信，涉及他們夫婦生活的私事的。此信為托爾斯泰伯爵夫人閱後毀去。（見托爾斯泰的長女塔佳娜•蘇霍京夫人的敘述）

297. 這種痛苦的情況自一八八一年，即在莫斯科所度的那個冬天起即已開始，那時候即托爾斯泰初次發現社會慘狀。

責備我。我離開你這個事實並不證明我對你有何不慊……我知道你不能，你不能如我一樣地思想與觀察，故你不能改變你的生活，不能為了你所不承認的對象做何犧牲。因此，我一些也不埋怨你；相反，我滿懷著愛與感激來回憶我們三十五年冗長的共同生活，尤其是這時期的前半期，你用你天賦的母性中的勇敢與忠誠，來負起你所承認的你的使命。你對於我，對於世界，你所能給予的已經給予了。你富有母愛，盡了極大的犧牲……但在我們生活的後半部，在這最近的十五年間，我們是分道揚鑣了。我不能相信這是我的錯誤；我知道我改變了，可這既非為了享樂，亦非為了別人，而是為了我不得不如此之故。我不能責備你絲毫沒有跟從我，我感謝你，且我將永遠懷著真摯的愛想起你對於我的賜予。——別了，我親愛的索菲婭。我愛你。」

「我離開你這事實……」實在他並未離開她。——可憐的信！對於他，寫了這信似乎已足夠，似乎已經完成了他的決心……寫完了，他的決斷的力量已經用盡了。——「如果我公開地走，一定會引起你們的祈求、辯論，我將退讓……」可是於他不需什麼「祈求」「辯論」，他只要一刻之後，看到他要離開的一切時，他便感到他不能，他不能離開他們了；他衣袋中的信，就此藏在一件傢俱內，外面注著：

「我死後，將此交給我的妻，索菲婭・安德列耶芙娜。」

他的出亡的計畫至此為止。

這是他的力的表現嗎？他不能為了他的上帝而犧牲他的溫情嗎？——當然，在基督教名人錄中，不乏更堅決的聖者，會毫不躊躇地擯棄他們的與別人的感情……怎麼辦呢？他絕非是這等人。他是弱者。他是人。為了這，我們才愛他。

十五年前，在極端愴痛的一頁中，他自問：

「那麼，列夫•托爾斯泰，你是否依照你所宣揚的主義而生活？」

他痛苦地答道：「我羞愧欲死，我是罪人，我應當被人蔑視。……可是，請把我過去的生活和現在的比一比吧。你可以看到我在尋求依了上帝的律令而生活的方法。我沒有做到我應做的千分之一，我為此而惶愧，但我的沒有做到並非因為我不願而是因為我不能……指斥我吧，可不要指斥我所遵循的道路。如果我認識引領到我家裡去的道路而我如醉人一般踉踉蹌蹌地走著，這便可說是我所取的路是壞路嗎？不是，請你指點我另一條路，就是請支持我去遵循真理的路，而我已完全準備受你支持了。可不要冷落我，不要把我的破滅引為樂事，不要高興地喊：『瞧啊！他說他要走到家裡，而他墮入泥窪中去了！』不，不要幸災樂禍，但請助我，支持我！……助我啊！我為了我們大家都彷徨失措而心碎；而當我竭盡全力想超脫地獄時，當我每次墮入歧途時，你們卻不予我同情，反指著我說：『看吧，他亦和我們一起跌入泥窪了』！」[298]

離他的死更近的時候，他又重複著說：

「我不是一個聖者，我從來不自命為這樣的人物。我是一個任人驅使的人，有時候不完全說出他所思想、他所感覺著的東西；並非因為他不願，而是因為他不能，因為他時常要誇大或彷徨。在我的行為中，這更糟了。我是一個完全怯弱的人，具有惡習，願侍奉真理之神，但永遠在

298.在托爾斯泰的最後幾年，尤其在最後幾個月中，他似乎受著弗拉季米爾-葛列格裡奇•切爾特科夫的影響。這是一個忠誠的朋友，久居英國，出資刊行並流通托爾斯泰的著作。他曾受到托爾斯泰一個兒子，名叫列夫的攻擊。但即是他的思想的固執不無可議之處，可沒有人能夠懷疑他的絕對的忠誠。有人說托爾斯泰在遺囑中絲毫沒有把他的著作權贈給他的妻子的這種無情的舉動，是受著這位朋友的感應；但究竟我們無從證實，所能確實知道的，是他對於托爾斯泰的榮名比著托氏本人更為關心。自一九一〇年六月二十三日起到托氏逝世間的六個月中的情況，托爾斯泰的最後一個秘書瓦連京•布林加科夫知道得最清楚，他的日記便是這時期托氏生活的最忠實的記錄。

顛蹶。如果人們把我當作一個不會有何錯誤的人，那麼，我的每項錯誤皆將顯得是謊言或虛偽。但若人們視我為一個弱者，那麼，我的本來面目可以完全顯露，這是一個可憐的生物，但是真誠的，他一直要而且誠心誠意地願成為一個好人，上帝的一個忠僕。」

這樣地，他為良心的責備所苦，為他的更堅毅的但缺少人間性的信徒們的無聲的埋怨所抨擊，為了他的怯弱、他的踟躕不決而痛心，老是在家族之愛與上帝之愛間徘徊，——直到一天，一時間的絕望，或是他臨死前的狂熱的旋風，迫他離開了家，在路上，一面彷徨，一面奔逃，去叩一所修院的門，隨後又重新啟程，終於在途中病倒了，在一個無名的小城中一病不起。[299]

299. 一九一〇年十月二十八日的清晨五時許，托爾斯泰突然離開了亞斯納亞・波利亞納。他由馬科維茨基醫生陪隨著；他的女兒亞歷山卓，為切爾特科夫稱為「他的親切的合作者」的，知道他動身的秘密。當日晚六時，他到達奧普塔修院，俄國最著名的修院之一，他以前曾經到過好幾次。他在此宿了一晚，翌晨，他寫了一篇論死刑的長文。在十月二十九日晚上，他到他的姊妹瑪亞麗出家的沙莫爾金諾修院。他和她一同晚餐，他告訴她他欲在奧普塔修院中度他的餘年，「可以做任何低下的工作，唯一的條件是人家不強迫他到教堂裡去」。他留宿在沙莫爾金諾，翌日清晨，他在鄰近的村落中散步了一回，他又想在那裡租一個住處，下午再去看他的姊妹。五時，他的女兒亞歷山卓不湊巧地趕來了。無疑地，她是來通知他說他走後，人家已開始在尋訪他了：他們在夜裡立刻動身。托爾斯泰、亞歷山卓、馬科維茨基向著克謝爾斯克車站出發，也許是要從此走入南方各省，再到巴爾幹、布林加列、塞爾別各地的斯拉夫民族居留地。途中，托爾斯泰在阿斯塔波沃站上病倒了，不得不在那裡臥床休養。他便在那裡去世了。——關於他最後幾天的情景，在《托爾斯泰的出走與去世》（柏林，一九二五年版）中可以找到最完全的記載，作者勒內・菲洛埃普-米勒與弗里德里希・埃克施泰因搜集托爾斯泰的夫人、女兒、醫生及在場的友人的記載和政府秘密檔中的記載。這最後一部分，一九一七年時被蘇維埃政府發現，暴露了當時不少的陰謀：政府與教會包圍著垂死的老人，想逼他取消他以前對於教會的攻擊而表示翻悔。政府，尤其是俄皇個人，極力威逼神聖宗教會議要他辦到這件事。但結果是完全失敗。這批文件亦證明了政府的煩慮。列下省總督、奧博連斯基親王、莫斯科憲兵總監洛夫將軍間的警務通訊，對於在阿斯塔波沃發生的事故每小時都有報告，下了最嚴重的命令守護車站，使護喪的人完全與外間隔絕。這是因為最高的當局深恐托氏之死會引起俄羅斯政治大示威運動之故。——托爾斯泰與世長辭的那所屋子周圍，擁滿了員警、間諜、新聞記者與電影攝影師，窺伺著托爾斯泰伯爵夫人對於垂死者所表示的愛情、痛苦與懺悔。

在他彌留的床上，他哭泣著，並非為了自己，而是為了不幸的人們；而在號啕的哭聲中說：

「大地上千百萬的生靈在受苦，你們為何大家都在這裡只照顧一個列夫・托爾斯泰？」

於是，「解脫」來了——這是一九一〇年十一月二十日，清晨六時餘，——「解脫」，他所稱為「死，該祝福的死……」來了。

十八 靈魂的平和

戰鬥告終了，以八十二年的生命作為戰場的戰鬥告終了。悲劇的光榮的爭戰，一切生的力量、一切缺陷、一切德行都參與著。——一切缺陷，除了一項，他不息地抨擊的謊言。

最初是醉人的自由，在遠遠裡電光閃閃的風雨之夜互相摸索衝撞的情欲，——愛情與幻夢的狂亂，永恆的幻象。高加索，塞瓦斯托波爾，這騷亂煩悶的青春時代……

接著，婚後最初幾年中的恬靜。愛情，藝術，自然的幸福，《戰爭與和平》。天才的最高期，籠罩了整個人類的境界，還有在心魂上已經成為過去的，這些爭鬥的景象。他統制著這一切，他是主宰；而這，於他已不足夠了。

如安德列親王一樣，他的目光轉向奧斯特利茨無垠的青天。是這青天在吸引他：

「有的人具有強大的翅翼，為了對於世俗的戀念墮在人間，翅翼折斷了：例如我。以後，他鼓著殘破的翅翼奮力衝飛，又墮下了。翅翼將會痊癒變成完好的。我將飛翔到極高。上帝助我！」[300]

這是他在最驚心動魄的暴風雨時代所寫的句子，《懺悔錄》便是這時期的回憶與回聲。

托爾斯泰曾屢次墮在地下折斷了翅翼。而他永遠堅持著。他重新啟程。他居然「翱翔於無垠與深沉的天空中了」，兩張巨大的翅翼，一是理智，一是信仰。

但他在那裡並未找到他所探求的靜謐。天並不在我們之外而在我們之內。托爾斯泰在天上仍舊激起他熱情的風波，在這一點上他和一切捨棄人世的使徒有別：他在他的捨棄中灌注著與他在人生中同樣的熱情。

他所抓握著的永遠是「生」，而且他抓握得如愛人般地強烈。他「為了生而瘋狂」。他「為了生而陶醉」。沒有這醉意，他不能生存。[301]為了幸福，同時亦為了苦難而陶醉，醉心於死，亦醉心於永生。[302]

他對於個人生活的捨棄，只是他對於永恆生活的企慕的呼聲而已。

不，他所達到的平和，他所喚引的靈魂的平和，並非是死的平和。這是那些在無窮的空間中

300. 見一八七九年十月二十八日《日記》。那一頁是最美麗的一頁，我們把它轉錄於下：「在這個世界上有沒有翅翼的笨重的人。他們在下層，騷擾著。他們中間亦有極強的，如拿破崙。他們在人間留下可怕的痕跡，播下不和的種子。——有讓他的翅翼推動的人，慢慢地向前，翱翔著，如僧侶。——有輕浮的人，極容易上升而下墜，如那些好心的理想家。——有具有強大的翅翼的人……——有天國的人，為了人間的愛，藏起翅翼而降到地上，教人飛翔。以後，當他們不再成為必要時，他們稱為『基督』。」

301. 「一個人只有在醉於生命的時候方能生活。」（《懺悔錄》一八七九年）「我為了人生而癲狂……這是夏天，美妙的夏天。今年，我奮鬥了長久；但自然的美把我征服了。我感著生的樂趣。」（一八八〇年七月致費特書）這幾行正在他為了宗教而狂亂的時候寫的。

302. 一八六五年十月《日記》：「死的念頭……」「我願，我愛永生。」

熱烈地向前趲奔的人們的平和。

在於他，憤怒是沉靜的，[303]而沉靜卻是沸熱的。

信心給予他新的武器，使他把從初期作品起便開始的對於現代社會的謊言的戰鬥，更憤激地繼續下去。他不再限於幾個小說中的人物，而向一切巨大的偶像施行攻擊了：宗教，國家，科學，藝術，自由主義，社會主義，平民教育，慈善事業，和平運動……[304]他痛罵它們，把他們攻擊得毫無餘地。

世界上曾時常看見那些偉大的思想反叛者出現，他們如先驅者約翰般詛咒墮落的文明。其中的最後一個是盧梭。

在他對於自然的愛慕，[305]在他對於現代社會的痛恨，在他極端的獨立性，在他對於聖書與基督教道德的崇拜，盧梭可說是預告了托爾斯泰的來臨，托爾斯泰自己即承認，說：「他的文字中直有許

---

303. 「我對於憤怒感到陶醉，我愛它，當我感到時我且刺激它，因為它於我是一種鎮靜的方法，使我，至少在若干時內，具有非常的彈性、精力與火焰，使我在精神上、肉體上都能有所作為。」（見《涅赫留多夫親王日記》一八五七年）

304. 他為了一八九一年在倫敦舉行的世界和平會議所寫的關於戰爭的論文，是對於一班相信仲裁主義的和平主義者的一個尖銳的譏刺：「這無異於把一粒穀放在鳥的尾巴上而捕獲牠的故事。要捕獲牠是那麼容易的事。和人們談著什麼仲裁與國家容許的裁軍實在是開玩笑。這一切真是些無謂的空談！當然，各國政府會承認：那些好使徒！他們明明知道這絕不能阻止他們在歡喜的時候驅使千百萬的生靈去相殺。」（見《天國在我們內心》第六章）

305. 自然一向是托爾斯泰的「最好的朋友」，好似他自己所說的一樣：「一個朋友，這很好；但他將死，他要到什麼地方去，我們不能跟隨他。至於自然，我們和它的關係是那麼密切，不啻是買來的、承繼得來的，這當然更好。我的自然是冷酷的、累贅的，但這是一個終身的朋友；當一個人死後，他便進到自然中去。」（致費特書，一八六一年五月十九日）他參與自然的生命，他在春天再生，（「三月四日是我工作最好的月份，」——一八七七年三月二十三日致費特書）他到了暮秋開始沉悶。（「這於我是死的一季，我不思想，不寫，我舒服地感到自己蠢然。」——一八六九年十月二十一日致費特書）

多地方打動我的心坎，我想我自己便會寫出這些句子。」[306]

但這兩顆心魂畢竟有極大的差別，托爾斯泰的是更純粹的基督徒的靈魂！且舉兩個例子以見這位日內瓦人的《懺悔錄》中含有多麼傲慢、不遜、偽善的氣氛：

「永恆的生靈！有人能和你說——只要他敢：我曾比此人更好！」

「我敢毫無顧忌地說：誰敢當我是不誠實的人，他自己便是該死。」

托爾斯泰卻為了他過去生命中的罪惡而痛哭流涕：

「我感到地獄般的痛苦。我回想起我一切以往的卑怯，這些卑怯的回憶不離我，它們毒害了我的生命。人們通常抱憾死後不能保有回憶。這樣將多麼幸福啊！如果在這另一個生命中，我能回憶到我在此世所犯的一切罪惡，將是怎樣的痛苦啊！……」[307]

306. 見和保爾・布瓦耶的談話。（一九〇一年八月二十八日巴黎《時報》）實在，人們時常會分不清楚，例如盧梭的朱莉（朱莉是盧梭著《新愛洛伊絲》小說中的女主人翁）在臨終時的說話：「凡我所不能相信的，我不能說我相信，我永遠說我所相信的。屬於我的，唯此而已。」和托爾斯泰《答聖西諾德書》中的：「我的信仰使人厭惡或阻礙別人，這是可能的。但要更改它卻不在我能力範圍以內，好似我不能更變我的肉體一樣。我除了我所相信的以外不能相信別的，尤其在這個我將回到我所從來的神那邊去的時候。」或盧梭的《答特博蒙書》似乎完全出之於托爾斯泰的手筆：「我是耶穌基督的信徒。我主告我凡是愛他的同胞的人已經完成了律令。」或如：「星期日的全部禱文又以歸納在下列這幾個字中：「願你的意志實現！」（盧梭《山中雜書》第三）與下面一段相比：「我把主禱文代替了一切禱文。我所能向上帝祈求的在下列一句中表現得最完滿了：『願你的意志實現！』」（一八五二至一八五三年間在高加索時代的《日記》）兩人思想的肖似不獨在宗教方面為然，即在藝術方面亦是如此。盧梭有言：「現代藝術的第一條規則，是說得明明白白，準確地表出他的思想。」托爾斯泰說：「你愛怎麼想便怎麼想吧，只要你的每一個字都能為大家懂得。在完全通暢明白的文字中絕不會寫出不好的東西。」此外我亦說過，盧梭在《新愛洛伊絲》中對於巴黎歌劇院的諷刺的描寫，和托爾斯泰在《藝術論》中的批評極有關聯。

307. 見一九〇三年一月六日《日記》。

他不會如盧梭一般寫他的《懺悔錄》，因為盧梭曾言：「因為感到我的善勝過惡，故我認為有說出一切的利益。」[308]托爾斯泰試著寫他的《回憶錄》，終於放棄了；筆在他手中墮下，他不願人們將來讀了之後說：

「人們認為那麼崇高的人原來如此！他曾經是何等卑怯！至於我們，卻是上帝自己令我們成為卑怯的。」[309]

基督教信仰中的美麗而道德的貞潔和使托爾斯泰具有愨直之風的謙虛，盧梭都從未認識。隱在盧梭之後，——在鷺鷥島的銅像周圍，——我們看到一個日內瓦的聖皮爾、羅馬的加爾文。在托爾斯泰身上，我們卻看到那些巡禮者，無邪的教徒，曾以天真的懺悔與流淚感動過他的童年的。

對於世界的奮戰，是他和盧梭共同的爭鬥，此外尚另有一種更甚於此的爭鬥充塞著托爾斯泰最後三十年的生命，這是他心魂中兩種最高的力量的肉搏：真理與愛。

真理，——「這直透入心魂的目光，」——透入你內心的灰色的眼珠中的深刻的光明……它是他的最早的信仰，是他的藝術之後。

「成為我作品中的女英雄的，為我以整個心魂的力量所愛的，在過去、現在、將來，永遠是美的，這便是真理。」[310]

真理，是在他兄弟死後一切都毀滅了的時候所僅存的東西。[311]真理，是他生命的中樞，是大海中

308. 見盧梭《一個孤獨的散步者的幻想錄》中《第四次散步》。
309. 致比魯科夫書。
310. 《一八五五年五月之塞瓦斯托波爾》。
311. 「真理……在我道德觀念中唯一存留的東西，我將崇拜的唯一的對象。」（一八六〇年十月十七日）

的岩石。……

但不久之後，「殘酷的真理」[312]於他已不夠了。愛占奪了它的地位。這是他童年時代的活潑的泉源，「他的心魂的自然的境界」[313]。一八八〇年發生精神錯亂時，他絕未捨棄真理，他把它導向愛的境界。[314]

愛是「力的基礎」。[315]愛是「生存的意義」，唯一的意義，當然，美亦是的。[316]愛是由生活磨煉成熟後的托爾斯泰的精髓，是《戰爭與和平》、《答神聖宗教會議書》的作者的生命的精髓。[317]

愛深入於真理這一點，成為他在中年所寫的傑作的獨有價值，他的寫實主義所以和福樓拜式的寫實主義有別者亦為此。

福樓拜竭力要不愛他書中的人物。故無論這種態度是如何偉大，它總缺少光明的存在！太陽的光明全然不夠，必須要有心的光明。托爾斯泰的寫實主義現身在每個生靈的內部，且用他們的目光去觀察他們時，在最下賤的人中，他亦會找到愛他的理由，使我們感到這惡人與我們中間亦有兄弟般的情誼聯繫著。[318]

---

312. 同前。

313. 「純粹的愛人類之情是心靈的天然狀態，而我們竟沒有注意到。」（當他在卡贊當學生時代的《日記》）

314. 「真理會導向愛情……」（《懺悔錄》一八七九至一八八一年）「我把真理放在愛的一個單位上……」（同前）

315. 「你永遠在提及力量？但力的基礎是愛。」（見《安娜小史》第二卷安娜的話）

316. 「美與愛，生存的兩大意義。」（《戰爭與和平》第二卷）

317. 「我信上帝，上帝於我即是『愛』。」（一九〇一年《答聖西諾德書》）「是的，愛！……不是自私的愛，但是我生平第一次感到的愛，當我看到，在我身旁的垂死的敵人，我愛他……這是靈魂的元素。愛他的鄰人，愛他的敵人，愛大家，愛每個，這是在各方面去愛上帝！……愛一個我們親愛的人，這是人的愛，但愛他的敵人簡直是神明的愛！……」（這是《戰爭與和平》中安德列臨終時所說的話）

318. 「藝術家對於他的作品的愛是藝術的心靈。沒有愛，沒有藝術品。」（一八八九年九月書）

由了愛，他參透生命的根源。

但這種博愛的聯繫是難於維持的。有時候，人生的現象與痛苦是那麼悲慘，對於我們的愛顯得是一種打擊，那時，為了拯救這愛，拯救這信念，我們不得不把它超臨人世之上，以致它有和人世脫離一切關係的危險。而那禀有看到真理，且絕對不能不看到真理的這美妙而又可畏的天賦的人，將怎麼辦呢？

托爾斯泰最後數年中，銳利的慧眼看到現實的殘酷，熱烈的心永遠期待著、鍛煉著愛，他為了心與目的不斷的矛盾所感到的痛苦，誰又能說出來呢？

我們大家都體驗過這悲劇的爭鬥。我們屢次陷入或不忍睹或痛恨的輪迴中！一個藝術家，——一個名副其實的藝術家，一個認識文字的美妙而又可怕的力量的作家，——在寫出某項某項真理的時候，感得為慘痛的情緒所拗苦：此種情形何可勝數！[319]

在現代的謊言中，在文明的謊言中，這健全而嚴重的真理，有如我們賴以呼吸的空氣一般需要……而我們發現這空氣，為多少肺所不能忍受，多少為文明所磨成，或只為他們心地的慈悲而變成怯弱的人所不堪忍受！這使人駭而卻走的真理，我們可毫不顧慮這些弱者而在他們眼前暴露嗎？有沒有在高處如托爾斯泰所說的一般，一種「導向愛的」真理？——可是什麼？我們能不能容忍以令人安慰的謊言去欺騙人，如皮爾・金特把他的童話來麻醉他的垂死的母親？……

社會永遠處在這兩條路的中間：真理或愛。它通常的解決，往往是把真理與愛兩者一齊犧牲了。

319.「我寫了這些書，所以我知道它們所能產生的罪過……」（一八九七年十一月二十一日，托爾斯泰致杜霍博爾人的領袖韋裡金書）

托爾斯泰從未欺妄過他兩種信心中的任何一種。在他成熟期的作品中，愛是真理的火焰。在他晚年的作品中，這是一種從高處射下的光明，一道神恩普照的光彩燭照在人生上，可是不復與人生融和了。

我們在《復活》中看到信仰統制著現實，但仍站在現實之外。托爾斯泰所描寫的人物。每當他隔別觀察他們的面目時，顯得是弱的、無用的，但一等到他以抽象的方式加以思索時，這些人物立刻具有神明般的聖潔了。[320]——在他日常生活中，和他的藝術同樣有這種矛盾的表現，而且更為殘酷的。他雖然知道愛所支使他的任務，他的行動卻總不一致；他不依了神而生活，他依了世俗而生活。即是愛，到哪裡去抓握它呢？在它不同的面目與矛盾的系統中如何加以辨別？是他的家庭之愛，抑是全人類之愛？……直到最後一天，他還是在這兩者中間彷徨。

如何解決？——他不知道。讓那些驕傲的知識份子去輕蔑地批判他吧。當然，他們找到了解決方法，找到了真理，他們具有確信。在這些人看來，托爾斯泰是一個弱者、一個感傷的人，不足為訓的。無疑地，他不是一個他們所能追隨的榜樣：他們沒有相當的生命力。托爾斯泰不屬於富有虛榮心的優秀階級，他亦不屬於任何教派，——他既非偽善者，亦非如他所稱謂的猶太僧侶。他是自由基督徒中最高的一個典型，他的一生都在傾向於一個愈趨愈遠的理想。[321]

---

320. 參看《一個紳士的早晨》。或在《懺悔錄》中理想的描寫，那些人是多麼質樸、多麼善良，滿足自己的命運，安分守己，博得人生的意義。或在《復活》第二編末，當涅赫留多夫遇見放工回來的工人時，眼前顯出「這人類，這新世界」。

321. 「一個基督徒在精神上絕不會比別人高或低；但他能在完滿的道上，活動得更快，這便使他成為更純粹的基督徒。因此，那些偽善者的停滯不進的德行較之和基督同時釘死的強盜更少基督教意味，因為這些強盜的心魂，永遠向著理想而活動，且他們在十字架上也已後悔了。」（見《殘忍的樂趣》）

托爾斯泰並不向那些思想上的特權者說話，他只說給普通人聽。——他是我們的良知。他說出我們這些普通人所共有的思想，為我們不敢在自己心中加以正視的。而他之於我們，亦非一個驕傲的大師，如那些坐在他們的藝術與智慧的寶座上，威臨著人類的高傲的天才一般。他是——如他在信中自稱的，那個在一切名稱中最美、最甜蜜的一個，——「我們的弟兄」。

托爾斯泰遺著論

托爾斯泰死後，遺下不少未曾發表的作品。其中大部分在他死後已經陸續印行，在比安斯托克氏的法譯本（納爾遜書店叢書版）中合成三卷。[322]這些作品分屬於他一生的各個時代。有的還是一八八三年的作品（如《一個瘋人的日記》）。有的是他在最後幾年中寫的。它們的種類有短篇小說、長篇小說、劇本、獨白。許多是未完之作。我敢把它們分成兩類：一是托爾斯泰依了道德意志而寫的，一是依了藝術本能而寫的。還有一小部分是這兩種趨向融和得非常美滿的。

所可惜的，是他對於文學的光榮的淡漠——或者是為了他的禁欲思想——使他不能把應該是作品中最美的一部分傑作繼續下去。例如《費奧多爾・庫茲米奇老人的遺著——日記》。這是俄皇亞歷山大一世的有名的傳說，說他決心捨棄一切，托著假名出走，在西伯利亞終老。我們感到托爾斯泰對此題材非常熱情，他和他的英雄在思想上結合為一。但這部《日記》只存留了最初幾章；即在這殘缺的部分中，已可令人看得敘述的緊湊與清新，足和《復活》中最好的部分媲美。在此有多少令人不能遺忘的肖像（如老后葉卡捷琳娜二世），尤其是這位神秘的暴烈的俄皇的描繪，他

322.另一部更完全的版本，是一九二五年出版的喬治・特奧斯托亞與居斯塔夫・馬松的合譯本。巴黎博薩爾書店。

的倨傲的性格，在平靜的老人心中還不時地激醒興奮。

《謝爾蓋老人》（一八九一至一九〇四）亦是波瀾壯闊的托爾斯泰式的作品之一，但故事的敘述被裁剪得太短了。一個老人在孤獨與苦行中追求上帝，終於他在為了人群而生活時找到了神。有幾處曠野的情調直可令人駭愕。書中的主人翁發現他所愛者的醜惡的那幕描寫，——他的未婚妻，為他崇拜如聖女一般的女人，竟是他所敬愛的俄皇的情婦，——真是又質樸又悲壯。即是那個修士在精神狂亂之夜為要重覓和平而斫落自己的手指那幕，亦是動人心魂的描寫。與這些曠野可怖的穿插對立著的，有書末描述與可憐的童年的女友那段淒惻的談話和最後幾頁的淡漠、清明、急轉直下的文字。

《母親》亦是一部動人之作。一個慈愛的有理性的母親，四十年中整個地為了她的家人服務，終於孤獨著，不活動，亦沒有活動的意義，雖然是自由思想者，她竟隱居於一個修院中去寫她的日記。但本書只有首部還存留著。

另一組短篇故事，在藝術上是更完滿的作品。

《傻瓜阿列克謝》可以歸入美麗的通俗故事類，事情是講一個質直樸訥的人，永遠被犧牲，永遠甜蜜地感到滿足，以至於死。——《舞會之後》（一九〇三年八月二十日）是一個老人講他曾如何地愛一個青年女郎，如何地突然不愛她，因為他看見女子的父親，一個當大佐的軍官，鞭笞他的兵士之故。這是完滿之作，先是少年時代的回憶，美麗動人，接著是十分激動的真切的描寫。——《夢中所見》（一九〇六年十一月十三日）是一個親王為了他所鍾愛的女兒任人誘惑逃出家庭，而不能寬恕她。但他一看見她時，卻是他立刻去請求她的寬恕。然而（在此可見托爾斯泰的溫情與理想主義從來沒有枯竭的時候），他無論如何不能克制自己見了女兒的私生子所生的厭惡之情。──《霍登卡》是極短的短篇，敘述一八九三年時，一個年輕的俄國公主想加入莫斯科的一個平民節慶，突然被人眾擁擠得大為狼狽，被人在腳下踐踏，人家以為她是死了，一個工人，亦是被人擠得不堪的人，救醒了她。一霎間，友愛的情操把兩人聯合了。以後他們分別了，從此不復相見。

局面偉大，開始便似一部史詩式的長篇小說的，有《哈吉・穆拉特》（一九〇二年十二月），敘述一八五一年高加索戰爭時的雜事。[323]在寫本書的時候，托爾斯泰正在最能把握他的藝術能力的階段。視覺（眼睛的與心靈的）是非常完滿。但可怪的是人家對於故事並不真正感到興趣。因為讀者覺得托爾斯泰亦並不對此故事真有什麼興趣。在故事中顯現的每個人物，正好獲得他恰當的同情；而作者對於每個人物，即是在我們眼前顯露一下並不有何長久的動作的，亦給他一個完滿的肖像描寫。但為了要愛全體，他終於沒有什麼偏愛。他寫這作品，似乎並無內心的需要，而只是為了肉體的需求。如別人需要舒展他的肌肉一般，他需要使用他的智的機能。他需要創作，他便創作了。

別的具有個人氣質的作品，往往達到了悲愴的境界。自傳式的作品即屬此類，如《一個瘋人的日記》（一八八三年十月二十日），追寫一八六九年托爾斯泰精神困亂時最初幾夜的恐怖。[324]又如《魔鬼》（一八八九年十一月十九日），這部最後的最長的短篇小說，好幾部分含有一切最優的特點，不幸它的結局極無聊。一個鄉下的地主和他的農人的一個女兒有了關係，卻另外結了婚，和

323. 托爾斯泰寫道：「其中一部分是我親歷的。」
324. 參看前文中論《安娜小史》章。

鄉女離開了。（因為他是誠實的，他又愛他的年輕的妻子。）但這鄉女「留在他的血液裡」，他見了她不能不生佔有她的思念。她追尋他。她終於重新和他結合，他感到自己不復能離開她：他自殺了。書中各個人物的肖像——如男子是一個善良的、懦弱的、壯實的、短視的、聰明的、真誠的、勤奮的、煩悶的人，——他的年輕的妻子是傳奇式的、多情的，——美麗的健全的鄉女，熱烈而不知貞操的，——都是傑作。可惜托爾斯泰在他的小說的終局放入在實事中沒有的道德思想：因為作者實在有過同類的豔史。

五幕劇《黑暗中的光明》，確表現了藝術方面的弱點。但當我們知道了托爾斯泰暮年時的悲劇時，這部在別的人名下隱藏著托爾斯泰及其家人的作品將何等動人！尼古拉・伊萬諾維奇・薩林特澤夫和《我們應當做什麼？》的作者到了具有同樣信心的地步，他試著要把它實行。但這於他是絕端不可能。他的妻子的哭泣（真誠的呢，還是假裝的？）阻止他離開他的家族。他留在家中，如窮人般過活，做著木工。他的夫人與兒女繼續著奢侈的享用與豪華的宴會。雖然他絕對沒有參加，人家卻指摘他是虛偽。然而，由於他的精神的影響，由於他的人格的光輝，他在周圍造成了不少信徒——與不幸者。一個教堂司祭，信服了他的主義，放棄了他的職位。一個世家子弟為了人的主義而拒絕軍役，以致被罰入糾正紀律的隊伍中。而這可憐的托爾斯泰的化身，薩林特澤夫為懷疑所苦。他是不是犯了錯誤？他是否無謂地陷別人於痛苦或死地？末了，他對於他的悲苦的解決，唯有讓那為他無意中置於絕路的青年的母親殺死。

在另一短篇《無所謂罪人》（一九一〇年九月）中，我們還可找到托爾斯泰最後幾年的生活，同樣是一個因了無可自拔的境遇而受苦的人的懺悔錄。在閑豫的富人之前，有被壓迫的窮人：可是他們雙方都不覺察這種社會狀態的可怕與不合理。

兩部劇本具有真實的價值。一是農村小劇，攻擊酒精的為害的：《一切品性之所從來》（很可能是一九一〇年作）。人物的個性極強：他們的典型的體格，他們的言語的可笑，都是描繪逼真。那個在末了寬恕他的竊賊的鄉人，在他無意識的偉大與天真的自尊心上，是又高尚又滑稽的。——第二部卻另有一種重要，是十二景的劇本，名《活屍》。它表露為社會荒謬的現象所壓迫著的善良而懦弱之士。劇中的主人翁費佳為了自己的善性與道德情操而斷送了一生，他的這些情操隱藏在放浪不羈的生活之下：他為了人類的卑下與對於自己的蔑視而痛苦到不堪忍受，但他無力反抗。他有一個妻子，愛他，秉性善良，安分守己，極有理性，但「缺少這使蘋果汁發沫的一顆小小的葡萄」，缺少這令人遺忘一切的「在生活中的跳躍」。而他正需要遺忘。

「我們都處於我們的環境中，」他說，「我們前面有三條途徑，只有三條。做一個公務員，掙得錢來加增你生活的卑劣。這使我厭惡，也許是我不能這樣做……第二條路，是和這卑下奮鬥：這必得是一個英雄，我卻不是。剩下第三條：忘記自己，喝酒，玩，唱歌；這是我所選擇的路，你們看這條路已引我到什麼地步……」[325]

在另一段中：

「我怎樣會陷於絕境的呢？第一是酒。並非我感到喝酒的樂趣。但我永遠懷著這種情操：在我周圍的一切都不應當的，我為此羞恥……至於要成為貴族的領袖或銀行的行長，這是那麼可恥，那麼可恥！……喝過了酒，我們不復感到羞恥了……而且，音樂，不是歌劇或貝多芬，多少精力……還有美麗的黑眼睛，微笑……但這些東西愈是魅人，事後愈令人羞恥……」[326]

325.《活屍》第五幕第一場。
326.第三幕第二場。

他離開了他的妻子，因為他覺得她不幸而她亦不使他快樂。他把她留給一個友人，他愛她，她亦愛他，雖然沒有明言，且這友人與他亦有相似之處。他自己隱避在下層階級中；這樣，一切都好：他們兩個是幸福了，他呢，——盡他所能地使自己幸福。但社會絕對不允許人家不徵求它的同意而行事；它強迫費佳自殺，如果他不願他的兩位朋友被判重婚罪。——這部奇特的作品，含有那麼深刻的俄羅斯色彩，反映出一班優秀人士在革命所給予的巨大的希望消失以後，如何地失望與消沉，這是一部樸實無華的作品。其中的性格完全是真的、生動的，即是次要的角色亦是如此：（年輕的妹子對於戀愛與婚姻問題的道德觀念；勇敢的卡列寧娜的面目，她的老母，保守派的貴族，在言語上非常強硬，在行為上非常遷就的人；）甚至那些酒店中的舞女，律師，都是如實有的人物一般。

我所擱置不論的，是那些道德的與宗教的作用占了首位的作品，在此，作品的自由的生命被阻抑了，雖然這於托爾斯泰心理上的清明狀態並無損害。

《偽票》：長篇的敘述，差不多是一部長篇小說，它要表現世界上一切行為——不論是善是惡——的連鎖。兩個中學生犯了一樁偽票罪，由此發現出許多的罪惡，愈來愈可怕，——直到由一個被害的可憐的女人的聖潔的退讓，對於兇手發生了影響，更由這兇手一步一步追溯到造成罪惡的最初的人犯。題材是壯麗無比，簡直近於史詩一般的題材，作品可以達到古代悲劇中那種定命的偉大。但本書的敘述太冗長了，太瑣碎了，沒有宏偉的氣概；而且雖然每個人物都有特點，他們全體是類似的。

《兒童的智慧》是兒童之間的一組語錄（共有二十一條對白），題材的範圍極廣，涉及宗教、藝術、科學、教育、國家等等。辭藻固然極為豐富；但那種方法令人厭倦，同樣的意見已經重複說過多少次！

《年輕的俄皇》幻想著他不由自主地所給予人的痛苦，是集子中最弱的一篇作品。

末了，我只列舉若干斷片的東西：《兩個巡禮者》，《祭司瓦西里》，《誰為兇手？》，等等。

在這些作品的大體上言，我們很感到托爾斯泰直到逝世為止，一直保有他的智的精力。[327]當他陳述他的社會思想的時候，他顯得是徒托空言；但每當他在一件行為、一個生人之前，他的人道主義的幻想消失之時，便只有一副如鷹目般的目光，一下子便滲透你的衷心。他從沒有喪失這清明境界。我認為他在藝術上唯一的貧弱，是在於熱情方面。除了極短暫的時間以外，我們有一種印象，似乎藝術之於托爾斯泰不復是他生命的要素；它是一種必需的消遣，或者是行動的工具。但是他的真正的目的卻是行動而非藝術。當他任令這熱情的幻想把他激動時，他似乎感到羞慚；他斬釘截鐵地結束了，或如《費奧多爾・庫茲米奇老人的日記》般，他完全放棄作品，因為它頗有把他重行和藝術結合的危險……正在創造力豐富的時候，他竟為了這創造力而痛苦，終於把它為了上帝而犧牲，這不能不算是一個藝術家的獨一無二的例子。

327. 這種精神上的健康，有他的朋友切爾特科夫與他最後病倒時的醫生的敘述為證。差不多直到最後，他每天繼續寫或讀出他的日記令人筆錄。

亞洲對托爾斯泰的迴響

羅曼・羅蘭

在本書最初幾版刊行的時候，我們還不能度量托爾斯泰的思想在世界上的影響。種子還埋在泥土中。應當等待夏天。

今日，秋收已畢。從托爾斯泰身上長出整個的支裔。他的言語見諸行動。在亞斯納亞・波利亞納的先驅者聖約翰之後，接踵而來的有印度的救主——聖雄甘地。

人類史上畢竟不乏令人歎賞的事蹟，偉大的思想努力雖然表面上是歸於消滅了，但它的元素毫未喪失，而種種迴響與反應的推移形成了一條長流不盡的潮流，灌溉土地使其肥沃。

一八四七年，年輕的托爾斯泰十九歲，臥病在卡贊醫院，鄰近的病床上有一個喇嘛僧，面部被強盜刺傷很重，托爾斯泰從他那裡第一次獲得無抵抗主義的啟示，為他將來在一生最後的三十年中奉為圭臬、鍥而不捨的。

六十二年之後，一九〇九年，年輕的印度人甘地，從垂死的托爾斯泰手中受到這聖潔的光明，為俄羅斯的老使徒把他的愛情與痛苦來培養成的；他把這光明放出鮮明的火焰，照射著印度：它的萬丈光芒更遍映於全球各部。

但在涉及甘地與托爾斯泰關係以前，我們願將托爾斯泰與亞洲的關係大體上說一個梗概；沒有這篇論文，一部《托爾斯泰傳》在今日將成為殘缺之作。因為托爾斯泰對於歐洲的行動，也許在歷史上將較對於亞洲的行動更為重要。他是第一個思想上的「大道」，自東至西，結合古老的大陸上的一切的分子。如今，東西兩方的巡禮者，都在這「大道」上來來往往。

此刻我們已具有一切為認識本題所必需的方法：因為托爾斯泰的虔誠的信徒，保爾・比魯科夫把所有的材料都搜集在《托爾斯泰與東方》一書中。[328]

東方永遠吸引著他。極年輕的時候，在卡贊當大學生，他便選了東方語言科中的阿拉伯－土耳其語言組。在高加索從軍的幾年中，他和伊斯蘭教文化有過長久的接觸，使他獲有深刻的印象。一八七〇年後，在他所編的《初級學校讀本》中，發現不少阿拉伯與印度的童話。他患著宗教苦悶時，《聖經》已不能滿足他，他開始參考東方的宗教。他對於此方面的書籍流覽極多。[329]不久，他即有把他的讀物介紹給歐洲的思念，《聖賢思想集》便是這個思想的結晶，其中包括著聖經、佛、老子、克里希納的言論。他早就相信人類一切的宗教都建築於同一個單位之上。

但他所尋求的，尤其是和亞洲人士的直接的關係。在他一生最後十年中，亞斯納亞與東方各國間的通信是非常密切的。

在亞洲各國中，他感到在思想上與他最接近的是中國。但中國思想卻最少表白出來。一八八

329.328.《托爾斯泰與東方：有關托爾斯泰與東方宗教代表人物關係的通信及其他檔》，一九二五年。比魯科夫在他的書末，把托爾斯泰流覽與參考的關於東方的書籍做了一張表。

四年時，他已研究孔子與老子，後者尤為他在古代聖賢中所最愛戴。[330] 但托爾斯泰一直要等一九〇五年方能和老子的國人交換第一次通訊，而且似乎他的中國通信者只有兩人。當然他們都是出眾的人物。一個是學者 Tsien Huang-t' ung；[331] 一個是大文豪辜鴻銘，他的名字在歐洲是很熟知的，北京大學教授，革命後亡命日本。[332]

在他與這兩位中國的優秀之士的通信中，尤其在他致辜鴻銘的長信中，托爾斯泰表示他對於中國民族所感到的愛戀與欽佩。近年來中國人以高貴的溫厚態度去忍受歐洲各國對他們所施的暴行這事實尤其加強了托爾斯泰的情操。他鼓勵中國堅持它的這種清明的忍耐，預言它必能獲得最後的勝利。

中國割讓給俄國旅順這一個例子，（這件事情使俄國在日俄戰爭中付了極大的代價）肯定了德國之於膠州灣，英國之於威海衛，必將歸於同樣的結局。那些盜賊終於要在他們中間互盜。——但當托爾斯泰知道不久以來，暴力與戰爭的思想，在中國人心中亦覺醒起來時，不禁表示惶慮，他堅求他們要抗拒這種思想。如果他們亦為這種傳染病征服了，那麼必將臨著空前的大劫，不獨是在「西方最曠野、最愚昧的代表者德皇」所恐怖的「黃禍」這意義上，而尤在人類至高的福利這觀點上。

因為，古老的中國一旦消滅之後，它的真正的、大眾的、和平的、勤勉的、實用的智慧，本

330. 似乎一部分中國人也承認這類似性。往中國旅行的一個俄國人，於一九二二年時說中國的無政府主義充滿了托氏的思想，而他們共同的先驅者卻是老子。
331. 此人不知何指。——譯注
332. 最近斯托克書店出版了他的《中國民族的精神》的法譯本。（一九二七年）

應當從中國漸漸地展布到全人類的智慧，必將隨之俱滅。托爾斯泰相信必有一日，人類生活將完全改變；而他深信在這遞嬗中，中國將在東方各民族之首，居於最重要的地位。亞洲的任務在於向世界上其餘的人類指示一條導向真正的自由的大路，這條路，托爾斯泰說，即是「道」。他尤其希望中國不要依了西方的方案與榜樣而改革，即不要把立憲制度代替它的君主政治，不要建設國家軍隊與大工業！它得把歐洲作為前車之鑒，那種地獄一般殘酷的現狀，那些可憐的無產者，那種階級鬥爭，無窮盡的軍備競爭，他們的殖民地侵奪政策，——整個文明的破產，歐洲是一個先例，——是的！——是不應當做的事情的先例。

固然中國不能長此保持它的現狀，受各種暴行的侵犯，它只有一條路應當走：便是對於它的政府與一切政府的絕對的無抵抗。它只要無動於衷地繼續耕它的田，只服從神的律令！亞洲將在這四萬萬人的英雄的清明的無抵抗前面降服。在田野中平和地工作，依了中國的三教行事：儒家，教人排脫暴力；道教，教人「己所不欲，勿施於人」；佛教，則是犧牲與愛。人生的智慧與幸福的秘密盡於此矣。

在托爾斯泰的忠告之後，我們試觀今日中國所做的事；第一他的博學的通訊者，辜鴻銘，似乎並未如何領悟：因為他的傳統主義是很狹隘的，他所提出的補救現代世界狂熱的萬能藥，只是對於由過去造成的法統，加以絕對忠誠的擁護。[333]——但我們不應當以表面的波濤來判斷無邊的大海。雖然那些旋起旋滅的黨爭與革命，不能令人想到托爾斯泰的思想，與中國聖賢的數千年的傳統如何一致，然而誰能說中國民族竟不是與托爾斯泰的思想十分接近呢？

333. 在致辜鴻銘書中，托爾斯泰猛烈地批評中國的傳統教訓，服從君主這信念：他認為這和「強力是神明的權利」一語同樣無根據。

日本人，由於他的熱狂的生命力，由於他對於世界上一切新事物的饑渴的好奇心，和中國人正相反，他是在全亞洲和托爾斯泰發生關係最早的民族（約於一八九〇年左右）。托爾斯泰對之卻取著猜疑的態度，他提防他們的國家主義與好戰天性的執著，尤其猜疑他們那麼柔順地容納歐洲文明，而且立刻學全了這種文明的害處。我們不能說他的猜疑是全無根據：因為他和他們的相當密切的通訊使他遭了好幾次暗算。如年輕的Jokai，Didaitschoo-lu日報主筆，自稱為他的信徒，同時又自命為把他的主義與愛國情操聯合一致的折中派，在一九〇四年日俄戰爭爆發時，他竟公然指摘托爾斯泰。更令人失望的是那個青年田村，最初讀了托爾斯泰的一篇關於日俄戰爭的文字，[334]而感動得下淚，全身顫抖著，大聲疾呼地喊說「托爾斯泰是今世唯一的先知者」，幾星期之後，當日本海軍在對馬島擊破了俄國艦隊時，一下子捲入愛國狂的漩渦，終於寫了一部攻擊托爾斯泰的無聊的書。

更為堅實、更為真誠的[335]──但與托氏真正的思想距離很遠的──是這些日本的社會民主黨，反對戰爭的、英雄的奮鬥者，一九〇四年九月致書托爾斯泰；托爾斯泰在覆書中感謝他們的盛意，但表示他痛惡戰爭，同時亦痛惡社會主義。[336]

可是無論如何，托爾斯泰的精神已深入日本，把它徹底墾殖了。一九〇八年，正值他八秩誕辰，他的俄國友人向全世界托爾斯泰的朋友徵文，預備印行一部紀念冊，加藤寄去一篇頗有意義的論文，指明托爾斯泰給予日本的影響。他的宗教作品，大部分在日本都有譯本；這些作品據加

334. 這篇論文載於一九〇〇年六月《泰晤士報》，田村於十二月中在東京讀到它。
335. 阿部畏三，《平民報》經理。在托爾斯泰的覆信寄到之前，他們已下獄，報紙也被封了。
336. 這覆信的內容，我在前文中已引述過一段。

藤說在一九〇二至一九〇三年間，產生了一種精神革命，不獨日本的基督徒為然，即是日本的佛教徒亦莫不如此；且由此發生了佛教刷新的運動。

宗教素來是一種已成法統，是外界的律令。那時起它才具有內心的性質。「宗教意識」從此成為一個時髦名詞。當然，這「自我」的覺醒並非是全無危險的。它在許多情形中可以引人到達和犧牲與博愛精神全然相反的終局，——如引人入於自私的享樂、痲木、絕望，甚至自殺；這易於震動的民族，在他熱情的狂亂之中，往往把一切主義推之極端。但在西京附近，好幾個托爾斯泰研究者的團體，竟這樣地形成了，他們耕田度日，並宣揚博愛的教義。[337]以一般情形而言，可說日本的心靈生活，一部分深深地受托爾斯泰的人格的感應。即在今日，日本還有一個「托爾斯泰社」發行一種每期七十面的頗有意義而浸淫甚深的月刊[338]。

這些日本信徒中最可愛的模範，是年輕的德富健次郎，他亦參加一九〇八年的祝壽文集。一九〇六年初，他自東京寫了一封熱烈的信致托爾斯泰，托爾斯泰立刻答覆了他。但德富健次郎等不得收到覆信，便搭了最近期出口的船去訪他。他不懂一句俄文，連英文也懂得極少。七月中他到了亞斯納亞，住了五天，托爾斯泰以父輩的慈愛接待他，他回到日本，這一星期的回憶與老人的光輝四射的微笑，使他終身不能忘懷。

他在一九〇八年的祝壽文中提起此事，他的單純潔白的心傾訴著：

「在別後七百三十日與距離一萬里的霧氛中間，我還依稀看到他的微笑。」

「現在我和妻和犬生活在小小的鄉間，在一座簡陋的房屋中。我種著蔬菜，刈著滋生不已

---

337. 一九〇六年十月三日，德富寫信給他道：「你不是孤獨的，大師，你可自慰了！你在此有許多思想上的孩子……」

338. TolstoiKenkyu（意為托爾斯泰研究）。

的敗草。我的精力與我的光陰完全消磨在刈草，刈草，刈草，……也許這是我的思想的本質使然，也許是這困阨的時代使然。但我很幸福……只是個人在這情境中只能提筆弄文，亦是太可憐了！……」

這個日本青年，在他的卑微純樸幸福的生活狀態上，在他的人生的智慧與勤勞的工作上，較諸參與祝壽文集的一切托氏的信徒都更能實現托氏的理想，而觸及托氏的內心。[339]

俄羅斯帝國的伊斯蘭教徒共有二百萬人，故托爾斯泰在他俄國人的地位上，頗有認識他們的機會。而他們在他的通信中亦佔據了重要的地位，但在一九〇一年前，這種通信尚屬少見。是年春天，托爾斯泰的被除教籍與致神聖宗教會議書感服了他們。卓越的、堅決的言辭對於伊斯蘭教徒們不啻是古猶太先知愛里升天時的囑言。俄羅斯的巴什基爾人，印度的伊斯蘭教僧侶，君士坦丁堡的伊斯蘭教徒寫信給他，說他們讀到他斥責整個基督教的宣言，使他們「快樂至於流淚」；他們祝賀他從「三位一體的黑暗的信仰」中解脫出來。他們稱他為他們的「弟兄」，竭力使他改宗。一個印度伊斯蘭教僧，竟天真地告訴他說一個新的救世主（名叫哈茲拉特・米爾札・古拉姆・阿赫邁德）方在喀什米爾覓得耶穌的墳墓，打破了基督教中「復活」的謊言；他並且寄給他一張所謂耶穌墓的照相，和這所謂新救世主的肖像。

托爾斯泰對於這些奇特的友誼，怎樣地報以可愛的鎮靜，幾乎沒有譏諷（或悲哀）的表示，這是我們難以想像的。不曾看到托爾斯泰在這些論辯中所取的態度的人，不能知道他剛愎的天

339. 德富記得一九〇六年時托爾斯泰問他道：「你知道我的年紀嗎？」「『七十八歲。』我回答。『不，二十八歲。』我思索了一會說道：『啊！是的，從你成為新人的那天算起。』他頷首稱是。」

性，涵養到如何絕端溫和的地步。他從來不放棄他的殷勤的情意與好意的鎮靜。倒是那些與他通訊的伊斯蘭教徒憤憤然斥他為「中古時代的基督教偏見的餘孽」[340]。或是那個因為托爾斯泰不承認他的新的伊斯蘭教救主，以種種說話威嚇他，說這位聖人將把受著真理的光輝的人分作三類：「……有些人靠了他們自己的理智而受到的。有些人由於有形的信號與奇蹟而受到的。第三種人是由於劍的力量而受到的。（例如法老，摩西逼得要使他喝盡了紅海的水方能使他信仰上帝。）因為上帝所遣的先知者應當教導全人類……」[341]

托爾斯泰從不以鬥爭的態度對付他的含有挑戰性的通訊者。他的高貴的原則是無論何人受了真理，永遠不可把各種宗教的不同與缺點作準，而是應當注意溝通各種宗教與造成宗教的價值的特點。——「我對於一切宗教，努力抱著這種態度，尤其是對於伊斯蘭教。」[342]——他對於那個暴怒的伊斯蘭教僧，只答道：「一個具有真正宗教情操的人的責任，在於以身作則，實踐道德。」我們所需要的盡在於此。[343]他佩服穆罕默德，他的若干言論使他感服。[344]但穆罕默德只是一個人，如基督一樣。欲使穆罕默德主義與基督主義成為一種正當的宗教，必須放棄對於一個人或一部書的盲目的信仰；只要他們容納一切與全部人類的良心與理智符合的東西。——即在包容他的思想的適當的形式中，托爾斯泰也永遠留神著不拂逆他的對手的信仰：

340. 阿芬迪阿爾・沃伊索夫在君士坦丁堡。
341. 一九〇三年七月二十二日穆罕默德・薩迪克書。
342. 一九〇八年六月十日埃爾基巴熱夫書。
343. 一九〇三年八月二十日致穆罕默德・薩迪克書。
344. 托爾斯泰極佩服穆罕默德關於貧窮的祈禱：「吾主，使我在貧窮中生存，在貧窮中死去！」

「如果我得罪你，那麼請你原諒我。我們不能說一半的真理，應當說全部，或者完全不說。」[345]他的絲毫不能說服他的質問者，自是毋容提及的事。

至少，他遇到別的伊斯蘭教徒，明白的，自由的，和他表示完滿的同情。——第一流中有著名的宗教改革者，埃及的大教士穆罕默德・阿卜杜勒，一九〇四年四月八日從開羅寫信給他，祝賀他的被除教籍：因為這是賢聖之士的神明的報酬。他說托爾斯泰的光輝溫暖了、聚合了一切真理的探求者，他們的心永遠期待著他的作品。托爾斯泰誠懇地答覆了他。——他又受到駐君士坦丁堡波斯大使米爾札・里札・錢親王（一九〇一年海牙和平會議波斯首席代表）的敬禮。

但他尤其受著巴布主義運動的吸引，他常和這派人物通聲氣。其中如神秘的加布里埃勒・塞西於一九〇一年自埃及致書於他，這是一個阿拉伯人，改信了基督教以後又轉入波斯的巴布主義。塞西向托爾斯泰陳述他的主張。托爾斯泰答言（一九〇一年八月十日）「長久以來巴布主義已使他感到興趣，關於本問題的書籍，他已讀過不少」；他對於它的神秘的根據及其理論認為毫無重要，但他相信在東方可以成為重要的道德律：「巴布主義遲早將和基督教的無政府主義融和。」

他曾寫信給一個寄給他一部巴布主義書的俄國人，說他確信「從現在各種教派——婆羅門教，佛教，猶太教，基督教——中產生的一切合理化的宗教箴規必能獲得勝利」。他看到它們全體的傾向是「會合到普遍地合於人間性的唯一的宗教」方面去。——他得悉巴布主義流入俄國感染了卡贊地方的韃靼人，大為喜悅，他邀請他們的領袖沃伊索夫到他家裡和他談了很久，這件事故有古謝夫的記載（一九〇九年二月）可考。

345. 一九〇二年十一月十一日致阿芬迪阿爾・沃伊索夫書。

一九〇八年底祝壽文集中，一個加爾各答地方的法學家，名叫阿卜杜拉－阿勒－邁蒙－蘇赫拉瓦爾迪，代表了信奉伊斯蘭教的國家，作了一篇稱頌備至的紀念文。他稱他為「尤吉」[346]，他承認他的無抵抗主義並不與穆罕默德的主義相抵觸；但「應當如托爾斯泰讀《聖經》一般，在真理的光輝中而非在迷信的雲霧中讀《古蘭經》」。

他稱頌托爾斯泰之不為超人，而是大家的兄弟，不是西方或東方的光明，而是神的光明、大眾的光明。隨後他預言托爾斯泰的無抵抗主義與「印度聖哲的教訓混合之後，或能為我們這時代產生出若干新的救世主」。

這確是在印度出現了托爾斯泰所預告的活動的人格。

在十九世紀末、二十世紀初，印度是在完全警醒的狀態中。除了一部分博學之士——他們是不以向大眾傳佈他們的學問為急務的，他們只醉心於他們的語言學中，自以為與眾隔絕，[347]——以外，歐洲尚未認識這種狀態，它亦毫沒想到在一八三〇年發端的印度民族心魂在一九〇〇年竟有如此莊嚴偉大的開展。

這是一切在精神領域中突然發生的繁榮。在藝術上、科學上、思想上，無處不顯出這燦爛的光華。只要一個泰戈爾的名字，便在他的光榮的星座下，照耀著全世界。差不多在同時，吠檀多派教義受過雅利安社（一八七五）達耶難陀・娑羅室伐底輩的改革，蓋沙布・錢德爾・森並把梵社作為一種社會改革的工具，借為調和基督教思想與東方思想的出發點。但印度的宗教界上，尤其

346. 此係印度的苦修士。
347. 除了極少的例外，如馬克斯・繆勒那大思想家，心地宏偉的人。

照耀著兩顆光芒萬丈的巨星，突然顯現的——或如印度的說法，是隔了數世紀而重新顯現的——兩件思想界的奇蹟：一個是羅摩克里希納（一八三六至一八八六），在他的熱愛中抓住了一切神明的形體；一個是他的信徒辨喜（一八六三至一九〇二），比他的宗師尤為強毅，對於他的疲憊已久的民眾喚醒了那個行動的神，Gitâ的神。

托爾斯泰廣博的知識自然知道他們。他讀過達耶難陀的論文。一八九六年始，他已醉心辨喜的作品，體味羅摩克里希納的語錄。辨喜於一九〇〇年漫遊歐洲的時候沒有到亞斯納亞・波利亞納去，真是人類的大不幸。作者對於這兩個歐亞二洲的偉大的宗教心魂沒有盡聯合之責，認為是一件無可補贖的憾事。

如印度的斯瓦米一樣，托爾斯泰受過「愛之主」克利希納的薰陶，且在印度不少人敬禮他如同一個「聖者」、如一個再生的古哲人。《新改革》雜誌的經理戈帕爾・切蒂在印度是一個崇奉托爾斯泰思想的人，他在一九〇八年的祝壽文集中把托氏和出家的王子釋迦牟尼相比；且說如果托爾斯泰生於印度，他定能被視為一個Avatara（毗濕奴的化身），一個Purusha（宇宙心魂的化身），一個斯里－克里希納。

但是歷史無可移易的潮流已把托爾斯泰從苦修士對於神的夢想中轉移到辨喜或甘地的偉大的行動中了。

命運的奇特的迂迴！第一個導引托爾斯泰到這方面去，而以後又成為印度聖雄的左右手的人，這時候當和去大馬士革以前的聖保羅一般，是反對托氏思想最猛烈的一員，他是達斯[348]，我們

348. 達斯最近已經去世。他成為甘地的好友，印度和平抵抗運動的首領。

能否假想是托爾斯泰的呼聲，把他引入他的真正的使命？——一九〇八年終，達斯處在革命的立場上。他寫信給托爾斯泰，毫不隱蔽他的強項的信心；他公然指摘托爾斯泰的無抵抗主義；可是他向他要求為他的報紙《自由印度斯坦》做同情的表示。托爾斯泰答了一封長信給他，差不多是一篇論文，在《致一個印度人書》（一九〇八年十二月十四日）的題目下，散佈於全世界。他堅決地宣傳他的無抵抗主義與博愛主義，每一部分都引用克里希納的言論作為他的論證。他對於科學的新迷信和對於古代的宗教迷信同樣痛加抨擊。他責備印度人，不應當否認他古代的智慧而去承襲西方的錯誤。

「我們可以希望，」他說，「在這佛教與孔子主義的廣大的世界內，這新的科學偏見將無立足之地，而中國人、日本人、印度人，徹悟了承認暴力的宗教謊言之後，立刻可具有愛的律令的概念，適合於人類的，為東方的大師以那麼雄偉的力宣示於世界的。但科學的迷信代替了宗教迷信來慢慢地侵吞東方諸民族了，它已征服日本，為它擺佈著最不幸的前途。在中國，在印度，一班自命為民眾領袖的人全受了科學迷信的魅惑。你在你的報紙上提出你所認為應當指導印度的動向的基本原則如下：

「抵抗暴力不單是合理的，且是必需的；不抵抗既無補於自私主義亦有害於利他主義。」

「……什麼！你，宗教情緒最深刻的民族的一員，竟相信了你的科學教育而敢把你的民族自遠古以來即已主張的愛的律令，遽行棄絕嗎？暴力的首領，真理的敵人，最初是神學的囚犯，繼而是科學的奴隸，——你的歐羅巴老師，感應給你那些荒謬的言論，你竟反覆地說個不厭嗎？

「你說英國人的制服印度，是因為印度不以武力來抵抗暴行？——但這完全是相反！英國人所以制服印度人，正因為印度人曾承認而現在還承認武力是他們的社會組織的基本原則之故；依了這個原則，他們服從他們各邦的君主；依了這個原則，他們向這些君主、向歐洲人、向英國人爭鬥……一個商務公司——三萬人，而且是最無用的人——竟制服了二千萬人的一個民族！把這個情形說給一個毫無成見的人聽吧！他將不能懂得這些說話的意義……依數字而論，制服印度人的不是英國人而是印度人自己，這論斷豈非是很明白確切的嗎？……

「印度人所以被暴力所制服，即因為他們就生存於暴力之中，現在還是依了暴力生活而不認識切合人類的永恆的愛的律令。

「凡是追尋他的所有物而不知他已佔有的人，是愚昧而值得憐憫的！是的，不認識包圍著他們的、所給予他們的愛的福利的人是愚昧而可憐的！（克里希納言）

「人只要度著與愛的律令協和的生活，這是切合他的良心而含有無抵抗與不參加暴力的原則的。那麼，不獨一百人不能制服數百萬人，即使數百萬人也不能制服一個人。不要抵抗惡，不參加惡，不加入行政司法、納稅，尤其是軍隊！——那時，無論何物，無論何人，也不能制服你了！」

一段克里希納名言的申引，結束了這俄國教導印度的無抵抗主義宣道：

「孩子們，把你們被蒙蔽的目光望著更高遠之處吧，一個新的世界，充滿著歡樂與愛的世界將在你們面前顯現，一個理智的世界，為『我的智慧』所創造的、唯一的實在的世界。那麼，你們會認識愛對於你們的賜予，愛向你們提出的條件。」

托爾斯泰此書落到一個年輕的印度人手裡，他在南非洲約翰尼斯堡地方當律師。他名叫甘地。他被這封書大大地感動了。一九〇九年終，他致書托爾斯泰。他告訴他，十年以來，他在托爾斯泰的宗教精神中所做的奮鬥。他請求他允許他把他的致達斯書譯成印度文。

托爾斯泰對於他的「溫和與強暴之戰，謙卑與博愛和驕傲與暴力之戰」表示祝福。他讀到了《印度自治》的英文本，為甘地寄給他的；他立刻領悟這種宗教的與社會的經驗的價值：

「你所討論的，和平抵抗這問題，具有最高的價值，不獨對於印度，且對於全人類亦是如此。」他讀了約瑟夫・多克著的《甘地傳》，為之神往。雖然病著，他還是寫了幾行動人的言辭寄給他（一九一〇年五月八日），當他病癒時，一九一〇年九月七日，在科特謝特——他出家逃亡以至病歿前一個月，——他又寫給他一封長信，這封信是那麼重要，雖然冗長，我決意把它差不多全部附錄在本文後面。它是，它將是，在未來人士的眼中，是無抵抗主義的經典，托爾斯泰思想上的遺囑。南非洲的印度人於一九一四年在《印度評論》金刊上發表了，那是一冊研究南非洲和平抵抗運動的雜誌。它的成功同時亦是無抵抗政策的首次勝利。

同時，歐羅巴大戰爆發了，互相屠殺：這不能不說是一種奇特的對照。

但當暴風雨過去，野蠻的騷擾漸漸地平息時，在廢墟殘跡之外，人們聽到甘地的精純堅決的呼聲，如一頭雲雀一般。這聲音，在一個更響亮、更和諧的音調上，重新說出了托爾斯泰的名言，表明新時代人類希望的頌曲。

托爾斯泰逝世前二月致甘地書

致南非洲約翰尼斯堡，特蘭士瓦省，M·K·甘地：

我接到你的《印度評論》報，讀悉關於絕對無抵抗主義的論見，不勝欣慰。我不禁要表示我的讀後感。

我閱世愈久，——尤其在此刻我明白感到日近死亡的時候——我愈需要表白我心中最強烈的感觸，我認為重要無比的東西：這是說無抵抗主義，實在只是愛的法則的教訓，尚未被騙人的詮釋所變形的學說。愛，或者以別的名詞來溝通人類心魂的渴望，是人生的唯一的、最高的法則。……這是每個人知道，在心底裡感到的。（在兒童心中尤其明顯。）他只要沒有受世俗思想的謊言所蒙蔽，他便會知道這點。

這條法則曾被人間一切聖哲之士宣揚過：印度人，中國人，希伯萊人，希臘人，羅馬人。基督尤其把它表白得明顯，他以確切的詞句說這條法則包括一切法則與一切先知者。而且，基督預料到這條法則有被變形的可能，故他特別暴露那種危險，說那些生活在物質的利益中的人要改變它的性質。所謂危險者，是那些人自以為應以暴力來保護他們的利益，或如他們的說法，以暴力來奪回被人以暴力奪去的一切。基督知道（好似一切有理性的人所知道的一般）暴力的運用，與人生最高的法則，愛，是不相容的。他知道只要在一種情境中容受了暴力，這法則便全盤摧毀了。全部的基督教文明，在表面上雖然似乎非常燦爛，其實它時常在推進這種顯而易見的、奇特的矛盾與誤會，有時是故意的，但多半是無意識的。

實際上，只要武力抵抗被容受，愛的法則便沒有價值而且也不能有價值了。如果愛的法則沒有價值，那麼除了強權之外，任何法則都無價值了。十九個世紀以來的基督教即是如此。而且，在一切時間內，人類常把力作為主持社會組織的原則。基督教國家與別的國家中間的異點便是在基督教中，愛的法則是表白得很明顯確切的，為任何宗教所不及；而基督徒們雖然把暴力的運用認為是合法的，把他們的生活建立於暴力之上，但他們仍舊莊嚴地接受這法則。因此，基督教民族的生活是他們的信仰與生活基礎之間的矛盾，是應當成為行動的法則的愛，與在種種形式下的暴力之間的矛盾。（所謂暴力的種種形式是：政府，法院，軍隊，被認為必需而受人擁護的機關。）這矛盾隨了內生活的開展而增強，在最近以來達到了頂點。

今日，問題是這樣：是或否，應當選擇其一！或者我們否定一切宗教的與道德的教訓而在立身處世之中任令強權支使我們。或者把一切強迫的納稅，司法與警務權，尤其是軍隊，加以摧毀。

本年春天，莫斯科某女校舉行宗教試驗，那時除了宗教科教員之外，還有主教也親自參與；他們考問女學生，關於十戒的問題，尤皆是第五戒：「戒殺！」當學生的答語正確的時候，主教往往追問另外一句：「依了上帝的律令，是否在無論何種情形下永遠禁止殺戮？」可憐的女郎為教員們預先教唆好了的，應當答道：「不，不永遠如此。因為在戰爭與死刑中，殺戮是允許的。」——但其中一個不幸的女郎（這是由一個在場目睹的證人講給我聽的）聽到這照例的問句「殺人永遠是一件罪惡嗎？」之後，紅著臉，感動著，下了決心，答道：「永遠是的！」對於主教的一切詭辯，年輕的女郎毫不動心地回答，說在無論何種情形中，殺戮是永遠禁止的，而這在《舊約》中已經如此：至於基督，他不獨禁止殺戮，並且禁止加害他的鄰人。雖然主教是那麼莊嚴，那麼善於說辭，他終竟詞窮，為少女戰敗了。

是的，我們盡可在我們的報紙上嘮叨著談航空進步、外交陰謀、俱樂部、新發現和自稱為藝術品等等的問題，而對於這少女所說的緘口不言！但我們決不能就此阻塞了思想，因為一切基督徒如這女郎一樣地感覺到，雖然感覺的程度或有明晦之別。社會主義，無政府主義，救世軍，日有增加的罪案，失業，富人們的窮奢極侈天天在膨脹，窮人們的可怕的災禍，驚人地增多的自殺事件，這一切情形證明了內心的矛盾，應當解決而將會解決的矛盾。承認愛的法則，排斥一切暴力的運用。這是近似的解決方法。因此，你在德蘭士瓦的活動，於你似乎顯得限於世界的一隅，而實在是處於我們的利益的中心；它是今日世界上最重要的活動之一；不獨是基督教民族，世界上一切的民族都將參與。

在俄羅斯，也有同樣的運動在迅速地發展，拒絕軍役的事件一年一年地增加，這個消息定會使你快慰。雖然你們的無抵抗主義者與我們的拒絕軍役者的數目是那麼少，他們畢竟可以說：「神和我們一起，而神是比人更強。」

在基督教信仰的宣傳中，即在人們教給我們的變形的基督教義形式中，即在同時相信戰時屠殺的軍備與軍隊是必需的情形中，也存在著一種那麼劇烈的矛盾，遲早會，很可能是極早地、赤裸裸地表白出來。那麼，我們必得或者消滅基督教，——可是沒有它，國家的權威是無從維持的，——或者是消滅軍隊，放棄武力，——這對於國家亦是同樣重要的。這矛盾已為一切政府所感到，尤其是你們的不列顛政府與我們的俄羅斯政府；而由於一種保守的思想，他們處罰一切揭破這矛盾的人，比著對於國家的其他的敵人，處置得更嚴厲。在俄國我們看到這種情形。各國政府明知威脅他們的最嚴重的危險之由來，他們所極力護衛的亦不止是他們的利益。他們知道他們是為了生或死而奮鬥。

列夫・托爾斯泰於一九一〇年九月七日於科特謝特

托爾斯泰著作年表

一八五二年	童年時代（一八五一至一八八二）——侵略——哥薩克（一八六二年完成）
一八五三年	記數人日記
一八五四年	少年時代——森林採伐
一八五五年	一八五四年十二月之塞瓦斯托波爾——一八五五年五月之塞瓦斯托波爾——一八五五年八月之塞瓦斯托波爾
一八五六年	兩個騎兵——下雪——支隊中的相遇——一個紳士的早晨——少年時代
一八五七年	阿爾貝——琉森
一八五八年	三個死者
一八五九年	夫婦的幸福
一八六〇年	波利庫什卡
一八六一年	紡亞麻的人

一八六二年	民眾教育論——寫讀教授法——建設初等學校計畫草案——教化與教育——教育之定義與進步——師資論——十一、十二兩月中的亞斯納亞・波利亞納學校——民眾學校之自由創設與發展論——民眾教育範圍內的社會活動論——吉洪與馬拉尼婭（遺著）——田園詩歌
一八六三年	十二月黨人（預定的長篇小說中的斷片）
一八六四年至一八六九年	戰爭與和平
一八七二年	啟蒙讀本（包含伊索、印度、美國等寓言之翻譯，神話、物理、動物、植物、歷史各科講話，短篇故事（高加索之囚犯、神見真理），史詩，數學，教員參考資料）——二旅客（遺著）
一八七三年	薩馬拉饑荒感言（致莫斯科夫・韋多莫斯特主編書）
一八七四年	論民眾教育（致J・U・沙季洛夫書——提出莫斯科文學委員會之報告書）
一八七五年	啟蒙新讀本俄羅斯讀本四種——斯拉夫古書四種
一八七六年	安娜小史（一八七三至一八七六年）
一八七八年	初年回想錄（斷片）——十二月黨人（斷片之二）——十二月黨人（斷片之三）
一八七九年	我是誰（切爾特科夫藏件）——懺悔錄（一八八二年增訂）

一八八〇年	教義神學批判——彼得一世（短篇小說中之一章）——幼女之自衛——隨筆——愛之死滅——神怪故事之始端——盧梭論——沙漠中的濕地——哥薩克逃兵
一八八一年	四福音書之索引與翻譯——福音書縮本——人類之生存要素
一八八二年	教會與國家——無抵抗主義——關於調查之論文
一八八四年	我的信仰的內容（我的宗教）——邦達列夫著《農夫之勝利或勞作與懶惰》序——一個瘋人的日記
一八八五年	通俗傳說（兩兄弟與黃金，比老人更乖的幼女，敵人抵抗而上帝堅持，三隱士，基督之誘惑，基督之痛苦，伊利亞特，一個餓鬼，懺悔的罪人，上帝之子，一幅最後之晚餐的畫，蠢貨伊萬的故事）——通俗故事（二老人，燭，愛之所在即神之所在，無從熄滅的火焰）——十二使徒之教誨——蘇格拉底——彼得傳——麵包師彼得
一八八六年	黑暗的力量——伊萬·伊里奇之死——我們應當做什麼？——我們是什麼——通俗傳說——（一個人需要許多土地嗎？一顆大如雞卵的穀子）——尼古拉·帕爾金——成語日曆——慈悲論——信仰論——論抗拒罪害之鬥爭（致一個革命黨書）——宗教論——婦女論——告青年——神之國（斷片）——愛琴海
一八八七年	人生論——論人生之意義（在莫斯科心理學會中宣讀的報告）——論生與死（致切爾特科夫書）——在光明中前進——有閑者的談話錄——工人埃米利亞與空鼓——三個兒子（寓言）——手工工作與知識活動（致羅曼·羅蘭書）
一八八八年	論果戈理（未完成）

一八八九年	鬼魔（遺著）——蜂房故事——克勒策奏鳴曲——愛神與愛鄰論——告同胞書——論藝術（聽了戈爾釆夫演講「藝術中之美」後的感想）——教育之果實（喜劇）——振作——一月、十二月的光明節
一八九〇年	為何人類如此昏憒——「四十年」（地方傳說）——克勒策奏鳴曲跋——論邦達列夫——論性的交際——論亨利·喬治之計畫——一個基督徒的回憶錄——聖徒傳——聖約翰——「我們的兄弟」——中國的生的智慧（《道德經》）——大眾的福利——尼古拉——自殺論（論這怪現象的意義）
一八九一年	一個母親的回憶錄（遺著）——「高的代價」（引莫泊桑語）——饑饉論——論藝術與非藝術及藝術之重要性與無聊性（斷片）——法院論（遺著）——第一個階段——一個鐘錶匠——一個可怕的問題——「舒拉德咖啡店」（引貝爾納丹·德·聖皮爾語）——論荒歉時對於平民的補救方法
一八九二年	拯救饑民論——困難中的人（論文兩篇）——拯救饑民報告書——論理智與宗教（致羅森男爵書）——論卡爾馬書——「Françoise」（引莫泊桑語）
一八九三年	拯救饑民報告書——靈魂得救在你自己（天國在你心中）（一八九一至一八九三）——基督教義與軍役（前書中被檢查會刪去的一章）——宗教與道德——無為論——愛情之所欲——基督教精神與愛國主義——自由思想論
一八九四年	卡爾馬（佛教童話）——年輕的俄皇（遺著）——論與國家之關係——論不朽——莫泊桑著作序——致印度人書
一八九五年	主與僕——寓言三種——羞恥——致一個波蘭人書——論狂妄的夢

一八九六年	四福音書讀法——告中國民眾（未完成）——無抵抗主義論——論教會之欺詐——愛國主義與和平——致自由主義者書——與政府現存法統之關係——終局之迫近——基督教之訓
一八九七年	藝術論（何為藝術？）——為要求將諾貝爾獎獎金贈予杜霍博爾人事致瑞典某日報主筆書——我的五十餘年有意識的生活
一八九八年	為援救杜霍博爾人事宣言——饑荒——謝爾蓋老人（遺著）——嘉本特論現代科學文序——致庫斯基亞・韋多莫斯特書
一八九九年	復活——論宗教教育——致一個軍官書——為海牙和平會議問題致一個瑞典人書
一九〇〇年	出路在那裡——這時代的奴性——活屍——絕對戒殺——致移民於加拿大的杜霍博爾人書——應否如此——愛國主義與政府——蜂房童話（以上皆為遺著）——「貧窮之解剖」序
一九〇一年	唯一的方法——誰為有理——告有閑的青年——告俄國勞動者書——論宗教之容忍——理智，信仰，祈禱（論文三篇）——答神聖宗教會議書——軍官的雜記簿——論俄國同盟（信）——致俄皇及其參贊（其一）——論教育（致比魯科夫書）——致《布林加雷日報》書
一九〇二年	告僧侶書——黑暗中的光明（劇本，遺著）——何為宗教何為宗教的要素——地獄之毀滅與重建——告勞動者
一九〇三年	莎士比亞與戲劇論——舞會之後（遺著）——亞敘王——勞作——死於疾病——三問題——告政治改革者——靈智的來源觀（一九〇八年修正）——論勞力

一九〇四年	童年回憶（一九〇三至一九〇四，一小部分在一九〇六年寫成）——哈吉・穆拉特（一八九六至一九一八，一九〇一至一九〇四）（遺著）——偽票（一九〇三至一九〇四）——哈里遜與無抵抗主義——我是誰？——聖哲的思想錄——振作起來！（一九〇六至一九〇七修正）
一九〇五年	文選——釋迦牟尼——神與人——拉梅內——巴斯卡——皮埃爾・赫爾切茨基——蘇格拉底案——科爾尼・瓦西里耶夫——祈禱——唯一的必需品——傻瓜阿列克謝（遺著）——世界的末日——大罪惡——論俄羅斯的社會運動——我們當怎樣生活？——綠竿——真的自由（致一個鄉人書）
一九〇六年	瓦西里老人（遺著）——論俄羅斯革命之意義——告俄國民眾（政府，革命黨，大眾）——論軍役——論戰爭——土地問題之唯一的解決法——論基督教規條（致保爾・薩巴捷爾書）——致一個中國人書——亨利・喬治「社會問題」序——費奧多爾・庫茲米奇老人的日記（遺著）——夢中所見（遺著）——有什麼可以做——致俄皇及其參贊書（其二）
一九〇七年	與兒童談道德問題——拉布呂耶爾與拉羅什福科等思想選錄序——你們相愛嗎——戒殺——論人生的瞭解——與埃內斯特・格羅斯比的初次會晤——為何基督教國家特別是俄國現在處於可悲的情形
一九〇八年	我不復能緘默了——文選（修正及增訂本）——愛的福利——狼（兒童故事）——一個兵士的諸案——暴力的律令與愛的律令——誰是兇手（遺著）——答八秩祝壽文集書——致一個印度人書

一九〇九年	世上無罪人——教育家的首要任務——兒童的智慧（遺著）——致和平會議書——唯一的戒條——古謝夫被捕感言——論教育——無可避免的責任——論果戈理——論國家——論科學——論法學——答一個波蘭女子書——為了愛上帝之故停著想一想吧——致一個老信徒書——致一個革命黨人書——是瞭解的時候了——向為了愛真理而受難的人致敬——路人與農人——鄉村之歌——父與子的談話——與一個旅人的談話
一九一〇年	村中三日——人生大道——霍登卡——一切優點之由來（喜劇）——論瘋狂——致斯拉夫大會書——肥沃的土地——致和平會議書——兒童故事——哲學與宗教——論社會主義（未完成）——有效的方法

經典新版世界名著：13

三巨人傳【全新譯校】

作者：〔法〕羅曼・羅蘭
譯者：傅雷
發行人：陳曉林
出版所：風雲時代出版股份有限公司
地址：10576台北市民生東路五段178號7樓之3
電話：(02) 2756-0949
傳真：(02) 2765-3799
執行主編：劉宇青
美術設計：吳宗潔
行銷企劃：林安莉
業務總監：張瑋鳳

初版日期：2020年4月
版權授權：鄭紅峰
ISBN：978-986-352-814-2

風雲書網：http://www.eastbooks.com.tw
官方部落格：http://eastbooks.pixnet.net/blog
Facebook：http://www.facebook.com/h7560949
E-mail：h7560949@ms15.hinet.net
劃撥帳號：12043291
戶名：風雲時代出版股份有限公司

風雲發行所：33373桃園市龜山區公西村2鄰復興街304巷96號
電話：(03) 318-1378
傳真：(03) 318-1378
法律顧問：永然法律事務所 李永然律師
北辰著作權事務所 蕭雄淋律師

行政院新聞局局版台業字第3595號 營利事業統一編號22759935

定價：380元

國家圖書館出版品預行編目資料

三巨人傳 / 羅曼.羅蘭著；傅雷譯. -- 臺北市：風雲時代,
2020.03 面； 公分
譯自：Vies des hommes illustres
ISBN 978-986-352-814-2 (平裝)
1.世界傳記
781 109001115